28/8-2022

赵振元

著

管理随笔 ①

光明日报出版社

图书在版编目（ＣＩＰ）数据

管理随笔：全两册 / 赵振元著. -- 北京：光明日
报出版社，2020.7

ISBN 978-7-5194-5787-7

Ⅰ. ①管… Ⅱ. ①赵… Ⅲ. ①高技术企业－企业管理
－中国－文集 Ⅳ. ①F279.244.4-53

中国版本图书馆CIP数据核字(2020)第 095513 号

管理随笔

GUANLI SUIBI

著　　者：赵振元	
责任编辑：章小可	责任校对：森广达
装帧设计：张　伟	责任印制：姚　松

出版发行：光明日报出版社

地　　址：北京市西城区永安路106号，100050

电　　话：010-63139890（咨询），010-63131930（邮购）

传　　真：010-63131930

网　　址：http://book.gmw.cn

E － mail：zhangxiaoke@gmw.cn

法律顾问：北京德恒律师事务所龚柳方律师

印　　刷：北京顶佳世纪印刷有限公司

装　　订：北京顶佳世纪印刷有限公司

本书如有破损、缺页、装订错误，请与本社联系调换，电话：010-63131930

开　　本：155mm×220mm	
字　　数：516千字	印　　张：45.75
版　　次：2020年7月第1版	印　　次：2020年7月第1次印刷
书　　号：ISBN 978-7-5194-5787-7	

定　　价：178.00元（全2册）

目　录

2016年

序

卓越管理者的修为

风云变幻的商海竞争，无疑是21世纪各领域中最残酷也是最有魅力的竞争。新千年以来，我们目睹了不少成功的弄潮儿，也看到了无数"大佬"轰然倒下。如何才能在变动不居的时势潮流中，始终稳立潮头，破浪前行，一百个案例就有一百种不同的路径。但我发现，卓越的管理者尽管个性不同、领域各异，他们身上闪现出的人性光辉却是一致的，即使命感、责任心、自我修为。

管理，作为一门学科，也是一门关于人的学问。用通俗的话来说，即做人和做事是一回事。卓越的管理者，从来都不是刻意选拔和培养出来的，而是一个"自发过程"。管理者的见识与素养，决定了他和他的团队企业能够走多远、做多大。

我认识赵振元先生20年来，他旺盛的精力、无穷的活力、乐观的精神、飞扬的诗绪、宽广的视野、战略的定力、应变的智慧、宽容的胸怀、善于坦诚沟通并替合作者着想的人格魅力，始终如一。与他交往的人，都能从他身上感受到浓郁的卓越管理者气质。

2000年7月，正值风华正茂的赵振元先生开始担任十一科技（当时为十一院）董事长、党委书记。二十年来，十一科技在他的带领下砥砺前行，不断发展壮大，业绩不断攀升。特别是最近这五年，十一科技进入高速发展期，在竞争激烈的商海中成长为在国内乃至国际上具有巨大影响力的著名大型企业。赵振元先生不仅是一位卓越的管理者、企业家，也是一位知名的诗人作家和歌词创作者。在他身上，我发现了一个有趣现象，十一科技的飞速发展和赵振元先生的文学创作几乎同步，他在两个领域都硕果累累。

赵振元先生即将出版的两卷本《管理随笔》，收录了他最近五年创作的随笔，既是作为企业管理者的实践结晶，也是作为诗人作家的人生感悟，两者融会贯通、不分彼此。它没有某些管理理论概念的抽象阐释，却有让人信服的趣味和魅力。随笔是一种语言灵动的散文体裁，能充分表达作者的见解和情感，是作者人生体验、生活感悟、所思所想的即时记录。管理者的随笔，让我们更能窥探到管理者的真实思想和生活日常，也更容易让我们走进管理者的内心世界。

从两卷本《管理随笔》中，我发现赵振元先生身上有四个难得的特质：

一、始终保持昂扬向上的姿态和坚定的信心。

"风雨之后，是更美的彩虹""生命，在坚持中绽放光彩""结束过去，开辟未来"等，这样似号角、似鼓点的语句比比皆是。这些随笔，从某种角度而言，也是他对自我的不断鞭策和鼓舞。所有的成功之路，都不可能一帆风顺。如何从逆境中奋起，将危机转化为机遇，这是最为考验管理者能力的。优秀的管理者，往往能从挫折和困境中学到更多："危机，是行业的加速重新洗牌；危机，是拉大差距的历史性机遇；危机，是产生奇迹、造就英雄的时代。"

二、兴趣广泛，对新事物具有高度敏感度。

在《管理随笔》中，时事评论占了不小的篇幅。"巴黎航展首日波音订单为零""关于地球温度、寿命的最新说法""'钻石公主号'邮轮"等，他都是有感而发，一事一议，通过具体事件联系管理中存在的成败得失，相当于"个案分析""问题研判"。关于"2018俄罗斯足球世界杯"的15篇足球评论，充满了管理者的犀利和精准："悬念，总是留到谢幕；精彩，总是要到最后，不到最后一刻，永远没有真正的胜者，这就是足球的魅力，这就是世界的精彩。对球迷而言，观看这场比赛是最大的精神折磨，同时也是最大的快乐。""决定命运的，不能只靠运气，必须要靠自己的实力，实力决定一切，决定最后的胜负。"从这些随笔文章中，可见赵振元先生的兴趣相当广泛，足球、艺术、文学都是他总结管理经验教训的通道。

三、不断自我审视，自我修炼。

古圣先贤喜欢"每日三省吾身"。"三省"一是修己，一是对人。透过《管理随笔》，不难看出，赵振元先生时时在审视自我、完善自我。"错误往往是正确的先导""离开了组织，我们什么都不是""纸上得来终觉浅""罗马不是一天建成的""实践，是真正意义上的教科书"等，闪烁着真知灼见的随笔不胜枚举。他崇尚自然简单的生活，"简单生活，使我们重新成为生活的主人，可以更多地自由支配充足的时间，可以更多地享受原本属于我们的宝贵生命"。他不断行动着，思考着，从历史经验中，从"褚橙"、海尔、华为、苹果公司等成功案例中，从纵向和横向的比较中，不断汲取养料，完善自我。这种日积月累的学习和思考,往往在他进行重大决策时,起到潜移默化的作用。一个人只有在具备适当的历史经验,对当下环境具有相当的研判能力时,他才能更好地把握当前的经济形势,才能在关键时刻做出正确的决断。

四、具有美好理想、奉献精神和正直品德。

赵振元先生之所以取得如此骄人成就,与时代有关,更与他的个人修为有关。每次跟他交流,特别是读了他的《管理随笔》,我就在思考什么是人才?人才除了必备的专业知识外,还必须具有美好理想、奉献精神和正直品德。一个成功的企业,总是人才济济;而作为管理者,需要培养人才,首先自己得是人才。在我看来,赵振元先生无疑是十一科技最大的人才。他在《培养、使用、关爱与尊重人》中说:"人,是知识的载体,企业的根本,是企业的核心竞争力。""企业发展,全靠人才,华为能走到今天,靠的是十几万高素质的人才,凡华为决意或看准要涉足的领域,基本是无坚不摧,无难不克。所到之处,对手纷纷甘拜下风,另寻出路。这种现象,成为华为现象,成为一股风,从国内刮到国外,成为奇迹。"

21世纪的企业正面临着前所未有的挑战。世界500强企业的平均寿命在1935年为90年;到了1975年,平均寿命缩短到了30年;到了2011年,世界500强企业的平均寿命为18年。这个寿命还在继续缩短。我们生活在一个呈指数式变化的VUCA(volatility, uncertainty, complexity, ambiguity)世界里,即一个充满易变性、不确定性、复杂性以及模糊性的世界。过去,可以依靠经验指导工作,今天的世界不同了,风险很高,面临的挑战和问题在快速变化。这就对管理者提出了更高的要求，不但要对自己从事的工作具有强烈的事业心、使命感，还要能够不断培养吸纳人才。对人才的重视，不拘一格选拔人才，才是一个企业保持强劲的生命力、竞争力的关键。赵振元先生深知这一点，因而在十一科技内部不遗余力地推进建立三个中心：文化中心、嘉兴党建培训中心、大连技术中心。

一个卓越的管理者诞生，是一个复杂的过程，很难用几条标准或条条框框去归纳总结。以上四点，也仅是我个人不成熟的粗略归纳。当前，关于领导者管理能力的理论，可谓遍地开花，十分繁盛，但是否真正对管理者有所帮助，我十分存疑。赵振元的《管理随笔》内容无所不包，写得浅显易懂，每篇文章都不长，即使再忙碌的人都能在有限时间内抽空读完。我相信，这套《管理随笔》有助于我们更好地理解一个卓越的管理者是如何进行自我管理的。这种自我修养的锤炼，或许，就是在VUCA世界里生存的密码。这也是这套书出版的重要意义所在。我相信，赵振元先生和十一科技将会带给我们新的惊喜，我也期待读到更多他的管理随笔。

是为序。

（电子科技大学校长）

2020年3月20日

2015 年

简单生活

生活，越简单越好。太复杂的礼节，太多的程序，太多的内容，感觉太累。我们为什么一定要被生活所累呢？我们原本是要享受生活的，非但没有，却被生活所累，这是违反初衷的。

简单生活，就是要减少应酬，一日三餐尽量简单，这样可以腾出更多的时间用于其他。不被生活所累，不为应酬而苦，做生活的主人，做生命的主人。

简单生活，包括很多。办公室尽量简单，东西越少越好，东西多了，又不用，想用的又找不到，没有用的一大堆，让没有用的东西挡住了视线，降低了效率。

简单生活，不必对环境要求苛刻，只要安静干净就可，人在工作时只需很少空间，在睡眠时只需一个床位，太大也是没有用的，反而会付出更大精力去保洁维护。

简单生活，不必拘泥过多礼节，烦琐的礼节，考验着人的耐心，浪费着时间，消耗着生命。

简单生活，就是寻求时间的效率，寻找生活的快乐，追求生活的幸福，找回生命的真正乐趣。

简单生活,就是回归生活的最初含义,回归生活的初衷。生活原本是简单的,是财富的积累。现代化的进程,人类交际的不断进步,使原本简单的生活,变得越来越复杂,以至让大家都渴望回归简单,回归自然,回归从前。

简单生活,使我们重新成为生活的主人,可以更多地自由支配充足的时间,可以更多地享受原本属于我们的宝贵生命。

花点时间学习,这是生命的源泉;花点时间工作,这是生命的内容;花点时间思考,这是生命的价值;花点时间进行交流,传播心灵的呼声;花点时间与家人团聚,这是生命的乐趣;花点时间行善帮人,这是生命的安慰;花点时间与朋友们高歌,这是生命的欢乐;花点时间,走遍万水千山,寻找生命的真正含义,享受生活的乐趣;花点时间写作,在笔下挥就新的世界;花点时间运动,运动使青春永驻,生命长在。看,时间是多么宝贵,不是简单生活,无法让我们体现生命的真正价值。

让我们简单并快乐地生活着!

2015 年 5 月 4 日

风雨之后，是更美的彩虹

　　一场暴风雨，在没有准备下突然来临，来得是这么急，来得是这么凶，来得是这么猛。在经历这场暴风雨后，一切是如此释然，一切是如此清醒。

　　风雨之后，天更蓝，空气更清新，是更美的彩虹。"不经历风雨，怎么见彩虹，没有人能随随便便成功"，这句话，平时没有太深的体会，在经历人生最大的考验后，才明白其中的含义。

　　战士，必须面对不停的挑战，不断接受新的任务，永无止境。

　　勇士，必须面对一切对手，敢于直面惨淡的人生，血雨腥风的战斗，必须取得最后的胜利。

　　领袖，必须保持独特风采，在重压下保持清醒头脑，以卓越智慧，无畏胆略，不屈意志，不被左右，带领团队，过急流，绕险滩，冲出重围，继续前行，去实现伟大的梦想。

　　暴风雨能摧毁很多，很多的东西在暴风雨中荡然无存，暴露无遗。暴风雨是对自然的考验，是对人生意志的考验，是对人生存能力的考验。能否经得起这场大考，能否在风雨后迎来更加明媚的春天，就看能否抗住这场暴风雨。

大智慧，化解这场暴风雨。智慧的力量是无敌的，没有解决不了的困难，没有迈不过去的坎，没有化解不了的矛盾，没有永不消失的仇恨。智慧，可以提供解决问题的良策。

大勇气，迎接这场暴风雨。这场暴风雨来得急，来得凶，来得猛，大有吞并一切之势，没有巨大的勇气，没有勇敢的胆略，在这场暴风雨前必会败下阵来，必须要有大勇气，聚集一切能量，与之决战。

大胆略，既要有决战的勇气，又要有决战的胆略，树立必胜的信念，从容不迫，迎接挑战。胆气高，敌胆怯。

大底线，要坚持底线原则，决不突破。底线，既是原则，也是力量。无论谁，都不能绑架别人，人都是自由的，自由比生命都宝贵。坚持底线，坚守底线，不为一切势力所左右，这就是最大的力量。

大忠诚，忠诚是一切的基础。在利益面前，是人生的大考验。是为自己，还是为大家，这是一道分水岭，也是试金石。忠诚是一切力量的源泉，是团队力量的保证。永远不要脱离团队，永远与亲爱的团队同呼吸，共命运，这就是忠诚。

大逆转，在危急关头，成功实现大逆转。峰回路转，出现大逆转，暴风雨突然停止了，天空出现灿烂的阳光，阳光下，是蔚蓝色的天空，驱散了乌云，换来了明媚的晴天。是智慧和勇敢，是底线与忠诚，是团队的力量，成功实现了大逆转。

暴风雨来得这么急，来得这么凶，使一切事物现出原形，所有的人都得到各自的教训，唯有真正的英雄，在经历这场风雨后，更显其独特风采，英明的舵手，必将得到更多忠诚的拥戴，与亲爱的团队继续前行，继续伟大的事业。

风雨之后，是更美的彩虹；风雨之后，是更静的湖面；风雨之后，是更美的画卷；风雨之后，是更美的风景；风雨之后，是更深的爱。

风雨之后，我们将继续前行，行进在弯弯的小路，直到到达光辉的顶点。

2015 年 5 月 29 日

你曾历经贫寒

如今,你璀璨夺目,光彩照人,高贵独行,成为闪光的明珠,受到万人关注,但耀眼的背后,你曾历经贫寒。

贫寒,是前行的动力;贫寒,是富贵的前身。不经历贫寒,怎么有高贵;不经历风雨,怎么见彩虹,没有人能随随便便成功。

如今,你站在风口浪尖上,屹立在高端之巅,虽历尽波折,但依然风光无限,挡不住的美丽,压不住的魅力。

未来,一切照旧,洗掉历史尘埃,卸下包袱,轻装上阵,去迎接更加精彩的战斗。

出身贫寒,更加珍惜如今的光彩,没有什么救世主,一切靠自己,向着未来的未知世界,朝着光明的未来,肩负历史重任,继续特立独行,开创更加广阔的新天地,为自己,为大家,更为美好的新世界,为在贫寒时许下的神圣诺言!

2015 年 6 月 16 日

忙碌六月

在告别五月时，我写了《风雨五月》，六月要过去了，拿什么来形容六月呢？想了想，用忙碌两字比较合适。

六月里，在既定的大原则下，开始紧张工作，前半个月，几乎每天都要学习新东西，接受新挑战，正应验了在五月里作的那首诗《太阳每天都是新的》。在学习中，在紧张的节奏下，在规定的时间内，终于完成了几乎是不可能的事，算是对各方的一个交代。六月的实践证明，没有什么办不到的事，关键是决心、信心与努力；没有什么学不会的，关键还是决心、信心与努力。

六月里，从上旬开始狠抓管理，内抓干部，外拓市场，通过抓典型，立规矩，定纪律，严格管理，利润上升，迅速出现新格局。

六月里，任凭风浪起，稳坐钓鱼台。心底无私天地宽，脚踏实地做好自己的事，心中的踏实，无可比拟。

六月里，依然创作有收获，先后写下了《太阳每天都是新的》《梦想变真》《你曾历经贫寒》《走路走大道》《夕阳西下》《天边的彩云》《千年劲吹人祖风》《差距》《绵绵细雨》等十几篇散文诗。

七月将至，迎接我们的是由十一科技牵头的中国信息产业商会新能源分会、智能物流分会的成立,十一科技改制13周年庆典。十一科技将拥抱明天,挑战未来,永远保持高贵的品牌,在高科技、新能源、物流三大领域奋勇向前。

　　七月,十一科技乘胜前行!

2015年6月30日

感恩

　　历经九十四年的风雨，你依然年轻；历经惊涛骇浪，你依然挺拔；经历这样多的曲折，你依然信心满满；经历如此多的非议，你依然执着向前；你就是一颗闪耀的星。

　　几千年的帝王统治，中国依然落后，帝王统治无法摆脱贫困，无法阻止分裂，无法制止内乱，无法阻挡列强的侵略，人民总是生活在水深火热之中。

　　历史证明，帝王将相无法拯救中华民族，只有社会主义才能救中国，而领导社会主义的只能是中国共产党。

　　经历了几千年的封建统治，经历了辛亥革命，经历了动荡的民国初期，经历了抗日战争，经历了解放战争，人民知道，还是社会主义好，还是共产党行。

　　虽然，由于经验不足，由于管理难度大、时间短，在发展的道路上会出现曲折，甚至局部倒退，我们因此必须交学费，付出代价，但发展的方向不会改变，在党的领导下，中国始终在调整，一直向着正确的方向前进。

　　极端民主，只能加剧动荡。自由，需要约束，放任的后果是灾难。纵观华人历史，民主与自由必须是渐进的，有序的，有纪律的。

作为生活在新社会，长在红旗下的新一代，虽然上山下乡，内蒙古支边，吃了不少苦，生活一直动荡，但党一直在调整，一直在进步，一直给我们机会，我对党始终是感恩的。感恩的心，贯穿我的一生，是党给了人民幸福，使祖国强大，给了我很多宝贵机会。我们原本如此普通，成长到今天，没有党的光辉，没有好的政策，如何实现？

我们庆幸，我们有一代伟大领袖毛泽东，把我们从动荡落后中解放出来；我们庆幸，有邓小平这样伟大的改革家，把我们从贫困中解救出来，使我们扬眉吐气，成为富人，民族强大；我们庆幸，新一代接班人，拨乱反正，继续新的征程。

珍惜吧！稳定的政治局面。没有稳定，便没有一切。也许，我们心中还有种种怨言，但任何制度总有局限，十全十美是没有的。适合的，发展的，就好。看看祖国越来越强大，看看先进国家，与我们的差距在缩小，落后的，在扩大，说明我们是对的。

感恩，感恩为今天的生活做出前赴后继英勇牺牲的先烈们，想想您们，我们还有什么放不下？感恩，中国共产党，您使中华民族强大，您永远在调整，永远带领我们前进，永远在路上！

2015 年 7 月 1 日

谁,都可以创造奇迹

奇迹,总是由人创造的;奇迹,总是由机会促成的;奇迹,有时会在不经意间发生。

坚持,产生奇迹。要坚持自己的梦想,坚持自己的方向,坚持自己的努力,坚持自己的价值理念。任何成功,都不会轻而易举。任何胜利,都要付出代价。从古到今,没有任何人能随随便便成功。朝三暮四,见异思迁,遇到困难就跑,遇到阻力就退,是难成大事的。艰难困苦,玉汝于成,成功在再坚持一下的努力之中,彩虹总在风雨后,奇迹发生在顽强的努力拼搏后。

创新,产生奇迹。要突破困境,打开局面,才能产生奇迹。产生奇迹,不能用传统的旧办法,不能沿袭旧的思维,必须创新思想,创新模式,在创新中获得突破,奇迹就会发生。

速度,产生奇迹。要取得市场的领先,没有速度是不行的,没有效率也是不行的,只有高速度、高效率,才能先人一步,出奇制胜。领先一步,总是处在有利地位;落后一步,追赶困难。

机会,产生奇迹。机会总是偏爱有准备的人,机会就是发展的大潮,抓住机会,就能进入发展大潮,顺势而为,事半功倍。而失去机会,便会与成功失之交臂,一切努力白费。抓住机会,就是抓住奇迹。要把每一次机会,变成每一个浪潮,形成不断前进的浪潮,一浪高一浪,一浪接一浪,一浪胜一浪,飞溅的浪花,舞出成功的美景。

思路,产生奇迹。思路决定出路,出路决定成功,成功产生奇迹。人,最宝贵的是思想,思想是无价的,什么都可以模仿,唯独思想的光辉不可替代。

战略,产生奇迹。战略事关全局,战略决定方向,方向对,才能有效果;方向不对,前功尽弃。要注意战略研判,把握大方向,才能创造奇迹。

忍耐,产生奇迹。发展的道路不会平坦,奇迹会在弯弯的小路上出现,要学会忍耐寂寞,忍耐挫折,忍耐苦难,甚至忍耐屈辱,忍耐一切必须忍耐的东西,在忍耐中学会坚强,在忍耐中获得机会,创造奇迹。

自信,产生奇迹。自信是成功的前提。先辈们说,自信人生二百年,会当击水三千里。自信者,可以获得创新勇气,没有必要过分崇拜名人,任何名人都不是先天的,都是通过后天艰苦努力才成功的。我们看到的,都是名人的辉煌,没有看到辉煌的背后是不寻常的努力,只要我们也这样努力,甚至超过他(她)们的努力,我们也有可能成为名人。因此,不要做名人的思想奴隶,要在名人的基础上发展,在巨人的肩上成长,这样,你一定会成功。要自信,要相信自己,坚持努力,自己一定能创造奇迹。

积累,产生奇迹。任何奇迹的产生,都是一个过程,而持续的深厚积累，是出现奇迹的内因。事物的变化，内因是根据，外因是条件，只有内部的积累达到一定程度，才能出现变化。一蹴而就，一步登天，都是美好的愿望，就像一个运动员，要破世界纪录，创造奇迹，没有足够的天赋，没有超人的努力，没有国际赛场的丰富经验，没有临场超水平的发挥，是根本不可能的。因此，创造任何奇迹，不能有任何侥幸心理，没有长时间的积累，是不可能的。

调整，产生奇迹。在产生奇迹的过程中，调整是很重要的。调整包括发展方向、目标、思路、战略、策略、路径、布局、模式、配置、人事、合作伙伴等。在实际中，原有的想法很可能不符合实际情况，往往需要调整，不调整，就无法走下去，更不可能获得成功。因为任何成功，都是主客观的完美一致，只有在不断调整中，才能最终取得一致。

爆发，产生奇迹。只有积累，而没有爆发，不能产生奇迹。只有量变，而没有质变，事物的性质始终没有起变化，只有通过爆发，才能出现奇迹。爆发，是瞬时能量的大释放，是对某项特定目标的集中总突击，是对某项事物发展的集中总推动，就像百米赛跑的运动员，在最后时刻的冲刺一样，在最后的爆发中，往往产生奇迹。爆发，就是聚焦，就是缩小目标，就是集中再集中。

其实，每个人，先天上的差异并不大，差异主要是后天形成的。只要努力，每个人都能创造奇迹，不信，你试试看？

2015 年 7 月 3 日

等待

今天是特殊的日子,是十一科技成功改制十三年的纪念日。写下以下等待,是为纪念。

等待什么？等待付出的回报。多年的付出,希望老天公正,期待能有回报。多年的辛勤播种,等待秋天的收获,等待丰硕的果实,这果实是一生的努力。守望机会,守候机会,机会改变力量对比,机会带来变化,机会推动发展突变。

等待什么？等待春暖花开,鲜花盛开;等待冰雪消融,枯木逢春;等待万紫千红的春天。

等待什么？等待各地胜利的捷报,等待扬帆远航的船只胜利归来,等待团队成熟强大,等待名震四海。

等待什么？等待亲人们平安的消息,等待战友们胜利的喜讯,等待伙伴的好消息。

等待什么？等待精彩的到来。人生有低潮,有高潮,有平淡,有精彩,精彩总在后面,高潮总在谢幕时刻,等待精彩到来,等待精彩继续。

等待什么？等待雨后彩虹。风雨过后是彩虹,雨后的彩虹更美,天更蓝,云更白。

等待什么？等待多年的梦想成真,等待苦尽甘来的那一天,等待扬眉吐气的那一天,等待举杯高歌的那一天。

等待什么？等待大爱的滋润,等待大爱的温暖,等待大爱的延续。

等待什么？等待听到激昂的音乐,等待听到跃进的脚步,等待永远飞舞胜利的捷报。

等待一切,等待奇迹,等待十三年道路的继续,等待朝霞满天!

2015 年 7 月 6 日

金融大厦出问题了？

一场前所未有的大股灾，在不经意间，甚至在全民狂热地迎接牛市盛宴到来的凯歌声中，戛然而止。

据最新的报道，沪深两市已经停牌的上市公司已有800家，今天（8号）要求停牌的上市公司有500家，这样至少有1300多家上市公司加入停牌保护的行列，占上市公司总数的40%，开创A股历史上最可怕的"奇观"，是否后续还会有要求停牌的上市公司，应该还会有，因此，"奇观"或许会继续。

在这场股灾中，一切打回原形。报道说，中国女首富，蓝思科技董事长周群飞，从6月到7月7日中午午盘为止，共蒸发掉财富424亿元，一个神话正在破灭之中。

中国股市正面临严峻考验，政府正采取一切措施救市。我们当然相信政府的力量，相信党的伟大，但除了大盘蓝筹股外，其余各股怎么办？这次救了，以后怎么办？这都是技术性很强的活，我们充满期待，我们坚信政府的智慧与力量。

除了救市，我们在这个艰难时候，还应思考一些其他的问题。

经济发展中，资本的力量是巨大的，有化腐朽为神奇的特大力量,但它永远是推手而不是主角,主角永远是实体经济,是服务经济,不能是金融资本。技术与创新永远是社会发展的主要动力,当一切为资本所左右时,必然出现妖魔,社会必乱。当过分使用资本杠杆时,要考虑带来的恶果。实体经济是金融资本的基础,实体经济虚,无法支持庞大的金融大厦,则其必然倒塌。

经济转型时,如同汽车在高速路转弯时,速度必须降下来。快了,由于离心力作用,必定会翻车,严重时,车毁人亡。中国经济在经历30多年的快速发展,在创造如此多的奇迹后,需要放慢速度,调整快速发展带来的一系列问题,如资源、环境、效率、过剩、贫富、不公、腐败、民生等重大问题,使发展可持续,在这个时候继续保持高速,是不可能的,是要引发危机的。

要回归实体,回归真实,回归自然,回归市场。一切炒作是不能长久的。一切假的,终究会被剥下面具。要尊重自然,尊重市场规律,行政不能长期干预市场,否则会出现相反的结果。对股市,要下决心清理,只进不出,只用不清,是有问题的。要下决心清理,水太浑,浑水摸鱼多,会失去公信力。

我们都是大厦中的一员,都有责任保护大厦,大厦倒下,不会有人幸免。

我们将继续永远不变的承诺,坚持我们一贯的价值观,在三大战略性领域,继续特立独行,扬帆远航,书写新的篇章。

2015年7月8日

池水清清

最近,风暴突然降临,全国关注,领导关注,人民关注。虽然是最近才爆发,特别是"6·26"是一个标志,但却是长期积累,非一日之功,只不过由于最近外部条件催生而已。

要研究池子:

第一,池子太脏。这么长时间,进得多,出得太少,行政审批,专家把关,弊病太多。市场化,就应当让市场决定,幕后不透明,成为特点,好的,进不去,对细小问题,吹毛求疵,缺乏价值判断,条条框框与中央方针不配套,跟不上。质量不好的,进去很多,又没有淘汰机制,因此池子里的质量不高,日久天长,不清理,会出问题。

第二,池子里泡沫太大。池子里泡沫太大就会破。适当的泡沫是可以的,但太大必破。靠炒作概念,炒作题材,炒作风潮,而不是价值判断,不是靠盈利能力,是很危险的。很多长期亏损,但其价格却创世界之最,最终这个泡沫是一定要破裂的。

第三,池子里压力不能太大。可以鼓励与引导,不要过分行政干预,要坚持市场化。对进入者,应有严格要求与警示,风险自担。不能强调利用杠杆,依法严厉打击违规者。

　　第四,让池子自由流动。想进的,符合条件的,不需批,都可以快速进,条件放宽,让交易双方自由决定。进去的,不合适的,允许退。流水不腐,永远保持池子里的是清水,为经济健康服务。

2015 年 7 月 8 日

信心在,彩虹就一定在

今天,股市反弹,我心里除了高兴,还有担心。

因为,股市是市场经济的晴雨表,自由进出是其生命力所在,也是其价值所在,动用如此大的力量,维持股市,是否会违背市场的意志。

国家的意志是高于一切的,在关系国家命运时,要有效集中资源,集中手段,这是没有问题的,关键是应如何出招?因为,毕竟我们是世界第二大经济体,无论朋友,还是对手,都在看着我们。

而股市,本身是市场经济的晴雨表,是为发展经济而融资的巨大资金池,是人们进行投资的最重要、最便捷的渠道与方式,关系着亿万人民的切身利益,一起一伏都牵动着大家的神经。调整股市主要是政策与法律,不能轻易用行政力量,因为过多使用行政,会影响市场经济的健康发展,会使股市不能自由发展,从而丧失其最宝贵的投资与融资功能,而比这个更重要的是人们对股市的信心。

股市,既然是市场经济的晴雨表,那么,起起伏伏,高高低低,赚赚赔赔都是很正常的，我们只能从大波动中寻找深层次的原因，而不要轻易地人为干预，不要轻易动用很强的行政手段去调节。即使短期波动，也不必害怕，只要不破坏规则，坚持规则，就一定有生命力，一定能逐步恢复它的元气，恢复它的功能，使它更具生命力，而使这么大劲，一来会影响市场功能，二来为以后留下麻烦。

股市，要市场化、便捷化、公开化、透明化、法制化，而不要行政化，不要朝令夕改，而要一贯性；更不要成为某些利益集团敛财的工具，而要成为民众最信任的投资理财渠道。

我相信，风雨之后，一定会是彩虹，虽然彩虹不会马上出现，但趋势不会改变。关键是时间，治愈伤口，需要时间，尤其是治疗心灵深处的伤，需要更长的时间，但时间毕竟能治愈一切，对此，我们不必怀疑。

风雨之后，一定是彩虹，无论彩虹何时出现，只要我们的信心在，彩虹就一定在，未来，一定会虹满天下。

2015年7月9日

生命,在坚持中绽放光彩

变化,是我们这个时代的特征。一切都在变,随时随地都在变。

变化,或使你高兴,或使你烦恼,或使你措手不及,或使你倍感意外。

无论是高兴,或是烦恼,都不以我们的意志为转移,一切都是天意,我们无法回避,只有积极面对。

生命,不仅有迭起的高潮,更多的是平淡,还有不少时光在烦恼中度过,更有暂时的低谷。这就是生活,这就是真实的生活。

我们不仅要学会在灿烂的阳光下快乐生活,也要适应在平淡中做好每一件事,更要适应在低谷中的坚持。

毛主席教导我们,最后的胜利往往就在再坚持一下的努力之中。靠着这条真理的照耀,我们在顽强的坚持中逐步改变中日实力对比,取得抗日战争的伟大胜利;按照这条真理,我们在坚持中改变与国民党的实力对比,取得解放战争的胜利,迎来新中国的诞生。

在平淡中坚持,守候随时可能到来的机会。

在低谷中坚持，冲破黎明前的黑暗，迎接光明的曙光。

在积累中坚持，实力的积累是一个很长的过程，要学会适应，坚持努力，量变终会引起质变。

在较量中坚持，最后的胜利在再坚持一下的努力之中，战胜凶恶的敌人，没有坚强的决心，没有顽强的毅力，是不可能的。

在转型中坚持，转型是伟大的长征，是一场历史大突围，是生命的再生，是天堂与地狱入口处的选择。转型，没有现成的大路，必定是弯弯的崎岖小路，少不了要摔几个跟头，但为了生存，为了发展，必须坚定突围，创出一个新世界。

在创新中坚持，新的东西是对旧的事物的扬弃，没有十全十美，不必在意各方议论，真正的勇士，永远敢于直面一切非议，发展的铁一般的事实将使这一切化为乌有。

今晚的星星很少，我们坚持着，坚持着等候，等候星光灿烂的夜空。

生命，在守候中体现价值；生命，在持久坚持中绽放光彩。

2015年7月12日

读《年轻的心》

乘东航前往上海，在飞机上读了新一期《东方航空》(273期)上东航集团总经理刘绍勇的刊首文章《年轻的心》，感想良多。刘总是著名企业家，曾担任多家大型航空公司的主要领导，都有突出业绩，由于工作关系，我乘坐东航多，因此成为东航金卡会员，每次读到刘总在每期《东方航空》的刊首文章，都感到一种振奋，一种新鲜，一种感动，他的文章观点新颖，立意深刻，文笔流畅。

刘总这篇《年轻的心》，讲的是他最近在纽约拜访了美国史带公司董事长莫利斯·格林伯格先生（原美国国际集团 AIG 的 CEO），俗称华尔街的"保险业教父"，虽然已是 90 岁高龄，但思维清晰，精神矍铄，目光炯炯，言行举止散发着不输年轻人的能量与活力。他军人出身，44 岁时出任 AIG 的 CEO，37 年后，AIG 成为在 130 个国家拥有 9.2 万名雇员，资产高达 1800 亿美元的世界第三大金融集团与世界上最大的保险公司，他 80 岁离开 AIG，选择重新创业。

读后思考，由此看来，保持年轻的心，要做到以下几点：

保持年轻的心，要有执着的事业追求。只有在事业上执着地追求，才有永远向上的动力与压力，过去积累的智慧与财富，过去积累的经验与渠道，都是继续事业最宝贵的基础。如果老了，只是游山玩水，不仅放弃了一生的追求，很多事会半途而废，同时也会因玩物而丧志，而且对于游玩，也会日久生厌，加速衰老。

保持年轻的心，要有坚定的信念。信念与理想，都是支撑事业的基础。什么时候动摇了信心，动摇了信念，失去了梦想，必然会意志崩溃，加速衰老。

保持年轻的心，要有平和的心态。不要把目标定得太高，太高了会失去信心，既做不到，也没有可能，定位好很重要，没有平和的心态，同样会加速衰老。

保持年轻的心，要有健康的身体。保持年轻的心，也要保持相同于年轻人的身体。健康的体魄，良好的心理，是保持年轻的心的重要条件，其中运动与安静地休养身心格外重要。

年轻的心，年轻的活力，年轻的状态，年轻的魅力，属于不懈追求着的人，属于永远有梦想的人。

2015 年 7 月 25 日

一个新能源时代的到来

　　日前，国家电网宣布，从现在开始，家庭新能源（光伏发电、风能等），除自用外，可以免费并入国家电网，卖给国家。这是在青岛等22个城市试点的基础上，根据国家减排的目标，为缓解气候日益变暖的严峻形势，切实履行大国责任与义务，同时缓解国内能源与资源枯竭，鼓励大众创业、万众创新的国家战略，预示一个新能源时代的到来。

　　阳光是取之不尽的，如何充分利用太阳能是各国都面临的紧迫任务。其实，普通百姓都会算这个账，都愿意用太阳能发电，但由于体制上不可逾越的障碍，根深蒂固的旧观念，严格的政策限制，都使大家的梦无法实现，在一系列内外因素的推动下，国家果断推行新能源新政，宣告一个新能源时代的到来。

　　新政的推出，将全面呼唤全民的新能源意识，全民对新能源的重视将由被动变成主动，一旦十几亿人民的创新热情被挖掘出来，将会产生推动新能源的巨大力量。

　　新政的推出，将使我国新能源的一切资源得到充分利用。无论城市，还是农村，无论陆地，还是湖泊，无论荒山，还是鱼塘，无论高山,还是大海,无论办公高楼,还是普通民宅,无论南北,还是东西,一切新能源的资源将得到充分利用。

新政的推出,从此打破新能源的神秘,使新能源成为大家的伙伴。

新政的推出,使新能源成为万众创新的渠道,致富的工具,成为全民的最爱。

新政的推出,为根治雾霾创造了条件。

新政的推出,预示一个巨大无比的机会正在向我们走来,预示一个新时代的到来,

我们准备好了吗?

2015 年 7 月 28 日

海水温度上升后

天气一年比一年热，人类过分活动对气候的影响越来越大，减排任务繁重。如果人类不能在减排方面达成共识，采取一致行动，那么，人类的生存极限迟早会到来，越来越热的不可逆过程终将毁灭人类。

海水温度上升后，对海洋生物多样化影响很大。科学家考察了南太平洋，发现那里的海水温度上升了1.5℃，海藻适宜生存温度是4℃～16℃，现在已经到了上限，90%的海藻已经消失。科学家把龙虾放入海中，要把海藻的敌人——海胆吃掉一些，从而恢复因海水温度上升而遭受破坏的海洋生态，恢复海藻——海洋中重要的生态链的组成部分。知道龙虾如此重要，以后再也不想吃了。

海水温度上升，还将在一定程度上减少珊瑚礁的存在，一些珊瑚礁正在减少，海洋生物多样化正在被破坏。

海水温度上升，会不断危及一些岛屿与城市的存在，这些岛屿与城市终将消失，人类生存的空间会越来越小。

海水温度上升，海平面上升，会引发越来越多的自然灾害，海洋会越来越不平静,成为人类的危险对手。

　　这一切,都是人类自己造成的。爱自然,爱大海,爱我们居住的环境,与自然和谐相处,才能相互永久存在,否则,终将失去一切。

　　　　　　　　　　　　　　　　2015 年 7 月 27 日

失去战略制高点后

最近读了《财经》杂志2015年第20期谢丽容的署名文章《重组"绯闻"中的中国联通》，感想很多。

中国联通新增用户急剧下降，到今年的5月为止，中国联通的移动用户数已经连续四个月下滑，如果不出意外，中国联通下半年会出现有史以来最严重的用户下跌。

与此同时，中国移动与中国电信发展良好，中国移动截至今年5月的统计数据显示，其4G用户总数超过1.7亿，比去年12月的9000万相比，短短半年翻了一番。

曾经在3G时代辉煌无比的联通，究竟出了什么事，让曾经的辉煌成为记忆而陷入发展困局？

第一，失去了战略制高点，在竞争中由主动变为被动。4G手机比3G手机有一系列明显优势，特别是上网速度要快20倍，20倍不是小数，如果坚持3G，必定会失去客户，失去市场。

第二，领先时，固守传统，被4G超越。2010年，联通的3G遥遥领先，给中国移动、中国电信很大压力，但没有利用领先的有利时机继续扩大优势，而是固守传统，被在困境中的中国移动、中国电信用4G反超。

第三，在战略上摇摆，一直不放弃3G，又不完全是4G，客户就在这种摇摆的战略中流失。

由此可见，一旦失去战略制高点，发展必然陷入一个困局，会导致发展的停止甚至消亡。任何时候，必须要立于时代潮流，在战略上必须领先，毫不动摇，坚定转型，转出生存发展的宽阔之路，而不是失去制高点，从而陷入死亡之路。

马克思说，在科学的入口处，正像在地狱的入口处一样，必须提出这样的要求："这里必须根绝一切犹豫，这里任何怯懦都无济于事。"

2015年7月29日

冬奥会带来什么？

　　北京携张家口申办冬奥成功，成为将在2022年举办第24届冬奥会与残奥会的举办城市，因此北京成为第一个既举办过夏季奥运会、又将举办冬季奥运会的城市。喜讯传来，神州大地，一片欢腾，充满喜悦，给低迷中的经济打了一针强心剂，虽然没有成功申办2008年夏季奥运会时的庆祝盛况，但也充满喜庆，44∶40，险胜阿拉木图，毕竟不易。

　　冬奥会，会给我们带来什么呢？

　　第一，会推动中国冬奥运动项目水平的提高。我国在夏奥项目上，多次列世界第一，但在冬奥项目上，还很弱。通过这次冬奥会，一定会使我国冬奥项目水平有大提高，从而提高中国奥运项目的整体水平，奥运水平象征国力；

　　第二，会极大推动新能源与各种清洁能源的发展。北京的雾霾治理将达到一个空前的水平，北京天空常蓝不是梦，因为这是中国向国际奥委会与世界做出的承诺；

　　第三，会推动京津冀一体化的进程。这次冬奥会涉及北京与河北张家口，会极大推动与影响京津冀的一体化进程，对于三地的融合与发展是千载难逢的历史机遇；

第四，北京书写历史记录。北京从此成为全球历史上第一个既举办夏奥会、又将举办冬奥会的城市，给北京这座千年历史古都增添新的伟大时代光彩；

第五，中国的国际影响力与国际化水平因此而进一步提高。在筹备冬奥会的六年多时间里与比赛期间，我国与国际上的交往会进一步加深与扩大，我国融入国际社会的速度会大大加快，个别国家试图阻挡我国国际化的阴谋受阻，我国国际影响力空前提高；

第六，会对我国经济发展有重大助推。通过北京与张家口的基础设施与比赛场地（馆）的建设，通过城市建设，通过北京交通设施的全面改善，通过京津冀一体化，通过新能源与治霾专项，通过与冬奥项目有关的一系列承诺的兑现，会有力地推动中国经济的发展，对目前低迷的经济是一针强心剂；

第七，一批冬奥项目人才将脱颖而出。这些青少年面临千载难逢的重大成长成名机遇，面临报效祖国、为国争光的重大机遇；

第八，冬奥会的举办会进一步在全民普及奥运精神，弘扬奥运精神，提高全民体育精神，落实全民健身计划，提高全民外语水平，掀起外语学习高潮，促进教育发展，推动志愿者活动等方面，对提高国民素质都有普遍的意义。

第九，对全球中华民族是个福音。这次险胜，台湾与香港的支持票是决定性的，华人社会乐见中国举办，乐见祖国强大，当年的东亚病夫已经成为两次奥运的主办国，一切爱好生活的华人，不管身处何乡,都会衷心祝贺祖国这一盛事,都会祈祷中国的明天更美好,因为说到底,这不仅是中国人的胜利,也是华人的隆重节日。

2015年8月1日

高负债,是如何形成的?

7月29日《参考消息》转载外电报道,题为:26万亿美元的债务问题正在损害中国的竞争力。

文章说,据普遍估计,中国的巨大债务超过其国内生产总值(GDP)的250%,约相当于26万亿美元,而且在2018年前不太可能达到最高值。这主要是企业负债。内地企业负债率在全世界居前。

国家对于以信贷推动经济发展过于依赖,导致现在每增加1个单位的GDP,非金融企业有1.6个单位的债务扩张。

据我的判断与实践体会,中国企业债务的生成主要有以下原因:

1.融资难与融资成本过高。

赚的钱,往往连利息都还不起,一生都在为银行打工。企业利润艰难,银行往往利好。解决这个问题的关键就是金融不能垄断,要放开,要逐步引入竞争机制,要市场化。如果真正放开了,企业的选择就多了,就不会有这么高的成本了,就不会有这么高的负债了,高利贷也就没有藏身之处了。

2.企业上市难。

企业上市的程序太复杂,审查时间太长,审查的标准太多,审查的内幕不透明,关系与潜规则起很大作用。上市成本太高,让很多好企业望而却步,游离在证券市场外,只有靠借贷。

3.上市后部分企业的钱也难用到真正需要的地方。

上市时设计了严格的新募投项目标准,对已经发生的投资(不管是否借贷)原则上不认,这样一是无助于企业原负债结构的改善,二是新上项目未必合适。这是因为审查周期太长,市场变化太快,看准项目不容易,不能改的僵化原则会使企业背上新的包袱,有些企业上市前不错,上市后转型增长不断,匆匆上新项目,最后亏损倒闭。有些企业,从上市前一个好端端的企业,上市后为了践行"承诺",不惜以死相许,我想这不应该是股东的初衷,而是我们的官僚规定。要允许做出最有利于股东的一切选择与变化,而不是共同去僵死,这种例子太多了。

4.脱离实际的高增长。

经济转型期,是最困难的时期,一切需要调整,不可能仍然保持高速,就如同行驶在高速路上,在转弯处,必须放慢速度,如果继续高速,会翻车。即使不翻车,如果不调整,会继续粗放发展,付出更大成本,负更多的债。

5.企业信誉有待加强。

信誉是市场经济的基础,也是国民素质的体现。中国的经济飞速发展,但人的素质与企业信誉没有同步,仍然不高,市场环境差,法制环境差,地方保护严重,妨碍司法公正,三角债多,欠债正常,按合同付款倒成了不正常,加上很多承诺没有及时兑现,加剧了企业的债务。

6.项目竣工程序多。

一个项目,从开工到竣工,往往要经历一道道复杂的程序,要过五关,斩六将,克服几十个甚至上百个困难,加上政策的多变,让你无所适从;办事的艰难,让你望而生畏,办理最后的几证要付出巨大代价与很长时间。一个投资,不能转为有效资产,发挥作用,由负债转为净资产,这加大了企业负债。手续太多,周期太长,阻力太大,这是到了非改革不可的地步,新常态本来就困难,再不改,不简化,就是自己捆绑自己。

企业的债务,关系企业发展,危及企业生存,影响企业竞争力,关系国家竞争力,如此重大的事,绝不是企业家一个人的事,而是国家的事,全民的事,大家的事,大家都得关心,大家都得推动改革。

2015年8月4日

设计,化腐朽为神奇

　　昨晚,看上海东方卫视《梦想改造家》——立邦漆专题节目,深受感动,不仅为东方卫视为上海最底层普通百姓着想所感动,更为设计师王平仲克服难以想象的困难所感动。在100年前的老房子基础上,在夹缝的夹缝里,在与邻里矛盾冲突尖锐,在完全不可能的条件下,他大胆创新,一次次精心设计,变不可能为可能,化腐朽为神奇,为身患严重疾病,不能行走的周渊和他的父母、妻子一家三代五口人,创造了一个现代生活的新天地,犹如从地狱到天堂之感。

　　梦想是好的,但现实是残酷的,百年的老房子,没一面是完整的墙。煤气管、电线等纵横交错,屋子四处漏雨,危险性极大。一家三代人,只有一个小卫生间,周渊上厕所必须有人扶着,从楼梯上滑下去。爷爷为了保证孙子睡好,每天只能弯曲着睡在柜子里。一张小饭桌,只能容下3个人,但硬是挤了5个人,同时还是切菜案板,还是孙子的学习桌。如此拥挤的吃饭场所,还是邻居(堂哥一家)上楼必经之地,人只能侧走,邻居关系又紧张,我确实无法想象,也从来没有见过在如此恶劣的条件下、如此在生活的夹缝中生存与挣扎的人们,因此深受感动。感谢节目,感谢立邦漆，特别感谢神奇的设计师王平仲，使梦想成真，点石成金，变不可能为可能，化腐朽为神奇。

化腐朽为神奇，一定要对业主有深厚的感情，有强烈的责任意识，没有这个前提，遇到这么多困难，一定会退缩的。

化腐朽为神奇，一定要精心设计，反复修改，好作品是改出来的，如此复杂的项目，一蹴而就是完全没有可能的，只有反复修改，才能点石成金，废料成精品。

化腐朽为神奇，要有巨大勇气迎接挑战，要有解决困难的充分信心，决不在困难面前后退半步。

化腐朽为神奇，还要有解决问题的智慧与思路，思路决定出路，智慧化解困难，不懈推动进步，努力取得成果。

化腐朽为神奇，变不可能为可能，设计是关键，设计是灵魂。实际上不仅是房子改建，就是再巨大的改革伟业、工程宏图、社会事业、城市规划、城市地下综合管线、企业发展、产品革新、新的商业模式等，设计，尤其是顶层设计最为重要，没有好的设计，没有宏伟的蓝图，没有准确的图纸，一切无从谈起。设计，是建设的灵魂，也是发展的灵魂、改革的灵魂。

设计，是一项创造性的劳动，是一项无比神圣的事业，我们要爱设计，把每一次设计、每一个项目，看成是我们责任的体现，爱心的体现，创造力的体现，用我们的智慧与努力，不断点石成金，化腐朽为神奇，使人类更加幸福，社会更加美好。

我们都应当向王平仲设计师学习。

2015年8月5日

科学发展，是城市的生命

　　天津"8·12"特大爆炸事故，震惊国内，影响海外，多少鲜活的生命被火灾夺走，而消防官兵的死亡人数创新中国成立以来之最，人们心疼这些英雄，敬爱这些战士，认为他们是这个时代最可爱的人，同时大家都为在爆炸事故中无辜牺牲的人们致哀。

　　痛定思痛，我们不仅要问天津怎么啦？我们的城市怎么啦？

　　从报道看，天津滨海新区有五个化工区，从卫星上看，化工厂遍布天津市。化工，当然是生活中不可缺少的行业，同时化工必须远离办公，远离民宅，这同样是更重要的原则。

　　发展，当然要快，但必须是科学的，但保证科学的贯彻要有一定新闻监督，公开透明的信息，公开透明的制度，公正严格的司法体系。显然，一些朝令夕改的政策，不断任意调整的规划指标，不断改变的建筑物用途，使很多原本可以避免的悲剧上演。

　　对一个城市而言，是GDP重要，还是市民的安全重要？是GDP重要，还是城市的科学发展重要？是GDP重要，还是市民的幸福与方便生活重要？这是我们在快速发展中必须考虑的问题。

　　报道说，这次爆炸现场不远处，散落有很多大型楼盘，民宅离危存物存放处如此近，谁批准的，该如何担责？

实际上，不仅是天津，其他不少城市也有类似问题，在个别领导的主观意志下，把危险性大、污染严重的化工厂放在具有千年历史名城的宜居之地，民众抱怨，盼望能正本清源，解决这个问题，避免再有危险发生。

现代城市，规模越来越大；科学发展，对城市越来越重要。随着城镇化发展，城市与乡镇将是人类的主要居住地，我们必须科学规划，法治保证，公开透明，让每一个市民都有参与城市发展的权利，让每一个市民都有知道城市发展情况的权利，只有这样，城市才是安全的，市民才是幸福的。而不能任由个别人，违反科学乱搞，城市的发展必须规划先行，科学发展，否则就会留下很多无法去掉的后遗症。

我们必须高度重视天津"8·12"特大爆炸事故带来的惨痛教训。

2015 年 8 月 15 日

股市，如何能不动荡？

　　我在7月初预计，股市将继续动荡，8月过去了，动荡依旧。股市的持续动荡，引起大家的不安。现在实体经济发展需要资本的支持，各行业发展需要资金的支持，但如此动荡的股市，又如何能承担起这样的责任呢？

　　我认为以下一些因素，我们是要考虑的，往成熟资本市场不断靠拢，我们的动荡就会少一些。下面的观点供参考。

　　第一，一个成熟的资本市场，应该是稳定的，不应是多变的。不能靠源源不断的文件来维持，文件太多，变化太多，让大家不知所措。多变的规则，缺乏稳定感，无法使人适应。

　　第二，一个成熟的资本市场，必须靠法治来维持。我们每一届领导班子都有新的思路，都在通过行政手段随时改变；而法律文件是要通过人代会，是向全社会公开的，这样就会稳定很多。西方资本市场的法规长期稳定，有的几十年都不变，而我们几乎是儿戏，一年中会有不断的文件补充规则。

　　第三，一个成熟的资本市场要市场化，不能行政化。靠行政审批，靠关系，靠特权，不公开信息，不透明，结果就失信于民。市场的力量是强大的，不是行政能改变的，不是一个人能主导的。行政能干预的，就不是市场经济；一个人能主导的，就不会得到公众支持，是存在不下去的。资本市场规模越来越大，无论从规模或是从资本市场的性质，行政都不能托市。如果行政能托市，那么，资本市场的存在也就没有意义了。

第四，一个成熟的资本市场，是以投资为主的。现在我们的股市是以炒作为主的，炒股是全民意识，当然这也是对付中国多变的股市政策的唯一办法，但都是炒作，市场就不能健康发展。

第五，一个成熟的资本市场，是大众的投资渠道，不是少数特权人的玩物。有些特权阶层的人，利用特权，利用上市公司，利用政策，大量圈钱，从来不回报投资者，这股势力成为危险资本市场发展的一股力量。

第六，一个成熟的资本市场，有着严格的纪律，有详尽的法规，对违规的处罚必须很重，否则，无法维持正常的市场秩序。但现在是高高举起，轻轻放下，处罚太轻，没有威慑力，违规成为常态，使原本很乱的市场更加无序了。

第七，一个成熟的资本市场，必须重视价值判断，而不是引导人们短视，或用一些本不太靠谱的数据转移大家的视线。价值，是企业的生命，很多情况下，很难用现在的数据反映，这个判断权应交给大家。

第八，一个成熟的资本市场，必须是在规则范围内，能自由进出的，不受行政力量的干预。自由是市场经济的生命，是市场经济活力所在；没有了自由，缺乏自主选择，不可能是真正的市场经济，因而也起不了资本市场应有的作用。短期内，为稳定市场，采取一些措施是必要的，但不能总是这样，总这样，要素不能自由流动，不能实现价值规律，就无法发挥市场经济的作用，是扭曲的资本市场，必然动荡。

第九，**一个成熟的资本市场，必须是专业的市场**。在国外，特别是西方国家，投资股市，主要是通过专业基金来实现。我们是鼓励全民投，一人可以开多个账号，成为证券史上的"美谈"。

第十，**一个成熟的资本市场，进入者必须能承担风险**。股市的涨涨跌跌，上上下下，起起伏伏，是很正常的，这是市场与企业经营情况的反映，也是投资者价值判断的反映，不能要求股市永远涨，赚了是自己，赔了是政府，必须要对投资可能存在的风险承担责任。

第十一，**一个成熟的资本市场，一旦建立，必须远离政府，让市场按规则健康运行**。政府或政府主管的舆论，不能轻易导向，更不能误导，误导会产生严重后果。政府只能用法规维持资本市场正常运行，并按程序适时补充修改法规。

第十二，**一个成熟的资本市场，必须要有效率**。现在审批程序复杂，审批时间太长，对那些没有关系的企业，无论重组还是IPO，都需要2~3年或更长时间，市场环境变化太快，原来的基础条件，原有的募投项目往往已经变化了，机会或许早没有了，这样会拖垮（实际上是常事）企业，特别是对募投项目的僵化要求，不顾实际，从条文出发，更是害人。

第十三，**一个成熟的资本市场，必须能进能出，才能正常运**

行。现在我们审查制度本身问题多，进去后从来不清理，沉渣泛起，池子太脏，就像一个人，不能正常吐故纳新，还会有生命力吗？还能有活力吗？等待这个市场的只能是衰退。

第十四，一个成熟的资本市场，必须是多层次的、多元化的。我们现在表面是实现了多层次，实现了多元化，但由于审批还是一个单位——证监会，因此实际是多面化，不是多层次。多层次，就是要按照交易性质，放权给下面，放松资本市场的管制，把权力真正放到企业与投资者手中，政府只是监管而已。现在上不了市，也能发债券，也没有更好的融资渠道，复杂的审批程序，让你望而生畏。

第十五，一个成熟的资本市场，必须有健康的理念，必须以回报为前提，现在上市企业大都为了圈钱，投资者为了短期内赚钱暴发，而不是长期投资，这样的市场无法不动荡。

只要动荡的条件还在，股市就会继续动荡，直到我们真正市场化了，真正规范化了，我们才会好起来。或许，这是个没有期限的过程，但有希望总比没希望好。

2015年8月22日

创新，是生命的源泉

　　人类，在起源、生存、发展的过程中，经历了漫长的岁月，每一步，都是突破自我，创新模式，最终适应人类的生存环境，顽强地生存下来。由此看，创新，是生存的要求。

　　人类，在发展中不断遇到资源、能源、环境、气候、通信、各种疾病、各种灾害与增长极限等的考验，都是靠不断地发现、发明与创新，在解决问题中发展。由此看，创新，是推动发展的主要动力。

　　创新，就是赋予生命以活力。活力，是生命的象征，是生命的内涵；创新，可以激活生命；给生命注入活力。由此看，创新，是活力的源泉。

　　创新，就是突破发展极限。事物发展到一定时候，就会出现滞胀，发展的生命就会停止。创新，可以换个发展模式，突破发展瓶颈，重新开启新的发展之路。互联网的应用，为各行业发展找到了最宽的路径，市场放大了很多很多，互联网连接无限，开拓未来，互联网的革命，就是一场伟大的创新。由此看，创新，突破了发展的极限。

　　创新，使生命之树常青。变换一个思路，可以获得新的天地；调整一个组合，会有不同效果；改变一个排列，会出现七色彩图。由此看，创新，可使生命之树常青。

　　创新，要求不能永远重复自己。创新，就是不要重复自己，重复是枯燥的，乏味的，没有新意的，要经常思考，如何不重复自己，如何在每一次重复中提高，如何改变自己，在重复中创新。由此看，创新，不能永远重复自己。

　　创新，要敢字当头。不要什么也不敢想，什么也不敢干。人的一生，机会有限，不能把握千载难逢的机会，会后悔一生的。敢想，敢说，才能勇于创新，闯出新的天地。由此看，创新，必须敢想敢干。

　　经济新常态，发展速度降下来，要靠改革，靠转型获得新生，而统领改革与转型的是创新。创新，永远是人的灵魂，企业的灵魂，是一切思路的源泉。在改革与转型中，面临一系列复杂问题，面临一系列挑战，只有创新，才能解决问题；只有创新，才能解决出路；只有创新，才能使生命之树常青！

2015年8月27日

新常态下如何发展

新的发展，需要开发新的客户，新的合作伙伴，新的区域；越大，越快，越好，发展就会走在前面；在新常态下，要有非常态的努力；在危机中，要有更加坚决的改革精神，更加努力的工作态度，不放过每一个可能的市场大机会，不放过每一个可能的大客户，不放过每一个可能的大合作伙伴；而大，往往是从小开始的；多，也是从少开始的；强，总是从弱开始的；坚持不懈，终成奇迹。这里，坚决，坚持，是十分重要的，只要我们做到这些，我们将在危机中，进一步拉开与对手的差距，加速自己的发展。

在危机时期，在新常态下，要调整心态。不会再有暴利的项目，在风险可控的情况下，薄利也要做，首先要考虑生存，其次才是发展。

不做，就没有机会；而做了，就会带来新机会。这个机会就是在项目过程中，随着与业主关系的建立，信任的加深，可在其他项目中找回来；或存在其他更好的机会；总之，机会是动态的，稍纵即逝的，由小到大的，我们必须从战略上充分把握。

新常态下，谁拥有更多的客户，谁拥有更大的客户，谁拥有更好的客户，谁就拥有更好的现在、未来，拥有更好的天下。

2015 年 9 月 2 日

在国家阅兵日的思考

今天,是庆祝抗日战争胜利70周年国家阅兵仪式,随着习主席讲话和阅兵的开始,人民解放军威武雄壮的检阅部队闪亮登场,一队队充满自信,充满力量,充满美丽,空前整齐,万众一心的方阵亮相,代表中国实力,展示中华民族的伟大,惊艳全国,轰动世界,作为中国人,无比自豪,完全可以告慰光荣的先辈。在这个光荣的节日,我们有很多思考。

思考一:国力强盛是一切的基础。国力昌盛,各业兴。从经济,到外交,体育,文艺,科技,教育,再到军队国防,无不一一体现出来,这里,经济是发展的基础,是实力的基础。

思考二:推动经济发展的主要原因是三十多年来稳定的政治环境、持续的改革开放政策,而这些来源于我们党的宗旨,我们改革的决心,改革的信心,改革的思想,改革的方法等,其中开放是最重要的,只有通过开放,看看外面的世界,争取国际社会的合作与帮助,才有我们今天的格局。而当年抗战,也是由于国内外广泛的反法西斯联盟,有这么多国际力量与国际友人的支持,才有抗战的胜利,因此,我们必须继续坚持更加开放的政策,推动国家的进一步发展。

思考三：中国需要更多的朋友。这次有俄罗斯普京总统、韩国朴槿惠总统等50多个国家的元首、政府首脑或代表参加阅兵庆典，反映我国的巨大影响力，但所谓代表西方文明的美国与欧洲国家的首脑一个也没有来，这说明，我们虽然经济总量很大，但要获得国际社会的完全认同，真正融入国际社会，还需要时日。

思考四：一切都在变。就在我们庆祝反法西斯胜利与庆祝抗日战争胜利70周年之际，太平洋彼岸的美国总统奥巴马发表声明，现在美日关系由于价值观的相同，已经由当年的对手成为深度战略合作同盟。而反过来看，中美之间的合作关系正在悄然发生变化，这就是当今的世界，世界的利益格局正在变，没有永远的敌人，也没有永远的朋友。

思考五：阅兵以后怎么办？要把阅兵后受到的巨大鼓舞，用到发展上。对国家而言，要进一步加快改革与开放，加快市场化进程，加快国际化进程，争取国际社会的更多承认，使中国在国际事务中有更多的话语权，使中国对人类有更大贡献；对企业而言，要加快合作与开放，争取更多的支持，共同发展，壮大实力。

阅兵庆典堪称完美，感谢无数官兵与工作人员用汗水、忠诚与生命，演绎如此壮观的盛大庆典，必将永久地留在我们的脑海里。说到缺憾，合唱团没有女声，缺少了动听与吸引力，歌曲的选择个人感觉应当加入《到敌人后方去》《大刀向鬼子们的头上砍去》等在国人心中耳熟能详的歌曲;仪仗队女兵参阅,是阅兵的亮点,但给的镜头实在太少,很失望。

2015年9月3日

生命的价值

在一场文化与产业的盛宴后，思考生命的价值。

生命的原则，在于生命的目的，在于对生命的理解，在于对生命价值观的理解。价值观，是生命的底线，是生命的原则。

生命属于谁，生命属于大家。就是要为了大家而努力，为大多数人的利益而奋斗，这样的生命才会有意义，这样的生命才会发出芳香。绝对无私不可能，但先公后私，先人后己，关键时刻为大家挺身而出，这是能做到的，这样的人，永远被大家爱，实践会检验，历史会评判。

生命的幸福，在于一种满足。实现了目标，就是幸福。大家的利益实现了，心中就是最大的快乐，个人的那些，实在算不了什么。没有国家，哪有大家；没有大家，哪有个人，离开了集体。离开了团队，个人什么都不是。因此，为集体，为团队，就是为自己。

生命的目标，在于奋斗。奋斗，就是努力；奋斗，就是不平庸；奋斗，就是一生要做成几件事；奋斗，就是要不断挑战自己；奋斗，就是要不断尝试新的东西；奋斗，就是要敢于创新，勇于创新，敢于斗争，敢于胜利；奋斗，就是要有足够的自信，百倍的努力，不达目的决不罢休的精神。

生命的价值，在于独立。一个没有独立的性格的人，是做不成什么事的。独立思考，自主决断，是生命充分释放价值的基础，只有独立决断、行动自由的人，才能有好的发展空间。

生命的青春，在于怒放。生命，必须永葆青春，只有精神的生命才会长久，自然的生命瞬息而过。革命者永远年轻，说明有信仰的人，有明确目的的人，生命永葆青春。青春的生命，处处显示蓬勃的活力，时时保持昂扬向上的状态。

生命的快乐，在于分享。开放合作，是当今社会的主旋律。没有开放，思想禁锢，什么也做不成。而合作，可以获取最大资源，可以实现共赢。一切成果，要善于与大家分享，要和合作伙伴分享，要和家人分享，要和社会分享，要和组织分享。单打，难以成功；合作，可以共赢；独享，不能长久；共享，可以永远。

生命的成功，在于坚持。任何事，都不容易。做成事，会遇到许多原本想象不到的阻力，许多无法事先估计的困难，能否成功，关键取决于坚持的决心，取决于坚持的勇气、力量与智慧。很多人的失败，在于临门一脚的软弱。

生命的转折，在于调整。外面的世界，变化太快；外面的世界，变化太多；外面的世界，在变化中更加多元，更加精彩，更加复杂。要审时度势，善于识别市场的变化，识别人才的变化，最快地调整，调整思路，调整战略，调整策略，调整应该调整的一切，只有调整，生命才能出现转折。

生命的跃进，在于把握机会，实现突破。每把握一个机会，就是取得一个突破,每取得一个突破,就使生命实现跃进。把握机会,要大胆、果断,不要患得患失,"该出手时就出手,风风火火闯九州"。机会,稍纵即逝,失去了,不再回来。当然,是机会,还是陷阱,还是要谨慎判断,决定了,果断出手。

生命的伟大,在于责任。这个责任,是社会责任,是集体责任,团队责任,家庭责任,领导责任,历史责任。有了责任,必有勇敢,必有无畏,必定不怕一切;有了责任,必定善心满天下,行善寻常事。

生命的力量,在于淡定。凡事从容不迫,紧张有序,无论何时,都不惊慌失措。因为任何惊慌,都无济于事,惊慌,会失去理智,行动失控;而冷静才能出智慧,出办法。

生命的智慧,在于思考。世界是多元的,是复杂的,是变化的,而且变化速度很快,要勤于思考,不断调整,才能适应变化,适应发展。如果生命失去了思考,那生命也就没有意义了。

生命的健康,在于运动。生命,在运动中调节;生命,在运动中新陈代谢;生命,在运动中常青;生命,在运动中保持健康。

生命之树常青,是因为深深懂得生命的珍贵,珍惜生命中的每一分,每一秒,努力创造生命的奇迹,不断攀登人生永无止境的高峰,真正实现生命的价值。

2015年9月18日

撒落的珍珠

珍珠,是珍藏的瑰宝,富贵的象征。

一颗颗珍珠,只有穿在一起,成为珍珠链,才有价值,才能放射夺目光辉。而撒落的珍珠,没有形成珍珠链,失去了价值,其光辉也必将被淹灭。

小,不是弱的理由;大,也不是强的必然。关键是要小而强,大而强,如果小能强,就一定能战胜大而不强。

最近,抗战的经典影视作品,成为我们人家的最爱。经过两万五千里长征,红一方面军到达陕北时,只剩了8000人,后来三军会师也只有4万多人。抗战开始时,八路军也不过5.5万人,与300多万武装到牙齿、训练有素的日本兵、几百万国军比,实在算不了什么,而且又在穷陕北,党内也面临很多不同意见,但在毛泽东的英明领导下,运筹帷幄,决胜千里,这支英勇的部队,逐步壮大,打败日本兵,最终又迅速打败蒋介石几百万大军,成功建立了伟大的新中国,党和她领导的军队,像璀璨夺目的珍珠,在全世界闪闪发光。

在延安,在宝塔,珍珠闪光,主要是因为英明领袖与团结无比的团队。

这支队伍人数少,但一心为祖国,为民族,为大众,目标一致,团结无比,无私无畏,信念坚定,云集精华,英勇无敌,以一当十,以一当百,创造天下奇迹。

是珍珠,就会闪光,但要组织起来,团结起来,形成无法阻挡的合力。没有穿起来,珍珠就会撒落,就会被永远埋没。

任何团队也是一样,可以有不同的想法,但目标要一致,思想要统一,不能各行其是,要服从大局,一心为大家,在珍珠链中守住自己神圣的责任,保护好珍珠链,不能分开,分开后,就像撒落的珍珠,没有力量,没有战斗力,没有价值,没有声音。

不能保证所有的珍珠永远闪光;有些曾经的珍珠,已经失去光芒,终被淘汰;只有融入团队的珍珠,才永远美丽。美丽的珍珠链,一定永远璀璨夺目。光荣的历史不会改变,优秀的传统永在,灵魂在,团队就在,光彩的未来就在眼前,团队的力量永远无敌。

让我们珍爱这珍贵的珍珠吧,珍爱这价值连城的珍珠链吧!

珍珠,在银河系中永远闪光!珍珠,在人间永放光芒!

2015 年 9 月 25 日

如何在经济新常态下突围

一、经济新常态下出现的新趋势

经济新常态下正在出现五个重大的新趋势:

第一是向品牌集中。

品牌正在成为新常态下经济发展的风向标,经济发展的集中点,越来越多的资源正在向品牌集中,品牌巨大的号召力在低迷时期依然极具影响,而且更具影响。相反,不是品牌的,生存就会越来越困难,没有特色的中小院会出现一股倒闭潮,没有品牌的大院也会越来越难。十一科技是著名的品牌,在高科技(电子与生物)、新能源、物流等方面已经形成了强大的品牌,在市场上极具号召力,市场影响力深远,纵观院总部的情况,1~9月份的情况表明,院总部在竞争如此激烈的情况下,稳中有升,品牌的影响力功不可没。

备注:这是赵振元同志在2015年10月8日院生产计划会上的讲话要点,根据本人讲话进行汇编。

第二是向优势集中。

优势是竞争的资本，一定要集中优势，这个优势包括技术优势、人才优势、经验优势、资本优势、资源优势、政策优势、公关优势等。实践证明，凡我院优势突出的领域，我们会获得很好的市场占有率，获得很好的利润率，因此，我们一定要加强创新，提高院的优势度。

第三是向信誉好的企业集中。

信誉，是市场经济的基础，是起点，也是终点，同时也贯穿于全过程。合同是信誉的保证，服务是信誉的体现，越是经济下滑，越是价格降低，我们越是要做好服务，做好项目，让客户确实信赖我们的信誉，长期以来，我们很多客户之所以不离不弃，一直选择我们，就是因为我们的信誉，生物院张栋梁同志介绍，很多大的生物项目，我们的竞争对手一降再降价格，即使有些项目提出了免费设计，业主还是把项目给了我们，这说明信誉的力量是无价的，我们要珍惜这份信任，不惜一切代价做好项目。

第四是向规模企业集中。

在经济低迷时期，规模太小的企业经不起市场经济的大风大浪，也不太容易获得客户的信任，因为没有经济赔偿能力，船太小容易翻船，也经不起风浪的折腾，只有航母级的规模，又有战舰的灵活，才能适应不同情况的发展。因此，我们要稳步提高我们的资产总量，提高我们的企业规模。

第五是向大客户集中。

我统计了一下我们的重要项目来源，约70%以上，是我们的大客户，是我们的老客户，这些客户具有响亮的品牌，雄厚的资本实力，良好的市场信誉。

二、经济新常态下五个"依然"

在经济新常态下，存在以下五个"依然"：

第一，转型之路依然难。

转型是一个过程，不会一蹴而就，一蹴而就的转型是不存在的。因为如果转型太简单了，大家都去了，蓝海也成了红海了，要给总院投资三年期，三年后投资会开始见效，时间太短了，无法实现原定的目标，实际的执行往往比计划的要复杂得多。

第二，发展困难依然大。

目前，经济的发展处于低迷期，而且由于全世界的环境，再看看三十多年积累的问题，不会是个短时期，我们会遇到各方面的挑战，不少项目会由于投资得不到落实而停顿下来，我们发展的困难会很多，障碍依然很大。

第三，各种风险依然大。

在经济低迷时期，原来不是风险的，都可能转变为风险，比较明显的一个例子是，现在好的总承包项目越来越难找了，今年几乎一个都没有，条件都十分苛刻，弄得不好就会跌入泥潭，掉入陷阱，这种情况与去年相比很不相同，这说明经济基本面已经发生了很大变化，无论总承包与投资，都具有很大风险，必须谨慎。

第四，市场合作空间依然大。

由于中国经济的总量已经位列世界第二，即使经济增长率在

6%~7%，也还是很大的量。同时，由于受内外环境的严峻挑战，中国也只有发展一条道路才能应对。因此，无论如何，发展是硬道理，而且十一科技的突出优势与国家的发展方向、人类的发展方向是完全吻合的，高举我们的品牌，整合我们的优势，联合一切可以联合的力量，整合一切可以整合的资源，全面加强院内外各种层次的合作，提升我们的竞争力，我们依然会有很大的市场和发展空间。

第五，产业链优势的空间依然大。

十一科技已经决定，将新能源与物流建设成完整的产业链，新能源项目已经在进行中，相信不久会有突破，而物流的项目本月将正式开工。如此大规模的信息产业园，必将很好地带动院设计与总承包一体化的建设，带动投资收益，我们在产业链的发展方面刚刚起步，空间很大。

综上，我们要正确分析经济新常态下的问题，寻找自己的优势，高举品牌，扩大合作，实现十一科技继续稳步增长，向着国内一流的大院挺进。

2015 年 10 月 8 日

走自己的路

路,就是发展的路线;路,就是行进的方向;路,就是人生的轨迹;路,就是战略的走向。

人生,要有路线图;企业,要有路线图。路线图,在心中,在自己,在发展中寻找,在实践中摸索,用无数经验教训铸成,由胜利证明。

路,靠自己走,别人无法替代,最多别人背一段,最后还得把你放下来。

路,只有自己定。只有定了走什么路,才能辨别方向,才能找到目标,才能找到感觉,才能集中力量,才能聚焦目标,才能整合优势,才能发起冲刺,才能实现理想。

路,靠自己走;自己的路,自己选择;自己的路,自己懂;自己的事,自己办。

路,靠自己选。只有自己,最了解自己的能力,自己的优势,自己的梦想,自己的情感,自己内心的真实世界。

走自己的路,就是形成自己的目标,自己的定位,自己的特色。

　　走自己的路,就是与众不同,不模仿别人,不照抄别人,而是致力于创新发展自身。

　　不羡慕别人,不嫉妒别人,不嫉恨那些过去的事,过去的,都过去了,重要的是现在,坚定地走自己的路。

　　自己的路,很合适,别人的路,很好看。鞋是否合适,只有自己最清楚。在风光后面,家家都有一本难念的经。

　　坚定地走自己的路,这是生存的唯一选择;坚决地走自己的路,这是发展的唯一希望;毫不犹豫地走自己的路,这是历史的选择,我们无法更改。

　　世上没有两样完全相同的事物,绝不存在两条完全相同的路。

　　自己的路,很精彩;自己的路,很风光;自己的路,很自由;自己的路,很安全;自己的路,最有底;自己的路,最特色;自己的路,很宽广。

　　路,在行进中越来越宽广;路,在行进中越来越精彩;路,在行进中风险越来越大;路,在行进中景色更加迷人。

　　自己的路,不孤单,有同伴,相互依靠;自己的路,常纠偏,准确把方向。

　　没有什么圣人,没有什么先知,可以一开始就设定完整的路线图,只能是有个方向。

　　路,总是先走起来,才能感觉,才能发现机会,把握机会,扩展机会,将小机会变成大机会。

　　事,总是先做起来,才能知道难度,在做的过程中,调整自己。

大胆地走,不停地走,只有走,才能有机会;不走,不动,就没有机会,失去了机会,就什么也没有了。机会不会自己从天上掉下来,而是靠争取,靠努力,靠行动。

走了,就活了,就有希望了。问题总会有,在过程中解决,再好的设想,与实际也会有距离,与其关在屋内苦苦思考,不如先走起来,在行动与实践中解决,有什么问题,解决什么。

在行走中调整,在行走中发现精彩,在行走中发现风景,在行走中发现新天地,在行走中开辟正确道路。

走路,关键是行,而不是说;做事,关键是落实。

走自己的路,让别人去说吧! 重要的是发展的成果,决定的是方向的正确。

走自己的路,让别人去说吧!

无数的精彩,在坚持中闪光;无数的梦想,在坚持中实现;无穷的乐趣,在坚持中得到。

路,越走越宽广;路,越走越光明。

2015 年 10 月 14 日

从苹果手机的惊人利润谈起

据10月9日《英国每日电讯报》网站报道（载于《参考消息》），苹果手机（iPhone）的利润占整个移动行业利润的90%，而三星占了剩余利润的大部分。大多数手机薄利或亏损。

这个数据，也许还有一定的不准确性，但苹果手机惊人的高利润已是不争的事实。苹果公司最新财报显示，第三季度净利润达107亿美元，最新款手机创下销售纪录，三天内卖出1300多万部。

苹果手机的利润为什么这么高？

我认为有多方面原因，而以下一些原因或许值得我们注意：

一是苹果手机的创新。苹果手机是软件与硬件的完美结合，7000多项专利支持了苹果手机的发展，而自己的操作系统，更具特色，更能个性化，强大的语音、音乐、游戏功能，其他手机无可比拟。

二是苹果手机的产品线。产品线并不是越丰富越好，苹果手机到现在也只有六代产品，与当前眼花缭乱的手机市场相比，苹果手机是单调的，而正是这简单战略，反而成功。太多的产品，使客户无法选择，无所适从，有时候，简单也是美，也是一种更强大的力量。

三是苹果手机的市场定位与定力。苹果手机的定位一直是高的，人们不仅把苹果手机作为通信工具，也作为艺术品，还作为身份的象征。要受到中高档消费人群的喜爱，过低的价格反而是障碍。用产品的质量与品牌，保持较高价位，保持自己的市场定力，不随波逐流，也是苹果手机成功的原因之一。

四是苹果手机的品牌。苹果公司是全球市值最高的公司，按最新的 2015 年 10 月 14 日收盘价 110.21 美元，股本是 9.3 亿，苹果公司的市值是 10249 亿美元，外界一致认为，苹果公司还有很大的发展潜力。

当然苹果公司的成功，还有其他重要原因，比如伟大的乔布斯，就是苹果公司成功最重要的原因等。

2015 年 10 月 15 日

稳定，是发展的基石

变化，是我们这个时代的特征；变化，是我们这个国家的象征；变化，是我们政策的属性；变化，是改革的代名词。

社会的发展，改革是必要的、必需的，但需要在法制的规范下，需要统筹。

除了变化外，发展更需要稳定，更需要持续。只有稳定，才能稳住信心；只有信心，才能有决心。

没有稳定，多变的政策，让人无所适从，缺乏稳定感、安全感，从而失去信心。常言道，信心比黄金贵，没有了信心，就没有了理想，没有了希望。

每一个部门，每年都有很多的文件，都有让人无法准确理解的政策，有些文件，不仅重复，而且自相矛盾。

以股市为例，我们已经有26年的历史了，每年还是有很多个文件，而美国等西方国家，或许几十年都不会对法则进行修改，因为西方修法程序是极其严格的，无人能驾驭法律之上，行政权是受到严格限制的。

由此看来，法治尤为重要，如果把很多立法权交给人大，就会慎重很多,但我们往往为了追求所谓的效率,让行政超越一切,带来很多难治的后遗症。

以新能源为例,每年不断出台的各级文件,一个接一个,政出多门,每一个文件对投资者都是新的考验。

不管我们改革了多少年,也不管经济总量达到多少,缺乏法制保护的市场经济是缺乏竞争力的。

市场经济的生命力,在于市场经济的自我调控与修复能力,如果都用行政主导,那么,市场经济就没有活力,市场经济也就没有意义了。

我们要在实践中要逐步加大法制的分量,增加对法制的敬畏,更多地尊重市场的法则,尊重市场的规律,更好地发展经济。

2015 年 10 月 16 日

决胜于千里之外

参观西柏坡纪念馆与党中央原所在地的遗址，是在心中久存的愿望；看看西柏坡，这心愿一直在心中涌动；寻找一代伟人毛泽东与他的战友们，在离开延安后的足迹，是心中一直的梦想。

今天，这个心愿终于实现了，我心中的激动难以言表，按捺不住这高兴的情绪，急急向西柏坡进发。

到了西柏坡，在朋友的安排下，首先看了镇馆之宝——约18分钟的珍贵影像史料，再现毛泽东和他的亲密战友周恩来、刘少奇、朱德等老一辈革命家的伟大风采，再现以三大战役为主线的解放战争波澜壮阔的战争场面，再现土地革命的深刻变化，一下子仿佛回到了那个年代，那段峥嵘岁月，那个创造历史的日子。

馆里的领导找了为中央领导解说的优秀解说员为我们全程精彩解说，许多书本资料上没有的精彩故事，通过她的解说，深印在我们的脑海里。

毛泽东在西柏坡，生活不到10个月，但在这里先后召开了著名的"九月会议"，吹响了战略反攻的号角，拉开了"三大战役"的序幕。而党的七届二中全会，则使"两个务必"成为主旋律，由战争走向建设,是一个根本转折,不重演李自成的悲剧。

看着毛泽东亲自起草的197封电报,这些电报犹如千里眼,对"三大战役"了如指掌,对战况发展判断如神。

决胜于千里之外,运筹帷幄,在如此不起眼的指挥所,指挥千军万马,指挥全世界最大的战争,最著名的战役,书写世界现代军事史上最辉煌的一页。

决胜于千里之外,无线电波从这里发出,作战指挥室"不发钱,不发粮,不发人,只发电报",这些电波发向前线,发向战场,犹如重磅炸弹,颗颗炸向敌人心窝,歼敌百万。

决胜于千里之外,只要战斗不停止,无线电波就永不会消失;战斗停止了,我们胜利了,电波仍然永远在我们的心中。

决胜于千里之外,是伟大领袖的宏大战略眼光,博大精深的学问,充满智慧的头脑,身经百战的经验。

决胜于千里之外,是因为解放战争是正义的,正义的战争必然获得人民支持,兵民是胜利之本,如此宏大的支前队伍,反映了人心的向背,奠定了胜利的基础。

决胜于千里之外,这里是井冈山的火种的继续,这里是南昌起义的继续,这里是红军苏区坚持斗争的继续,这里是二万五千里长征的继续,这里是遵义会议正确路线的继续,这里是延安十三年艰苦岁月的继续,这里是一切的总清算。

在经历了无数的风雨,毛泽东的指挥艺术,炉火纯青,达到前所未有的高度,毛泽东在西柏坡创造的指挥奇迹,毛泽东、周恩来等领导人的光辉业绩与永久魅力,千年留,万年存。

在经历了无数的坎坷，我们的党壮大成熟，众星灿烂，团结在毛泽东同志的旗帜下，在西柏坡，在全国写下辉煌。

新中国从这里走来。这是西柏坡的历史地位，这是西柏坡的历史贡献，这是高高耸立的丰碑，这是无人企及的历史高度。

记下这段珍贵的回忆吧，留下这段峥嵘岁月的难忘记忆吧。

想到你，西柏坡，我们没有克服不了的困难；想起你，西柏坡，你永远是我们信心与力量的源泉！

2015 年 10 月 18 日

穿越迷雾

　　迷雾,挡住了眼睛;迷雾,模糊了视线;迷雾,挡住了方向;迷雾,会使人迷失方向。

　　迷雾,发生在行进中;迷雾,出现在转弯处;迷雾存在于非议中。

　　现实,总是复杂的,它比理想有距离,它与梦想有差别。

　　再好的战略指引,执行的无能,也会陷入迷雾;再不确定的路线,执行者的智慧,也会使未来清晰。

　　迷雾,不能听之任之,迷雾加重必成害,迷雾笼罩必成灾,迷雾深重必成妖。

　　认清迷雾,要有敏锐的洞察力,深邃的目光,丰富的历练。

　　不惧迷雾,要有信念,这信念是理想,是梦想,更是忠诚。

　　穿越迷雾,要有智慧,智慧者洞察一切,能穿过层层迷雾,看清远方。

　　穿越迷雾,更需要勇气,无私者无畏,无私者得道,得道者,得大势。

穿越迷雾,源于信任,信任就是担当,信任就是力量,信任者无敌也。

拨开迷雾,云散雾开,阳光普照。拨开者,要站得高,有广阔的视野。高,才能看得更远;高,才能看得更清。

驱散迷雾,要敢于逆潮流而动,挺潮流而行,注入驱迷雾的动力,添加驱迷雾的因子,振奋驱迷雾的精神,鼓足驱迷雾的勇气,破迷雾见阳光。

迷雾,是自然现象,是一道景观,也是人生路上一道独特的风景线。

道路,因迷雾而复杂,复杂的道路可以锻炼识别能力。

人生,因迷雾而更加曲折,更多历练,更加丰富,更加成熟,更加精彩,更加美丽。

人生,只有在经历迷雾的考验后,才能真正体会哪是真朋友,哪些是假朋友;哪些是最珍贵的,哪些是虚伪的;哪些是值得留恋的,哪些是应当放弃的;哪些是正确的,哪些是错误的;哪些是光明的,哪些是黑暗的。

迷雾,使我们看不清前方的风景。前面是悬崖,还是坦途?是绝路,还是阳关大道?是梦想之路,还是死亡之路?这一切,都需要思索、思考、思量。

穿越迷雾,就是穿越障碍,就是穿越死亡线,就是走向光明,走向希望,走向新天地,走向新未来。

让阳光穿透迷雾,让智慧穿越迷雾,用胆量破除迷雾,用勇气拨开迷雾,让鲜红的太阳穿过迷雾,普照大地。

勇敢的战士,必将冲破迷雾的包围,走出一片新的天地;智慧的舵手,必将引领航船,向着光明前进!

2015年10月22日

大动作，才能有大市场

一、大动作，整合大资源

这次会议取得了很大的成功，虽然我们已经从桂林回来了，但桂林给我们留下的印象是难忘的，这不仅是因为桂林的山水，更重要的是我们看到了产业链的整合、新能源平台的搭建给与会者带来的巨大机会。这次会议，新能源巨头纷纷云集，就新能源模式的发展进行了深入探讨，给我们很大的启发。同时，就内部的合作达成了一系列共识。这说明新常态下抱团取暖已经成为共识，而没有大动作是无法整合大资源的。无论是出席会议的新能源领袖，还是新加盟的成员，或是我院的代表，都一致认为，分会所表现出的强大凝聚力与吸引力是国内学会很少见到的，分会已经成为中国新能源的一面新旗帜。

备注：这是赵振元同志从桂林回到成都，就中国信息产业商会新能源分会第二次会议（桂林）后的成果发表的谈话录。

二、大动作,开发大市场

开发市场是从上做起、从源头做起,还是从下做起? 得到的是两个完全不同的结果。从上做起、从源头做起、从产业链做起,得到的是大市场,利润丰厚的市场,完整的市场,产业链的市场;而从下做起,只能是零碎的市场,片面的市场,利润很薄甚至亏损的市场。而如果没有大动作,就不会有大机会,没有大机会就无法开发这样的大市场。当然,上下结合也是必要的,但是,以上为主开发大市场是我们新的思路,这个思路也被过去成功的实践所证明。

三、大动作,才能有大格局

桂林会议前,我们先后组建了北方联盟、东南联盟,会议期间,就华东联盟的成立达成共识,就北方联盟的工作交换了意见。北方联盟、东南联盟、华东联盟与总部联盟,这四大联盟就是我们的大动作、大格局,单一的区、单一的分院越来越难成气候了,越来越难捕捉分布在全国各地的市场机会了。

因此,在新常态下,每时每刻都有新的挑战,每时每刻都有新的机会,这中间,智慧、胆略和创新是非常必要的。在解决了这些大格局后,完成与超额完成指标是必然的,而没有这些大格局,只能是消退,甚至消亡。

我希望全院干部,尤其是高中级干部都要思考一下,在新的形势下，如何利用我们院的品牌、资源与影响力，创造更大的市场机会，提供更好的服务，让十一科技快速发展。

2015 年 10 月 25 日

拔河

拔河,是团队的比赛,是集体的角力。

拔河比赛,不仅需要力气,同时也需要协调,需要协同。力,必须往一起聚;劲,必须往一起使,这样才能形成合力。力量,不仅要大,而且善巧用者胜。

拔河比赛中,耐力与持久力十分重要,特别在僵持中,谁能坚持下来,谁就是胜利者,特别是在坚持中的反击与爆发力,尤为重要。

在实力接近的情况下,士气,是决定最后胜利的关键。高昂的士气,能聚集力量,鼓舞大家,因此,指挥确实重要。

总之,一场拔河比赛,比的是整体的合力;比的是团队的士气;比的是指挥的艺术,如同我们在工作中与生活中完全一样。

2015 年 10 月 30 日

永不枯竭的源泉

源泉,是一切事物的起因。源泉,是取之不尽,用之不竭的。

生命的源泉,是生命的起因,人类的诞生经历了漫长的岁月,人类逐渐从猿类分离出来,是劳动创造了人类,劳动在人类的转变中起了决定性作用。

思想的源泉,在于实践,在于学习。在实践中学习,在学习中实践;通过实践发现真理,又通过实践检验真理,如此循环往复以至无穷。人的思想,人的认识,人对客观规律的把握,正是在这种过程中,逐步接近事物的本来面貌。

创作的源泉,来自生活的实践,来自工作的实践,来自学习。生活的实践越丰富,社会的实践越丰富,工作的经历越丰富,学习与思考越多,创作的源泉就越丰富。

水,如无源则枯;人,如无思想则空;创作,如无实践则虚;生命,如无源则死。

山涧流水潺潺,必定山上绿树成荫;水渠流水奔腾,必催万里良田;思如泉涌,践行不怠,必有佳作。

实践少,学习少,掌握得少,思想空,关在屋里冥思苦想,是不会有新思想的,是不会有丰富源泉的,思想与创作也一定有局限性。

丰富的源泉,只能来自丰富的实践,只能来自勤奋的实践,只能来自艰苦的思想创造过程,而不能来自空想。

只有来自生活,只有源于生活,才能高于生活。

在转型中,在变革中,在动荡中,在日新月异中,社会更加复杂,挑战更加艰巨,生活更加精彩,创作的源泉更加丰富,更加广泛。

不要过分沉湎于网络,让网络代替了直面交流,不要让手机代替了思想,让智能代替了原创,不要淹没在讯息的海洋中,要有独立的思想,要有独立的创造,要保持自己的定力,不能被形势左右,不能被别人左右。

思想,是推动社会进步的主因;思想,是人最宝贵的财富;思想,是最艰苦的劳动;思想,是最美丽的花朵;思想,是任何时候都无法被替代的。

只有打开思想的闸门,才能发现创作的源泉;只有放飞思想的束缚,才能引得股股清泉;只有让思想自由翱翔,才能开放出智慧的花朵。

走到美好的大自然中去,去开启思想的火花;走到丰富的社会活动中去,去碰撞思想的火花;走进丰富的知识书库中去,去寻找思想的火花;进入艰苦的创作实践中,去领略思想的火花。

补充枯竭的储备,丰富自己的思想,发现大自然的美妙,产生创作的灵感。

　　源泉,在多彩的生活中;源泉,在不息的生命中;源泉,在丰富的实践中;源泉,在美丽的大自然中。

　　生活、大自然,永远是取之不尽的创作源泉,是生命的源泉;热爱生活,热爱大自然,就会有奔腾不息的创作源泉,就会有持久生命活力的源泉。

2015 年 11 月 1 日

从海尔管理理念创新谈起

从11月12日的《参考消息》获悉,11月9日,被誉为"管理思想界的奥斯卡"的"50大思想家"(Thinkers50)颁奖大会在英国伦敦金融城举行。

海尔集团董事局主席、首席执行官张瑞敏入选该组织评选的50位"2015年全球最有影响力的管理思想家",并获得该组织颁发的"最佳理念实践奖",是唯一获得两个奖项的中国企业家。

张瑞敏说,海尔在没有路标的道路上前行。现在,互联网时代带来了机会,所有的企业都面临同样的挑战,同时也带来了机遇。改变的确是困难的,过去是有路标的,现在是没路标。

张瑞敏说,现在的创新和过去的创新不太一样,过去主要聚焦在产品创新,现在海尔的创新,简单一句话,就是让每个人都成为创业者。如果有一个项目,员工可以自己做,可以成立创业公司,资金可以通过网上众筹,资源可以在全世界结合,但是成败自己要负完全责任。

张瑞敏说,海尔在海外好,主要是其他企业是"创汇",而海尔是"创牌","创牌"至少要赔七八年的钱,我们90%在网上销售。

张瑞敏说，现在不是执行力文化，而是要变成创业文化。

张瑞敏说，互联网时代就是"零距离"。只有时代的企业，永远没有"成功"这两个字。柯达那么大的企业，一步踏空就垮掉了。否定自我，战胜自我，不要以自我为中心。不要有过去所谓的成功的思维定式。不断否定自我。

张瑞敏作为一个与时俱进的卓越思想家与杰出管理家，他的思想与做法，值得我们高度重视，每天都往前看，每天都努力去创新，让企业、让世界更美好。

2015 年 11 月 13 日

每一道关都是卡

新能源好，这是大家公认的，看看日益枯竭的资源，看看日益加重的雾霾，大家的共识是一致的。

问题是上下应当如何促进新能源的发展？看到投身新能源的一批大佬纷纷在黎明前倒下，成为牺牲品，真的太惋惜了。当然，倒下的原因，除了环境外，自身的判断失误也是重要原因。

从设计总包开始，进入新能源投资领域，充分领略其中的酸甜苦辣，没有倒下，实在是一种幸运。

发电关卡的严格，手续的烦琐，每一道都是生死关，每一卡都是一剑封喉，每一变都能置人绝地。

活着就好，活着就有希望，活着就有未来。

发展新能源，推动经济，最关键的是要稳定而简化的政策，不能多变，要通过立法保护，手续越简单越好。越简单，权力寻租就越少。

鼓励投资者，不是空话，更不是多设一些关卡，真正拆掉这些关卡，投资者的利益就能得到保护，国内强大的投资潮就会来临，中国经济步入稳定增长的时代就会真正到来。

我们期待着,我们期盼着。

2015 年 11 月 16 日

动起来，走起来，飞起来

　　梦，总是美丽的；愿望，总是美好的；明天，总是充满期待的。

　　要把梦想变成现实，要把愿望变成成果，要把期待变成实际，只有做起来。

　　路，总是在行进中辨别方向，总是在行进中发现风景，总是在探索中出现转折，总是在艰难跋涉中显现奇迹，要实现这一切，只有走起来。

　　看什么太易，果然不好；看什么太难，更是阻碍了自己创造力的发挥，其实每个人都有顽强的生命力，都有创造力。

　　要找到感觉，只有飞起来；走起来，才知道道路的方向；动起来，才能到达目的地；飞起来，才能真正展翅高翔。

　　其实，任何天才，都是努力的结果，任何天才都是心血的结晶，是努力造就了天才，是心血培育了天才，是机会成就了天才。即使生出来天赋极高，后天不努力也会废掉。

　　仰望别人是对的，但要通过努力变仰望为平视，变平视为俯视。

　　梦想百遍，不如往前一步；空谈千次，不如实践一次。

路，总是在行进中发现风景，走出光明。路，总是越走越宽，越走越亮。

路，总是在行进中才能发现新天地，走出新空间。路，总是在行进中才能调整，调出最佳路线，事先设计再好也没有用。

做起来，实际没有这么难；行走路，实际不需太害怕；大目标，分成小目标；天下事，从来急。

赶快行动吧！无论是转型，或是突围，或是跨界，或是创新，都需要动起来，走起来，飞起来。

2015 年 11 月 18 日

谈关于"褚橙"的成功

　　前天晚上,去了伊藤洋华堂,在超市买了两袋"褚橙",虽然不是第一次吃"褚橙",但还是被"褚橙"独特的质量所折服,它的肉质鲜美,不酸,可口,虽然外表不是红澄澄的,但每一个"褚橙"都很鲜美,不像其他有的品种,看起来好看,吃起来就不一样了,虽然价格高一些,但愿意买,云冠"褚橙"的魅力就在这儿。

　　大家都知道,云冠"褚橙"是红塔山著名领军人物、红塔集团前董事长褚时健发明的。

　　褚时健,1994年被评为全国十大改革风云人物,成为闻名全国的企业家、改革家,他效力红塔集团18年期间,红塔集团上缴的税是991亿元,当时红塔的品牌价值是400多亿元,褚时健领导红塔期间的利税贡献超过1400多亿元。1999年他因严重经济问题被判无期徒刑,后减刑为17年,2002年有条件保外就医,就近就医,他开始在云南新平县戛洒新寨梁子,承包万亩荒山,种植"褚橙",开始为期10年的艰苦创业。女儿褚映群1996年在监狱自杀,儿子褚一斌开始继承父业,老伴马静芬一直跟随他创业。

　　云冠"褚橙"自2011年开始通过电商销售,2012年进入北京市场,"褚橙"以难以阻挡的魅力畅销全国。2015年10月11日在天猫网销售,仅6小时狂销26万斤,云冠"褚橙"今年的产量可达1.2万吨。褚时健再一次获得巨大成功,成为全国关注的热点。

褚时健突围的成功,最重要的是他超人的坚强意志,在人生跌到最低谷,身陷牢笼,痛失爱女的最悲痛时刻,仍然没有放弃对美好生活的向往,仍然没有摧毁自己的意志,这实在是难能可贵的,非常人能做到的。

褚时健突围的成功,是他多年宝贵管理经验与资源的积累,起了很大作用。18年大集团的领导经验,本身就是最大的财富。管理,可以超越行业;管理的普遍原理,放之四海而皆准。

76岁再创业,是一个神话;86岁创业成功,是一个奇迹。说明年龄对真正的有志者来说,并不是障碍。

10年的艰苦历程,是一部神曲;10年成功的背后,是一部新版创业史,说明任何创业的成功都不容易,没有大决心是不可能成功的。

跨界经营,是一种新的突围。过去的,已经辉煌;现在的,更加灿烂。

重新开始,创造奇迹;重新开始,更加期待。

褚时健突围的成功,是他个人的巨大魅力。他人缘好,困难时伸出援手帮助的人很多,同情他的人占很大比例,没有这些朋友的帮助,是很难再次创业的。

褚时健突围的成功,还在于他的正确选择。选择比坚持更重要,正确的选择是成功的一半,如果选择不好,再坚持也没有用。

他选择的种橙，这是种植业，与烟草叶一样，也是种植业，"褚橙"的市场前景广阔。同时，承包荒地，种植"褚橙"，开发成本相对较低，又在云南本地，因此是个好选择。

褚时健突围的成功，在于横下心，创精品，靠精品打天下，靠创新创品牌，靠特色赢市场。

褚时健突围的成功，在于褚时健的专一。十年磨一剑，无论风，无论雨，风雨中前行。无论毁，无论誉，全当听不见。毫不动摇，始终专注橙业的开发。

褚时健的突围成功，还在于社会趋于宽松。社会支持公众人物再次崛起，社会舆论支持褚时健的创业，这给了他巨大的支持与鼓舞。

这是另外一种突围。正是应验了"祸兮福所倚，福兮祸所伏"这句老话。如果褚时健平安地在红塔山退休养老到终，或许我们没有了云冠"褚橙"，或许我们就没有了时代创新成功的一代伟人谱，或许就没有了褚时健如此励志的精彩故事。

是金子，总会发光的。褚时健的成功，再一次证明了这个真理。

另外一种突围，更加艰辛。从国内超一流的大型企业的掌门人，到承包荒山开发完全不熟的新品种，风险自担，遇到的困难是可想而知的，十年创业，十年艰辛。

另外一种突围，更加精彩。褚时健在橙业创造的成功，比他在红塔山的业绩更加精彩，"褚橙"是他自己的，是终生的，是永恒的，是家族可以继承的，是具有无限广阔市场前景的千秋大业，是富裕的,辉煌的,是带动社会发展的,推动云南经济,满足市场需求的;而红塔的生涯注定是短暂的,无法富裕的,也不是终生的。

另一种突围,更加成功。褚时健的成功,为不同时代的人,找到了新的风向标,找到了人生的新坐标,找到了学习的榜样,遇到困难与挫折时,想想褚时健,就没有什么了。既然褚时健能够成功,那我们为什么不试一下?

另外一种突围,更加美好,更加美丽。

2015 年 11 月 19 日

珍惜

　　珍惜自由的宝贵吧。海阔凭鱼跃，天高任鸟飞，自由是自由放飞的前提，而不贪婪，不放任，不自私，坚守住自己永远不变的底线，是自由的前提。在灿烂的阳光下，享受自然的馈赠，享受人生的快乐，这是自由的芳香，失去了自由，一切都是空的。

　　珍惜爱情的珍贵吧。30多年风雨兼程，30多年艰苦历程，爱情经历了无数的考验，结成了丰硕果实。这爱情是宣言，这爱情是人生最重要的部分，爱情之花，该如何去珍惜，如何去保护，如何去浇灌，让她永远盛开，永远不败，永远鲜艳。

　　珍惜和谐的家庭吧。家，是避风的港湾，是休息的驿站，是调节的开关，是爱的归宿。没有和谐的家，事业就没有根，人生就会飘荡，前行就没有方向，家，是一切的起点，也是最后的终点。

　　珍惜健康的不易吧。健康是一切的基础，但健康的得来并不容易。健康要有规律，要有意志，要运动，要锻炼，这一切都需要付出代价。

　　珍惜生命的每一个时分。生命，每个人只有一次。有些人空活百岁，但一事无成；有些人生命虽然短暂，但名垂史册，光耀千秋。因此,生命的价值并不在于时间的长短,而在于生命价值的充分释放。

珍惜那些曾经为错误付出的代价吧。在探索中,人不可能不走弯路,在弯弯的小路上行进,挫折、失败与痛苦的教训是难免的,但一定要珍惜那些血的代价,不能重复那些错误,珍惜曾经付出的昂贵学费。

珍惜那些光荣的历史吧。历史是昨天,历史虽已过去,但历史奠定了今天的基础。没有过去,就没有现在;珍惜历史,就是珍惜现在;告别历史,就是要超越历史,创造未来。

珍惜那些艰苦的岁月吧。甘从苦中来,在发展中创造辉煌,辉煌的过去是曾经的艰苦。正是那些苦难的过去,造就今天的辉煌;正是那些艰苦,成就了今天。经常想想过去,对今天的一切就会满足,忘记了过去,就意味着背叛。

珍惜这难得的历史性机会吧。机会稍纵即逝,慢一步,就永远落后;抓住了,就步步领先,永远领先。

珍惜,就是要抓住生命中的每分每秒;珍惜,就是要调整;珍惜,就是要警惕;珍惜,就是要与过去告别。

珍惜,就是要赶快行动;赶紧行动,就能再创奇迹;坚决行动,就能在行动中创造新的未来。

没有什么不能调整的,没有什么做不到的,一切皆有可能,一切可能在于努力之中,而珍惜,是一切的基础。

2015 年 12 月 11 日

雾霾满天

这两天在河北石家庄与保定两地出差，浓浓的雾霾，使我对雾霾又有了更深刻的认识。

从成都到石家庄机场，一下飞机，在机场里就弥漫着雾霾，浓浓的呛人味道，这种情况很少见到，就是在北京，遇上雾霾天，至少在机场里没有这种感觉，走出机场才有。石家庄机场里的烟雾，很像烧秸秆的味道。

原本以为这是机场的特例，但没有想到，在保定的电谷宾馆，在石家庄的太行国宾馆，在受到省、市领导接见时，在这两个有名的宾馆内，依然雾霾笼罩，很呛人。

这就说明，雾霾污染已经十分严重，真是无处不在，无时没有，这就改变了我原来的看法，原以为在雾霾严重时，不上街，在室内就可以逃脱，现在这个想法也改变了，雾霾，你到哪里，它就追到哪里。这个世界不公平的地方不少，但至少有一样是公平的，那就是无论财富多么悬殊，无论职务高低有多少差别，都在同一个蓝天下，都吸同样的空气，无法隔开，一荣俱荣，一损俱损。

雾霾天，也有太阳，但太阳已经被浓浓的雾霾遮挡住，只看到朦胧的红，太阳没有了蓝天白云的衬托，是那样地失去光芒，那样的不美，多么可惜，原本是阳光明媚，蓝天白云，那该是多么好的心情，多么美好的生活啊，而现在一切都糟透了。

雾霾天，人也难见真面貌，戴上口罩，不识庐山真面目。

呼吸也开始困难，感到很急促。学校时常要停课，企业要停产，一句话，人们不能正常生活，生命受到危及。

高速路上，严重限速，成了比普通公路还慢的速度，高速路也就失去了原本的意义，而且由于能见度差，还频出车祸，一堵就是很长时间，从保定到石家庄，正常情况下1个多小时的车程，在雾霾天要3个多小时，还不能保证。为了确保能准时出席省领导的接见，我们都改乘了现在最稳妥、最舒适的交通工具——高铁，从保定东到石家庄，只用了40分钟，一路很舒适，从心里感恩我国高铁事业的开拓者，这也许是我们为之骄傲并能走出国门为数不多的高端技术与产业。

由于工作原因，我时常出差，不仅北京、石家庄、天津雾霾重，而且西安、大连等美丽城市，也失去了往日的魅力，雾霾丝毫不亚于京津冀。南方的城市，雾霾潮也开始来临。

在雾霾中，也看见了希望，看见了曙光。省领导的谈话，战略明确，思路清楚，紧迫感强，对新能源，对农光互补，对扶贫等，强力支持，这让我们感到振奋，看到希望。

巴黎气候会议，中央经济工作会议刚开过，2016年应该是更加生态的年景，否则雾霾必更加重，危及人类生存。

我们期待朝霞满天，而不是雾霾满目；我们喜欢蓝天白云，而不是一片尘埃。

　　不要再任性了，人类；不能再这样了，亲爱的各位。我们要用坚强的毅力，与雾霾决战，恢复美丽的大好河山，保卫我们美好的家园！

2015 年 12 月 23 日

2016年

新年更美好

新的一年,带来新的希望;新的一年,带来新的气象;新的一年,带来新的机会;新的一年,带来新的未来。

新的一年,要规划好大事。要谋定而后动,精心策划,宏图规划,把美好的蓝图画好;凡事预则立,不预则废。计划是行动的先导,是行动的指南,新年伊始,要把新年的蓝图画好,使之成为鼓舞与指导一年的目标。当然,中间的变化与调整同样重要。

新的一年,要抓紧做大事。要落实到行动,再好的计划,不如一个实际行动。抓而不紧,等于不抓;毫不放松,毫不犹豫,才能紧紧抓住。时间如流水,易逝不复返;时间如飘云,一去不再回。

新的一年,要埋头做大事。不要沉湎于高歌,也不要热衷于庆贺;不要悲观于现实,也不要羡慕他人。任何成功的背后都是艰辛,任何辉煌的身后都是付出。路,就在自己的脚下,脚下是永远延伸的路。不要看别人如何成功,只要你努力,也一样行。

新的一年,要集中做大事。有所得,必有所失;有所失,必有所得。要敢于放弃,勇敢争取,才能达到理想的目标。人的精力是有限的,企业的资源也是有限的,必须聚焦,必须集中,才能做成一两件大事。做大事者,要心无旁骛,一心一意。

新的一年,要敢于做大事。大事,非小事,更不是易事。它是事业的一个高峰,它是人生的一个高度,它是企业的一个境界,它是战士的一个情怀,它是奋斗的一个目标。难,是肯定的;苦,是必须的。没有难度,没有辛苦,这种大事就没有意义。路,总是一步步走出来的;山,总是一个台阶一个台阶爬上去的,事业的高度总是在奋斗中逐步接近的。战士,要永远迎接新挑战,迎接新的暴风雨。战士的征程,有起点而没有终点。

新的一年,要安心做大事。心安则体安,体安则思安,思安则出光彩。新的思想火花,只能在定心后放射光芒;新的智慧,无法在驿动的心中扎根。安心,就是满足;安心,就是幸福;安心,就是珍惜;安心,就能做大事。

2016年1月1日

物是人非思绪飞

今天,成都市第十六届人民代表大会第四次会议就要闭幕了,作为连续三届的人大代表,我已经是第十四次参加这个会了,已经是超期服役了,明年应是最后一次会了,必须换届了。

看看熟悉的锦江大礼堂,看看熟悉的主席台,看看周围的代表,看看熟悉的选票,看看熟悉的座位,看看熟悉的按钮,心中思绪万千。

作为老代表,在这里见证了成都的发展,10多年来,成都从一个西部的大中城市,发展成为西部特大型的国际化城市,GDP从1000多亿元,在2015年突破10000亿元,跨入了万亿元俱乐部,从千亿级到万亿级,成都实现了大跨越。成都的高端产业规模巨大,市政建设日新月异,突飞猛进,公路地铁四通八达,立体纵横,高楼大厦林立,文体教育设施发达,商业综合体遍布,市内河水清清,穿城而过,是一座来了不想走的城市。

作为老代表,曾经为成都今天的辉煌做出过贡献。这些贡献与主席台原来那些熟悉的领导共同努力过,现在放眼看去,已经大都不在,他们有的已退休,有的已调走,还有的如今失去了自由。这无法想,也不愿想,物仍在,人已非,思绪飞。

长久者,必定要无私,无私者无畏,无私者长久。

长久者,必定要尽责,尽责者无错,无错者长久。

自由者,必须有底线,坚守住底线,生命必自由。

自由者,必海阔天空,鱼跃鸟飞翔,尽情展高歌。

珍惜吧,那些光荣的岁月,不能让耻辱留下,只能让激情燃烧。

延续吧,逝去的难忘岁月,必须要用新的精彩打造,去延续那些曾经的辉煌。

战士的情怀,领导的责任,战友的重托,时代的召唤,历史的教训,时刻在我们耳边回响,担当起历史的重任,做一个顶天立地的男子汉!

2016年1月15日

腾飞的力量

　　每一次乘飞机,都会感受到飞机起飞这个瞬间是何等美妙,何等精彩。

　　腾飞,要有加速度。没有足够的加速度,就没有足够的反作用力推动飞机腾空而起。加速度,就是加快的速度,没有速度就不能争先,就没有支持腾飞的力量,腾飞就无法实现。

　　腾飞,要有爆发力。而爆发力要有积累,要有积蓄,深厚的积累,充足的积蓄都是爆发力的基础。

　　腾飞,要有坚实的基础。飞机必须在坚实的跑道上才能腾飞,如果跑道不坚,出现下陷,飞机无法腾飞。

　　腾飞,必须把握机会。当速度加速到一定时,飞行员要果断把握时机,勇敢拉起起飞拉杆,飞机便腾飞进入蓝天。

　　腾飞后,速度可以大大加快,阻力大大减少,与对手的差距可以迅速拉开。

　　腾飞后,速度加快了,安全最重要,要在安全中行驶,要紧紧系好安全带,确保腾飞后的安全。

　　腾飞后,景色更美,翱翔蓝天,彩云追月,浩瀚宇宙,茫茫云海,美色无边。

腾飞后,回眸一看,大地远去,人影渐失,背后模糊,只有更广阔的白色世界。

腾飞后,雄风更伟,美姿更靓,春风更沐,心怀更宽。

腾飞后,空间更阔,一览众山小,在美丽的蓝天,自由挥洒,尽情展翅。

腾飞吧,勇敢的斗士,不屈的战士,你的神圣使命还没有完成,强大复兴的目标还没有如愿,腾飞的愿望将在新的一年里展现!

2016 年 1 月 21 日

新的一年,十一科技将腾飞

从各方面看,尽管经济处于新常态,全国GDP的增速会在7%以内,但由于中国的经济总量很大,而且每个单位的情况也不一样,对十一科技而言,我们面临腾飞的历史性机会,这个机会主要表现在以下几个方面:

第一,高科技发展的机会。新的一年,在国家大基金和地方基金的驱动下,集成电路产业与相关的产业链发展快速,以我院的优势,我们面临重大的历史机遇期,我们要逐个落实好项目。

第二,新能源发展的机会。经过2015年的调整,我们以更多的准备迎接2016年新能源的发展,新能源的发展是国家的长期战略,是不会改变的,机会永远在路上。

第三,物流发展的机会。我院对物流的投资已经开始,资金已经落实,无论是投资项目还是总包项目,我们在物流方面的储备都非常丰富,而物流与网络、现代服务业紧密相关,是前途远大的行业。

第四,地区与分院的发展会出现一个新的高潮。华东分院在

备注:这是赵振元同志为十一科技报新年所作的序。

年终会议的鼓舞下，必然会总结经验，以新的姿态迎接新的发展；上海分院在上海会议的鼓舞下必定会乘风破浪，继续推进；天津分院会继续努力，力求保住现在的地位；其他的分院也会按照总院的部署，加快推进。

第五，改革具有很大的潜力，无论是三项制度改革，还是新能源投资的改革，都有巨大的潜力。新能源投资的大包干将是一个创举，必将具有责任明确、降低成本、提高建设速度、保证质量等一系列特点，开创我院新能源投资的历史性先河。

第六，院里刚刚结束了上海会议，明确了2016年的战略，检讨了2015年的不足，调整了一大批干部，一些年轻有为的干部已经在关键岗位上担任重要职务，调整是生产力，相信这次调整将会助推十一科技的发展，助推院地区战略的发展，助推十一科技在质量、技术、安全与风控方面的工作。

综上所述，十一科技将在新的一年里实现腾飞的目标，新年以来我院各条战线捷报飞舞，喜讯频传，显示了不可阻挡的发展活力，让我们努力奋斗，实现十一科技腾飞的伟大理想。

最后祝《十一科技报》越办越好，《十一科技报》2015年十大新闻与十大新闻图片正式公布！

2016年1月21日

冻死苍蝇未足奇

已经很久没有这么冷了。17日晚从上海抵达呼市，突然发现遇到了寒流，第二天呼市阳光灿烂，但在白天的温度还是到了零下24摄氏度，这是内蒙古进入冬天后最冷的一天。

从内蒙古回来后，到北京、无锡后回到成都，正逢全国性寒流来袭，而且上海、无锡、成都等全国很多地方都下起了难得的雪，东北的雪就更烈了，这是近十来年难得遇到的寒流与雪景。亲人、朋友们也在网上传来一些上海与无锡的雪景图片。

瑞雪兆丰年，窗外的雪是好征兆，窗外的雪是好景色。

在久经雾霾的浓浓覆盖下，喘不过气来，而寒风驱散了雾霾，吹来了清新的风，在寒风中深呼吸，真是太爽了，这是久违的痛快，这是迟来的幸福。

大雪覆盖，给大地披上了银装素裹，分外妖娆，这是另外一个美丽的景色。这景色，平常只能在北方的冬季才能遇到，这让我想起那些尘封的往事，想起在内蒙古的岁月，想起了塞北的雪，想起了古城的雪，想起了我在写作《窗外飘着雪》的心境。

寒风，带给人们是冷的冲击，意志的考验，狂热中的清醒。我喜欢冷，冷可以锻炼意志，可以带来新的感觉，新的思考，新的清醒。转型中的经济，会有很多寒冷的季节，会遇到很多暴风雨的考验，会受到很多冲击，要坚决抵住寒流的袭击，决不倒下，要学会适应，学会在寒冷中生存，更要学会在寒冷中抓住机会，实现腾飞。在寒潮中死去的，只能是苍蝇，而艳丽的梅花则会在寒风中怒放。

寒冷，还可以让我回想过去的艰难岁月，过去的那些寒冷胜过今天不知多少倍，没有过去，就没有现在；没有昨天，就没有今天。正是在寒冬中经历的那些难忘岁月，成为今天事业的基础。

寒冷，让我想起这个世界上还有很多衣不蔽体的人，在寒冬中需要阳光，需要温暖，需要帮助。我们该如何珍惜这富庶而稳定的生活，又该如何为寒冬中挨冻的人们，伸出援助之手。

毛主席说："梅花欢喜漫天雪，冻死苍蝇未足奇。"寒冷中的意志，风雪中的情怀，是一个战士的宝贵意志。

2016年1月23日

残雪

雪,正在慢慢地融化,留下的是一地残雪。

残雪,在阳光下,正在消融,最后会不留下一丝痕迹。

到达这座城市时,残雪还在;离开时,在灿烂的阳光下,已到找不到残雪踪影。

一场大雪,一场寒潮,似乎已经过去,在全国各地,在全球各地,不留下任何痕迹。

仿佛,一切都没有发生过;仿佛,一切都没有出现过;仿佛,一切都已过去。

但,大雪的惊喜还在,寒流袭击的影响还在。

雪中的喜悦,雪中的烦恼,一样存在。寒流的伤害,寒冷的锻炼,一起并存。唯一留下的是还没有完全融化的残雪,以及残雪的记忆。

残雪,告诉我们曾经的寒流,告诉我们欢喜的雪花。

我们很快就会忘记,2016年年初那场雪,那股汹涌的寒流,那场寒流使一些人失去了生命,那场雪给大家带来欢喜带来愁。

该忘掉的,就忘掉吧,过去就过去了,历史告诉未来,一切都在改变,改变是这个时代的主旋律;一切不会停止,永远在路上,是这个时代的进行曲。

该忘掉的,就忘掉吧,十三年的心血,往事如烟,浮在眼前,使这座特别的城市与自己生命相连。

历史,就是这样,总把新桃换旧符;历史,也总是一贯,客观真实,永远公正;真诚善良者,得道多助,永远年轻,成功永远属于他们,一切徒劳是没有用的。

残雪,总是要消融的,一切都会过去的,唯一还在的是,永远年轻的心,永远创新的情,永远不变的梦。

残雪,虽然会消融,一切都会过去,但漫天飞舞的雪花,带给人们的喜悦永在,滚滚寒潮留给人们的记忆永在,留给人们的教训永在。

这喜悦,这记忆,作为难得的历史,作为曾经的经历,作为永恒的教训,将在心中永存。

消融的残雪,一定还会以新的方式生存,继续给人类大爱,飘洒的大雪,一定还会与我们再次相会。

人们,将永远记住2016年年初的那场雪,那个严冬,那些残雪。

2016年1月26日

是守候，更是期待

又是一年一度的春节，依旧在办公室守候，青春逝去，守候依旧。

守候什么？守候春天的到来，守候各地的佳音，守候转型的成果，守候改革的硕果，守候同志们年终的喜悦，守候战友们报捷的喜讯，守候丰收的锣鼓，守候亲友的平安，守候新一年大战的决心。

守候什么？守候成长的喜讯，小的变大，大的变强，强的更强，落后变先进，先进更先进。

守候什么？守候春的播种，守候夏的耕耘，守候秋的收获，守候冬的考验。

守候什么？守候着人才的辈出，守候新星闪耀的星际，守候群星灿烂的时代，守候后来者的成熟，守候更加强大团队的出现。

这守候，15年依旧；这守候，15年继续；这守候，情深意浓；这守候，换成相思雨；这守候，成为一生情，一世爱；这守候，在心中永远期待。

15年风雨，催生精英成长；15年历程，造就强大品牌；15年成长,超越对手,实现梦想。

得人心者得事业,善人心者得大助,顺人心者成大业,为人心者得好报。一切都有因果,一切不会白费;付出的,一定会有回报;想要的,只要努力,一定会得到。

风雨中倒下的,只能是懦夫;竞争中败下的,不是真勇士;乌云下凌空展翅的,只能是海燕。雄鹰不与乌鸦做伴,自由翱翔在蓝色的天空。

在守候中迎接,迎接这凤凰涅槃,迎接这美丽的重生,迎接这华丽的转身,迎接这劫后再生。重生后的凤凰,更美,更靓,更加青春,更加活力,飞得更高,飞得更远。

在守候中迎接,迎接严冬的过去,迎接暖日的来临,迎接百花盛开的春天。

在守候中迎接,迎接丰收的喜讯,迎接胜利的果实,迎接发展的新高潮。

在守候中迎接,迎接更加猛烈的暴风雨,迎接更加艰巨的战斗,迎接更加美好的明天。

我们已经准备好了,准备迎接一切!

2016年2月3日

把握成功的机会

成功，是付出的回报，是心血的结晶，是努力的成果，是拼搏的结局。

成功，是对胜利者的礼赞，是对奋斗者的颂歌，是对不懈追求者的回报。

成功的因素有很多，但以下的一些因素是很重要的。

第一，自身的努力。这是第一位的，任何成功都有很多原因，都不容易，但自身努力是最重要的。无论是自身实力的积累，还是机会的把握，都需要自己做出判断，都需要自身做出努力。成功，需要付出艰苦的努力，有时甚至是生命。天堂与地狱并不遥远，往往只有一步之遥。成功，往往在再坚持一下的努力之中；成功，往往在智慧的变通一下中；成功，往往在等待一下之中。成功，方向的选择是最重要的，否则一切努力都没有用，也不会成功。

第二，环境与机会。时势造英雄，乱世出英雄，环境与机会是成功的重要条件。时代的发展，环境的变化，使原来不是机会的变成机会，比如"互联网+"，就会改变一切，原来的劣势可能会变成优势。又如，新能源的发展，给很多行业与地区带来了机会，光伏组件由过剩成为供给不足，山坡、鱼塘、沙漠、荒地等成为新的光伏发电目标。又如，文化传媒与影视文艺，在静寂多年后，再次成为炙手可热的行业，这是因为人们在富裕之后，追求精神享受成为趋势与潮流。农村，过去是大家都不愿意生活的地方，只有城市才是大家的目标，而现在新农村的建设，使农村充满吸引力，农村户口或成为一票难求。

第三，合作与帮助。合作与帮助，是成功的重要阶梯。通过合作，增强了实力，减少了成功的阻力，提高了竞争力，向着成功迈进了一大步，使原来的不可能变成可能，避免了失败。很多时候，或者说几乎是在每一个重大事情上，都需要合作，都需要团队，都需要帮助，才能打开困局，获得突破，取得成功，任何单打独斗，成功率都很低。

第四，对手的失败。竞争，是双方的事，或者是更多方的事。胜利，固然是由于自己的努力，也有很多是对手的失败带来的。我们常常看到这种情况，自己并没有变化，但由于对手的失误、失败或放弃，使我们获得成功。对手的失败，是由于战略与战术的不当，或用人不当，或对形势误判等，这些失误，同样给了我们成功的机会。我们除了要针锋相对，打击对手外，还需要与对手长时期较量，等待对手的失败与失误。

总之，我们要把握成功的每一个机会，坚定地走向成功的彼岸！

2016年3月4日

往事并不如烟

5月5日晚上,我前往成都神仙树西路的茗汉铂尔曼国际酒店,去看望内蒙古的兵团战友郑万淑同志,她从九寨沟回来,原本约的是5月2日晚见面,但由于那天我在外地,回到成都很晚,而5月3日一早她就离开成都,因此推迟到今天,而明天一早我又要离开成都去无锡开会,因此见面只有今天晚上了。我比约定的时间提前半小时到达,我决心今晚一定要见到郑万淑。

郑万淑同志是我在内蒙古生产建设兵团的战友,我1971年5月从一师三团二连调到内蒙古生产建设兵团乌拉山发电厂一师施工连,郑万淑同志从一师五团六连调入一师施工连,先任排长,后任副指导员,我那时任连通信员。那时,指导员是张兆华,文书卢进与我都是跟着指导员从一师三团二连来的,虽然我们与郑万淑来自不同的团、不同的连,但由于工作上的关系,加上谈得来,我们经常在一起。对我而言,指导员是我尊敬的领导,而郑万淑与卢进是导师级的人物,与我是大哥哥大姐姐的关系,我与他(她)们的年龄差距是六岁,因此每次与他(她)们在一起,听他(她)们谈话,谈的都是连队的大事,团里的大事,国家的大事,天下的大事,我都觉得很新鲜,每一次听,都能学到很多东西。我在1973年9月离开乌拉山电厂后,再也没有见过郑万淑。

晚上8:20分,郑万淑在她现在成都工作原五团六连战友刘津平的陪伴下,到达酒店。我们见面紧紧握手,这一握手,间隔了整整43年;这一握手,跨越40多年时空;这一握手,把战友别后的思念尽释。

在入住手续办好后,我们三人在四楼茶楼喝茶,畅叙别后的情况。

依然是这个气质。我从她娓娓道来的语句,了解到她的情况,了解到北京战友们的情况,了解到我们共同熟悉的那些战友们的情况,她说战友们几次聚会都提到我,为我的成就而高兴。我边听,边插话,这时仿佛脑海里再现她当年英姿勃发的年轻知青干部的形象,虽然岁月会无情地将历史痕迹刻在每一个人的脸上,我们都不能例外,但她的气质仍在,信念仍在,当年青春焕发的身影仍在。

依然是这份信仰。在谈话间,郑万淑对党的培养教育始终感恩,始终不改她终生的信仰,对她从兵团回北京后从事的教育工作忠诚热爱,她让我写一些正能量的诗,进入小学课本,她认为现在这些太缺了。

依然是这样独立。原本想作为主人,在成都为她的旅途提供一些方便,但她一口拒绝,而且考虑到我明天一早的飞机出差,坚持把谈话的时间缩短,好让我早点回家,对我的关心如旧。

不知不觉,一个小时就过去了,但她催我早点回家,我也怕她刚从九寨沟回来太累,就决定告别。在告别前,我们一起向共同的首长、现在北京的张兆华指导员通了电话,大家太高兴了,相约在北京见面。

临别时,我向郑万淑及她的战友刘津平,签名赠送了我的新作《江南的雨》及由我主编的《中国信息产业新能源行业风云人物》,同时我们三人分别合影,留下这珍贵的纪念。

往事如烟,记忆在心,一切仿佛就在眼前。

信仰依旧,痴心不改,一如既往走向未来。

身已退,情怀在,风华正茂是当年。

抹去尘埃,金子闪光,熠熠生辉,恒星永耀。流星划空,昙花一现,灰飞烟灭。

我与郑万淑握手道别,这一别,或许我们不久会在北京见面,或许会在更久远的未来,但我们的心是相通的,都会相互祝福各自美好的未来;当年的初衷是不变的,立下的誓言不会半途而废;兵团播下的人生种子,是一定要发芽长大的。

2016年5月5日

杨绛是一面镜子

　　刚刚传来消息,杨绛先生今天凌晨在北京协和医院去世,享年105岁。消息传出,一片悲痛,大家都为失去这位跨世纪的文坛与思想巨子而痛惜。

　　杨绛先生是现今为数不多的跨世纪传奇人物。除了作为一代文豪钱锺书的妻子外,她自己就是出类拔萃的才女,她翻译的《堂吉诃德》等名作,至今无人能超越。她撰写的《我们仨》《洗澡》《洗澡之后》等,成为永远传世的经典。

　　杨绛的不易,在于她在连续失去爱女钱瑗与挚爱的丈夫后,忍着巨大的悲痛,花费无数心血,整理出版钱锺书遗作,使这些遗作成为我们的宝贵财富。

　　杨绛的可贵,在于她勤耕不辍,用毕生的心血为我们留下了珍贵的《杨绛全集》,这270万字,字字珠玑,句句闪光,成为我们共同的历史遗产,丰富了中国文学艺术的宝库。

　　杨绛的伟大,在于永远怒放自己宝贵的生命,永远最大限度地燃烧着自己的生命。生命的价值,在杨绛身上诠释得最充分;生命的意义,在杨绛身上体现得最高尚。

一个人，在痛失爱女与丈夫后，以近80岁的高龄，在孤苦、清贫与思念中顽强生活了近20年，抵御世俗的一切偏见，怒放生命，创造一个又一个无人能企及的高度与奇迹，成就一段永载中华民族史册的光荣篇章。

或许我们永远无法达到杨绛的人生高度，或许我们永远无法理解杨绛博大的胸怀，或许我们永远无法如此克己克俭，但我们可以向杨绛学习，从点滴做起，从小做起，从身边做起。

以杨绛作为镜子，事事照耀我们，照得我们惭愧，照得我们发虚，照得我们无地自容，照得我们满头大汗，照出前进的方向，照出人生的动力，照出人生的精彩，照出生命的光辉，把一切不可能都变成可能，燃烧生命，直到最后，或许这是我们纪念、学习与继承杨绛最好的办法。

我们永远纪念他（她）们仨。

2016年5月25日

新的一页

新的历史责任,已经历史地落下,无法选择。

书写新的历史,要有大的视野,大的格局。只有大视野,才能有大格局;只有大格局,才能促大发展。

书写新的历史,要立足现在,开辟未来。离开了现在,离开了现在的基础,没有了根基,一切都是空中楼阁,而如果只是停留在现在,不能大胆创新,无法书写新的历史,创新开辟未来。

路,是人走出来的;路,总是越走越宽广。敢于走,是最关键的,不敢走出第一步,永远不会有以后的灿烂;不能坚持走下去,也不会有日后的辉煌。

历史,是由人创造的,是由人书写的,新的历史,要有伟大梦想的人去实现,要有雄心壮志的人去创造。苍蝇飞不高,乌鸦低空走,只有雄鹰才能鲲鹏展翅,凌空飞翔,领略无限壮美的风光。

书写新的历史,要目光远大,脚踏实地,守住自己的阵地,扩大自己的空间,出手更快,出手更狠,出手更好。

书写新的历史,既要顺势而为,也要逆势而行。如果都顺势而为,这个势就是红海的势,到达的是红海的湾,只能在红海中游泳;只有敢于逆势,才能在逆势中发现顺势,找到顺势的机会,只有真正找到属于自己的顺势,才能真正实现超越与领先。

书写新的历史,要紧紧依靠团队,历史是人民创造的,业绩是大家共同完成的,力量与智慧都来自集体,个人不能脱离集体发挥作用,领袖与领导们虽可以运筹帷幄,决胜于千里之外,但执行的团队,同样决定着胜负,要与大家共同创造历史。

书写新的历史,中国女排仍然是面镜子,这面镜子光耀照人,激情催人奋进,女排精神,变不可能为可能;女排精神,变梦想为现实。

书写新的历史,不能拘泥于史,要以史为镜,以史为鉴,突破历史的束缚,立足现实,面向未来,创造历史。

书写新的历史,是一种历史责任,是一个历史机遇,是一个梦想成真的实践,一切的美好,都在奋斗中变真;一切光辉的历史,都在不懈的努力中书写。

新的一页,已经开始,加油吧!

2016 年 8 月 31 日

暖冬

今年的初冬，过得不太爽。

先是成都持续不退的雾霾，整整一周让人呼吸不畅，整天生活在昏天黑地里，白天与晚上一个样，反而晚上更漂亮一些，城市的夜景光彩迷人，掩盖了一切，模糊了雾霾，但空气依然让人透不过气来。

出差来到上海，因为还要去大同，因此带上了毛衣与大衣，但没有想到上海只要穿衬衣就可以，冬天正在远离上海，远离我们，这说明地球变暖的趋势是如此明显，限制常规能源是如此紧迫，发展可再生能源与新能源是如此重要。

如此浅显的道理，大家的看法似乎并不一致，很多日照很强的地区，开始对光伏发电实行限电，如果确实电多了，就应当停止常规发电，不能让光伏发电白白浪费，但各方利益的博弈，行政协调的不力，法制实施的难度，听任这种情况继续。同时围绕补贴价格的降价幅度，争议也不断。当然，新能源的补贴价格应当逐步降，但要有一个较长过程，同时应对常规能源发电加税，把这部分收入补贴到新能源。

地球,是我们的唯一家园,如此宝贵,如此珍贵,其他的星球或许人类永远无法企及。地球温度的上升是一个不可逆过程,如果不达成全球共识,采取共同行动,人类的末日不是危言耸听。巴黎气候会议描绘的蓝图,必须要花大气力实现。

暖冬中,也有好消息,上海市发改委今日发文,对可再生能源与新能源设专项扶持资金,加大了对分布式光伏发电的支持力度,这个文件必将对上海的光伏发电是个巨大推动,同时给其他大中型城市发展分布式发电做出示范,同时给一时浊流滚滚的新能源发展中的逆流,注入一股清泉,但愿这股清泉能够成为发展主流,引导新能源健康发展,更好地承担起大国对地球、对人类的责任。

2016 年 11 月 18 日

搅局

市场经济中,竞争是避免不了的。技术、品牌、质量、价格、服务、经验、关系等,都是竞争内容,特别是价格,在很多时候,影响着竞争格局。

价格,是竞争力的要素,但不是竞争力的全部。价格,是争取项目的重要筹码。因而,价格,也成为一些人搅局的工具。

搅局者,以超常的低价,拿到项目,这样就破坏了圈内的生态,扰乱了市场,搞乱了秩序,使竞争处于无序状态。搅局者自身也因为过低的收费,而无法保证良好的服务与优异的质量,而且,也会在业内受到谴责。

搅局者,以损人开始,以害己告终。搅局者阻挡不了前进的步伐,没有搅局者,市场会走得更快、更稳、更好。

战略,当然是重要的,但实现战略不能单纯依靠低价,过低的价格,损伤了自己的竞争力,损伤了实现战略的能力,损伤了自己的自尊心,也得不到市场的认同。同时,太低的利润,无法支持可持续发展。搅局者,害了别人,也害了自己。采用过低价格者,最终也会受到伤害。

看看历史发展吧,一切事物都有规律,都有秩序,市场经济的规则,是必须要遵守的。凡是遵守市场经济规律的,顺应规则与潮流的,就一定能发展起来,反之,一定会碰个头破血流,这已被过去的历史事实所证明,今后还将继续证明。

竞争,不仅是实力的较量、价格的较量,也是品德的较量、公平的较量、理念的较量。

生存发展,要有必要的利润支撑,没有利润的项目,不符合市场经济规律,不能长久。

共同努力,在圈内建立一种可持续发展的商业模式,建立一种健康的竞争关系,是我们都要面临的重大课题。

得道者多助,失道者寡助,一条永恒的真理,这真理的光芒永在。

2016年12月12日

简单一点好

这几天,离开了繁忙的领导岗位,与院里另外五位同志,一起来到昆明,出席一个必须参加的培训班,因而享受了三天难得的安静。

远离了成都总部的喧闹,短暂的安静,普通人的生活,一日三餐食堂的集体伙食,清静的晚间生活,使原本习惯繁忙的我,生活一下子就简单起来,我真正体会到简单的快乐。

平常出差,密集的安排,根本没有属于自己的时间,应酬花去很多精力。除了吃饭、睡觉,所有的时间都有安排。而现在虽然也是在外出差,但单纯的学习,简单生活,使自己有很多时间去思考,去协调、处理一些复杂问题。而这时间的得来,是应酬减少而换来的,是简单的生活所赢来的。

生活简单一些,自己可以支配的时间就多一些,这就等于延长了宝贵的生命。人的生命是有限的,短暂而宝贵,要千方百计去争取时间,让这些时间充分利用起来,让生命闪耀更多的光芒。

生活简单一些,快乐就多一些。自己的时间,自己支配,选择自己喜爱的,去做想做的事,这样,快乐就充盈其间。

生活简单一些,身体就健康一些。连续的应酬,同时消耗着身体,衰减着精神。简单生活,可以给身体一个恢复期,给精神一个调整期,对身体很有好处,对工作是个很大的推动,可惜,这个调整期太短。

生活简单一些,思考的时间就多一些。简单生活,使思考的时间多了起来,复杂问题的解决,重大决策的做出,都需要较长时间的思考,简单生活使这成为可能。

简单一点吧,让生活回归自然,回归朴素,回归简单。简单一点吧,简单,会赢得时间;简单,会赢得生命;简单,会赢得事业;简单,会赢得纯洁的友谊;简单,会获得真正的朋友;简单,会赢得成功。

简单一点吧,让人际关系也简单一些,让一切都简单一些,我们在简单中将会获得更多快乐,获得更多幸福。

2016 年 12 月 13 日

不干，没有任何机会

注意到最近有一些省出台了光伏发电重新备案的通知，一些原本已列入年度备案但没有实际进度的单位，被撤销备案；而一些原本虽然没有列入备案但实际进展显著的单位，被列入新的备案，这种动态调整是公平的，合理的。

市场经济是公平的，机会的大门对谁都是敞开的，能否抓住机会，主要取决于自己，取决于自己的决心，取决于自己的态度，取决于自己的付出，取决于自己的智慧。

一切都在变化，在努力中变化，在拼搏中变化，在坚持中变化。不具备条件的，经过努力成为具备；弱小的，经过持续努力，成为强大。同样，不努力的，已经获得的机会也会丧失，会被别人拿去原本属于自己的机会。

一切都可以变化，在不懈的奋斗中变化。变得越来越好，变得越来越强，变得机会越来越多，变得越来越光明。

一切都能变化，没有不能变的，通过努力可以改变一切，关键在于是否真抓实干。

机会，是需要等待的，但主要是通过创造成熟的机会，而不是消极等待,自己不努力,机会永远等不来。干,是硬道理。机会,在干的过程中到来;路,在行走中越来越宽广。

机会,不取决于一时。我们在实际中,总会丧失一些机会,但只要我们努力,总会存在另外的机会,失去这一站,还有下一局。

机会,要紧紧抓住,在我们政策多变的市场环境中,慢一步,慢一拍,就会失去宝贵的机会;而快一步,快一拍,就会取得有利地位。

不干,什么都没有,整天地犹豫,高谈阔论而没有实际行动,畏畏缩缩而不敢担当,是永远不会有机会的。

不干,什么机会都不会有,等待,永远没机会,即使有机会,也会失去。不干,永远不会有发展,眼看宝贵机会在身边流失。

机会,在干中获得;机会,在干中越来越大;事业,在干中越来越辉煌。

机会,永远属于有准备的人;属于那些永远拼搏着的人们。

一切美好,都是心血浇灌,意志铸就。

2016 年 12 月 16 日

主动权，是发展的生命线

主动权，是发展中绕不开的一个问题。能否把握发展的主动权，关系到企业的命脉。对个人而言，这关系到个人生命的成长。

主动权，就是要在发展中有决定权、话语权，这是决定发展的前置条件。没有主动权，必定会受制于人。

发展，除了正确的战略方向、充足的资金保障外，人才与执行团队是最重要的，人才团队必须是企业忠诚的核心骨干。如果外聘，也不能全部外聘，只能是部分外聘，核心的力量与支配必须由本企业核心团队进行，让外聘团队有个逐步融入的过程。如果全部听任外聘团队，风险极大，一旦出现外聘团队集体辞职，那后果不堪设想。

受制于人，是被动的，后果是严重的，也是痛苦的。无论是投资领域或工程建设领域，或是人生道路，都是这样，收拾残局，需要付出很大的代价，花费很长的时间。

做自己有优势的事，做自己能控制的事，做自己想做的事，做自己有强大的团队支撑的事，就能牢牢控制发展的主动权，这是最安全的事。自主可控的事，进退自如，伸缩自由。

进入新的领域前，必须问自己，领导的力量是否具备，团队的管控能否有力，市场的前景是否可行，商业模式能否成功，自己的优势是否明显。

有所为，有所不为，这是战略的选择。不是所有的领域都适合我们，适合的一定是能自主管控的领域。不是所有的项目都能做，能做的一定要有强大的团队管控。

有所不为，才能有所为，这是战略的抉择。只有聚焦、集中有限的领域，才能有自主管控的可能，才能取得成功。任何企业，任何个人，即使非常伟大，毕竟不能涉足所有领域，总是要有所选择。从某种意义上讲，选择，决定成败。

认识自己，并非易事，检讨自己，更是难事。在鲜花与掌声中，多看到自己的不足，多检讨自己的缺点，将是成长的强大动力，是一道宝贵的风景线。

在成长的道路上，成功与过失，都是宝贵的经历，都是人生不可多得的财富，正反两方面的经验与教训，可以使人们更加聪明起来。

与巨人同行，行进在光明的大道上；与好伙伴相依，共同开创新的世界；与好战友共进，携手打造共赢未来；与发展共舞，舞出光辉灿烂的世界。

2016年12月17日

经久不衰

  由于工作与生活离建设路很近，因此建设路是我们常去的地方。

  在成都建设路上，有一家宫廷糕点店铺，生意很好，门口总是排着很长的队，无论是周末，还是平时；无论是上午，还是下午，都是这样。这么多年了，我路过无数次，没有一次不排队能买到的，这在现在供给过剩的社会里，真是个奇观。

  我们来到成都已经有20多年了，这期间正是国家快速发展变革的时期，城市的现代化建设日新月异，人们的生活水平迅速提升，建设路作为城东的重要居住区，品牌楼盘林立，人流密集，品牌商场越来越多。品牌门店越来越多，商店装修越来越漂亮，商店的种类也越来越多，建设路旧貌变新颜。

  现代社会，消费市场变化很快，建设路的商店也紧跟潮流，一直不停地在变化中，今天这家商店开，明天那家商店闭，旧的去，新的来，人们已经很习惯了。20多年前的门店，今天几乎已难寻了，唯独这家糕点店，依然是这个品牌，依然是这个门店，依然保持着这样的兴隆，依然这么受欢迎，依然这么有市场，似乎外界的巨大变化与它无关,这不得不令人深思。究其原因,我想应该有以下几方面。

第一,是品种丰富。人们对食的需求,总是排在优先位置的。这家门店的糕点品种十分丰富,从各色蛋糕、各色饼类、各色点心等,应有尽有,选择余地大。

第二,是原生态。蛋糕点心都是很新鲜的,买后品尝时,都能感到温热,很香,是直接从成都总店运过来的,制作工艺上仍然沿用的是传统工艺,没有添加剂,不像现在那些蛋糕名店,好看,不好吃,而且也不放心。

第三,物美价廉。好吃,安全,价格又很低,这么多年来,几乎没有涨价,是那些名牌蛋糕的几分之一。

第四,或许是特别重要的就是不扩大规模。就是坚持在建设路不扩门店,保持必要的供给不足,始终让供小于求,对市场有充分吸引力,如果再多开几家,或许也会开烂,或许也会无人问津。

我们的供给侧结构性改革,就是要去产能过剩,保持市场活力,我想这家门店历史很悠久了,一直在这样做,他(她)或许直到现在都不知道什么是供给侧结构性改革,但他(她)们的长期坚持,给我们上了一堂如此生动的供给侧改革课。

其实,市场经济是有规律的,是有秩序的,有规则的,有底线的,必须要尊重市场经济规律,必须科学发展。

一窝蜂的发展,是我们的一个传统。看到别人好,马上跟进来,再超越别人,都是发展的路线图,你追我赶,形成了产能发展的一轮又一轮的竞赛,不顾资源的限制,不顾市场的需求,不顾价格的跌落,哪怕亏本,只要把对手干掉,就是胜利,这种情况几乎在各个行业都普遍存在,产能就是这样过剩的,看看钢铁、水泥、玻璃、化工、房地产等传统行业的过剩情况,一些新型行业很快也会出现过剩。

唯规模为大,也是我们的习惯。考核以规模为大,企业排名以规模为大,但规模不一定能带来价值,带来利润,因为供严重大于求,价格会快速下跌,同时规模发展需要更多的宝贵资源。很多企业在扩产时,都以倍数的天文数字进行,如此高速扩产,产能不过剩是不可能的。

市场规律,就是一只无形的手,始终在拉着我们,我们一定要尊重市场经济规律,保持自己的特色,保持自己的初心,保持自己的承诺,抱团发展,协同发展,绿色发展,稳步发展,不能太任性,太任性了,市场与环境都会报复的。

20多年,一切都在快速变化中,我们已渐渐变老,但唯独这家老店依然青春焕发,每天都如此忙碌,每天都如此充实,在市场经济的浪潮中永远屹立。

每当我走过这家糕点店,心中涌动着美好的祝愿,祝你成为百年老店,因为人们需要你,市场需要你!

2016年12月18日

最大的伯乐是谁？

　　唐朝韩愈说："世有伯乐，然后有千里马。千里马常有，而伯乐不常有。"在昆明前往杭州的川航飞机上，看了《四川航空》2016年12月号蒋柳的文章《这个世界有怀才不遇吗》，文章专门介绍了唐伯虎与王阳明的人生轨迹，并从他们的人生轨迹中说明，最好的伯乐其实就是自己。这样，我对伯乐与千里马的关系，有了一些新的认识。

　　唐伯虎，名唐寅，1470年3月6日生，1524年1月7日逝世，是明代著名的画家、诗人与书法家。他16岁秀才考试第一名，29岁参加应天府（南京）乡试，中解元（第一名），第二年进京参加考试，涉"科考舞弊案"，经一年多审讯，释放出狱。唐寅作为明代江南第一风流才子，才华杰出，命运不幸，一生不得志，两任妻子先后离他而去，生活困难，以卖字画为生，但这些都不能阻挡他杰出才能的释放，他的画极其珍贵，大都为海外收藏。2013年9月19日，纽约苏富比拍卖行拍出唐寅的《庐山观瀑图》，以3亿美元开价，最终成交价为36亿人民币成交，创下历史纪录。

　　纵观唐伯虎的一生，可谓坎坷，命途多舛，后最终被人承认，成为一代名人，永垂史册，最主要的是他与命运不断较量，决不低头，刻苦奋斗，不断挖掘自己的潜能，不断释放自己的才能，成为光耀历史天空的巨星。

他没有遇到伯乐，他的伯乐就是他自己，就是千百万普通大众，就是人民，他用一生的努力，造就自己，得到了社会的承认，得到了人民的承认，得到了历史的承认，充分证明自己的人生价值，是金子，总是要发光的。

最大的伯乐是自己。自己的情况自己最清楚，对自己的发展方向最清楚，对自己的处境最清楚，对自己的爱好、兴趣与长处最清楚，最知道自己应往哪方面发展。自己不能发现自己，别人就更难了。

最大的伯乐是自己。自己必须要成为千里马，才能被伯乐相中，自己必须挖掘自己的潜能，充分展现这些才华，一旦这些才华展示出来，成为一匹飞跃的千里马，如同喷薄欲出的一轮红日，迅速升空而无法阻挡，伯乐自然就有。

最大的伯乐是自己。领导给机会，社会给机会，发展给机会，改革给机会，合作给机会，但首先你得准备好抓住这些机会，如果没有充分准备，机会就会擦肩而过，再多的机会也没有用，任何人都替代不了你自己。

最大的伯乐是自己。伟大祖国发展欣欣向荣，进入了众创时代，国家鼓励创新，科技人才脱颖而出。文艺发展环境也宽松，丰富的生活，为我们提供了取之不尽的创作源泉。而多样的资本市场，也为科技与文艺的发展与繁荣，提供了充足的资金支持。

最大的伯乐是人民,是社会。只有人民才是推动历史发展的真正动力,在现在的互联网时代,公众的力量对社会影响就更大了,人民懂得选择,懂得自己的喜爱,懂得艺术的价值,懂得哪些是真正的人才。

最大的伯乐是领导。因为领导手中有权力,有资源,发现与选拔人才,决定干部的任用。领导要珍惜手中的权力,要不拘一格,选拔那些德才兼备的干部。

愿我们营造伯乐常有,千里马奔腾的局面。

2016 年 12 月 14 日初稿

2016 年 12 月 17 日终稿

与志同道合者同行

　　孔子曰：**"道不同，不相为谋。"**这句话，实在是真理。不仅古代如此，现代也是如此。如不与志同道合者合作，痛苦甚多，因此选择志同道合的合作伙伴，是事业成功的关键。

　　我国的经济建设日新月异，发展很快，迅速成为全球第二大经济体，光辉成就令世人瞩目，但在经济建设发展中，诚信体系与法治建设并没有同步跟上，廉政建设也有差距，这样各类纠纷就很多，陷阱也不少，弄得不好，会带来很大麻烦。

　　选择志同道合者，是避免麻烦、避免灾难、取得成功的首要条件。

　　诚信的人，要与诚信的人在一起，这样理念相同，合作其乐无穷，合作前景广阔。

　　诚信的人，与骗子在一起，必然会受到伤害，这种合作痛苦不堪，一旦在一起，后患无穷。

　　就像两个没有共同语言的人在一起，迟早是要分手的一样。

　　既然选择志同道合者如此重要，那么在茫茫人海中，该如何选择呢？

　　第一，要有共同的价值理念。核心的价值观决定着人的思想与行为，如果价值观不同，那就说不到一起。

　　第二，看市场信誉。信誉，是市场对企业市场行为的评价，要通过充分的市场调查获得。

　　第三，别与那些骗子打交道，特别要对那些没有信誉者保持足够的警惕。

　　第四，要与平等、诚信待我者合作，这是合作的基石，发展的基石。

　　摆脱那些骗子，就是一种人生最大的解脱，在痛苦中解脱，在苦难中解脱，迎来的是浴火重生。

　　远离那些骗子，是最明智的选择，是人生最大的快乐。不与没有诚信者打交道，是永远正确的选择。

　　对待那些骗子，不能用善良的心，不能当东郭先生。对待骗子，必须以牙还牙，才能制住其罪恶。

　　远离那些阴谋者。走路走大道，大道上阳光照，做人要厚道，阴谋者以损人开始，以害己告终。阴谋者可以得逞一时，不会得势永远，因为上帝总会眷顾那些善良的人们。

　　也不与那些虽有财富与资源，但没有共同语言的人合作，他们的财富与我们无关。路很宽，走自己的路，选择对路的人，这是最重要的。

　　把好那些关口，在实际中识别真伪，在行进中洞察阴谋，在考验中选择真友，在烈火中识别真金。

　　与亲爱的朋友为伍，与志同道合者相伴，结成坚强同盟，为了共同的事业,亲密携手,美梦必成真。

与志同道合者同行,少了一份担忧,多了一份快乐,心中荡漾着喜悦,相互间信任,彼此欣赏,爱在心田。

与志同道合者携手,想大事,谋大业,其力无穷,其利断金。

与志同道合者合作,成就大业,惠及双方,实现共赢。

该分就分,分是快乐;该合就合,合在一起,都是最大赢家。

沧海横流,方显英雄本色;历经磨难,方取得真经归来。

走自己的路,与志同道合者同行,快乐无限,幸福满满,自由多多,光明灿烂。

2016 年 12 月 19 日初稿

2016 年 12 月 20 日终稿

走自己的路

意大利文学家但丁在其代表作《神曲》中写道:"走自己的路,让别人去说吧。"这句话,一直鼓励着勇于奋进与创新的人们,这句话,应该成为我们人生的重要向导。

走自己的路,因为自己有自己的梦想,自己有自己的抱负,自己有自己的情感,别人无法理解,也无法替代。

走自己的路,别人无法替代你,别人无法包办,路是自己走出来的。

走自己的路,既然已经选择,那就要走下去;既然证明道路正确,那就要更加自信。

走自己的路,那是一条光明的路,那是一条幸福的路。

走自己的路,走出人生的特色,走出人生的精彩,走出人生的价值,走出人生的巅峰。

走自己的路,不要理睬那些恶意者,不要理睬那些诽谤者,不要理睬那些阴谋者,不要理睬那些嫉妒者。

走自己的路,不回头,看准的路,要走到底,用事实说话,拿业绩证明。

走自己的路，在行进中探索，在危难中坚持，在实践中调整，在发展中总结。

走自己的路，实现一个个梦想，超越一个个目标，攀登一个个高峰。

走自己的路，以千里马的跃进速度，一骑绝尘，超越自己，超越对手，超越历史。

走自己的路，与亲密战友携手，与志同道合者同行，结成铁的同盟，形成钢的力量。

走自己的路，登千座山，行万里路，纵览自然风光，饱尝人间甘苦，善心走天下。

自己的路，风光秀，景色美，道路宽，前景广，能管控，可驾驭。

自己的路，有自信，自信人生二百年，自信人生意志坚，自信人生成大事。

这是一条持续转型的路，这是一条创新的路，转型脱离困境，创新辟出新天地。

这是一条跨界的路，跨界融合，辟出崭新天地，跨界发展，结出丰硕成果；跨界融合，秀出美丽人生。

大路上，虽有艰难，但风光无限，前程似锦，一片光明。

大路上，意气风发，斗志昂扬，集结万千兵力，雄心胜似万夫强，迎未来，再决战一场。

2016 年 12 月 12 日初稿

2016 年 12 月 21 日终稿

新的好，还是旧的好

北宋著名文学家、政治家王安石在他的一首《元日》的诗中写道："爆竹声中一岁除，春风送暖入屠苏。千门万户曈曈日，总把新桃换旧符。"这首诗不仅表达了人们对迎春节的喜庆，而且同样表达了人们对新事物的热烈渴望。

人们总是喜新的，因为新的东西代表着发展方向，总是给人新的动力，带来新的挑战，带来新的欢乐，带来新的希望。

但新的事物，新的东西，总是在旧的事物、旧的基础上发展起来的，旧是新的基础，离开了旧基础，新的东西是不会凭空产生的。无论哪一门学科，都是一步步发展起来的，学科的内容会不同程度地随时代变迁而刷新。

新，是一个相对概念，总是暂时的，不稳定的，一切都在变化中。新的，很快会成为旧的，唯有发展变化是永恒的。

创新，总是在传统的基础上进行。没有传统的基础，创新就成了无源之水，无本之木。

转型，总是在原有传统业务的基础上进行的，如果转型了，就把原来的业务丢了，很可能成为什么都不是，转成一身空。

转型，是为了更广阔的生存空间，继续固守很可能是死路一条。但转型是增量，而不是减量，对传统业务的调整是一个过程，有些传统业务还在高速发展中，仍然有蓬勃的生命力，这些业务不仅不能丢，而且还要加强。即使不是高速发展，但仍然有市场需求的，我们仍然要保留。

保留或加强传统业务，都是为了更好地生存，都是为了给转型赢得更多的宝贵时间，都是为了更好地支持转型。新旧业务的关联与交叉，是推动发展的矛盾与动力，处理好了，比翼齐飞，展翅翱翔。

毫无疑问，创新总是永恒的，创新也是社会发展的主要动力，但创新不是要丢掉基础，丢掉传统，而是要赋予传统更多的生命力，更加丰富我们的生活，更加丰富我们的产品线，更加丰富我们的产业链，更加丰富我们的发展内容。

发展，总是这样，一步一步，不断由无知转向有知，从知不多转向知较多，逐步探索与逼近事物的真实，但认识世界的过程永远不会完结。

新的好，每一个新的知识、新的创造、新的领域，都给我们带来新的希望、新的刺激、新的鼓舞、新的动力、新的梦想、新的收获，使我们的生存能力与竞争力大大增强，使我们认识世界与建设世界的步伐向前迈进一大步。

旧的好，别轻易丢弃，那些熟悉的一切，正是构成了我们今天的生命与成长，是我们生存的基础，也是创新的基础。轻易放弃熟悉的一切，可能到头来一切皆成空。

每一个旧的事物，都孕育着新的生命，一旦注入新的思想，同样焕发青春，爆发新的活力。每一个新的事物，都是在旧事物上成长起来的，一个个新的突破，一个个新的超越，构成精彩无比的多彩世界。

新的好，旧的也好，新旧融合在美丽的多彩世界中，在我们生命的每一个时分。

2016 年 12 月 23 日

一切都没有用

成都的雾霾，已经持续了约一个月，美丽的历史名城在雾霾笼罩下，容颜顿失，雾霾的常态化，使我们难再看到蓉城的真面貌，也没有往日的欢乐了。

昨天与前天，天气稍有好转，给市民带来莫大的欢喜，没有想到今天严重雾霾又再次袭来，重回原点。看到电视报道，北方地区的雾霾更重，有些地区PM2.5指数直冲500点，人在这种环境下生活与工作，都将是一件非常痛苦的事，同时严重雾霾造成学校停课、工厂停产、飞机停飞、高速路封闭等，对生产力构成严重破坏。

雾，以前成都也有，但霾却是我们催生的，过去成都的雾的时间不会持续一个月，最多不超过一周，而且雾对人体没有什么伤害，但雾霾有毒，有的是剧毒，长期在雾霾下生活，会折寿很多。

成都，是一座历史文化名城，是一座来了就不想走的城市，但这是原来的概念，一切都在悄然地变化。满地跑的汽车，遍布的开发区，到处的制造厂，特别是化工厂与这座美丽的城市如此不协调，这些都快速地改变着成都的宜居特色。

城市密布的高层建筑,虽然装扮着城市的现代化,但使原本处于盆地的成都平原的空气流通更差,雾霾散不走。

在雾霾下,一切都没有用。机场不能正常起飞,有再多的飞机与建再多的飞机场都没有用。没有了飞机通航,通行就会受阻,经济发展与正常生活就会受到严重影响。

在雾霾下,一切都没有用。雾霾严重时,高速公路都得封闭,普通公路也得慢行,修再多的路也没有用。北京已经修了六环,即使修到十环或更多,在雾霾下也一点用都没有。同时,汽车多了也没用,一是限行,二是无路可开。

在雾霾下,一切都没有用。挣再多的钱,拥有再多的财富,也换不回健康,钱都会拿去治病,医院的病人急增,需要大力增加医疗的投入。

在雾霾下,一切都没有用。在每人一个大口罩下,大家都一样,难识庐山真面目,美丽没有用。

在雾霾下,一切都没有用。光伏发电也大幅度降低发电效率,很难收回成本。

在雾霾下,或许只有三件东西还真有用,第一件是高铁,高铁不怕雾霾,能穿越雾霾,穿越城际,按时到达目的地。第二件东西是空气净化器,各式各样的空气净化器应运而生,但我总觉得,外部的空气如此糟糕,空气是难以隔绝的,净化的效果总是有限的。第三件东西是口罩,各式口罩五花八门,看上去很搞笑,但我从来不戴,因为我觉得那玩意儿效果有限。

成都,有2000多年的文明历史,一直是人们心中神往的宜居、宜业、宜游的城市，有多处世界文化遗产，是国人的骄傲，但在我们过度建设与任性挥霍下，很快成为一个雾霾都城，这就是自然的报应。

成都，是我们的家园。是美丽的家园，天府之国，人间天堂，我们不想离开成都，也不愿离开成都。成都，是我们永远的家园。

自然界有很多因果关系，我们必须要尊重大自然，尊重客观规律，必须科学发展，不能过度发展，必须克制自己的冲动，学会和谐发展。建设一个历史名城要千年以上，但毁掉一个城市，在瞬息之间。

什么时候能雾散云开，重见天日，蓝天当空，彩云当中？什么时候能让美丽的蓉城再现其迷人的风采？什么时候，成都再是一座来了不想走的城市，而不是来了就想走的城市。

生活，原本是美好的，人与自然原本是和谐的，城市是快乐的，但前提是不能任性。

环境，原本是美丽的，环境的美好，在于我们对大自然的精心呵护，而不是对自然的任意糟蹋。

爱，是生活的源泉，是生命的真谛，在于我们对大自然的爱，没有爱，就没有一切。

让我们回到初心，回归理性，回到科学，回到自然，让周总理提出的"青山常在，绿水长流"成为常态，让习总书记提出的"金山银山不如绿水青山"的理念变成我们行动的纲领，让我们脚下的大地永在，让美好永伴我们的生命。

沐浴阳光，头顶蓝天，天边彩云，夜空星星，是我们的人生快乐,也是不能被剥夺的人生权利。我们不能只在海外享受,也不能只在西藏、海南、云南等地才有,我们应当在自己的家园就能享受,在辽阔祖国的每一个角落,都应青山常在,绿水长流。

成都,你一定能战胜雾霾。

2016 年 12 月 24 日

北上，还是南下，胜负战略定

今天，是我们伟大的领袖毛主席123周年诞辰的纪念日，回顾毛主席的传奇一生，历经无数风浪，多次面临死亡的危险，经历过一系列重大挫折，但他都神奇地转危为安。那么，他的一生究竟什么时候是最困难的时期？

1964年10月，中国人民的老朋友——美国作家埃得加·斯诺来到北京，毛主席亲切会见了他，斯诺向毛主席提了一个十分敏感的问题："你一生最黑暗的时刻是什么时候？"出乎意料，毛主席回答说，那是1935年的长征途中，在草地与张国焘之间的斗争。当时党面临着分裂，甚至有可能发生前途未卜的内战。

在长征路上，1935年6月14日，毛泽东、朱德率领的中央红军翻过夹金山到达阿坝小金县达维镇，与红四方面军先头部队会师，6月16日，毛泽东在懋功（今阿坝）亲切会见了红四方面军的红30军政委李先念，6月25日下午，红一方面军与红四方面军主力在懋功两河口正式会师，毛泽东与张国焘在长征路上首次见面。

备注：这是赵振元同志为纪念中国人民的伟大领袖毛主席123周年诞辰而作。

红一方面军与红四方面军胜利会师本是好事，但张国焘获悉红一方面军只有衣衫不整、营养不良、疲惫不堪的 1 万多人，而红四方面军有兵强马壮的 7 万多人，他想以兵强实现他的野心，当上中央主席，成为共产党的一把手，他对毛泽东的北上战略不屑一顾，坚持南下。

北上，可以避开蒋介石的层层围兵，避开准备充分、实力强的川军，放弃原定的在川西北建立根据地的想法，走荒无人烟的雪山草地，甩掉国民党军队的围剿，在群众与革命基础好、易守难攻的陕甘宁建立革命根据地。

显然，北上的路，充满艰辛，要穿越无人区，近乎死亡区，但这条路能摆脱敌人主力的围剿，成功突围，带来生的机会。

南下，由川西北向成都平原进发，可以脱离草地的艰苦生活，成都平原充足的供给可以大大改善生活，但会遇到装备精良的国民党军队与四川军阀的围剿，而我军在平原上没有任何回旋余地，在兵力如此悬殊的情况下，红军没有胜的可能。而且南下离抗日一线远了，也不能提升红军的影响。百丈关是雅安通向成都的必经之路，百丈关决战的失利，是南下走向失败的转折点。

以后张国焘被迫北上，以损兵 4 万告终，红军第二次在会宁会师，但路线问题并没有解决，会师后红四方面军即派出一部主力组成西路军，后西路军几乎全军覆灭。张国焘另立中央搞分裂，对抗中央。

而毛泽东与中央领导的红一方面军，到达陕北时只有 7000多人，在毛泽东的英明领导下，很快就集结其他方面军，在延安建立革命根据地，迅速壮大，成为抗日战争的重要力量，最终打败日本鬼子，埋葬蒋家王朝，建立了新中国，成为今天全世界最强大国家之一。

北上，还是南下，这是战略之争，战略决定前途，战略决定胜负。战略正确，弱小一定可以走向强大；战略错了，即使强大也一定走向消亡。

北上，还是南下，这是两种不同命运的较量，这是两种不同前途的选择，这是两种不同势力的斗争，我们庆幸有了毛泽东这样英明的伟大领袖，否则革命前途未卜。

北上，还是南下，这是原则问题，这是路线问题，在路线问题上，没有调和的余地。

北上，还是南下，南下付出血的代价，红四方面军4万多红军将士的宝贵生命，西路军2万多将士的宝贵生命，葬送在张国焘的手中，对张国焘这类人要保持高度警惕，绝对不能让他这类人掌握大的权力。

星星之火，可以燎原。只要方向对，路线对，就一定能团结一致，组织起来，争取最后的胜利。

中国革命和建设的实践证明，毛泽东同志是中国人民的大救星，毛主席是我们心中永远敬爱的伟大领袖。

2016年12月26日

错误往往是正确的先导

人们的认识有一个过程,没有先知先觉者。人们认识事物,都是在不断探索中一步步地接近本真,要走很长迂回曲折的路,有时甚至是暂时与局部的倒退路,不可能一蹴而就。

事物的真相,受各方面的影响,总是被复杂的因素掩盖着,难识庐山真面目。我们想真正认识并掌握事物规律,需要付出极大努力,付出很大代价。

1965 年,毛主席在翻阅自己的旧作《长冈乡调查》时批注道:"错误往往是正确的先导,盲目的必然性往往是自由的祖宗。"

从必然王国到自由王国的认识飞跃,是一个跨越。实现这个跨越,要经历一个相当长的过程,会有许多曲折与漫长的路。

红军长征,一开始也没有明确的方向,走了很多错误的路,在长征路上摔了很多跟头,受到严重挫折。但在英明领袖毛主席的带领下,不断探索,不断调整方向,最终选择延安作为中国革命根据地。

正确与错误,是密不可分的两个方面,这两方面,并没有明确的分界线。没有错误,就没有正确。正确中有错误,错误中有正确。

错误往往是正确的先导，是因为正确的东西，往往被复杂的现象包围着，要通过曲折的、甚至是经历错误后，才能找到正确方向。

只有经历了错误，才能体会到正确的可贵；只有经历了黑暗，才能体会到光明的宝贵；只有历尽了寒冬，才知道温暖的含义；只有经历了曲折的人，才倍感珍惜胜利的不易。

每一次错误，都是宝贵的财富；每一次错误，都是难忘的经历；每一次错误，都要付出沉重代价；每一次错误，都蕴藏着新的机会。

不能因为错误，而放弃；不能因为错误，而彻底否定；不能因为错误，而动摇转型的决心；不能因为错误，而停止探索前进的决心。

错误，可以在实践中纠正，可以在实践中调整，可以推倒重来，但绝不能停止前进。

创新，总是要突破传统，在新的领域开拓，在新的领域发展，在新的领域探索。创新的事业，一定不会很顺利，会走很多弯路。

因为错误，必然会付出代价，不付出代价，就不能深刻感受到真理的光芒，就不能找到正确的道路。但这种代价不能是毁灭性的，必须越小越好，必须能做到东山再起。

错误，必须深刻反省，果断调整，及时调整，避免错误造成更大的损失。

错误，在调整中纠正，在调整中总结，在调整中发现正确的方向,在调整中出现新的转机,在调整中打造新的天地。

在毛主席的领导下,中国革命在发展的道路上,不断探索,终于找到了一条正确的路,迎来了中国革命的胜利。邓小平同志带领我们不断探索,找到了改革开放的胜利之路。

不经历血与火的考验,不付出高昂的代价,无法造就伟大的铁军;不经历暴风雨的洗礼,雄鹰就无法展翅高飞。

2016 年 12 月 29 日

在丽江迎新年

　　第一个"一"，是在高科技工程领域经历了一场大战。2016年，十一科技成功地在高科技工程进行了一场反击战，全面地扩大了在12英寸集成电路芯片设计的市场份额，捍卫了自己的荣誉，同时赢得了华力、长鑫等重大合同，在高科技工程方面经历了一场大战，通过这场大战不仅奠定了2017年发展的基础，同时也为在高科技工程领域的持续发展开拓了良好的格局。

　　第二个"一"，是在新能源领域经历了一场大考。2016年，十一科技在新能源领域经历诸多考验，在岁末成功实现了巩义、象山电站的并网，同时也将稳获国家指标，这对于提高和增强十一科技在新能源方面投资的信心意义十分重大。通过岁末这场严峻的考验，十一科技在新能源方面已经完全站住脚了，同时十一科技在2016年保持了光伏发电设计的第一，并位列全国光伏发电EPC总承包商的前列。

――――――――――

　　备注：赵振元同志于2016年12月31日在丽江就十一科技2016年的形势用"四个一"做了生动而精练的概括。这"四个一"是：赢得了一场大战，经历了一场大考，迁入了一幢新大楼，迎来了一个新的大师。

第三个"一"，是迁入了一幢新大楼。院总部于5月24日举行新大楼入驻仪式，7月21日成功入驻新大楼。新大楼焕然一新的办公环境，崭新的气象，为十一科技的发展注入了强大的活力，新大楼已经成为十一科技新的象征。入驻以来，十一科技各地捷报频传，迎来了100多亿元合同的签署，迎来了中外嘉宾的云集，迎来了非常吉利的运行。现在新大楼11楼的院史馆已经成为参观亮点，正在建设的25楼的新的新能源运管中心也将在春节前隆重登场。

第四个"一"，是迎来了一个新的大师。在时隔多年后，我院王毅勃同志光荣当选住建部刚刚公布的第八批全国勘察设计大师，这既是他的荣誉，也是全院的荣誉，特别是全国第一个集成电路大师，对我院，对国家，对这个行业都有重大的意义，必将鼓舞我们在集成电路行业取得更大的成就。

关于2017年的发展和形势。在经历了2016年艰苦的考验后，十一科技将在2017年继续乘胜前进，将在电子高科技领域与新能源发电领域迈出更大的步伐，结出更加丰硕的果实，将以更快的速度推进转型，力争在高科技领域与转型业务方面比翼齐飞，取得更大的成绩。

2016年12月31日

2017年

一丝忧虑

从每天晴空万里、蓝天白云的丽江回到成都，还真不适应，因为成都又是重度雾霾。成都雾霾的常态化，使我们在成都难见阳光，难见白云，难见蓝天，难见人的真面目。阳光灿烂，对现在的成都来说，无异于一种奢侈、一种梦想了。即使阳光穿过层层迷雾照射出来，光线也非常模糊，更别说蓝天了。今天成都的PM2.5指数接近500，而北京的朋友说，北京那边雾霾很重，回到北京后，小孩又开始咳嗽了。

回来后，忙于处理公务，马上要参加人代会，要献计献策，因此在考虑该说点什么。

看到的各种报告，我们最关心的是普通百姓感到最头疼的雾霾治理的长远对策与有效措施，但最常见的都是一些经济数据，都是招商引资，都是创新发展。特别是当前流行的PPP项目，更是无所不包，无所不能，似乎成为解决新发展的唯一良药。据2016年12月29日《四川经济日报》报道，PPP项目从2013年年底开始在全国推广至今，项目已经超过1万个，投资额超过12.7万亿元，预计2017年PPP项目达2万亿元落地投资。

先不说这些项目是否经过严格论证,是否真正需要,是否真正可行,执行过程中如何有效监督,单就环境的容量与资源的承受能力,就有问题。我们的环境容量已经非常有限了,资源虽然丰富,但这样消耗,也会很快枯竭。

不能为发展而发展,必须要考虑为什么发展,为谁而发展。我们的初心是为了人民的福祉,但许多做法是否能实现总书记说的那样,真正能给人民带来福祉,有待商榷。

不能以破坏环境为代价发展,地球是人类唯一能生存的星球,是人类的家园。环境是人类生命的依靠,地球环境的日益恶化,使人类的生存空间缩小,发展越快,走向终极越快。

要把可持续发展的意见,作为我们决策的依据,决策的依据只能是可持续的、绿色的、资源与环境能承受的、给人民带来福祉的、人民真正赞同的。

好在上帝是公平的,都在一个天空下,谁也别想独善其身,同享发展的成果,也同享雾霾的危害,同尝任性发展的恶果。

因此,在新的一年,除了对发展的坚强信心外,还有一丝忧虑。这一丝忧虑常在我的心中,我们如何才能真正实现总书记提出的不忘初心的目标?

2017 年 1 月 8 日

脱颖而出

　　脱颖而出的成语,与毛遂自荐是紧连在一起的。脱颖而出的成语出自《史记·平原君虞卿列传》:"使遂早得囊中,乃脱颖而出,非特其未见而已。"战国时,秦国攻打赵国,赵国平原君奉命到楚国求助,毛遂自荐请求跟着去参加战争,最终说服平原君,毛遂在战争中作用非常重要,大获成功,最终脱颖而出。这段历史很值得我们借鉴,引起我们的重视。无论历史过去多久,人才始终是一切成功的关键,这点永远没有变。如何营造人才脱颖而出的环境,是我们事业能否成功的关键。

　　脱颖而出,首先自己要有准备。脱颖而出,就是要破土成长,突围而发,超越自己,超越别人。如果自己没有基础,又没有很好的充分准备,是不可能在激烈的竞争中胜出的。"机会总是垂青于有准备的人。"没有准备,机会就永远不会到来。是否有胆量,也是关键,并不是都准备好了,再去争取,更多的是边准备边争取,在战争中学习,在竞争中提高,在实践中深化。

　　脱颖而出,要有好的机制。这个机制就是竞争机制常态化,要有一套人才能脱颖而出的公众选拔机制,这种选拔机制真正公开、公平、公正，不受幕后操作。同时，要有很多的民主氛围，领导能听取来自各方面的意见，真正能把下情充分上达。

脱颖而出，要有好的机会。准备好了，就要有机会展示，没有机会也无法成功。常看央视的《星光大道》，感觉这个节目很好，为中国普通民众，特别是为那些草根文艺爱好者，提供了一个非常好的舞台，使他（她）们有可能一夜成名。星光大道入门的门槛也不高，但竞争十分激烈，在这个舞台上可以尽情展示他（她）的才华，很多人都有机会在这个舞台上脱颖而出，实现自己的梦想，星光大道成为造星的大道。中央台与地方各台，还有很多类似的节目，都为人才的脱颖而出提供了很好的机会。

脱颖而出，往往在重大时刻，在危难关头。毛遂自荐，在战争的危难关头，建功立业，脱颖而出。危难关头，重大时刻，关键人才作用是特别重要的，此时，主管大局的领导对关键人才渴望的心情是非常迫切的。关键人才往往会力挽狂澜，扳回危局，奠定胜局，从而脱颖而出。用人不当，胜局也会成败局；用人当，败局也能成胜局。

脱颖而出，要有伯乐相助。千里马常有，而伯乐不常有。初生的千里马，要有伯乐发现；成长的千里马，要有伯乐相中；奔腾的千里马，要有伯乐相助。很多时候，千里马的成长，要有伯乐慧眼发现、果断用人、鼎力支持、全力提供机会，这样，千里马才会插上腾飞的翅膀。

古往今来，在正确的战略后，人才便是决定胜负的关键了。

在实践中发现人才,采取果断措施,让人才脱颖而出,成为领导者最为重要的责任。要慧眼识人才,不拘一格降人才,大胆使用新的人才,形成人才辈出的新格局,迎来事业发展的又一个高峰。

2017年1月7日初稿

2017年1月8日终稿

一片丹心向阳开

今天下午,成都市第十六届人民代表大会第五次会议,在完成新的成都市市长选举并在通过一系列决议后,胜利闭幕。这是这届人代会的最后一次大会,也标志着我的人大代表生涯实际结束。

屈指数来,从2001年当选第十四届成都人大代表以来,整整15个年头了,是超期服役的老代表。一般人大代表不超过两届,我算特殊情况,当了整整三届。

很早就想卸任这个代表,主要是太忙,人代会的会期一般要5天(这次除视察外,大会只有3天,很紧凑),时常与工作安排相冲突,因此很想卸下这份责任。但真正要离开这个政治舞台时,又有些不舍,舍不得这个与市、区领导交流互动的平台,舍不得与代表们建立的友谊与合作,舍不得这个发表献计献策的机会。

15年来,我在这个人大代表位置上,先后见证了成都多任主要领导的变迁,我与成都很多领导曾经共同招商引资,经历过很多难忘而重要的时刻,历史留下了这些珍贵的记忆。而这些领导如今各奔东西,或上升,或调离,或落马,大都已离开当年的位置。如今老人不在，新人常出，我惊叹世上风云多变，同时难免情感波澜起伏，难以平静。

15年来，我见证了成都的巨变，从2000年约1300亿元的GDP到2016年达12000亿元GDP，成都昂首跨入全国GDP的十大城市，很多指标在国内名列前茅，成为全国著名的宜居、宜业、宜游的城市，成为具有1600万人口的中国著名西南之都。

15年来，成都城市建设日新月异，高楼林立，各种现代化的社区，清澈河水，成片的绿地，立体的交通，快捷的地铁，通往五湖四海的现代化空港，富足的生活，成都成为人们最向往的城市之一。

15年来，这颗火热的心与这座城市贴在一起，与她一起跳动；15年来，不管风云如何变幻，为这座城市的付出痴心不改；15年来，东走西奔，为这座城市高科技的发展摇旗呐喊；15年来，牵线的重大项目不断落地，改变着这座城市的高科技格局，提升着这座城市，心中腾起一种无限的欣慰。

15年来，我、十一科技与这座城市同呼吸，共命运，一起成长，一起成熟，一起壮大，一起发展，我们从这里走向全国，走向更广阔的市场。这座城市是我们的起点，是我们美好的家园，是我们终生的依靠。

过去的，曾经辉煌；未来的，更具挑战。新的征程已经开始，新的使命已经来临，责任更加重大，前景更加辉煌。

告别过去，迎接未来，一切都在变，唯一不变的是对党、对国家、对人民、对这座城市的丹心，一片丹心向阳开。

结束过去，翻开新的一页。新的一页，更加灿烂，15年的积累，15年的腾飞，为新的未来注入强大的活力。

战士，永远向前进，有起点而无终点；战士，永远最坦荡，忠贞不渝，新美如画；战士，永远心地纯洁，容不得一丝污浊。

战士，自有战士的情怀，一切额外的贪欲，只能感到心烦；战士，自有战士的风骨，永远不改初心；战士，自有战士的底线，出淤泥而永不染。

情怀不变，斗志不衰，意志不减，用自己的人生，谱写不朽的诗篇。

一片丹心向阳开，比起那些为今天的幸福与安定生活付出生命与鲜血的革命前辈，我们的一切都是幸运的，都应非常知足了，只有珍惜，生活，才能更加美好。

一片丹心向阳开，过去的，珍惜；未来的，必定更加美好，人生的剧目，只要生命不息，故事永远没有完结，精彩总在最后。

2017年1月8日

路，是怎么走的

希望的路在哪里？在战略研究中，在高谈阔论中，还是在实践的探索中？

鲁迅先生在他的《故乡》一文中写道："我想：希望是本无所谓有，无所谓无的。这正如地上的路；其实地上本没有路，走的人多了，也便成了路。"

今年1月9日，在第一栋新大楼成功使用后，院总部第二栋新大楼如期开工，标志着总部新大楼建设一路凯歌，取得突破性进展。作为总部大楼建设的主要决策者与推动者，回顾在总部大楼建设过程中所经历的曲折与艰辛，心潮起伏，难以平静。

随着院的快速发展，总部建大楼，已是大势所趋。此事酝酿已久，先是想到成都南面的高新区，谈了好几次，但考虑脱离了老基地，无论对成华区，还是对老同志，难交代，就放弃了。后又在成华龙潭开发区征地，地征了，钱也交了，但考虑交通等诸多不便，留住人才不易，还是决定放弃，在时任成华区委书记宋朝华的全力帮助下，又把地退了，决定仍在成华区内建，即现在的双林路251号原地重建。

当时原地重建也有问题，主要是这20亩地是科研用地，容积率低，只能建一栋大楼，当时IPO因故未成，没有建大楼的资金，与多方合作建大楼的谈判一波三折，终究由于容积率过低的限制与土地性质的限制，升值空间有限，各方利益无法平衡，最终合作方案放弃。在谈判中对资金的渴望以及没有资金的被动，深有感触，倍感痛苦，即使是在董事会通过大楼建设方案后，仍然无法开工。

转机的出现，是在改变了思路，并成功利用成都壮改的大机会。北改，就是一个千载难逢的大机会，从改变土地性质开始，利用北改的很大政策优惠，在市区两级政府的支持下，特别是在时任成华区委书记刘玉泉的大力支持下，成功利用北改政策，补交出让金，将这20亩地合规变成商业用地，容积率达6，可建11万多平方米，商业价值凸现。

如何建这个商业体，仍然充满挑战。在欧阳总设计师的成功主持下，两栋大楼非常漂亮，但方案的缺点还是没有充分利用沿街的优势，在通过的单独两栋方案将实施时，小平提供了她坚持的裙房商铺的参考方案图片，在最后时刻打动了我与同事们，采用了现在的方案，两栋大楼（办公主体，每栋3万平方米多一点），裙房接近2万平方米，三层地下室约3万平方米，总计11万平方米。大楼的新颖方案与裙房商铺创意，大大增加了这两栋大楼的使用价值与商业价值。

土地变性后，商业价值陡增，土地证办下后，即抵押，轻松获得银行贷款，交通银行在竞争中拔得头筹，成华支行赵萍行长以她永不言弃的精神，后来居上，其精神感动并打动了我与同事们，不仅解决了大楼建设的资金，而且成功开启我们与交行一系列更大的合作。

尽管建设过程仍然充满坎坷，从方案的形成到审查的通过，从方案通过到建设，从一次建到分期建，从委托施工单位施工到决定自行设计、自行施工，从招标到建成全过程，方案不断优化，新技术不断被植入，一次次，一件件，同样曲折，但由于大方向已定，资金等大的方面已有保障，其他的问题必定能迎刃而解。

在总包公司团队的严格管理下，成本控制到位，质量不断提升，最终一期大楼成为精品工程。自去年7月正式入驻以来，中外嘉宾云集，赞不绝口，好事不断，新大楼成为十一科技光荣品牌的象征，而北京中关村的成功入驻，虽历经曲折，但我们、区政府与中关村的目标一致，最终协商达成协议，共赢成功。

二期新大楼的开工，将最终在成都第二商务圈的核心——339电视塔的旁边形成完整的十一科技广场，我们与区政府、北京中关村共同商定，全力打造这个广场。这个宏伟的广场有可能成为全国的一个技术创新中心，吸引各方面的眼球，同时也将改变这一地区的城市格局，将有助于推动这一地区的产业升级，带动本地区的繁荣，为城市做出贡献。

不断升值的十一科技广场的商业价值，将给全体股东带来不断上升的丰厚回报，十一科技的历代传人，都将为这个光辉的广场而自豪。

到那时，希望大家不要忘记大楼建设的曲折历史，不要忘记大楼的决策者、设计者、方案的创意者、建设管理者、全体建设者；不要忘记给予大楼建设强有力支持的市区政府、金融机构、董事会、经营班子与全体干部员工；不要忘记老领导留下的这块地；不要忘记全体离退休老同志对建设的理解与支持，原地建造，最大的问题之一是对居住在院子里老同志休息的影响。

其实，不仅总部大楼的建设过程曲折，华东大厦的购买过程也是一波三折，最终获得最好的结果，成为十一科技在美丽江南的最佳选择。每一个新能源投资项目，每一个重大项目，都很不容易，都有很多故事。但好在头脑清楚，决策果断，都没有留下大的遗憾。

路，是人走出来的，要大胆勇敢地走，不要害怕困难，不要害怕曲折，只要有勇气，只要有智慧，只要有机会，就没有克服不了的困难。

路，是人走出来的；路，越走越宽广；路，越走越光明；路，越走越有信心。

路上，总是有障碍，没有一马平川的路，没有一帆风顺的船。只有在曲折中坚持探索的人，才有可能到达目的地；只有在磨难中顽强挺进的人，才有希望到达光辉的顶点。

历史，是不能忘记的，忘记了过去，就意味着背叛。但记录历史不是为了炫耀，而是为了光大，为了更快地推进更多宏伟的事业，在新一轮决战中，再下一城！

2017 年 1 月 15 日

离开了组织,我们什么都不是

　　什么是组织?根据百度百科的解释,从广义上说,组织是由诸多要素按照一定方式相互联系起来的系统。从狭义上说,组织就是指人们为实现一定的目标,互相协作结合而成的集体或团休,如党团组织、工会组织、企业、军事组织等。在现代社会中,组织是社会的基本单元与"细胞"。毛泽东、瞿秋白、李白、陆游等历史名人对组织的不同作用都有过重要论述。

　　组织,是我们的依靠。每当遇到困难时,我们就想起组织,组织会伸出温暖的手,拉我们渡过难关。特别是在深陷泥潭十分无助时,组织是我们的唯一依靠。

　　组织,是我们成长的摇篮。我们在组织里成长,在组织里成熟,在组织里经风雨、见世面。组织,使我们日益强大。

　　组织,是我们的舞台,这个舞台很宽广,这个舞台很美丽,这个舞台很温暖,这个舞台充满魅力。组织,是一个互助的集体,是一个互补的团队,是一个和谐的整体。我们在组织里尽情发挥自己的才能,充分释放自己的人生价值。我们在组织里,没有克服不了的困难;我们在组织里,获得内外尊重。

组织，是我们的指路明灯。黑暗时想你有方向，迷路时想你心里明，寒冷时想你有温暖，困难时想你有力量。

组织，是我们温暖的回忆。人总会一天天变老，历史规律不可抗拒，每当回忆过去往事时，总是充满对过去的美好回忆，总是充满对逝去岁月的无限眷恋，总是感恩组织是如此温暖。这些回忆总是这样深情，这样深沉，每当想起离开组织的日子越来越近时，心中充满惆怅。

组织，就是英明的党，就是党领导下的光荣集体，就是集体中的坚强团队，就是团队中的相互生死依靠，就是战友之间的深厚友谊。

要相信组织，服从组织的需要，接受组织的安排，感恩组织的关怀，自觉地在组织的领导下工作。我们不仅要感恩，而且对组织做出贡献，承担责任，要为组织担当，甚至做出牺牲。

离开了组织，我们什么也不是；离开了集体，任何个人难成大事；离开了团队，我们会变得一钱不值。

不要过高估计自己，过去的辉煌是因为组织，因为领导，因为集体，因为团队。一旦脱离，就会失去支持，就会失败，就会变得分文不值。与伟大的组织、强大的团队相比，我们任何个人的作用都是渺小的。

有了成绩，多归功于组织，归功于集体，归功于团队，要有感恩之心，谢人之情。有了错误，多找自己原因，要多感谢组织的培养、给予的机会、给予的荣誉，感谢组织的宽容。摆不正自己位置的，搞个人主义的，历史已经证明并将继续证明，都不会有好结果。

热爱这个组织吧,组织是我们的灵魂,是我们温暖的怀抱;珍惜这个集体吧,这个光荣的集体历经风雨,愈发光彩了;维护这个团队吧,这个团队坚强无比,屡创佳绩,必能创造新的历史。

鱼儿离不开水,瓜儿离不开秧,个人离不开组织,离开组织必将一事无成,这个真理永放光芒。

2017 年 1 月 21 日初稿

2017 年 1 月 22 日终稿

一唱雄鸡天下白

今天是大年初一，新的一年就这样拉开序幕了。祝福全体干部！

一年之计在于春，春天的谋划对于全年发展至关重要。

山新水新天地新，新的一年充满了新的机会，是前所未有的机会。前所未有的机会与挑战正在向我们扑面而来，这就是鸡年的机会。

从今年全国春节的情况看，国家昌盛，人民幸福，气氛祥和，社会和睦，生活和谐，人们荡漾着喜悦，洋溢着节日欢乐，春节充满家国情怀，充满浓浓的亲情与欢乐气氛。

无论是城市、街道、社区，还是乡镇、农村、村宅；无论是南，还是北；无论是东，还是西；无论是繁荣的城市，还是遥远的边疆，人们都对国家，对民族，充满自豪，充满自信，这是改革开放近四十年取得的丰硕成果，这是中华民族昌盛之路。中国的春节正成为人类最大的活动，越来越多的国家对中国的春节表示祝贺。

备注：赵振元同志在大年初一再次发表重要讲话《一唱雄鸡天下白》，提出了2017年的工作目标，对于开展2017年的工作具有非常重要的作用。

从十一科技情况看，2016 年各项指标均创历史新高，各地捷报频传，任务储备充足，前景发展可期，人们的信心比任何时候都要足，春节前各地举行的年会，生动、热烈，"四个一"生动形象地反映了过去一年的主要成就。

新的一年，实事求是仍然是我们发展的生命线，对的坚持，错的改正，能快就快，该慢就慢，一切从实际出发，坚持实事求是，就是把握了发展的生命线。

新的一年，机会，首先主要是战略性机会，坚持正确的战略不变，战略决定过程，过程决定结果，战略改变命运，转型决定前途。

新的一年，将坚持转型的路线不动摇，新能源是转型的主要方向，尽管新能源竞争日趋激烈，每拥有一兆瓦，都要付出艰苦努力，但我们优势明显，地位巩固，实力具备，经验已经积累，具备奋力一搏的条件，争取在新的一年里，抓住分布式光伏发电仍然存在的难得的历史性机会，大幅提高增持，为脱离工程的竞争红海，再走一大步，为十一科技的长治久安，再下关键性的一城。

新的一年，高科技仍然是战略重点，将继续在这一优势领域奉行"出手更快，出手更狠，服务更好"的方针，协同整合市场，创造更多的辉煌。

新的一年，将坚持投资与服务双轮驱动，建立投资、服务、合作三大平台，让三大平台成为十一科技成长的巨大引擎。对改革、开放与合作，永远持巨大的热情；对合作，永远持开放态度。

新的一年，将加快调整步伐，对一切不适应发展的因素，将做出重大调整，调整就是生产力，调整能够释放生产力。

新的一年,机会与挑战并存,新的一年,是我们继续扩大与对手差距的关键一年,我们必须努力!

"一唱雄鸡天下白,万方乐奏有于阗,诗人兴会更无前。"毛泽东同志60多年前的光辉诗篇响彻耳边,让我们抓住机会,闻鸡起舞,舞出最美的舞姿,画出最美的图画,写出最美的诗篇,成就一段难忘的历史。

新的一年,必定人更爽,诗更美,阳光更明媚,故事更精彩!

2017 年 1 月 28 日

谈古论今话古诗

　　央视热播的《中国诗词大赛》，以"赏中华诗词、寻文化基因、品生活之美"为宗旨，已经播出很长时间了，一直受到各界的普遍欢迎。比起之前进行的汉字听写、成语大会、谜语大全等节目，这个综艺节目更受欢迎。

　　我想，这里的原因除了中华古诗词的博大精深外，主持人董卿的睿智，康震、王立群、郦波、蒙曼等点评嘉宾的博识、风采与魅力，参赛者的才华，百人团的赛制，使整个比赛高潮迭起，成为真正的文化盛宴。

　　对那些诗歌爱好者来说，参赛是一个展现才能、释放才华、接近名人的大好机会；对电视观众而言，一篇篇经典作品的回放，重温这些经典诗词，可以再一次洗涤与纯洁自己的心灵，让浮躁的心平静下来，在传统文化的滋养中体味中华文化的无穷魅力。

　　中国是一个诗的国度，从最早的诗歌总集《诗经》，到战国的《楚辞》、两汉的《乐府》，以及魏晋，至唐宋，达到鼎盛。可谓星河灿烂，群星闪耀，诸多佳作千古传诵，不朽诗篇满目，鼓舞与滋润着一代又一代中华儿女,成为中国文学宝库的一颗颗璀璨明珠。

李白的豪放诗句,杜甫的深情倾诉,使他们成为中国诗坛的诗仙与诗圣,摘取了诗坛的皇冠,他们一生颠沛流离的艰苦生涯,为他们的创作提供了取之不尽的创作源泉。苏轼一生处在当官与流放之中,这种丰富的生涯加上他奔放的性格,使他留下无数千古绝句。李煜由皇帝变成亡国奴,倒成就了他那些永垂史册的诗篇,成就了他成为最悲情的大诗人。陆游的作品,是他一生曲折经历的反映,是他强烈的爱国忧国忧民的体现,是他爱情与家庭观的表述,作品饱含深情,又充满奔放。

诗人,都是时代的产物;作品,都是诗人经历、情感、意志、修炼、境界、才华与性格的反映。不同的时代,不同的经历,不同的情感,不同的意志、不同的修炼、不同的境界、不同的才华、不同的性格,成就了个性迥异、风格独特的诗人,成就了烙着诗人强烈印记的独特作品。这些作品,因其与众不同而交相辉映,构成了万紫千红的百花诗园。

一切诗人都离不开那个时代,每首诗作都有特定的创作背景、都有不寻常的故事,都有诗人深情的倾诉,都有诗人丰富的意境想象与延伸,我们不能只知道背诵那些词句,更要深刻理解诗人的创作背景与表达的真实意思。只有真正理解,才能深刻把握,也才能更好地记住这些经典。

我们学习古典诗词,不能只停留在古代,更多的要论今,要用古代的经典为指导,结合我们现代火热的生活,写出新诗,写出好诗,创造出时代的新篇章,让诗歌成为鼓舞人们奋进的战斗号角。

热爱我们的时代,用心去体悟人民的心声,我们一定能在吸取前人精华的基础上,创作出无愧于时代的作品,创作出人们真正喜爱的属于这个时代的新诗篇。

2017 年 1 月 4 日

纸上得来终觉浅

不要总是犹豫,不要总是追求完美,不要总是停在嘴上而迟迟不能行动,要马上行动。

事,都是干出来的,从古至今,概莫能外。

只有做起来,才能知道行不行;只有做起来,才知道如何做才更好。

经典的诗句,一定是生活的积累、情感的聚集。思想奔放的产物,一定要经历,经历就是财富,经历就是行动。没有经历,就什么也没有,一场空。

传世的佳篇,一定是反复修改,千锤百炼的精品,千锤就是实践,百炼就行动。

美好的梦想,宏大的目标,只有靠艰苦的努力,不懈的行动,才能一步步变成现实,否则永远是空中楼阁,竹篮打水一场空。

积沙成堆,积跬成步,汇流成海,没有一点一滴的积累,一切都没有可能。

每天努力,每日奋斗,总不放弃,一切皆有可能。

鸿篇巨作,总是一字一字写成的,历史杰作,无不是汗水与心血的结晶。《红楼梦》《三国演义》《西游记》等伟大作品，留传万世，背后都是作者数十年呕心沥血的艰辛付出。

一切光耀的后面，都是行动的结果，都是付出的回报。

做成事，固然不易，但做起来，总有成功的希望。难，是因为我们没有去做，不了解它，做起来，困难就会被逐步克服。

路，在实践中开辟；成功，在行动中实现。每一天的努力，终究会换来最后的成功。

"纸上得来终觉浅，绝知此事要躬行"，陆游在千年前的忠告仍然在耳边回响，我们只有行动起来，只有亲身实践，才能真正探索到事物的本质；摸清规律，掌握主动，才能把梦想之船驶向理想的彼岸。

2017 年 2 月 9 日

伟人已逝，然千秋伟业永恒

——回顾中美建交过程

暨庆祝《中美上海联合公报》发表四十五周年

今天上午，一打开电视，央视四台正在播出经典栏目《国家记忆》——中美建交始末，主要报道尼克松总统在1972年2月来华访问一周的情况。虽然已经不是第一次看这段电视片，但只要重播这段，我就会放下手中的事，全神贯注地看，我太怀念那个时代，怀念伟大领袖毛主席与敬爱的周总理，怀念毛主席、周总理与尼克松总统共同开创的中美关系的历史性破冰。特别是现在，中美关系的不确定性，加深了我们的担忧，加深了我们对过去那个年代的怀念。

众所周知，是乒乓球转动了中美关系的大球，庄则栋写进了历史，但毛主席在关键时刻做出决策，同意邀请美国乒乓球队访问中国，基辛格作为总统特使两次来华与周总理进行了重要会谈，为尼克松总统访华打下了基础。后毛主席邀请尼克松总统访华，周恩来总理运筹帷幄，身体力行，以他特有的、无法超越的魅力，亲切接见美国乒乓球队，给全世界一个友好信号。当天尼克松总统就在美国宣布，解除对中国长达20多年的经济封锁，这些友好举措为尼克松总统访华创造了良好条件。

毛泽东与尼克松的历史性会晤，使中美关系实现历史性破冰，通过尼克松、基辛格与周总理艰难会谈并经毛主席亲自批准的《中美上海联合公报》，在1972年2月28日正式发表，引起世界巨大震动。公报中宣布，中美双方都承认只有一个中国，台湾是中国的一部分，美国从台湾撤军，公报还提出美方希望要以和平方式解决台湾问题等，这些关键问题的共识从此奠定中美两国关系的基础，为以后中美建交与两国关系的发展，扫清了障碍。尼克松在中国的一周，与毛泽东、周恩来共同以非凡的勇气与世界级的战略远见改变了中美关系，改变了世界，实现了中美的战略双赢，写下了千秋伟业。同时这也是世界的变化的格局，推动了中美关系的变化。

1978年12月15日正式发布中美正式建交联合公报，经过40多年的交往与发展，如今中美已成为国与国之间最大的贸易伙伴，同时美中各为世界上第一、第二大经济体，中美关系影响全球，是最重要的双边关系。

可以想象，没有中美关系的解冻，西方主流发达国家会继续对中国实行经济与技术封锁，我们的改革开放会非常困难，我们不可能有今天的强大。因此，《中美上海联合公报》非常重要，毛泽东、周恩来与尼克松，作为一代伟人，开创了历史性的千秋伟业，惠及中美，恩遍全球，历史功绩永存。伟人已逝，然千秋伟业永恒，伟人们的历史功绩是我们后人永远要继承的，他们的超然魅力与迷人风采，是我们永远引以为豪的。仍然健在的基辛格博士为中美关系多次访华，做出了贡献，他是中国人民的老朋友、好朋友。

无论谁当美国总统，都不能背离上海公报的原则，都不能突破中美关系的底线，强国之间，大国之间，只能协商解决冲突与矛盾，只能以合作求双赢。任何对抗，甚至武力威胁与战争，都将是两败俱伤。

在纪念《中美上海联合公报》发表四十五周年与将迎来中美建交四十周年的这个重要时刻，在中美关系因美国新当选总统的一些言论而出现的可能不确定性，重温尼克松总统访华的过程，坚持《中美上海联合公报》与《中美三个联合公报》的精神，具有十分重要的意义，中美关系要向前看，向前进，不能后退，任何倒退是没有出路的。

"导师创业垂千古，侪辈跟随愧望尘"，这是叶剑英同志在《八十抒怀》中对毛主席的深切思念与高度评价，在回顾中美建交的曲折历史性过程，在当前复杂的国际环境中，我们更加尊敬毛主席、周总理等老一辈无产阶级革命领袖的巨大魄力、卓越智慧与建立的不朽功绩。追思神往，在新的历史时期，继承光大，强盛伟大祖国，推动世界和平。

2017 年 2 月 19 日

美丽的人生

美丽,到底来自哪里? 是天生,是后天? 是努力,是奋斗,是等待?

我想,这些都是原因,但最重要的、也是最关键的,还是他(她)们的那颗善良的心以及对美好生活的永恒的向往。

这就是美丽的源泉,这就是青春的源泉,这就是力量的源泉,这就是美丽的人生,这就是永恒的追求。

美丽,当然有自然的年龄,但超越自然的,是其精神,精神的美丽,使其永葆青春,活力永在,美好的青春花朵,不因岁月流逝而凋谢。

人生,是美丽的,美丽的人生靠信念支撑,靠理想打造,靠热血浇灌。

太阳,每天都是新的。新的太阳,充满新的希望;新的太阳,充满新的力量;新的太阳,永远在心中,在生命的每一个时分。

生活,每天都是新的。虽然,生活不可能天天带来快乐,还有平淡,更有烦恼,但这就是真实的生活,这就是生活的意义。如果都是一帆风顺,没有坎坷,人生也不会丰富,不会多彩,不会有激情。

挑战，每天都是新的。每天都会有新的挑战，每天都会有不确定，每天都会有新考验，但正是这些每天，才使生命放射更多绚丽多姿的光彩，生命因挑战而变得更精彩。

信念，每天都是这样坚定。不论风，不论雨，风雨中前行。无论昼，无论夜，阳光总在前。坚守这份信念，坚守这份守候，心中永远是春天。

青春，永远这么有活力。年轻的心永远不会老，因为信念在，爱情在，事业在，朋友在，信仰在，榜样在，历史在，意志在，信心在，一切都在，青春就永远在。

2017年3月3日

贪婪，罪恶的深渊

　　财富是生活之必需，人生奋斗的一个重要目标。人，必须追求财富，创造财富，这也是对人类的一个贡献。一个人或一家人对生活与消费的需求总是有限的，过多的财富也是负担，应当向贫困的人、急需救助的人伸出援手。在这方面，东方人应当更多地向西方人学习，不要把财富看得比命都重，而应当像比尔·盖茨、扎克伯格、巴菲特等财富大佬学习，大部分捐出或全部捐出其财富，通过成立的基金为人类做出贡献，他们也因此得到人们的普遍尊敬。

　　人的欲望是无止境的，必须要理智地控制，不能任其肆意膨胀，更不能贪婪，特别不能过分贪婪，很多原本有美好前景与灿烂生活的人，都因为利用自己的权力过分贪婪而受到法律制裁，在牢中度过余生。每当听到他们忏悔的声音或看到他们悔恨的泪，都为他们深感惋惜，这些对我们都是十分宝贵的反面教材。

　　昨日，看新闻报道，韩国乐天集团的会长辛东彬、他的兄弟辛东主以及他们的父亲、乐天集团创始人辛格浩涉嫌挪用公款、逃税等罪名，被首尔中央地方法院起诉，此前，辛格浩的第三任夫人徐美敬和女儿辛英子已因逃税等罪名被起诉。今年1月，辛英子被判三年监禁。

乐天，因庞大的海内外百货业务而名扬四海，是韩国第五大企业集团，在中国的业务遍及全国各地，而同时乐天也因萨德而使中国人的情感受到极大伤害。这篇报道再一次引起人们对乐天的关注。

乐天的高管，其实已经非常非常富有了，如此庞大的产业，如此巨额的财富，还为区区几亿人民币，面临起诉，一切荣光全部黯然失色，还面临蹲大牢的可能，真是一下子从天掉到了地。

人心不足蛇吞象，知足者常乐。人的贪婪是一切罪恶的缘由，人对财富的追求是无止境的，必须克制，适可而止，取之有道；人在财富面前必须要保持敬畏之心，否则会被财富淹没，成为财富的奴隶，被财富的铁轮碾个粉碎。

一切必须适可而止，一切必须合法，一切必须依从法律，一切必须敬畏规则，一切必须坚持底线，一切必须保持平常心，这些都是人生的准则，幸福人生的源泉。

财富，生不带来，死不带去。财富，给人带来快乐，也给人带来烦恼，带来灾难。

保持一颗纯洁的心，保持一种敬畏的心，保持一颗平常的心，让快乐永在，让财富共享，让生命奔腾，让爱心永在，让世界更加美好，让生活永远美丽！

保持一颗快乐的心,不要把财富作为逐利的目标,要把财富作为快乐的源泉,让财富充分涌动,惠及大家,幸福周围,造福人类。让财富插上腾飞的翅膀,把快乐撒满大地,撒满人间。

2017 年 3 月 21 日

学习

　　这次在北京集中学习两天，参加中国上市公司协会主办的上市公司董事长、总经理培训班，培训对象是任职不到一年的上市公司董事长与总经理。

　　培训课程安排很紧，一点也不轻松，但两天的时间非常宝贵，听了不少，也问了不少，收获还是很大，集中培训是很必要的。

　　学习，是一件很愉快的事，但一直处于忙碌中的我，很少有脱产学习的专门时间，除了安全、保密、证券等这些法人必需的培训外，实际上我已经很长时间没有脱产学习培训的机会了。

　　记得在1995年3月到6月，在北京参加电子工业部第五期党校培训班，那是我参加培训时间最长的一个班，三个多月，系统接受培训，收获很大，我在这短暂的时间内完成了长篇论文《中外国有企业管理特点比较》，并被中央党校报告文选在1996年第四期刊出，这在当时是很大的荣誉。电子五期成长起来的学员，毕业后很多都成了电子工业部院所的主要领导，写下了辉煌，我们这个班的友谊也一直延续到现在。如今那些难忘的经历已经成为过去的历史。以后在1999年5月，我又参加了为时一个月的四川省委党校第五期培训班,当年的同学也都成为各级领导干部。从那到今,已经18年了,我再也没有这么长的学习培训机会了,从2000年7月成为一把手后,忙碌、压力、责任,成为主旋律,自学与实践,成为我获取新知识的主要途径。

每当我看到年轻的干部们或大企业高管们,不断有国内外培训机会时,心中一直充满羡慕之情,要是我能有机会再脱产培训几次,对工作的推动肯定会更大些,错误就会少犯一点,弯路就会少走一些。

学习,特别是与志同道合的朋友们、合作伙伴们在一起静静地听课,远离喧闹,远离竞争压力,远离一切烦恼,那是一件多么惬意的事啊,既能长知识,又能交朋友,真是很美。

然而命运没有做出这样的安排,那就更多地珍惜出差途中的点点滴滴学习吧,更多地珍惜实践中的点点滴滴学习吧,更多地珍惜生命中的点点滴滴学习吧,点点滴滴的汇合,也会形成巨大的力量,同样可以成为前行的强大动力。

辛苦的付出,总会有回报,实践中的创新,也是书本所无法替代的,把某些遗憾永远埋在心中,珍惜拥有的一切,不去回头,更多的只有对生命的感恩。

这两天北京的天气不错,阳光明媚,春风轻拂,早晨散步,看见京城忙碌的上班族,真是感到还是成都好,上班这么近,环境这么好。

从4月5日到合肥开始,今天凌晨回到成都,整整15天,15天里,飞机、高铁、汽车,纵横数千里,穿梭繁荣华东,实现时间的无缝衔接;旅途中有风,有雨,有雾,更有明媚的阳光;征途上有老友,有旧交,更有新朋友;旅途中有疲惫,有辛苦,更有快乐;征途上有迷茫,有困难,更有信心。

15天里,参加两个重要的全国新能源大会,到八个分院调研(其中一半是举足轻重的重要分院),到两个重大项目现场巡察,会见一批又一批客户,约会一批又一批朋友,难舍同志们的亲密感情,不负同志们的殷切希望,不忘老朋友的深情厚谊,把这一路上温暖的回忆记在心上,把一路上的深切感受永远紧贴。

15天里,5篇散文与诗,记下了15天快乐而紧张的行程,记下了15天的心路历程,不忘初心,继续前行。

来不及调整,紧张工作后又要出发,仍然是密集的行程,路,永远在前方;诗,永远在远方。生活,就是这样。

2017年4月20日

多谋敢断辟新路

当今市场经济风云变幻,机会稍纵即逝,如果没有敏锐的头脑,没有多方面的慎重思考,是不可能成功的。

虽然思考清楚了,但如果不能敢断,不敢于决策,不敢于实践,是无法把宏伟的想法变成蓝图的。

多谋,是智慧;敢断,是勇气,是担当,是责任,是作为。

多谋,可以使方向正确,不走弯路,实现战略领先。敢断,就是果断把握机会,抓住实际存在的可能,把思想变成行动,把可能变成现实。

善断,是重要的;敢断,更加需要。现在普遍存在一种倾向,就是相互推诿,不敢担当,明哲保身,以不出事为第一要务,不敢断,就不会有善断。

敢断,是善断的前提,没有敢断,就没有善断。善断,是敢断的可能结果,不仅要敢断,而且要善断。

敢断,带来新的机遇;敢断,带来新的天地;敢断,带来新的空间;敢断,创出宏大伟业。

很多事,无论事先谋划得如何仔细,只有真正实践了,才知道应当如何做好事；很多想法，只有真正去付诸实施，才能知道这些想法是否正确。

要成就大业，必然是要干一番前所未有的大事，没有一股敢断的决心，没有坚决干的作风，是完全不可能的。

人生，当然需要谨慎，需要警惕前行中的陷阱，防范来自各方面的风险。但过分谨慎会失去机会，会一事无成，一生无成。人生的一切，如幸福、事业、成功、财富、知识、爱情等，都需要有勇气、用胆量去把握，用心血、汗水去浇灌。

鲁迅先生在《故乡》中说："其实地上本没有路，走的人多了，也便成了路。"路，是人走出来的，没有一股子闯劲，无法开辟新路。人要有巨大的勇气，在实践中探索、发现与寻找新的路，这是一生永无止境的任务。

梦想，总是美好的，不仅要敢于做梦，而且要敢于去追梦。

多谋敢断，一步步努力，把这些美好的梦想一个个变成现实，不断走出一条新路。当我们的梦想不断实现时，你会发现，原来生活是如此美好。

2017 年 5 月 19 日初稿

2017 年 5 月 27 日终稿

历史的潮流不可阻挡

——评特朗普宣布美国退出巴黎气候协议

近闻美国总统特朗普宣布，美国退出巴黎气候协议，这意味着美国放弃了奥巴马总统在位时的承诺。美国《纽约时报》称，这一决定使美国沦为流氓国家。

气候变暖，是一个不争的事实，而且越来越明显，如果我们不是共同采取行动，那么就无法改变现在地球温度不断变暖的明显趋势，而这可怕的趋势将把地球与人类带向灾害频发的时代，带向人类生存的绝路。

大国要有担当。放弃了责任，放弃了担当，就不是大国了，它就得不到大家的尊重，也就没有大国的地位了，没有人再会把它作为大国来尊重了，就不配领导世界了。

大国要有信誉。说过的话要办，承诺过的事要做，签过的协议要落实，国际规则要遵守，不能因正常的人事更迭而改变，这样才能真正树立起自己的信誉。信誉，是人的生命，也是国家的生命，言而无信，出尔反尔，无法取信于国际社会，无法取信于大家，最终会变成孤家寡人，被国际社会所抛弃。

信誉，是判断一个国家与一个人行为的准则。孔子曰："人而无信，不知其可也。"荀子曰："言无常信，行为常贞，惟利所在，天所不倾，若是则可谓小人也。"从古到今，信誉都是一个人、一个国家形象的体现。

大国不能任性。在国际社会中，在当今世界里，每一个国家都得遵守国际通行规则，遵守他国主权，不干涉别国内政，要约束自己的行为，不能以强凌弱，以大欺小，找理由随便发动战争，不能想干什么就干什么。尤其是大国，更应如此。孔子曰："己所不欲，勿施于人。"不要把自己的价值观强加给别人，更不要把自己都要抛弃的东西，强加到别人头上。

大国，要大气。大哥，是家庭中的老大，老大，就得像老大，不能这样小气，不能这样自我，不能这样自私。大哥要有宽广的心胸，要多奉献，多付出，多尽责任，多尽义务，这样才是令人尊敬的大哥。

大国的发展也离不开其他国家的支持，只有推动大家共同发展，才能有生意做，才能有钱赚。老子在《道德经》里说："将欲取之，必先予之。"我们必须懂得这个道理。

没有了欧洲，没有了亚洲，没有了非洲，没有了如此众多的朋友们，只有一两个铁哥们，这生意是做不大的，到头来受影响的还是美国人民。

当今世界，国与国的依赖程度比过去更加深，你中有我，我中有你，谁也离不开谁，尤其是大家都在一个地球上共存，更是如此了。只有伸出你的手，伸出我的手，共同携手，才能共同应对人类面临的挑战，才能共同迎接未来。

倒退，终究是没有出路的。发展必然会有问题，但只能在发展中解决，只能在实践中解决，不能遇难就退，遇难而缩，必须要迎着风浪而上。

不要低估各国节能减排的决心，世界各国保护地球，遏制地球变暖的决心不会变，行动会更加坚决，由一两个人主宰历史的时代已经过去，历史的潮流毕竟是不可阻挡的，逆潮流而动，只能被历史嘲笑，被历史唾弃。

由盛而衰，由衰而盛，既有客观的趋势，也有人为的因素。美国自1776年7月4日建国以来，发展迅速，在1894年成为世界经济强国，排行第一，这一领先位置保持到现在已经100多年了，实属不易。在经历了100多年的辉煌后，发展速度开始减慢，特朗普上台后的种种表现，让世界人民确信，美国真的不行了，真的开始衰退了。这种衰退，主要还不是经济上的，是心理上的。如今的美国，无论是经济、科技还是军事，都仍然非常强大，仍是世界上唯一的超级大国，无人能比，短时间也无超越之可能。

一切都会变，一切都在变，而且变起来很急，衰起来很快，这种衰败主要是自己的心理，是自己的不自信，是对中国崛起缺乏正确认识与心理准备。这种心理上的障碍，没有人能治得好，而且比起经济上的衰败，更加可怕，更加无奈。

2017年6月5日初稿

2017年6月6日终稿

装点此关山，今朝更好看

——读毛主席的诗篇《菩萨蛮·大柏地》

今天下午，打开央视国际频道（CCTV4），正好在放电视连续剧《毛泽东》大柏地战斗的片段，看完后，感慨良多，这时想起了毛主席在1933年夏写的经典诗篇《菩萨蛮·大柏地》：

赤橙黄绿青蓝紫，

谁持彩练当空舞？

雨后复斜阳，

关山阵阵苍。

当年鏖战急，

弹洞前村壁。

装点此关山，

今朝更好看。

毛主席的这首诗虽然是在1933年夏重回大柏地时写的，但主要是回忆发生在1929年2月11日那场关系红军命运的大柏地的战斗。大柏地在江西瑞金的北部。

那时，红军主力在毛主席与朱德同志的带领下，离开井冈山突围,冲破湘军的围剿,在大柏地战斗前,已经五连败了,红军的人数已由当初的3000多人,剩下不到2000人,其中还有500多名伤员,子弹严重不足,每人不到4发子弹。由于连吃败仗,队伍士气低落,部队供给严重不足,人困马乏。而湘军的刘士毅部,整整两个团,3000多人,人数多,兵强马壮,装备精良,沿途还有保安团与反动势力的配合,由于连胜,队伍士气高涨。

是否在大柏地决战,当时争议大。林彪等坚持退让,认为打必输。毛主席、朱德、陈毅等人坚持打,要利用大柏地能进难出的有利地形以及敌军连胜后骄傲自大的心态,与敌军决战。毛主席说了三个理由:一是地形有利;二是敌人五战五胜,已经是骄兵,骄兵必败;三是我们只剩下一条路,没有任何退路,打,还能有希望;不打,希望都没有了,井冈山也回不去了。

最后,按照毛主席的决定,在大柏地与刘士毅部进行了一场决战。这场战斗是红军成立以来最重要的一场战斗,如果战斗失败,红军的前途不堪设想,或许党与国家的历史将会被改写,或许今天美好的生活不知要被推迟多少年。陈毅同志称这场战斗是"红军成立以来最有荣誉的战斗"。

战斗的激烈程度实属罕见,最后红军取得大胜。在这次战斗中,毛主席亲自上阵参加与敌人的战斗,这是他一生唯一的一次亲自上阵。这场战斗留下他作为伟大领袖临危不惧的卓越风采,战斗的胜利为红军成功建立中央苏区根据地奠定了基础。大柏地战斗后,红军顺利进入宁都,从此真正开始建立中央苏区。

诗言志。诗,表达了诗人的远大志向;诗,激情澎湃,斗志昂扬；诗，特别是在战火中写就的诗篇，在绝地反击中用生命与鲜血铸就的诗篇，具有无比强大的感召力。

重读毛主席的《菩萨蛮·大柏地》，无不为伟大领袖的豪迈气魄与他临危不惧的伟人风采而再一次感动，同时也再一次受到巨大鼓舞。

诗述情。诗，表达了诗人的博大情怀。柔情似水在诗中，爱意深深在其中，追思回忆在情中，触景生情在心中。

毛主席在三年后重回大柏地，虽然当时被暂时剥夺了军权，空有苏维埃主席一职，但毛主席一生都是革命的乐观主义者，心情丝毫不受影响，以他特有的伟人举重若轻的情怀，将绝地反击、惊心动魄的战斗，以"当年鏖战急"轻松点过。深情回顾过去，对过去那场关乎红军命运的大决战充满留恋，热情讴歌美好的大柏地，对未来前途充满信心，表达了领袖对大柏地的美好情感与深情回忆。

诗记史。诗，可以记载珍贵的历史。作为记载历史的重要载体，与其他文体比，诗具有简练、形象、生动的特征，更易流传。

毛主席的这首《菩萨蛮·大柏地》，虽然只有寥寥几行，却如诗如画地把那段决定红军命运的战斗完整而形象地记载下来，并随伟人的不朽诗篇被后人千年永诵，人们读到这首诗，自然会记起那场战斗，记起那段难忘的历史。

毛主席的这首诗因大柏地而写，大柏地因毛主席的这首诗而出名。

2017年6月11日初稿

2017年6月12日终稿

安宁的江南夜晚

今晚在无锡,没有安排应酬,是难得安静。晚上一人吃了点小吃后,出去散步。

天上下着小雨,漫步在细雨中,路上行人很少,与习惯了在熙熙攘攘的成都相比,无锡多了一份宁静。与许多现代化的城市相比,无锡是很宜居的。无锡在发展中控制着城市的规模,保持着历史,保持着文化,保持着江南城市的魅力,保持这份永远的宁静。

这几年成都发展太快了,市区迅速扩大,南部新城刚建好,马上就要建设天府新区,新机场的运力还没有完全充分释放,在简阳更大规模的新机场已经开建。成都以前所未有的创新勇气与魄力,加快改革开放,不断追赶现代大都市的步伐,已经见效,各种荣誉与国内外排名一路往前,终于登上新兴城市的第一名。

成都在得到这些光环的同时,也面临环境的挑战,最近在治理雾霾方面取得明显进展,但城市的交通拥挤问题很难解决。城市的过快发展,城市人口的快速增长,使成都已经失去了往日的宁静,从城里的一头到另一头,有时要一个多小时,虽然同处同城，但却感到相隔遥远。成都，在城里已经基本找不到安静的地方了。发展，消除了死角，也消除了安宁。成都，过去的那些宁静，过去那些美好的记忆，已经渐渐开始模糊。或许，这就是现代化的代价；或许，这就是城市化的通病。

无锡，虽然城市规模要比成都小，但工业与科技同样发展快，城市交通便捷，在无锡任何一个地方办事，基本都在半小时内可以到达，而这在成都是很少见的。

无锡，保持着具有千年历史的古运河。今天的古运河虽然已没有了当年的运输功能，但夜色中，游船穿梭往来，游客们兴致勃勃，古运河两岸景色美不胜收，成为历史的见证，现代的景点。而成都的府南河曾获得联合国人居奖，河中的水也在不断治理中，清澈可见底，但由于现在尚不能通行，无法充分释放其价值，没有船只航行的河流也就失去了观赏的价值。

城市的发展，既要现代，又要保持传统，保持特色，保存历史，保存记忆。创新与传统并存，现代与历史同耀，一味地追求现代，会丢掉最珍贵的东西。

城市的规模，既要发展，又要控制，并不是越大越好，关键是要立足现在，面向未来，为未来留出空间，为子孙留足发展。

城市建设是否成功，交通、生活与医疗是否便捷是一个重要指标。而在城市中到处都可寻找的安静，则是我们心灵与幸福的真实向往。

2017 年 6 月 12 日

红色的回忆

今天下午，与在家的院领导、院党办的同志们一起排练由朱践耳作曲、焦萍作词的《唱支山歌给党听》，作为庆祝建党九十六周年与迎接党的十九大的活动，我们都踊跃带头参加。在排练时，我感到这首歌的旋律依然是这样亲切，依然这样深情，依然这样动人。虽然这首歌伴随我们已经走过半个多世纪，但我们依然热爱，依然深情留恋，喜欢的程度，真的胜过现在的流行歌曲。因为只要唱起这首歌，就会想起那个年代，想起党的深情，想起毛主席，想起雷锋同志。这歌声深深打动我们，这是用真心在唱，这是用生命在唱。

红色，是我们温暖的回忆，那些回忆伴我们成长，伴随我们的一生，我们一直在红色的海洋里游走，一直在红色的天空下长大。

红色，是我们深情的记忆，那些红色的情爱永在，那些红色的记忆永不灭，在我们脑海中永存。

红色，是我们生命的动力，一个个优秀共产党员的高大形象，是我们前行的不竭动力，永在我们的生命中，永远鼓舞我们前进。

红色，是我们思念的唯一，无论何时，无论何地，我们都想念你，飘扬的红旗。

重温那些入党时许下的誓言，重走那些红色的道路，重唱那些红色的歌曲，重看那些红色的电影，重温那些红色的故事，对于我们永远保持鲜红的颜色，意义重大。

鲜艳的党旗，在上海织成，在南湖升起，在井冈山不倒，在中央苏区飘扬，在延安高举，成为人们新生的希望。红色的党旗，照亮了黑的夜，映红了蓝的天。

从此，红色成为吉祥，成为人们的希望。

千年的专制被推翻，外国的列强被打倒，日本侵略者被赶出去，蒋家王朝彻底被埋葬，长期被奴役的中国人民真正站起来了，国破山河碎的局面彻底扭转了。

如今，我们强大了，世人瞩目，万众欢腾，红旗更加舞动，红色的新长征继续；红色的歌曲继续唱响，使我们唤起那些红色的记忆，深化我们的红色情结，让红色永远千秋万代。

"唱支山歌给党听，我把党来比母亲，母亲只生了我的身，党的光辉照我心。"这是红色的回忆，这是难忘的歌声，唱出了我们对党的感情，唱出了我们的红色情结。

"红星闪闪放光彩，红星灿灿暖胸怀，红星是咱工农的心，党的光辉照万代。"这美妙的歌声，也再一次使我们回到那个红色的年代，回到那些难忘的记忆。

新的历史条件下，只有党才能继续我们更加伟大的事业。党能够不断与时俱进，不断抹去历史的尘埃，保持永远的魅力。

看如今，中华一枝独秀，傲视群雄，莺歌燕舞，无人能挡，强大美梦变成真。

看天下,东方巨人独强,红旗招展,漫卷西风,东风压倒西风,红旗独艳,东方最美。

比高低,党团结,国力盛,心力齐,人和谐,强无比,试看天下谁能敌?

大智慧,重启丝绸之路,展"一带一路"之伟大风采,聚世界之合力,走和平和谐共发展之路,让红旗飘扬在全球。

2017年6月16日初稿

2017年6月18日终稿

皮之不存,毛将焉附

为了生存,每个人都会涉及利益,没有利益,无法在社会上生存,无法体面地做人,利益是必须的。

利益,有大利益与小利益之分,个人的利益是小利益,国家、企业与集体的利益是大利益。

个人的事再大,也是小事;国家、企业与集体的事再小,也是大事。

我们只有把个人的事业融入集体的事业,融入国家的利益,我们才有坚强的后盾,才有取之不尽的力量,才有永远不会枯竭的源泉,才有永远朝气蓬勃的活力,才有永远纯真的快乐。

孔子曰:"君子喻于义,小人喻于利。"我们要做君子而不做小人,因为只有大义,才能使大家共同富裕,才能使人类摆脱贫困,才能使人类摆脱灾难。

关注小利益的人,只关注自己的利益,只关注眼前的利益,胸无大志,殊不知"皮之不存,毛将焉附",如果离开了集体,离开了团队,个人很难独立生存,即使在现在创业,单打独斗也很难成功。

一个人致富,不是快乐,也无法快乐,只有大家共同富裕,才是真正的幸福,才是真正的快乐。

关注小利益的人,是难成大事的,也不会成大事。因为他(她)们心中只有自己,心胸狭窄,没有大格局,没有包容,缺乏大爱,没有感恩。

关注小利益的人,没有大格局,没有大视野,没有大胸怀,没有长远的打算,再多的名,再多的利,也永远不会满足。

关注小利益的人,每件事都计较,是真正的斤斤计较,没有一件不计较的,没有一件肯吃亏的,决不肯无私奉献。斤斤计较的人,是不会成功的,也不可能成功,历史早就证明这一点,因为成功总是属于那些无私而默默奉献着的人们,属于那些不计较个人得失而坚强奋斗着的人们。

一朵花,孤单无助,花色单调,无法构成美丽景色,很快就会枯萎,万紫才能千红,争艳才能盛开,百花才能春满园。

一滴水,很快就会干枯,只有点滴汇集,形成溪流,流进大河,汇入大海,才能形成奔腾不息的力量。

一棵树,独木不成林,无法长成参天大树,无法抵御大风的袭来,无法挡住阳光的暴晒,无法带来富饶的森林资源。只有树成林,才能成为无际的森林。

一颗星,不是星河,暗淡无光,不会闪耀,群星才能灿烂,众星才能捧月。一颗星,是流星,会坠落在遥远的星空。

一个人,只有融入集体,才能有强大的团队力量;一个企业,有浓浓的家国情怀,才能有一往无前的力量。

放弃了这些做人的基本理念,离开了这些做人的道理,我们除了像苍蝇一样嗡嗡叫,还能有什么?

2017 年 6 月 14 日初稿

2017 年 6 月 16 日终稿

欲与牛公试比高

——侧记2017年第六届中国掼牛比赛

　　因25晚在嘉兴出席一个重要盛会,作为发起者之一,就提前一天来到了嘉兴,参加会议的准备。好友晓弦一方面在筹备25晚上的会,另一方面在分管体育,因此他邀请我们出席今晚在嘉兴举行的第六届中国掼牛总决赛,盛情难却,在没有搞清楚什么是掼牛的情况下,我与学良等参加了这个盛会。

　　一到现场,即为现场的壮观震撼,现场观众爆满,场面热烈,人们热切期待着比赛的开始。

　　掼,就是摔、扔、掷的意思。掼牛,是回族的一项传统竞技运动,嘉兴已经举行了六届全国掼牛比赛,并申请获批为国家非物质遗产,这个比赛虽在嘉兴进行,但参加比赛的选手来自海内外,评委都是国内顶级的武打与摔跤权威,因此比赛水平全国最高。

　　过去,我们都知道西班牙的斗牛士,但那些斗牛士都是用刀或剑刺牛,无论人与牛,都有面临死亡的危险。而掼牛,不能用任何工具,也不允许接触牛的脸部,实际是人与牛的摔跤,危险少得多,很少出事故,是人与牛的友好角力。

经过一年的预赛，从全国百余名选手中产生了9名选手，分别为75公斤以下（轻量）、75公斤~85公斤（中量）、85公斤以上（重量）的前三名，通过今天的决赛，分别决出这三个级别的冠、亚、季军及王中王。

比赛很有看头，高潮迭起，不是想象中的枯燥，规则很清楚，比赛很直观，刺激而安全，是一种从未有过的享受。这三个重量级分别对应的牛的重量从330公斤到400公斤。

掼牛，首先是力量的较量。牛，是力量的象征，是力量的标志。牛劲，大得惊人；牛倔，很难回头，在数倍于自己体重的牛面前，没有力量，是根本不可能摔到牛的，而不能摔到牛，就不能得分，选手就失败。实力，是竞争的基础，也是竞技的条件，没有实力无法战胜对手，也无法在竞技运动中取胜。

掼牛，是智慧的博奕。智慧，只能在博奕中闪耀光芒。掼牛，不仅是实力的较量，更是智慧的比拼，如果不能紧紧卡住牛的关键部位，是无法摔倒这个庞然大物的；如果不是想法在运动中创造机会，让牛站立不稳，也是无法摔倒牛的。

掼牛，关键是能否把握一些关键机会，一旦让牛稳住了，你再也没有机会了。而抓住这些机会要靠关键时刻的爆发力，如果没有平时千百次的练习，没有平时千百次的成功，不会有今晚的辉煌。

掼牛是这样，市场经济也这样，我们生活也这样，都要靠实力，靠智慧，靠抓机会；而实力只能靠平时积累，智慧只能在博奕中闪光，抓机会的爆发力只能在千百次实践中练成。最后沈磊磊、李震、任汝志分别获得重、中、轻量级冠军，沈磊磊还获得王中王。

今晚的比赛，通过各种新闻渠道迅速即时传播，最后表演的女掼牛士的表演，震动了全场，作为南京体院在校生与全国摔跤冠军，巾帼不让须眉，美丽动人，体态娇健，技术精干，迅速制服牛漂亮一击，给全场观众留下了深刻印象。

生活需要丰富，体育昂扬斗志，竞技出名星，比赛出英雄，个性需要张扬，艺术创造伟大民族。

今晚难舍，明夜必定更难忘，愿艺术天空永耀，生活永远美好。

2017 年 6 月 24 日

今晚诗歌飞舞耀夜空

　　以亚麻为主题的金达·爱德杯国际散文诗大赛,经过了7个月的全球征文,共收到稿件3100余篇,最终经评委会评选,选出金奖2名(梦南飞、支禄)、银奖5名(陆承、苏美晴、朱丹、香奴、潇琴)、铜奖10名、优秀奖20名,今夜在南湖音乐厅举行颁奖大会,刘阳获2016年度朗诵大奖,南湖朗诵艺术团集体获2016年度朗诵大奖,5人获朗诵优秀奖,同时举行2016年度朗读大奖,这是两件盛事。

　　今晚,这里星光灿烂,夜空独耀,国内顶级大腕云集,明星荟萃,领导亲临,观众爆满,座无虚席,这是一次文化的盛会,这是一次艺术的盛宴,这是一次文化艺术与产业的跨界整合。

　　嘉兴的领导高玲慧、邢海华、柴永强、黄国强、霍忠华、张海戈等,诗歌与企业界海梦、黄亚舟、丁建华、赵振元、任维明、王幅明、桂兴华、密月、晓弦、温陵氏、沈跃明、侯发山、余才志、季超、邹克、杨学良等领导与嘉宾出席,获奖者悉数到场,特别是金银奖获奖

　　备注:这是赵振元同志为金达·爱德杯国际散文诗大赛颁奖暨2016年度朗读大奖颁奖晚会而作。

者一个不少。在著名主持人庆华、少兵的精彩主持下,海梦老师先讲话并赠书画,以后赠书、颁奖、文艺节目与诗歌朗诵交替进行,高潮迭起,刘阳、孙伟航、郭洁、袁瑛等著名朗诵家先后上场,把诗歌的浪漫尽情演绎,作为压轴戏,国内外享有盛名的著名朗诵艺术家丁建华朗诵的金奖作品《亚麻·亚麻》,把场上的气氛推向高潮,丁建华老师名不虚传,浑厚而深沉的声音,随同那昂扬的诗篇,震撼着人们的心窝,感动着每一个在场的观众,大家都为目睹明星的风采而感到快乐与满足。

在观众席上,思绪飞扬,记否当初策划时,没有想到能有如此好的效果。亚麻,如此难写,但现在在诗人的笔下,亚麻已无所不能了,真是无法想象。除了要继续大胆创新外,感叹晓弦的团队的执行力是如此之强。

环顾四周,观众是如此热情,对文化艺术的渴望是如此深情,对明星是如此追捧,我确切明白,生活需要诗歌,艺术产生力量,跨界融合势在必行,要鼓更大勇气与魄力推动中国散文诗破浪前行。

艺术与产业的结合,赋予产业新的生命,提升了产业的价值;同时也为艺术的成长找到了新的舞台,为艺术发展找到了新的天地。产业通过艺术,丰富了它的形象;产业,通过艺术传播,走进千家万户,走向四面八方,走进五湖四海。

亚麻,在以前,或许很多人都不知道是什么,但通过这次国际征文,亚麻为更多的人群知晓,亚麻的发展由来,亚麻的环保特质,亚麻的绿色特征,亚麻的实用性已经为更多人知晓,人们越来越喜欢亚麻与它的制品了。

艺术需要付出代价,但艺术具有创造价值。艺术催生动力,艺术激发情感,艺术洗涤灵魂,艺术超越物质,艺术带来力量,艺术带动发展,艺术创造财富,艺术有倍增效应。

活动需要成本,但精心的策划,有效的活动,是推动发展的重要手段。这次金达·爱德杯国际散文诗征文比赛,金达与十一科技爱德支出的费用都不大,但金达以此获得一次全球性的宣传,并全面系统地提升了金达的品牌与企业文化;十一科技爱德,也扩大了影响,帮助与回报了客户,双方因此建立了更多的信任,获得更多的友谊与合作。

活动,催生一批新人一夜成名,公正的评选,新锐诗人一举成名,李晓园、支禄等一举成名;活动,使大家有机会目睹明星风采;活动,带动嘉兴各业发展;活动,使诗歌精英与社会名流会聚,双方可以碰撞出更多的火花,结出更多的果实;活动,推动中国散文诗在发展中破浪前行,散文诗是人们喜闻乐见的文体,是生活的重要部分,每一次活动,都能推动散文诗向前迈进一大步;活动,使新闻与艺术相得益彰,诗歌与艺术成为新闻的内容,新闻成为诗歌与艺术的报道,使诗歌与艺术走进更多人的心中;活动,激励更多的有志者拿起斗的笔,拥抱更加美好生活,一大批诗歌爱好者,都会从获奖者中受到鼓舞,从而努力实现自己的梦想;活动,推动了企业的发展,作为活动的支持者,通过活动,极大地提高了知名度,对企业发展有利。

生命,在于运动;组织,在于活动。活动,是组织的生命,是企业的生命,是一切生命体的源泉。

惊奇,总是在情理之中;意外,常在不经意间;精心策划,是成功的前提;大胆创新,是成功的源泉。

艺术,是可以跨界的;艺术,是应当跨界的。

星光灿烂,照亮夜空,照亮天际,照亮我们的心窝。

难忘的记忆,在嘉兴,在今夜,在激荡的情感中,在温暖的回忆中。

2017 年 6 月 25 日

愿今生永相随

——庆祝建党96周年兼论思想文化的力量

今天就是党的96周岁生日,昨天下午,全院举行了盛大的文艺演出,盛况空前,共23个精彩节目,其中总部14个,分院9个,都表现出相当高的水平。昨天,是一个难忘的盛会,是一个载入史册的盛会,无论是演出水平,还是投入的热情,都是空前的,表达了大家对党的深情爱戴。大家对党的热爱之情,依然如故,对领袖的思念依然如故。

关于昨天院演出盛况的报道,通过院公众号发出后,迅速受到各界关注。庞大的阵容,高水平的演出,受到大家热捧,受到全院党员、干部、员工与十一科技的客户、朋友、合作伙伴的高度关注,短短不到一天内,阅读量持续攀升,已超过9000人次,很快会破10000人次,创下了院公众号阅读的新纪录。

人们关注十一科技,同样也关注十一科技的文化,关注这些文化活动所透射出的强大的十一科技团队以及这些团队的凝聚与力量。

人们热爱十一科技,会寻找十一科技之所以长盛不衰的原因,而十一科技深厚的企业文化,凝聚的团队精神,则回答了这些问题。

较量,不仅在战略上,在每一个项目的拼争上,更多的是在核心价值观上,在文化上,在基本理念上,在诚信上,在宗旨上,在团队建设上。

战略,总是最重要的,文化是其重要组成部分。差距,从战略上开始拉开,越拉越大,而时间为战略的胜利做了最好的注解。

谈笑,之所以能够凯歌还,是因为赢在战略,赢在思想,赢在文化,赢在团队,赢在市场,赢在坚持。

计划,总赶不上变化,计划在市场面前,其力量总是有限的,总是显得那样力不从心。从长远的角度看,市场必定占主导地位。

胜负,不在一时,而在长远。得一时,未必能得长远;失一时,未必不能得永远。

得失,总在不断演变,今日之得,或成为明日之失的开始;今日之失,或成为明日之得的开端。不必过分在乎局部的得失,不必过分在乎一得一失,要考虑长远的战略,要从思想文化根基着手,建立起百年宏伟大业。

决战,岂止在战场;决战,更多的在战略的比拼,道德的评判,得道者多助,失道者寡助;诚信者多助,失信者寡助。

修身、齐家、治国、平天下,是古人之训,历史经验之谈,修身是一切的基础,而文化又是修身的基石。

"宜将剩勇追穷寇,不可沽名学霸王",毛主席的谆谆教导常在耳边响起,庆祝党的生日,也是重温这个教导的难得机会。

庆祝建党96周年的活动,不仅仅是表达对党的感恩之情,也是企业文化的一次高水平的提升,是提升企业软实力的重大机会。

文化,是企业的核心价值观的重要组成部分,是人之魂。什么样的企业文化,就培育出什么样的企业。但这里的文化,不是表面的口号,也不是那些空洞无物的表面文章,而是深深植根于全体干部员工的核心价值观与基本理念,是表现在干部员工身上的一言一行与一举一动。

一晃,中国共产党成立已有96周年了,全国解放也有68周年了,时间过得真快,很快我们会迎来建党100周年。

我们感恩党做出的伟大努力,感恩老一辈革命家流血奋斗为我们今天幸福的付出,我们永远爱着伟大的党。

企业与我个人的一切成就,都是在党的培养下取得的。我内心充满对党的敬爱之情,充满对毛主席、周总理等老一辈无产阶级领袖的敬爱与思念之情,充满对改革开放总设计师邓小平同志的感恩之心。离开了党,我们什么都不是,我什么都不是,我要永远追随伟大的党。

爱,是不变星辰,爱的星辰穿越历史时空,永耀天际,永放光芒。

爱,是永恒的星辰,永恒的星辰在无际的天空,在万水千山中永耀。

爱,是永远的史诗;爱,是心中深深的思念。

愿今生永相随。

2017年7月1日

血染湘江

今天是星期天，上午走路锻炼了一会儿，就去看电影《血战湘江》。但进去晚了一些，电影已经开演了三分之一，因为一天只放这一场，明天上班就没有时间看了，再错过放映档期，就更没有机会了。

现在爱看这种历史战争片的人不多，电影院里人不多，稀稀拉拉，没有几个人。虽然进去晚了，但很快被电影中血腥的场面震惊，很快就集中精力看片子了。

湘江战役是关系红军生死存亡的关键一战。

1934年10月，在第五次反围剿失利后，红军开始离开苏区进行长征。从中央苏区向西进行战略转移的中央红军突破了国民党的第三道封锁线，继续西行向湘桂边境前进，蒋介石则布置第四道封锁线，企图将中央红军消灭在湘江以东，湘江战役就是在这样的背景下爆发的。

1934年11月27日至12月1日，中央红军在湘江上游广西境内的兴安县、全州县、灌阳县，与国民党军苦战五昼夜，最终从全州、兴安之间强渡湘江，突破了国民党军的第四道封锁线，粉碎了蒋介石围歼中央红军于湘江以东的企图。但是中央红军为此付出了极为惨重的代价。红军部队指战员与中央机关人员由长征出发时 86000 人锐减到 30000 余人，损失极为惨重，红军指战员对李德、博古的瞎指挥极为不满，最终导致了遵义会议的召开，毛主席重回指挥中心，成为中国革命历史上最伟大的转折。

湘江惨败，有很多原因，有很多思考，必须深刻总结。

寡不敌众。敌军集中了白崇禧、何健部共 50 万装备精良的部队，还有无数飞机、大炮的掩护与轰炸；而我们只有疲惫不堪的 8 万多人，衣着破烂，装备严重不足与落后，加上部分部队是辎重行动，所以非常被动。必须按照毛主席的意见，避实就虚，避开锋芒，正面较量必惨败。

错误指挥。三人团中的博古、李德，根本没有实际作战能力，仅凭书本知识，瞎指挥，视指战员生命为儿戏，完全排斥毛主席关于向相对薄弱的湘南地区移动的正确主张，排斥毛主席在领导集体内，置红军于死地。

新圩战役、界首战役、觉山战役等三个关键战役中，红军将领忠贞不渝做出了巨大的牺牲，而陈树湘师长作为杰出代表，为世人永仰，几代领导人都以他为民族之荣。而彭德怀、林彪等将领经过这场血与火的锻炼与考验，更加成熟了。

血的教训。战争，需要卓越的指挥员；共产党，需要英明的领袖，这就是毛主席。通过这场惨败，红军更加想念毛主席，盼望他重回红军的统帅地位，而周恩来同志为实现这一目标一直在做努力。

领袖,是从实际中产生的,而不是靠人封的。书本上产生不了领袖,教室里培养不出将军,温室里培养不出花朵。毛主席的崇高威望,来源于他光辉的革命生涯,来源于他正确而天才的指挥能力,来源于他情融于人民的伟大情怀。

湘江之战,已经过去80多年,当年留下的星星之火,已经成为燎原大火,这通天的大火,照亮中国,照亮人类,照亮整个世界。

2017年7月2日

王国维与他的境界

境界,就是站的高度,达到的程度,具有的胸怀等。境界,有思想境界、艺术境界、道德境界等。

境界,决定着战略的高度,决定着思想的深度,决定着追求的程度,也决定着诗词创作的艺术高度。

去了王国维的海宁故居,充分感受了王国维先生特定的成长环境,又重读了王国维的不朽经典《人间词话》后,对王国维提出的人生境界有了进一步的理解与感悟。

王国维说,古今之成大事业、大学问者,必须过三种之境界:"昨夜西风凋碧树,独上高楼,望尽天涯路",此第一境也。"衣带渐宽终不悔,为伊消得人憔悴",此第二境也。"众里寻他千百度,蓦然回首,那人却在,灯火阑珊处",此第三境也。王国维分别引用晏殊、柳永、辛弃疾的三首诗或其中的经典片段作为三种境界的标志。

著名散文家与诗人李广田先生说,第一首是说眼光远大,立定目标;第二首是说锲而不舍,虽败不馁;第三首是说"踏破铁鞋无觅处,得来全不费功夫",是成功的愉快。李先生对王国维先生的三境界进行了更加通俗的注解,有助于我们更好地理解王国维先生的三个境界。

实际上,我们每一个人在成长的道路上,都在不断经历向三个境界高度的登攀中,有些人第一个高度没有达到,自然很难走第二个高度;有些人虽达到了第一个高度,但没有达到第二个高度;只有少数人才能到第三个高度,到达成功的彼岸。

境界,有高低之分。高的境界,决定了追求的高度;而低的境界,则限制了发展。境界是竞争的一个核心要素,要站在战略制高点上,必须要登高望远,要有高的境界。

境界,有情感之差。情怀是境界的翅膀,没有情怀,境界不会高,只有插上情感的翅膀,境界才会真正升华。情怀是境界的门户,情怀有多大,境界就有多高。

境界,有道德之别。道德是境界的基础,德高才能望重,有德才有心胸,成为别人的榜样、追求的目标。道德缺失的人,心胸窄,飞不高,走不远,没境界。

追求境界,让心中的梦想放飞;追求境界,让心中的梦想成真;追求境界,让心中的祝福情满人间。

追求境界,让胸怀达到一个新高度,让境界达到一个新高度。有了高度,就有宽阔的视野,就有了前行的方向。

穿越境界,这里是美丽的风景,这里风光无限,这里苦尽甘来,这里风景独好,这里是一片乐土,这里是世外桃源。

穿越境界,美好的人生梦想在努力中实现。战胜自己,战胜对手,战胜一切凶恶的敌人,让中国人扬眉吐气,实现美好的中国梦,让世界永远和平安宁,这就是最高的境界。

2017 年 7 月 4 日

结构调整关系成败

  结构,决定着事物的组成,决定着事物的性质,决定着事物发展的方向。结构,是事物最关键的要素。

  结构的调整是必需的。以企业发展为例,首先是外部的环境在迅速地变化,在互联网时代,市场的这种变化更快了,每时每刻都在发生,如果不能及时调整企业的产业结构、盈利结构、组织结构、人员结构等,是无法适应市场的;其次,企业内部也在不断变化,人的想法、思想观念、人员结构、组织形式等无时无刻不在变,也必须调整。同样,以人为例,其健康状况取决于良好的饮食结构、保健状况等,饮食结构对身体状况影响很大,随着年龄变化,其饮食结构也必须调整,否则身体就会每况愈下。

  结构的调整是一个过程。结构调整不会一蹴而就,是一个很长的过程。因为建立新的结构,破坏原有结构,不是一天完成,而是一个较长的过程。我们不能在一夜之间,彻底打碎旧的,马上建立新的。我们首先必须先正常生存下去,然后再来改革与改变。

  新的东西,新的结构,新的习惯,新的产业,会在传统的、旧的、习惯的、原有的基础上茁壮生长起来,新的事物具有蓬勃的生命力无法阻挡,但试图完全脱离原有的一切,结构调整也是无法完成的,新的生命也无法诞生。

结构的调整充满痛苦。要改变传统,改变习惯,改变结构,意味着要与习惯挑战,与传统挑战,特别是与自己挑战,这绝不是容易做到的,这个过程很痛苦,但必须坚持,在调整中坚持,在完善中坚持。坚持就是胜利,坚持就是成功,坚持就是光明,坚持就是实力,坚持就能战胜自己,战胜对手。

结构的调整面临很大风险。不调整结构,没有前途;而调整结构,如果方向不对,同样会带来灾难。调整结构,必须对风险进行评估;调整结构,必须循序渐进。

结构调整,带来新生,推动发展。凡在发展中,能及时调整的企业与个人,都取得了发展,带来了新生,这新生给企业与个人带来广阔的空间,带来无限光明。反之,没有及时调整的,大多都度日如年,岌岌可危,难以为继,没有出路,死路一条。

结构调整,实现美好梦想,实现弯道超车,实现超常规发展。在调整中显英雄豪气,一览众山小;在调整中,实现人生的美好梦想,实现企业的伟大理想。

结构调整,是一场伟大的革命,是一场深刻的变革,必须全身心投入,必须破釜沉舟地去做,没有巨大的魄力与勇气是不行的,正如马克思在《〈政治经济学批判〉序言》中所说,在科学的入口处,正像在地狱的入口处一样,必须提出这样的要求:"这里必须根绝一切犹豫,这里任何怯懦都无济于事。"

2017 年 7 月 7 日

策划, 使生活更加美好

古人云："凡事预则立, 不预则废。"这充分说明了策划与计划的极端重要性。

策划, 就是对事情的谋划, 是比计划还要早一些的事。谋划, 就是对事情的运筹与规划。

策划的重要性在于, 策划决定了事物发展的方向、思想的高度、优势的程度以及具备何种竞争力等。

策划的重要性在于, 一项计划能否成功, 一个目标能否实现, 主要由策划决定, 由策划的正确性所决定。

古往今来, 无论是战争的胜利, 还是国家关系的调整; 无论是以弱胜强的案例, 还是谈笑退敌的典故; 无论是突破重围的困境, 还是乘胜追击的大捷, 策划, 都是最重要的。

成功的策划, 首先在于其符合实际, 符合需求, 符合主流, 贴近实际, 接地气, 符合发展规律, 符合自身的情况, 适应市场的主流。

成功的策划, 必须要从自身的特点出发, 从自己的优势着手, 联合与整合必要的资源, 争取最好的效果。

成功的策划,要大胆创新。要有创新精神,要有前瞻性,要突破传统,要出其不意,意想不到,给人以惊喜,突破思想的束缚,策划出一片新的天地,升华到一个新的境界,开辟出一片新的市场。

成功的策划,必须要有宽广的视野,而宽广的视野与丰富的专业知识有关,知识越丰富,视野越宽广。

成功的策划,必须要有大胆勇敢的精神,同时要注意细节,细节决定成败,细节决定胜负。

再好的策划,也只是对未来情况的一个预估,而实际情况千变万化,自己的设想往往与实际存在偏差,这是常有的事。因此,策划的调整、改变、修正是不可避免的事,拒绝修正,不去调整,就会使策划失败。

策划,只是成功的起点,而不是终点;只是事情的开始,而不是结束。

策划,是否成功,取决于策划的执行,取决于执行中顽强的努力,取决于执行中对策划基本理念的坚持以及必要的调整。

策划失误,全盘皆输。任何事,无论大小,都有策划,策划具有战略性,举足轻重,纲举目张。

策划,带来新的天地;策划,带来新的机会。

小策划,小成功,小惊喜;大策划,大成功,大惊喜。

策划,开辟新的航程,带来新的希望;策划,拓展新的天地,带来新的空间。

策划,导演出一幕幕精彩的话剧,书写出一个个神奇的故事,创造出一个个惊人的奇迹,谱写出一曲曲难忘的旋律。

不鸣则已，一鸣惊人，不是空话；一夜成名，鸡毛飞上天，皆有可能；而精心策划，则是这一切成功的真正原因。

生活，因策划而更加美好；人生，因策划而更加精彩；事业，因策划而取得成功。

2017 年 7 月 11 日

掌声响起来

　　昨天，十一科技股份公司第二次(院第八次)党代会成功召开，实现了历史性新老交替，至此，院董事会、行政班子、党委三个主要班子的换届工作已经全部尘埃落定，闭幕的一刻，如雷的掌声响起，坚强团结的团队，表达了对十一科技美好前景的向往。

　　一晃，七年多时间过去，上一次党代会是2010年1月份开的，也是这样热烈的情景，也是这些熟悉的面孔，也是经久不息的掌声。在那一年年底，在会议精神的鼓舞下，经过十年积累，小试牛刀，在年底实现主要指标首次超越我们的主要对手，虽然那时的超越只是一个量，并没有质的变化，但那时已经建立了最重要的优势——体制的优势，而且已经在发挥作用了。体制优势是基础性的优势，奠定了日后的胜利格局。

　　这七年大不一样了，这七年是我们扬眉吐气的七年，是大踏步前进的七年，是大幅度跨越的七年，是历史性转折的七年。

　　七年内，借助于建立起来的体制优势，战略上领先，开始了艰苦与痛苦的转型，由于国家发展的大好环境给了我们历史性机会，转型方向正确，意志坚决，团队坚强团结，在克服了重重困难后,转出一片新天地,终于迎来明媚的春天。

三大盈利板块的真正形成,建立起对手很难超越的优势,这优势是体制的优势,战略的优势,转型的优势,团队的优势,市场的优势,技术的优势,也是核心人物的优势。

不断建成的新电站,加快吹响令对手胆寒的号角声;在各地不断矗立的一幢幢现代化的十一科技大楼,成为多地城市的地标,威震业内;一个又一个重大项目,预示着十一科技品牌的真正确立;各地遍生的十一花,捷报频传,报道着十一科技春天的黎明;新苗茁壮,中坚成熟,老将风采依旧,十一科技团队强大;十一科技,纵横驰骋,美丽多姿,多领域发展,已成为一道亮丽的风景。

站在主席台,面对战友与同事们熟悉的脸庞,面对大家如潮的掌声,面对大家如初的信任,七年后的再一次全票,让我充分感动,这就是信任,是对七年风雨历程的肯定。

"掌声响起来我心更明白,你的爱将与我同在;掌声响起来我心更明白,歌声交汇你我爱。"未来的日子里,我将把习总书记不忘初心的教导牢记在心,将同志们与团队的信任与重托牢记在心,把大家的爱融化在血液里,用更大的勇气、更大的胆略、更快更稳的步伐,带领大家破浪前行,创新更高的高度,创造更加辉煌的历史。

2017 年 7 月 26 日

罗马不是一天建成的

——庆祝建军90周年

明天就是中国人民解放军建军90周年纪念日了，昨天看了朱日和建军90周年沙场阅兵，聆听了习总书记的讲话，我深为军队排山倒海的实力与国家领导人宣誓保卫主权的坚强决心而自豪。

前天又去看了建军90周年的献礼片《建军大业》，影片把我们带回那个血雨腥风的年代，蒋介石发动"四一二"反革命政变，中国革命处于最困难的时刻，南昌城头的一声枪响，冲破了黑暗，为亿万劳苦大众带来了生的希望，周恩来、朱德、贺龙、叶剑英、叶挺等老一辈杰出将领从此英名远扬。虽然南昌起义最终失败，但党指挥下的人民军队从此诞生，"枪杆子里出政权"的真理为大家所真正认识。

毛主席提出并亲自实践的"农村包围城市"的道路，是中国革命唯一正确的道路。毛主席在井冈山开辟革命根据地，朱毛会师，星星之火在井冈山点燃，最终成为中国革命胜利的燎原之势。经过20多年的浴血奋斗，终于实现了中华民族解放，再经过近70年，特别是40年的改革开放，中华民族伟大复兴的梦想正在变真。

在这个时刻，我更多的是想念我们伟大的党、伟大的国家、伟大的军队的创立者、缔造者、我们伟大的领袖毛主席，想念敬爱的周总理和老一辈无产阶级革命家，想念在毛主席领导下走过的那些苦难岁月，想念红军，想念苏区，想念长征，想念遵义会议的历史转折，想念革命圣地延安，想念延安窑洞那些不灭的灯火，想念庆祝抗日战争胜利的辉煌时刻，想念转战陕北的艰苦岁月，想念东渡黄河进驻西柏坡的转折关头，想念三大战役的荣耀时分，想念挥师入京筹备建国大典的重要时刻，想念庆祝渡江胜利直捣蒋家王朝的胜利时刻，想念毛主席在天安门城楼庄严宣告"中国人民站起来了，中华人民共和国成立了"这一庄严时刻。

在这个时刻，我还特别想念在新中国成立后，毛主席带领我们走过的不平坦的道路：抗美援朝的勇敢出手，彻底挫败了美帝的阴谋；克服难以想象的困难取得的"两弹一星"成功，打破了帝国主义核垄断，极大地鼓舞了中国人民的志气；炮击金门，表达中国人民不惧美国，坚决收回台湾的决心；中印自卫反击战的果断出手，以不伤一兵的代价，取得大胜，换来了中印边界50多年的太平；珍宝岛自卫反击战胜利，表明中国人民不惧怕任何超级大国。而邓小平同志继承毛主席的宏图大志，在忍无可忍的情况下，果断决定进行中越自卫反击战，取得了大胜，大长中国人的志气，换来了中越边界的长久和平。

该出手，就出手，一出手，就是天下太平；一出手，就是扬眉吐气;一出手,就是新的天地;一出手,就是创造历史。

这就是中国在毛主席与他的继承者领导下,书写的辉煌历史,我们应当继承这份厚重而珍贵的历史遗产。

在这个时刻,我还特别怀念那个火红的年代。那个时候,人才辈出,气氛热烈,一大批治党、治军、治国的杰出人才与杰出将领,围绕在毛主席的身旁,他(她)们是国家之栋梁,军中之豪杰,民族之英雄,他(她)们是民族的真正脊梁,撑起了中华民族的新天地。

罗马,不是一天建成的,高楼大厦不会一天建成,中国今天的强大,也不会在一夜间实现。中国的今天,是无数革命先烈用鲜血与生命换来的,是在毛主席的英明领导下,老一辈无产阶级革命家与一切革命战士、伟大的人民所创造的,是无数的战斗、战役与胜利之和,我们应当而且必须牢记先辈们的不朽功绩,才能把强国强军的事业推向前进。

继承,是后来者的责任;尊重历史,则是发展的基础;忘记过去,意味着背叛。我们在建军90周年之际,要更好地缅怀先辈们的伟大功绩,把我们伟大的事业向前推进。

历史,是永远不能遗忘的;历史,是永恒的教科书。我们无论如何强大,都必须牢记历史,牢记历史的经验,牢记历史的教训,牢记历史的责任,为中华民族的伟大复兴而努力奋斗。

2017年7月31日

尘埃落定

尘埃终于落定，梦想可以实现，愿望终于变真，格局已经形成。

整理一下服装吧，抖擞一下精神吧，赶快参与这一改变历史的进程，见证这精彩无比的一幕，我们要享受这欢乐的美好时光。

矛盾，总是这样新奇，一切来之不易，一切又皆有可能；机会不会太多，机会又总在我们身旁。

机会，在我们的不经意间；机会，在我们智慧的头脑中；机会，在我们的精心策划中；机会，在我们敏锐的分析中；机会，在各方的需求中。

没有不可能，一切皆有可能，只要努力再努力，就能变不可能为可能。

可能，存在于顽强努力之中，存在于不懈争取之中，存在于永不放弃之中。

共赢，是发展的境界；共赢，是发展的和谐乐章；共赢，是发展

备注：这是赵振元同志为庆祝华虹集团与无锡市人民政府签署战略合作协议，华虹12寸芯片生产线正式落户无锡而作。

的可持续模式。

市场,可以创造。创新,要从实际出发,从需要出发,从结合点出发,从高起点出发。

快乐,就是让别人幸福;幸福,就是让别人快乐;喜悦,发自心窝;歌声,从心里飞出。

与城市共生,幸福永远满满;与客户同乐,共赢才能长久;与大家共享,分享就是快乐;与朋友共舞,舞动真情喜悦;欢乐,永远伴随身边。

顺潮流而去,舞大潮而动,乘大势而为,伴大势成事。

序幕不是高潮,精彩总在最后,慧者一时,诚者长远。

2017年8月2日

再出发

在耀眼的光芒后,渴望回归平淡,回归日常,回归自然,回归自我,回归新的起点。

回归,是为了再出发;再出发,依然是光荣的使命,是更新的挑战。

战士,就是这样,把一切荣誉放下,把一切责任担当,把一切使命加身。

再出发,更加精彩。每一次出发,都是新的挑战,都有新的内容,都是新的考验,都给生命注入新的内容,必定更加精彩。

再出发,使命光荣。再出发,回归自然,回归新的起点。

战士,就是这样,有起点而无终点;战士,就是这样,有责任而不畏艰难;战士,就是这样,无论征途多艰险,越是艰险越向前。

战士,就是这样,只问播种而不问收获;战士,就是这样,城市的需要,人民的荣耀,永远高于一切;战士,就是这样,党指向哪里,永远冲锋在哪里,一息尚存,奋斗不息。

诚者永远,智者千里,勇者无敌,善者走天下。

　　成就别人，就是成就自己；帮助别人，就是实现自己的梦想，就是回归生命的初心。

2017 年 8 月 4 日

无法回到从前

结构性的调整，是非常痛苦的一件事，也是非常快乐的一件事；是必须要坚持的一件事，一旦推进，便无法再回头。

结构调整之所以非常痛苦，是因为结构调整打乱了原来的结构，改变了原来的秩序，这必然会引起原来结构的大动荡，带来一系列阵痛，这阵痛非常折磨人，严重时，这阵痛简直让你会后悔不迭，甚至有马上叫停的想法，想重新回到原点。

无法回到从前。因为结构调整的效果开始显现，光灿灿的未来，已经在向我们招手，坦途一片，辉煌远胜从前，再坚持一下，胜利就会到手，曙光就在前头。

无法回到从前。曾经沧海难为水，站在新的历史高度，审视过去；站在新的历史起点，看待过去。过去的渺小，无法与今日之强大比肩；过去的弱小，无法与今日之强健媲美。

不能回到从前。从前的，无法持续；从前的，道路太窄；从前的，阳光不够灿烂。

不能回到从前。转型，不能半途而废；前进，而不能后退，倒退是没有出路的；前行，没有笔直的路。

告别从前,结束过去,开辟未来,投入新的战斗,拥抱新的生活,面向新的未来。

旧的不会轻易离去,新的不会轻易到来,美好的未来,只有靠辛勤付出才能得到。

泪水不会轻流,汗水不会白淌,心血不会付诸东流,太阳每天照常升起。

浴火重生,凤凰涅槃,脱胎换骨,都不是容易的事,也不是常人轻易能做到的事。没有坚强的意志,没有破釜沉舟的决心,是不可能成功的。

成功,总是一步步的,没有一蹴而就,就像人类登月上天,需要无数次探索才能成功;就像两万五千里长征的艰难征程,只有一步一步才能完成。

每一次新生,都伴随着痛苦;每一次痛苦,都意味着重生;每一次重生,都是生命的再一次飞跃。

"雄关漫道真如铁,而今迈步从头越",从头越,新如画,美如景,大道上阳光照,梦飞千里终成真。

2017年8月6日初稿

2017年8月9日终稿

赢在转折

屈指数来，文锦江峰会召开至今已有十年整。文锦江，是四川崇州市的一个温泉地。2007年9月27日到28日，十一院（当时还没有改为十一科技）2007年经营峰会的后半程就在文锦江召开。在那次会上，我首次提出要高举"自主、合作、创新"的三面旗帜，推动三大板块（设计、工程、投资），实现两个战略转移：一是向二、三线城市的战略转移；二是向新能源、新材料、多晶硅与建筑领域的战略转移。文锦江峰会成为院转型与超越发展的历史性战略转折点。

曾国藩说过："**人生不是赢在起点，也不是赢在终点，而是赢在转折点。**"不去评价曾国藩的全部人生的功过，就这句话而言，确实正确，起点即使低，但能抓住转折点，就是赢家。而没有抓住转折点，也就没有终点的赢家。

在文锦江峰会正确战略的指引下，在团队的坚强努力下，我们的发展开始出现转折。我们先用了三年的时间首先在规模上实现超越，成为一个历史性的转折点。以后又用了七年的时间确立了十一科技今天在行业中的地位，成为电子高科技工程与光伏发电设计总包的龙头，成为分布式光伏电站发展的重要推手，发展再一次改变命运，迎来了发展中又一个转折点。

转折点，就是拐点，就是从量变到质变的节点，起突然变化的节点。

转折点，就是决定与改变命运的关键点，是事物的性质起变化的节点，是扭转大局的关键节点。

在发展的过程中通常有很多阶段，有很多转折，但关键的转折点就那么一两个，决定命运的就是这么一两步。

转折，靠战略指引。战略决定方向，战略指引方向，没有正确的战略指引，不会有胜利的转折。长征在关键时刻，是北上，还是南下，反映了两条生死路线之争，毛主席带领中央红军继续艰苦北上，在延安播下革命种子，成为中国革命的历史性转折点，而张国焘则奉行南下路线，损兵折将，自己最终也成了叛徒。

转折，要顺势而为，智慧判断。要认清发展的历史大潮，顺势而为，超前布局。机会，总是存在发展中；转折，总在大潮中。顺潮而动，依势而为，便是机会，就是转折。

转折，靠奋斗实现。转型十年，酸甜苦辣，甘苦心中知。新的领域，没有优势，寻求合作，不大的单，俯首求人，在朋友们的帮助下，逐步成长。如今，几倍、几十倍的大单与大家分享，尽享转型的成果，分享强大的快乐。

爱，是不变的星辰；爱，是永恒的星辰。重看当年文锦江峰会合影的照片，一张张青春而熟悉的脸庞出现在眼前，那是与我同甘共苦的亲密战友们，直到今天，我们仍然坚强团结，仍然爱如当初，一如十年前那样，不同的是，队伍更加强大，更加自信。今天，我们又要出发，高举的还是那三面耀眼的光辉旗帜，唱的还是毛泽东时代的红色歌曲。

2017 年 8 月 11 日

长风破浪会有时

虽然还是夏秋之交，但却如同春天，到处是勃勃生机，到处是春意盎然，到处是温暖的阳光，到处是活力四射，到处是报捷的喜讯。

春色关不住，青山遮不住，青春挡不住，才华盖不住，雄心压不住，梦想藏不住，金子埋没不了，总会闪闪发光。

该来的，都会来；该去的，都会去。一切都是自然，一切都是必然，一切都是水到渠成，一切都无法阻挡。

爆发，在多年的积累后，这是涌动在心中的梦想，这是深埋在心中的意志；爆发，这是厚积薄发；爆发，这是力量的集中体现；爆发，这是无法阻挡的历史潮流。

爆发，在多年的曲折后；爆发，在坎坷的道路后。不经历风雨，怎么见彩虹，没有人能随随便便成功。曲折愈多，苦难愈深，意志就愈坚强，对胜利就愈渴望。曲折之后，是胜利的坦途；苦难之后，是胜利的辉煌。

爆发，形成滚滚洪流，这洪流势不可当，使所有不可能成为可能；爆发，成就光荣事业，超越历史，超越自己，超越梦想；爆发，如同闪耀的灯光,划破夜空,照亮天际,使所有梦想都变成了现实;爆发,冲破黎明前的黑暗,迎来崭新天地。

突破,总是靠战略指引,战略是行动的先导,战略是行动的方向,没有战略的行动,是盲目的,没有战略的行动,注定是要失败的;思想是战略的先导,思想决定战略,决定战略的方向,让思想冲破牢笼,让思想冲破枷锁,让思想穿透一切迷雾,放飞思想的火花。

突破,需要勇敢,胆怯者一事无成;勇敢,就要一往无前,就要勇于献身;突破,就不能停顿,要勇往直前,胜利的成果,才能一个接一个,一个连一个。突破,要对目标发起冲锋,不冲锋,就无法取得最终的胜利。

机会,就在身旁,就在看似不经意的瞬间,在我们日常的工作中,在生活间,在每一个生命时分。抓住它,就是抓住梦想;抓住它,就是抓住成功的阶梯;抓住它,就是抓住光明的未来。

机会,总是垂青于有准备的人;机会,总是为所有有梦想的人们准备;机会,总是为那些脚踏实地又有敏锐思想的人准备。

"长风破浪会有时,直挂云帆济沧海",长风推动着新一轮大潮的到来,汹涌澎湃,势不可当。这是新的发展机遇,这是新的战斗号角,这是新的进攻信号,我们期待已久,我们蓄势待发。集结更强的团队,鼓舞更大的干劲,迎接大浪潮的到来,做时代的弄潮儿。

2017 年 8 月 14 日

能源变革的思考

供给侧的改革，当然是重要的，因为供给侧结构与质量最终决定着事物的性质和方向。

在供给侧改革后，应用侧的改革同样重要，因为如果没有应用侧的改革，供给侧的改革没有高效的成果，没有广阔的应用空间，没有可持续发展的可能。

以能源变革为例，我们已经确立了非常明确的节能减排目标，我们要在2030年能源消费结构中，实现非石化能源占比50%以上，这就要大力发展光伏为主的新能源，但是我国土地资源非常有限，同时考虑能源传输，显然必须发展分布式光伏发电，但分布式光伏发电的屋顶资源也是很有限的，同时也不能破坏城市建筑的整体风貌，这就向我们提出这样的问题，如果应用侧不改革，供给侧的目标则无法实现。

为了实现更多的分布式光伏发电的目标，我们需要高效薄膜太阳能电池、双面电池、柔性电池，这样可以适应各种形式复杂的建筑屋顶，使分布式光伏发电有更广阔的应用空间。

而光伏树的商业化应用，则解决了屋顶资源不足问题，是能源变革与分布式光伏发电发展中历史性的事件。光伏树的应用空间十分巨大,使原来的不可能成为真正可能。光伏树的商业化运行,从应用侧为分布式光伏发电提供了广阔空间与舞台,颠覆了传统的观念,称得上是一次真正的新能源革命。

创新,要从需求出发,需求,就是最大的机会,抓住这个机会,创新就能有成果,发展就有新天地。机会,永远存在于需求之中。

思想,不能让框框束缚,有利于发展的一切思想,必须充分涌动。从实际出发,还是从教条出发,不仅是理论之争,更有结果之别。

收获,总在努力之后,总在思想解放之后,总在明确真正的战略目标之后,总在越过重重屏障之后。

欢乐,总在风雨之后,总在阳光下,总在快乐的征途中,总在不懈的努力中。

2017 年 8 月 18 日

不能与狼共伍

狼,是一种野兽,其本性凶恶,贪婪,吃人,野心大,恩将仇报,是人类的敌人。

不能与狼牵手,因为狼的本性不会改,吃人,食肉,是其本性使然。

不能与狼共舞,因为狼性很凶残,狼有阴谋,狼有野心,时刻会危及我们的生存。

不能可怜狼,就像不能可怜毒蛇一样,就像不能忘记《农夫与蛇》的故事一样。狼的凶残与贪婪,是其本性所有,狼性所系,害人的本质,伤人的属性不会改,改也难。

狼与羊,是两类物,不同种,不能共伴,不能为伍。

与狼共伴,就是与毒相依,毒必攻心,其命必短。与狼共舞,难免羊入狼口,有去无回。

牵手,与心爱的人;牵手,与亲密的战友;牵手,与志同道合者;牵手,与一切善良的人们。远离那些言行不一者;远离那些失信者;远离那些志不同者。警惕那些花言巧语者;警惕那些伪装者;警惕那些行骗者;警惕那些阴谋诡计者。

自强，"天行健，君子以自强不息"，自身强大最重要，强大到对手无法敌，别人不敢碰。

自主，独立自主地发展，独立自主地选择战略，独立坚守这块神圣的阵地，决不允许任何豺狼进犯；

合作，与志同道合者一起，扩大这块阵地，结成更加广泛的战线；高举自主、合作、创新的大旗，迎接任何挑战。

创新，战略决定方向，创新引领未来。只有持续的创新，才能不断强大，不断开辟新的天地，才能击败对手。

"子系中山狼，得志便猖狂"，任何为狼铺路，与狼为伍，给狼机会的人，最终必自酿苦药，自食其果。

自由飞翔吧，在广阔的空间，与心爱的人同伴，与亲爱的战友同行，与一切善待我们的朋友共进，战胜任何对手，在暴风雨中锻炼成长！

勇敢战斗吧，勇敢无畏，战胜凶悍的狼，战胜阴谋的狼，战胜前进道路上的任何对手，继续书写人生的光辉篇章！

2017 年 8 月 19 日

看《邓小平与强军之路》有感

　　刚看了央视四台的《国家记忆·邓小平与强军之路》,片子回放了1981年8月2日小平同志主持的华北大规模军演,这次大军演推动了部队的革命化、军事化与现代化建设,同时片子还回顾了在小平同志的主持下,1984年的百万大裁军。

　　小平同志作为1929年百色起义的领导者,创建了中国工农革命第七军,以后一直在毛主席的领导下工作,无论是红军时期,还是抗日战争时期,都做出了卓越贡献。而作为刘邓大军的主要领导人,在解放战争中,小平同志更是功勋卓著,蜚声中外。

　　新中国成立后,小平同志主要从事经济领域的领导工作,"文革"结束重新复出,在毛主席的信任下,领导中国经济的整顿恢复,同时担任中央军委领导工作。在一代伟人毛主席逝世后,在全党、全军、全国人民的一致要求下,小平同志再次复出,并任中央军委主席。

　　在当时举行10万人的大规模军演,是要有极大的魄力的,一是要顾及当时的国际环境,二是要顾及当时的国内财力。但如果不搞军演,军队都不会打仗了,还如何在国际上有影响力,如何保卫正在进行的"四化"建设。因此，小平同志力排众议，决策华北大演习，拉开了军队与国防现代化建设的序幕，具有重大意义。

而这以后，小平同志主导的百万大裁军，更是需要卓越的智慧与巨大的魄力。在当时的国际环境下，小平同志深刻地预见，革命与战争为主的年代过去了，现在是和平与发展的年代，经济建设是一切工作的中心，四个现代化是有先后顺序的，没有经济建设的现代化，就无法实现军队与国防的现代化。这些真知灼见，让人们拨开迷雾，茅塞顿开。在小平同志的主导下，1984年进行了100万的大裁军，中国军队人数由420万减为320万，实现了精兵强军的战略目标。

小平同志对中国的贡献，远不止如此。他是中国改革开放的总设计师，在极其困难的环境中，恢复了党的实事求是的路线，拨乱反正，改革开放，把中国成功引向强大。他在复杂的国际环境中，领导中国稳妥处理各方面关系，维护了中国在国际上巨大的影响力与地位，为中国现代化赢得时间。

人们怀念邓小平，是因为他忠于历史，忠诚领袖，承前启后，开拓性地继往开来。他在晚年作的南方讲话，是改革开放的经典宣言，永远闪耀智慧的光芒，这个讲话指引了中国长远的改革发展进程，是一个难以逾越的思想里程碑，是新时期下实事求是的一个典范。

领袖，是在长期的斗争与发展中形成的，是人民群众发自内心的尊敬与敬爱，是我们心中永远的丰碑。当我们在电视上看到小平同志那亲切熟悉的身影，看到那坚毅自信饱经风霜的脸庞，我们的心中就涌动着一种无法止住的敬爱,如同我们敬爱毛主席,敬爱周总理等老一辈无产阶级革命家一样。

人们怀念那个时代,领袖与人民群众心连心,人才辈出,群英荟萃,尖端领域不断突破,人民意气风发,国家虽然不富,但对外强大,无人敢欺,是扬眉吐气的时代。

没有毛主席,没有老一辈革命家的奋斗,就没有中国革命的胜利,就没有新中国,就没有社会主义建设的成就,也就没有我们的今天;而没有邓小平,就没有改革开放的巨大成就,也就没有今天强大的中国,没有我们今天的幸福富裕生活。

历史,总在发展,继承是发展的前提;历史,必须保持原貌,只有忠实继承,才能开创未来;历史,是人民写的,"人民,只有人民,才是创造世界历史的动力"。

2017 年 8 月 29 日

战线不能太长

人们都喜欢把战线铺得很长，这样好大喜功，胜利的果实就会多一些，殊不知往往会适得其反。太长的战线分散了资源，分散了力量，增加了实施的难度，反而不容易突破见效。

任何国家，任何组织，任何企业，任何个人，资源总是有限的，力量也是有限的，战线铺得太长，阶段目标太大，会出现久攻不下、久拖成累、久难见效的被动局面。

要集中目标，不去把目标设定太大，很多计划，可以分阶段实施，每个阶段的目标是看得见的，能达到了，就有信心了，这样一步一个台阶，不断达到最终的目标。如果一开始把目标放得太大，不容易见效，容易失去信心，而且也容易失败。

要缩短战线，不要把战线拉得太长，太长不能得到支撑，这个线就会断裂，成为失败的突破口。

要集中时间，不搞疲劳战。时间，是竞争的关键要素，争取时间，就是争取胜利。

现在的转型业务，不仅都面临激烈竞争，而且都有很大的不确定性，自身优势又不明显，这个时候尤其需要集中一些关键领域,集中优势资源,集中主要精力,集中主要兵力,毕其功于一役,全力攻克,取得突破。切不可全面铺开,战线太长,都无法突破,而出现全线崩溃的局面。

"有所为,就要有所不为;有所不为,才能有所为",放弃一些,就会得到一些,不放弃,最终什么也得不到。

在抗日战争与解放战争的初期,在毛主席的领导下,共产党与人民军队执行毛主席的方针,以歼灭敌人的有生力量为目标,而不以占领城市为目标,"不惜放弃一些城市和地区,争取主动,集中优势兵力,选择敌人薄弱或孤立的部分,在运动中予以各个歼灭,消灭敌人的有生力量,壮大自己的力量",在游击战与运动战中消灭敌人,最终取得了革命的胜利。

"伤其十指,不如断其一指",是因为断指很难恢复,是置敌于死地,是重大突破。而伤指恢复很快,没有置敌于死地,没有取得突破。

没有规模,就没有行业地位;没有行业地位,就没有影响力,没有品牌效应,市场也很难做,因此必须集中力量,下决心在行业的某些细分领域做成前几名,成为这些领域的龙头,再逐步扩大。

没有创新,就无法取得突破,就无法引领市场未来,而要做到创新,必须选准突破口,必须窄化研究领域,必须充分集中自己的资源,集中自己的力量,持续推进,否则不可能取得创新突破。

该调整的,就调整;该调整的,必须调整;调整永远在路上。

该放弃的,必须放弃,放弃是为了得到,为了实现调整目标。该加强的,必须加强,加强必须有所放弃,加强是为了实现更好的目标。

2017 年 8 月 31 日

实践，是真正意义上的教科书

　　华为、中兴、联想、海尔、海信、长虹、康佳、创维、万科、恒大、格力等名企，是我们这个时代的风向标，伴随我们走过这几十年的市场风雨，我们对这些企业有着特殊感情，经过几十年的不同发展，企业之间的差距正在不断扩大。

　　比如曾引领我们发展的联想，不断变化业务方向，不断并购，不断调整人事，但其结果却是阵地不断缩小，智能手机不行了，PC利润也越来越低，联想多元化的投资并不能带来快速发展，战略定位的不坚定，核心技术的缺少，成为制约联想发展的因素，今年上半年联想1000多亿元的营收，也只有20多亿元利润，与华为百亿元以上利润差距甚远。从联想与华为发展实践比较看，以下几点经验，对企业的发展是有参考价值的。

　　定位，必须清晰。定位，要有战略定力，不能轻易改变。定位，是企业在市场中所在的地位的选择，定位决定战略，有所为，才能有所不为。华为的定位非常清晰，中国通信技术与设备的研发与制造商，所有的努力，都没有偏废这个目标，而多元化的联想的定位，让人看不太懂，不断在变。

战略,必须领先。没有战略的领先,就没有市场的领先,跟着走,是无法抓住市场先机的。能否抓住各个重要节点的转折机会,决定着企业的命运。机会太重要了,一步差,步步差。很多机会存在于新旧转换之间,华为成功把握手机的换代时刻,终于在智能化手机市场占得一席之地,一举成为国内智能手机的领头羊之一,而联想的智能手机战略,则没有把握这个历史机遇。"战略,必须要有定力,多变的战略,是对自身战略的不自信"。

创新,必须以我为主。创新,必须以技术为根,创新,必须经过艰苦努力;创新,必须付出极大代价。并购当然也是获得创新的重要手段,是必要的,但通过并购实现创新并不容易,通过并购获得有价值的核心技术更难,一味地依赖并购,看上去好看,但实际上很难真正实现多方面的融合,无法产生创新活力。联想在国际上不断并购,但从实际效果看,这种高成本的并购并没有很大效果,并不能给联想带来核心竞争力,反而造成对创新的很大依赖,要永远记住这个真理:**"核心的东西,永远买不来。"**

发展,必须要有核心竞争力。没有核心竞争力,无法赢得行业地位,无法推动规模发展,无法推动利润上升。核心竞争力,在企业的长期发展中形成,在市场的需求中接受考验。华为的核心竞争力是突出的、明显的,是有带动力的,而联想的核心竞争力不突出,其带动力也受到影响。

发展,必须有共享机制。发展,必须要让参与者共享成果,必须要建立利益共同体。企业的发展,强大的团队永远是最重要的基础,团队建设始终是关键。必须建立一种共享机制,让员工,特别是让骨干员工充分共享发展成果,而不是让个别领导几百倍于员工的薪酬,只有建立共享机制的企业,才能真正实现上下同心发展,这样的文化才有凝聚力。华为通过员工持股,建立了员工共享机制,让员工真正把企业作为自己的家。而联想对主要领导实行了与利润不相称的高薪,员工的激励政策并不很确定。

坚持,是胜利之本。能不能坚持下去,也是企业发展的试金石,坚持,要付出艰苦努力,付出沉重的代价,要守得住寂寞,耐得住寂寞。华为专注于通信技术,经得起各种多元化的诱惑,最终达到了企业规模与利润的高峰,而联想的多元化令人眼花缭乱,目不暇接,多变的方向,缺乏对战略的一贯坚持,导致其最终发展效果并不理想。

优秀企业发展的实践,是一部真正的教科书,是现实的真正教父,教导我们如何发展,告诉我们如何坚持。

2017年9月2日初稿

2017年9月3日终稿

规模化，企业发展的一道坎

虽然现在是以效益为中心，以利润为主导，但一定的规模还是必要的，主要原因有以下一些。

利润总是与规模相连，没有一定的规模，就无法保证一定的利润，规模，是实现利润的前提，也是实现利润的保证。

规模，反映了企业的生产经营总量，是企业能力的标志，也是企业承担社会责任大小的标志，现在世界500强主要还是依据企业经营规模排名的。同时，规模大小，反映了企业盈利的总量空间大小，反映了企业现金流的大小，反映了企业抗风险能力的大小。一般而言，企业规模大，其盈利的可能性也大，利润的空间也大。

如何在风险可控的情况下，推动企业规模的不断发展，是摆在每一个企业面前的问题，也是对企业家们的严峻考验，是一道很难迈过的坎。冲过去了，就是不断开辟的新天地；冲不过去，就会止步不前，原地踏步，就会被后来人超越，被历史淘汰。

规模化，主要还是要依靠自己核心竞争力的不断提升，靠创新驱动,不断开辟新的市场,不断带来新的领域。如华为,一直耕耘在通信领域,实现了几千亿的规模,同时保持高利润,走出了一条创新驱动带动规模与利润发展的成功路子。

规模化,要持续转型。要审时度势,在坚持传统的基础上,利用原有的基础,抓住市场的发展机遇,成功转型。转型,不仅可以生存下去,转型,还可以推动规模的持续发展。如华为,原先是不搞手机的,但智能化手机市场如此大,机会如此好,放弃了意味着重大错失,华为果断转型,终成智能手机的领跑者。现在智能手机在华为总收入中占比很大,如果不转型,华为不可能有现在的规模。

规模化,还要依靠资本市场。资本市场虽然不是万能的,但通过资本市场的并购,还是有不少成功的案例,推动了企业的规模化发展。资本并购是否成功,关键看通过并购是否强化了市场的竞争力,是否实现了双方优势互补,是否实现了资本结构的优化。

规模化,要通过一系列战略布局,通过一系列改革改制,通过一系列重组,通过一系列国内外的联合等措施完成。一次次的努力,推动规模化的提升。

规模化,是一道神秘的风景,是一道挡不住的风景。这道风景很美,美得让你无法放弃,美得只能可望而不可即,追求这道美景,永远在路上。

规模化,是道坎,是道大坎,这道坎考验着每一个企业,考验着每一位企业家,考验着企业家的智慧,考验着企业家的胆略,考验着企业家的勇气。迈过这道坎，前面就是一片新天地。

　　规模化，是一曲永恒的乐章，敲响生命的鼓点，点燃生命的火花，扬起生命的风帆，驶向梦想的彼岸。

2017 年 9 月 5 日

（德国时间早晨 7:00）

宜兴夜色美

宜兴，虽然以前也有来，但认真地看市容市貌，特别是观赏宜兴的夜景，还是第一次。

没有想到宜兴的变化这么大，没有想到市容市貌是这么美，更没有想到宜兴的夜景是这么漂亮，这么迷人。

以宜兴东氿大厦为中心的高层群落，晚上霓虹灯闪耀，不断变换着不同的灯光组合，多彩的灯图案，把宜兴的夜晚打扮得分外美丽，氿湖在夜景下，闪闪发光，这种景色丝毫不亚于很多城市，很像繁华的浦江夜景。在东氿大厦的帕佛伦斯大酒店，不仅感受到现代化的服务，更能体会到夜色的美好，而登到最高60层就餐，则视野顿觉开阔。

要知道宜兴只是一个县级市，虽然城市级别不高，但城市的发展格局高。这里有得天独厚的自然条件，闻名遐迩的千里竹海，国家著名风景区善卷洞等山洞奇观，因星云大师而扬名海外的宜兴大觉寺。宜兴是著名的陶都，是著名的竹子之乡，也是著名的茶乡，这里的负氧离子浓度极高，是现在难得的天然氧吧。

从古至今,宜兴人杰地灵,杰出人才荟萃,出过10任丞相,还有众多的进士、院士等,是这块美丽富饶的土地哺育了这些人才的成长。

然而,这些美丽的自然景色,得天独厚的条件并不是美丽宜兴的全部条件,一个城市的美丽,一个城市的夜景,除了这些天然条件外,重要的是还必须精心规划,严格管理,大手笔打造以及不断地改进。

规划,是一座城市的灵魂。规划要体现精细,要体现超前,要体现城市特点,要体现科学,要体现合理,要体现创新,要体现与众不同,要体现和谐包容。规划好了,城市发展就能出彩,否则再用力也是白搭。宜兴的规划很好,城市道路四通八达,公共设施与购物中心分布合理,大型建筑依湖而建,形成景观。

管理,是一座城市的生命。精心化的严格管理是城市正常运转的钥匙,是创建美丽城市、卫生城市的关键。从宜兴的城市管理看,整洁的道路,满目的绿色,方便的生活,多样的景观,不愧为国家卫生城市,在2014年首次获国家卫生城市后,最近又再次通过复查,保持了这一来之不易的荣誉。

大手笔打造,是一座城市闪耀光彩的原因。一座城市,要根据自己的特色,集中打造几个风景美丽或功能突出的区域,使其成为城市的亮点。大手笔,必定要有大思路、大动作;只有大突破,才能有大手笔。宜兴的夜景打造有特色,是个大手笔,值得称道。

改进,是城市与时俱进的原因。宜兴的城市管理这些年进步大,城市越来越漂亮,是得益于不断改进、与时俱进的调整,但也必须看到这些改进与欧洲的标准比,还有很大潜力,白天从东氿大厦的60层俯瞰,美感仍感不足,绿色与景观打造仍然有差距。

城市,因亮点而更加出名;亮点,使城市更加闪耀。特别是城市的夜景,要由一系列精彩纷呈的元素组成,要精心策划,重点打造。因为夜晚是人们空余的时间,在繁忙一天后,只有晚上的时间可以充分享受,而游人在晚上的活动也更充分,晚上成为人流最多的时光,美丽的夜景将成为城市的热点,成为人们难以抹去的记忆。

夜景,让城市亮起来;夜景,让城市靓起来;夜景,让城市美起来;夜景,让城市动起来;夜景,让城市活起来;夜景,让城市更加丰富起来;夜景,让城市更加现代化。

宜兴市以东氿大厦为中心的高层群落与美丽的东氿湖交相辉映,组成的夜景图是宜兴的一个亮点,把宜兴的夜空装扮得分外亮丽。

"买田阳羡吾将老,从初只为溪山好",苏东坡在一千多年前的美好愿望也是我们现代人的愿望,在宜兴安家,在宜兴休闲,在宜兴养老,在宜兴创业,在宜兴与这座美丽的城市生活在一起,同呼吸,共命运,永远相依在一起。

宜兴,作为无锡市的一个重要组成部分,在无锡的富强高美的战略中是重要一翼,而努力为这座城市做点什么,也是实现无锡战略的一部分。

今夜又下着雨，人生喜欢雨，在风雨中感受人生，在风雨中领略风景，在风雨中历练，在风雨中成长。

2017年10月3日构思

2017年10月6日完成

尘封的往事

——新四军黄桥战役纪念馆观后有感

（一）

10月5日，中秋之夜，应友人之邀，实现多年来的一个承诺，到泰兴来看看，以前来过两次泰州市区，并没有到泰兴。是夜，正值中秋之际，与泰兴的朋友们在长江边共进晚餐，观看了变幻多样的立夫河岸的音乐喷泉，主人的热情，让我们度过了一个快乐的中秋。

月是故乡圆。祖国处处是故乡，记得国庆那晚，在莫干山净舍度过，那天虽然不是中秋，但皓月当空，真如中秋一样，浓浓的情感，胜似家中过节。今晚，也是这样，在泰兴又过了一个浓浓的中秋。

泰兴，作为一个省辖市，改革步子大，变化快，城市很漂亮，四通八达的交通，不断开工的项目，都预示着泰兴经济的快速发展。

10月6日上午，我们在细雨中参观了新落成的新四军黄桥战役纪念馆，后又到黄桥古镇参观了黄桥战役纪念馆的原址与丁文江、朱履先的纪念馆。

丁文江是我国地质学的最早的开创者,也是百科全书式的全才人物,他的人生多姿多彩,早年是科学家,做过官员,后又做过煤矿公司总经理,做什么,成什么,然而英年早逝,生命不到50岁,戛然而止,在1936年病逝,他的逝世,世界各地都给予了哀悼。

朱履先则是著名爱国人士,当过孙中山就任中华民国大总统时的阅兵总指挥,孙中山亲授他为陆军中将,一生支持革命,支持共产党,坚决支持新四军打黄桥战役,60岁时,由陈毅同志介绍、经毛主席、党中央特批为中共特别党员。

黄桥纪念馆是参观的重点,随着讲解员深情地讲解,一幅幅珍贵的历史照片,向我们展示了那段难忘的历史,使我们重温这段尘封的往事。

黄桥决战是发生在1940年10月间的战事,在陈毅同志的领导、粟裕同志的指挥下,在黄桥进行决战,新四军7000人的兵力,打败了国民党极右顽固派韩德勤属下89军15000多人的兵力,其中击毙11000多人,89军军长李守维落河而死。同时新四军采取了团结与争取中间力量的正确策略,使国民党李明扬、李长江部的10000多兵力在战时观望而不参战,创造了以少胜多、以智慧化解敌人的战争奇迹,是一个非常典型的战争案例。

黄桥战役得到了人民群众的大力支持,老百姓从各方面支援新四军,现在闻名的黄桥烧饼就是那个时候发明的,是支援新四军的干粮与食物,如今黄桥烧饼不仅成为当地人过节的必备品,而且也成为当地一张对外的响亮名片。

黄桥决战，是新四军改组以来打得最大、最成功的战役，极大地鼓舞了新四军的斗志。战役后，新四军迅速扩大战果，很快在苏北形成了数百里范围的革命根据地。黄桥决战，是新四军执行毛主席在党的六届六中全会提出的"巩固华北、发展华中、华南"的战略方针的胜利。

中国革命战争的所有实践都证明，凡执行毛主席指示的，就一定能取得胜利；凡违背毛主席指示的，都会遭受挫折，就会失败。

站在纪念馆里，看到陈毅元帅充满豪气的诗篇与流畅的书法，内心产生一种由衷的尊敬。陈毅同志不仅是伟大的革命家，而且是伟大的诗人，他的诗篇都是在战火中写成的，是用生命铸就的，是用鲜血染成的，极具感染力，他与毛主席不仅是上下级，同时更是战友与诗友，陈毅对毛主席的感情，是元帅对统帅的忠诚，是战士对领袖的敬爱。

陈毅同志在1972年不幸去世，毛主席打破惯例，出席陈毅同志追悼大会，对陈毅一生做了高度评价，称"陈毅是个好同志"，正如陈毅同志的夫人、战友张茜同志所说，毛主席出席陈毅同志的追悼会"对死者是最大的荣誉，对生者是最大的安慰"，陈毅的诗篇充满革命的乐观主义，表达了一个共产党人宽广的胸襟与视死如归的大无畏革命英雄主义，每次阅读，都会受到极大鼓舞。

站在纪念馆里，看到陈毅同志与粟裕同志在黄桥战役中的密切合作感慨良多。这是卓越将领之间的合作，这个合作不仅在黄桥战役,而且在新四军的几乎所有战役,在华中野战军,在华东野战军,在伟大的中国人民解放军的主力部队——第三野战军,陈毅与粟裕都密不可分。

<h2 style="text-align:center">(二)</h2>

"陈毅领导、粟裕指挥",这是对陈粟结合的恰当评价。陈毅的激情与胸怀,粟裕的天才指挥能力,成为一个最佳组合,成为一个特色,成为一个特许,成为一个绝版,成为胜利的代名词,成为敌人胆寒的名字,成为中国革命战争史上的光辉奇迹。在毛主席与党中央的正确指挥下,陈毅与粟裕领导、指挥的部队,为抗日战争的胜利,为解放战争的胜利做出了卓越的功勋,其中苏中七战七捷、孟良崮战役、淮海战役等都已成为中国战争史乃至世界战争史上的经典与奇迹而被永久传颂。

站在纪念馆里,心中由衷地对新四军表示崇高的敬意。毫无疑问,八路军是共产党的主力部队,一直在毛主席的直接指挥与领导下作战;而新四军一直在敌后,人数少,远离延安,远离党中央与毛主席,回旋的余地与空间要小,难度更大一些,如果在发展上再不能坚持毛主席的方针,受到的挫折肯定会更多一些,但新四军最终按毛主席指引的方向前进,成为中国人民解放军的四大主力之一,为中国的解放事业,做出了杰出的贡献。

看了纪念馆,内心腾起的是对革命先辈的敬爱,内心更多是思考着如何继承这黄桥战役的精神,如何继承这些光荣的历史,继续新的未来。

看了纪念馆，再次深切感到毛主席的英明。新四军在黄桥决战胜利后，不久就遭遇到皖南事变的重挫，叶挺被俘，项英被叛徒所害，党中央迅速重建新四军，新组建的新四军在毛主席的直接指挥下，在陈毅、粟裕同志的正确领导下，克服以前的种种不顺，从此踏上一条快速发展的大道，迅速成长为中国革命的主力军之一，成为真正的铁军。

实践说明，正确路线是决定一切的。路线正确，没有枪可以有枪，没有根据地可以有根据地，没有政权可以有政权；而路线错误，则会痛失发展机会，最终导致失败。而对领袖的态度，决定了是否能正确执行正确路线的关键，跟着毛主席，就能胜利，跟着毛主席，就是胜利；背离毛主席，背离毛主席的正确路线，就会失败，这个真理已经被中国革命战争的历史所证明。

2017 年 10 月 5 日初稿

2017 年 10 月 7 日终稿

慈爱宽容装两半

——读《人生300岁：星云大师传奇》后感

（一）

前些日子里，在宜兴参观了宜兴大觉寺，对星云大师的功德留下了深刻的印象，为了更加全面了解星云大师，特买了一本由中国作家刘爱成作的、并由星云大师亲自作序的新书《人生300岁：星云大师传奇》，回到成都，利用假期，一口气通读完，同时还翻阅了同时买的由星云大师编写的《佛光菜根谭》，这本书都是一些人生精彩的格言与座右铭。

两本书读下来，似乎为人生找到了方向，为困扰的问题找到了答案，为重负而一切释然。现摘录一些，与大家分享。

星云大师的教诲，"给人欢喜，给人希望，给人信心，给人方便"，这是星云大师最喜欢的格言之一。

星云大师的苦难经历：星云大师是江苏扬州江都人，1927年8月19日生，他在1939年到栖霞寺，那时他才12岁，在栖霞寺待了6年，由于战乱，一直被生活的苦难折磨，一直在苦苦挣扎。

1946年,他考入了镇江焦山佛学院,1947年年底离开,与他的志开上人师父一起回到师父的祖庭——宜兴大觉寺,在那里待了2年。1948年,参加僧侣救护队来到台湾,从此开始在台湾独立创业传播佛教的艰难道路。1967年5月16日,星云大师在高雄主持开发建设佛光山的开工典礼,1968年1月7日,东方佛学院举行第一届毕业生典礼。佛光山从此成为台湾、大中华区、全球最大的佛教胜地,春节期间,每天到佛光山朝圣的信徒,超过10万人。星云大师任国际佛光会世界总会会长,这个团体是目前最大的华人团体。星云大师目前是全球最有名的高僧大师,其人格魅力、影响力与贡献,在近几百年的佛教界中,绝无仅有。

星云大师的累累硕果:他在世界各地创建了近300个道场;他创立的国际佛光会会员超过200万人;他创办了10多个大型文化机构,包括美术馆、图书馆、出版社、报纸、电台、电视台、通讯社;他兴办了16所佛教学院,4所普通中小学,尤其是在美国等地创办了5所当地政府承认学历、参与当地高考录取的大学;而在中国大陆,他捐赠了100多所佛光希望学校,向困难学生提供奖学金;他成立了多所慈善场所,收容孤苦幼童和无依无靠的老人;他写了2500多万字作品,出版了370多本书,包括《释迦牟尼传》《佛光大藏经》《佛光大辞典》等;他在五大洲建立了2000多个"生活有书香"读书会,让满载书籍的云水车开往穷乡僻壤,供人免费阅读;他甚至走进监狱,为犯人读书、演讲,洗濯他们的心灵。

星云大师筹巨资并倾注巨大心血,修建扬州鉴真图书馆,重建宜兴大觉寺,在中国大陆树立了两个非常了不起的丰碑。

（二）

星云大师的高尚品格、人生人格魅力:可以通过节录他自己的表述而更加真切,他在他的《真诚的告白(我最后嘱咐)》中说道:

"我一生,人家都以为我很有钱,事实上我以贫穷为职志。我童年家贫如洗,但我不感到我是贫苦的孩子,我心中觉得富有。到了老年,人家以为我很富有,拥有多少学校、文化、出版、基金会,但我觉得自己空无一物,因为那都是十方大众的,不是我的。在世界上,我虽然建设了多少寺院,但我不想为自己建一房一舍,为自己添一桌一椅,我上无片瓦,下无寸土,佛教僧伽物品都是十方共有,哪有个人的呢?但在我的内心又觉得世界都是我的。

我一生,不曾使用办公桌,也没有自己的橱柜,虽然徒众用心帮我设置,但我从来没有用过。我一生没有上过几次街,买过东西;一生没有存款,我的所有一切都是大众的、都是佛光山的,一切都归于社会,所有徒众也应该学习'将此身心奉给佛教',过一个随缘的人生。

我一生,人家都以为我聚众有方,事实上我的内心非常孤寂,我没有最喜欢的人,也没有最厌恶的人。别人认为我有多少弟子、信徒,但我没有把他们认为是我的,都是道友,我只希望大家在佛教里各有所归。

我对大家也没有何好、何坏,在常住都有制度,升级都有一定的标准,但世间法上总难以平衡,升级的依据:事业、学业、道业、功业,这里面大小、高低、有无,看的标准各有不同,都与福德因缘有关。所以大家升级与否,不是我个人所能左右,这是我对所有的众徒深深抱歉,我不能为你们仗义执言,做到圆满。不过,你们应该学习受委屈,宗务委员会决议你们的功绩升降,出家道行,自有佛法评量,不在世法上来论长道短。"

……

星云大师的文章是极其感人的,他在多方面都为佛教界,为大家做出了表率,他建立的丰碑,后人恐很难超越。

我们虽然不是佛教徒,绝大多数人也无意成为佛教信徒,但人类很多的共性是相通的,佛教的很多信仰应当成为我们人生的一些准则,如果我们都有佛教的慈善与包容,人类之间一定更加和谐,这个世界一定会更加美好。

学习星云大师的慈善,对一切都以爱为先,把大爱洒向五洲,洒向人间,洒向一切,多做善事,多留善名。

学习星云大师的心胸,装天下事,容一切人,不去忌恨,不去记仇。

学习星云大师的忘我,生活上不做任何追求,坚定做自己的事,走自己的路,只争朝夕,多做事,把一生化作300岁,努力为这个世界留些东西。

衷心祝愿星云大师健康长寿!

2017年10月11日

她在丛中笑

今天，高举手中的杯；今天，放开心中的怀；今夜，让我们在雨夜里相会；今夜，我们为美丽的城市欢唱。

人生最大的幸福，就是追求目标的实现，就是让心中的梦想放飞，就是追求成功。

追求，要有不变的决心；追求，要有巨大的勇气；追求，要有百折千回的毅力；追求，要有一往无前的精神。

无数次的追求，永不言放弃，终于成功；无数次的努力，坚持到底，终于实现梦想。

帮助别人，是人生美德；帮助别人，就是帮助自己；成就别人，是一件无比快乐的事；成就别人，就是成就自己；给人欢喜，就是自己快乐；多做善事，必有好报。

一切皆有可能，一切也皆无可能。可能性存在于最后的努力之中，存在于再坚持一下的努力之中；而不可能性，就在于关键时刻的放弃，在于最后时刻的离去，在于坚持的丢去。

人生最大的快乐，就是挑战困难，就是挑战极限，就是变不可能为可能，就是成功逆转，就是取得最后的胜利。

掌声中,心静如水。成功,顺势而为;成功,造就各方多赢;成功,是开始的第一步。

鲜花中,甘苦心中知。成就大事,并非易事,不经历风雨,怎么见彩虹,没有人能随随便便成功,一切的甘苦,唯心中知;为了成功,一切甘苦,都是值得的。

成功,只是浪花一朵。在成功的海洋里,每一个成功,都只是其中的一朵浪花,无数的浪花,组成成功的海洋。闪耀的宝石,是由无数颗珍珠串起来的,一颗珍珠,只是一个环节,无数珍珠,就能串起耀眼的宝石。

这一刻,酒杯高举;这一刻,畅饮开怀;笑出心中的喜悦,饮出浓浓的情感。把祝捷的酒杯举得更高,举出更高的目标,举出一个更新的未来。

"掌声响起来,我心更明白,你的爱将与我同在",同光辉的事业同在,同亲爱的朋友同行,同志同道合的战友携手,这是多么美好的事啊!

成就别人,实现自己的人生观价值观,成就自己的爱心,就是成就自己的梦想。

"待到山花烂漫时,她在丛中笑"。

2017年10月12日

格局

大格局，是由大手笔带来的，是由大手笔形成的。没有大手笔，难成大格局。

魄力，带来大手笔；大手笔，推动大变局；大变局，形成大格局。

大变局，是事物的转折点，大变局带来大转折，大转折带来新格局。

魄力，来自勇气，来自思路。看得准，看得远，看得深，才能下大决心。

突破常规，超越发展，必须要有大格局，必须要有大动作，必须要有超常人的战略思维。

决心要下得早。只有下得早，才能抓住机会，才能赶上浪潮，才能乘势而为，才能建立优势。

决心要坚决。犹豫，痛失时机；徘徊，错过机会；彷徨，胜利会擦肩而过。

大格局，要有大思路；大思路，决定大格局。要建立起对手无法超越的优势，必须在思路上、在战略上、在格局上超越对手。无论对手一开始多么强大，只要在战略上开始超越，假以时日，必有全面超越对手之时。

格局，是一个体系。格局一旦形成，很难轻易改变。不断形成的大格局，带来了大发展，而不断的发展，推动更大格局的形成，带来更大优势的确立。

大格局，来源于对未来发展的准确把握，来源于对自身实力的准确判断，来源于对竞争对手的科学分析，来源于对每一个可能存在的机会的果断把握，来源于敢为天下先的创新精神，来源于变不可能为可能的拼搏精神，来源于永不言败的斗争精神，来源于无私无畏的献身精神，来源于永不自满、永争第一的蓬勃向上精神。

"问渠那得清如许，为有源头活水来"，大格局，是由大思路决定，大思路来源于不断的学习与探索，来源于对科学发展与真理的不倦探索，来源于勇敢、善良、宽容的高贵品格。

2017 年 10 月 14 日

风雨无阻

昨晚，在雨中抵达南昌，今天一天又是下雨，在经历了一天的会后，明天就要离开南昌了，看来也会在雨中告别南昌，但雨天丝毫没有影响我们的心情，我们在雨中获得收获，在雨中获得喜悦。

今天的会，是今年新成立的东北区的第一次工作会议，会开得非常好。东北区由大连分院、河北分院、江西分院组成，这个跨地区的分院几乎谁也不看好，连我这个决策者也心存疑虑，但通过今天的会，大家如此肯定，如此有信心，完全出乎我与大家的意料，陡然增加了我的信心，相信王利同志定能带领东北区奋力前行。

抱团取暖。寒冷考验着人们，抱团取暖会抵御寒冷。在讨论中，大家对东北区的成立非常肯定。在十一科技的大区中，目前东北区最弱，进步最慢，与总院、其他大区的差距越来越大，如果再不整合，各自分开做，差距会更大；而如果实现大连分院所具有的技术和人才优势与河北、江西分院所具有的地区市场优势互补，加强协同，东北区统一形成一个拳头，开拓市场，则会有很强的竞争力，前景可期。抱团取暖，是生存所需，人心所向；抱团取暖,使弱小变成强大。

　　雪中送炭。对弱小地区,如同中央精准扶贫一样,在一开始要给予各方面的支持,要给各方面机会,要推动其实现转型,建立起适应新市场的能力,提高竞争力,通过2~3年的努力,就可以独立面向市场了。雪中送炭,是发展所需,强大所为;雪中送炭,冰雪消融。

　　风雨无阻。在风雨中,我们继续前行,无论遇到什么,一点都不动摇,一点都不犹豫,一点都不后悔。在风雨中,我们更加有信心,更加团结,更加一致,更加友爱,更加有竞争力,更加充满希望。

　　风雨彩虹。风雨之后,是更美的彩虹,是更晴朗的天气,是更加明媚的阳光,是梦飞的天空,是朝霞满天。

2017 年 10 月 16 日

风雨庐山

昨天下午,在东北区第一次工作会后,考虑到大连分院与河北分院的干部大部分是初次来南昌,大家都没有去过庐山,因此虽然时间紧,而且又下雨,但还是坚持陪大家上山;虽然下雨看不到景,而且我已上山多次,但在十九大召开前夕,看看党中央三次庐山会议的会址,对干部进行政治教育与党的历史传统教育,是很有必要的。

车子从南山上,南山下,南山的公路要比北山公路好走,弯道处少,只有200多个。而北山的转弯处多,有近400个,弯路有35公里,毛主席在1959年第一次上庐山是从北山上的,留下了他的千古不朽诗篇《七律·登庐山》,诗中道"一山飞峙大江边,跃上葱茏四百旋",四百旋就是指400个转弯处。可见上庐山并不容易,如此多的弯道,人很容易晕。

来到党中央庐山会议会址,看了反映党中央先后在1959年7-8月召开的党的八届八中全会、1961年8-9月召开的中央工作会议、1970年8-9月召开的九届二次中央全会的影像资料,这些资料真实地再现了当时的会议情景,记录了真实的历史,使我们的思绪再次回到那个特殊的年代。说实话，这三个会都不轻松，特别是1959年与1970年的会，是重大的政治事件，深刻地影响与改变着当时的政治格局。对1959年的会议，中央已有结论，已为彭德怀同志平反，而粉碎林彪、陈伯达的阴谋，肯定是及时与正确的。

历史，由后人评说；历史，需要时间检验；历史，已经翻开新的一页，一切成为过去，但庐山留下的沉重话题，会引发人们的永久思考，人们可以从不同角度，去寻找历史发展的正确轨迹。但有一条是大家都能接受的，就是如果我们当时再民主一点，提意见的方式再改变一些，心胸再宽一些，性格再温和一些，彭德怀同志的悲剧或许不会出现。但，历史没有假如，历史也无法再现，吸取这些教训，从制度上不再出现这些悲剧，是我们后人的责任。

毛主席非常喜爱庐山，先后三次来庐山，一共住了135天，作为伟大领袖与伟大诗人，先后在庐山做出了许多重大决策，留下了《登庐山》《七绝·为李进同志题所摄庐山仙人洞照》两首千古诗篇，成为鼓舞中国人民的战斗号角。在135天的日子里，毛主席留下许多传世的光辉形象，山上，路上，坡上，别墅，会议室，游泳池等到处都是他老人家的光辉足迹，今天成为游人的必到之处。

庐山，也是蒋介石夫妇常来之处，美庐别墅是他（她）们常住的地方，作为国民党的夏都，沦陷前，在这里国民党曾开过几次关于抗战的高层会，敬爱的周总理曾为国共抗战统一战线，两次上山与蒋介石谈判，最终国共达成抗战协议。国共两党将领，都在庐山留下如此多的活动，这在祖国的名山大川中，庐山是绝无仅有的。

庐山的抗战博物馆,是庐山重要的场所,这里见证了蒋介石在 1937 年 7 月 17 日在庐山发表的著名的《抗战宣言》,蒋介石在宣言里说:"如果战端一开,那就是地无分南北,人无分老幼,无论何人,皆有守土抗战之责任,皆应抱定牺牲一切之决心。"

庐山的雨,淅淅沥沥下个不断,庐山晴天的日子不太多,丰富的雨水滋润着庐山的万物,洁净着庐山的空气,洗净着庐山的尘埃,荡涤着庐山的污秽,使庐山的山更绿,水更清,天更蓝,空气更洁净。

庐山的雾,使庐山本来就很美的景再披上一道神秘的面纱,景,时隐时现,千姿百态,风情万种,苏东坡游览庐山后,在《题西林壁》中写道"横看成岭侧成峰,远近高低各不同。不识庐山真面目,只缘身在此山中",在雾中,体会到大诗人苏东坡的诗情画意了,体会到庐山这种多变的美丽景色了,体会到如此入神描绘的真正含义了。

庐山的风,很大,特别是在含鄱口,风力更大了,似乎要把人吹倒,但天气晴朗时,只有在这个地方才能清楚地看到鄱阳湖,这也是景色最美的地方。昨天雨大,雾密,一般应看不到,但我们到达时,有几秒的时间,让我们看到了鄱阳湖,我们抓拍了这个难得的瞬间。导游说,这种情况,她从来没有遇到过,我们真是好运气。

庐山的景,是多姿的,是多样的,是美丽的,是奇特的;庐山的情,是多样的,是复杂的,是穿越历史时空的,是深厚的,是永远独一无二的。

　　情景交融,构成了独特的庐山情,有了别样的庐山恋;情景交错,有了这错综复杂的情怀。这情怀,这相思,随时间的延伸而弥久;这情感,伴随岁月一起而永恒,定格在历史的长镜中,定格在对领袖的思念中,定格在对一代伟人毛主席的永远思念之中。

2017年10月17日

感谢的心，感恩的情

机会，除了自己努力去抓之外，领导的支持、环境的条件，都同样重要，尤其是贵人相助，甚至比自身努力更为重要。

机会，千载难逢，但抓住它并不容易。机会，靠智慧的眼光，靠巨大的勇气，同样靠贵人相助。

成功，除了自己的努力外，领导的支持、团队的同心、战友们的齐力，都同样重要。

成功，造就各方，实现共赢，形成巨大洪流，不可阻挡，改写历史，铸就辉煌。

在鲜花与掌声面前，更多的是感谢的心，更多的是感恩的情，更多的是平静的心。

在成功与荣誉面前，更多的是冷静的心，更多的是难忘的情，更多的是永远的梦。

人生的每一步，都很重要，没有上一步，就没有下一步；人生的每一个转折，都很重要，没有前一次，就没有下一次，而贵人相助，是能否实现转折的关键。

人生的每一步腾飞，都与贵人相助密不可分，都与团队努力紧紧相关;人生的每一次精彩,都是机会、努力加贵人相助。

没有改革开放的大环境,没有改革开放大环境中那些远见卓识的贵人的相助,没有团队的合力,我们今天什么都不是。

高楼大厦,由一砖一瓦建成;发展大业,是一步一步走来;精彩人生,是由无数的浪花飞溅构成;成功的乐章,是由无数交响乐声组成;鲜花与掌声,其后是艰难的付出。

常说感谢之话,常怀感恩之心,常念知遇之恩,常思感恩之情,常做报恩之事。

在贵人的相助下走来,努力修炼成为"贵人",慈爱宽容装两半,为人才成长而摇旗呐喊,为中国高端产业发展而终身不懈奋斗。

党的十九大的召开,将开启一个新的时代,必将成就更多的人才,成就更多的宏图大业。

2017 年 10 月 21 日

思念依旧

　　今天是周日，在前往新加坡出席亚洲光伏协会第三届第三次理事会议前，在十九大会议期间，在家中打开电视中央一台，播放的是《海棠依旧》的第28、29、30集等，这几集主要是讲1970年、1971年与1972年那段历史，这部电视剧看过，很受感动，每一次看，都是一次巨大的激动，为我们敬爱的周总理，为伟大领袖毛主席，为叶剑英、邓小平等老一辈无产阶级革命家的风采，为那一段永远难以忘怀的历史，为那一段珍贵无比的岁月而深深留恋。

　　《海棠依旧》这部电视剧，真实、形象、感人地展示了周总理光辉的一生，他的一生是为中国人民的解放事业与建设事业做出伟大贡献的一生，他是中华民族最优秀、最完美的一个代表，而这几集则集中反映了中美外交破冰、基辛格博士为实现尼克松总统访华与周总理举行的一系列艰苦谈判、尼克松总统历史性访华、毛主席会见尼克松、中美发表联合公报、中国重返联合国以及林彪叛逃事件等重大历史事件。

　　看到周总理拖着虚弱而又病重的身体，力撑因文革动荡而出现的危局，看着周总理如何根据毛主席的英明指示，用一生革命生涯铸就的革命意志、卓越的智慧与高超的谈判艺术,与尼克松以及基辛格等人的艰难谈判,取得了改变世界格局的突破性进展,形成直到今天仍然成为中美两国关系准则的《中美联合公报》,奠定了中美两国关系的基石,奠定了中国外交关系的大格局,打开了中国与西方一系列重要国家关系的大门,打开了中国通往世界之门,粉碎了以美国为首的西方国家对中国的长期封锁,为今天的改革开放大格局奠定了基础。

思念依旧,我们思念那个伟人的时代,思念毛主席与周总理及群星灿烂的老一辈革命家。毛主席、周总理这一对最伟大的革命战友,演绎他们生命最后的光辉。在当时如此困难的情况下,在他们辉煌革命生涯一生的最后几年,这对伟人顺势而为,把握机会,果断应变,以巨大的魄力与勇气,领导中国演绎出让世界震惊的重大历史事件,演绎出改变中国、改变历史的重大事件,演绎出永远光耀中国历史的重大事件,给他们辉煌的生涯,增添了无与伦比的光辉一页,达到一个顶峰。他们的风范,他们的风采,他们的功绩,永远定格在这历史的长镜中,成为我们永远敬仰的敬爱领袖。

思念依旧,那个年代是中国开始融入世界,从而改变世界格局的年代。那是一个百废待兴的年代,中国开始酝酿变革、渴望融入世界,渴望结束动荡。那时,我们虽然不富裕,甚至贫困,但国家的地位高,人们对未来充满信心,对毛主席的领导充满信心,对中国的前途充满信心。

思念依旧,巨人握手,成为世纪永恒。毛主席与尼克松的历史性握手跨越了大洋彼岸的空间距离，结束了几十年中美的长期对立。这一握，改变世界，改变格局；这一握，改变历史，影响未来；这一握，千秋永恒，万代铭记；这一握，地动山摇，世界震动；这一握，彰显毛主席、尼克松世界级领袖地位，彰显周总理卓越的政治智慧与无法阻挡的人格魅力。

思念依旧，斯人已去，中南海海棠花常开，中南海菊香书屋与游泳池烟雾永缭绕。常开的海棠花，向人们诉说着那些难忘的日子，我们敬爱的周总理是如何艰难走来；而菊香书屋与游泳池则永远传递着毛主席的铿锵话语，领袖的这些话语改变着世界。

2017 年 10 月 22 日

又是一年秋风劲，新风习来惊神州

"又是一年秋风劲，新风习来惊神州"。第九届无锡国际新能源会展明天就要正式开始了，时间过得真快，一晃就是一年了，光阴似箭，岁月无情，但盘点一年来的收获，没有任何遗憾之处。

就企业而言，一年内成功实现班子换届，两级班子配备合理，接班梯队逐步形成，团队空前强大，转型成果累累，成长速度快而稳，未来前景可期，十一科技进入了一个稳定而快速成长的黄金期。

就个人而言，没有虚度时光，在与时间的赛跑中，取得了进步，收获了成果。

我们即将进入一个新的时期，总书记在十九大报告中描绘了这个新时期的基本特征，这是一个金灿灿的黄金期。

这个黄金期，是十七年磨一剑。在十七年的较量中，艰难探索，改制转型，重组上市，披荆斩棘，力克困难，战胜各路对手，终现光明曙光，迎来收获的十年黄金期。

这个黄金期，十九大奠定格局。十九大召开，进入一个新时代。新时代，新特色，新使命，新目标，新征程，带来一个稳定的十年黄金期。这十年黄金期，是中国历史上最宝贵的，是发展历史上绝无仅有的，是空前稳定的，是无法复制的。

时间，是一切的根本。抓紧时间，抓住机遇，抓到本质，抓住关键，一切都在时间中改变，一切都在努力中改观。珍惜时间，就是珍惜生命，就是珍惜机遇，就是珍惜这个黄金期。

速度，是决定成败的关键。没有速度，就没有发展，就没有优势。有了速度，就能超越；有了速度，就能改变一切。慢了，就会落后，就会被历史淘汰。

坚定，是成功之本。没有坚定的决心，没有勇敢的行动，没有坚持的毅力，一切梦想都会成为水中月，成为空中楼阁。

在这个世界上，没有什么能轻易得到。得到，就意味着必须要有付出。没有付出，就不会得到，付出越少，得到越少。

成就与荣誉的后面，是执着的心，是不懈的努力，是顽强的精神，是对梦想的坚持。

没有人能随随便便成功，在充满竞争的市场，在快速发展的年代，唯有不断创新的精神，唯有永不松懈的努力，才是永远前行、永不枯竭的源泉。

"老牛亦解韶光贵，不待扬鞭自奋蹄"，光阴似箭，岁月易逝，生命有限，要努力把握生命的真谛，怒放生命的光彩。

"又是一年秋风吹，新风习来惊神州"，新的特色，新的目标，新的努力，必将开启一个新的时代，而在新的时代，必须要有新的作为。

2017 年 11 月 1 日

位置不重要

这次第九届无锡新能源国际会展的展出规模比上一届大了约三分之一，这反映了无锡新能源正在逐步复苏。由于一批光伏龙头企业在无锡的投资与带动，无锡的新能源又有了重新启动的迹象。同时由于分布式光伏发电的推广，给无锡新能源企业走出去带来了新的机会，这些企业因此而得到发展。

与上几届不同，由于展位的限制，我们十一科技的展位由一层移到了二层，同在二层的还有协鑫、中环股份、中来股份、中海阳光等知名企业。

原来担心在二楼展出效果会受限，参观的人会比一楼少，但从实际展出效果看，今年一反常态，二楼比一楼要火得多，二楼人山人海，一楼有的摊位，虽然很大，但参加者很少。

这种现象说明，位置并不重要，决定是否有吸引力的关键，是企业的品牌与展出的内容。

酒香不怕巷子深，就是这个道理。说到底，是品牌与内容以及展位的布置，吸引着观众。

十一科技的展台，以光伏树为中心，隆重推出这一创新产品，受到领导的高度重视,吸引了无数新闻媒体的关注和争相报道。同时光伏树,以巨大的魅力吸引了观众的眼球,再加上一系列成功策划,在十一科技展台参观的人络绎不绝,非常火爆,成为会展最受人关注的热点之一,这种火爆一直延续整个会展而无淡季。我们与友邻的中环股份、中来股份、365网站等亲密相伴,构成了会展一道亮丽而独特的风景线。

创新,是发展的动力,是观众的期盼,也是决定是否有吸引力的关键。

品牌,是人们心中的地位,光荣的品牌是人们心中的偶像,无论在哪里,人们慕名而来,千万里追寻;而广泛的人脉,不可阻挡的人格魅力,名人效应,又是人们心中的向往,这同样是展台是否火爆的又一重要原因。

位置,并不重要,这如同人们的排序一样,不必太在乎在班子的排序,不必太在乎演出时的排序,关键是要务实,能做事,做实事,做好事,做成事,这比什么都更重要。

2017 年 11 月 3 日

文化艺术的盛宴

　　11月2日晚,组委会、十一科技与中来股份联合主办,中环股份、太极实业、中国电子分销商分会等联合承办的第九届中国(无锡)国际新能源会展文艺晚会在无锡工人文化宫演出,在推广光伏树与揭晓第二届中来N型双面电池设计大赛结果的同时,精彩而内容多样的演出,使大家同时享受科技与文化的盛宴,度过了一个难忘的夜晚,而亚光副市长与嘉宾的云集,使晚会添彩。

　　在台下观看,节目一个接一个,精彩纷呈,目不暇接,演员的精湛演艺,液晶显示大屏的震撼滚动,感受到文化艺术的震撼,对心灵是一股巨大的冲击力,而每天在科技泛舟中,在市场浪海里,缺少的就是这种文化盛宴。

　　现在,科技渗透到我们的生活,无时不在,无时没有。其中有时真伪难辨,为了市场的推广,都贴上了科技的标签,需要我们认真鉴别,分别真伪。

　　然而,我们的生活中太空的是文学的修养,太少的是诗意的激情,太缺的是文化的震撼,而这些都是提振我们精神最有效的部分。

生命，不仅需要科技，同样需要艺术，需要文化，需要音乐，需要小说，需要诗歌，需要舞蹈，需要激情，这些都是生活的组成部分，是完整人生不可缺少的部分。

生活，不仅要工作着，而且要快乐着，快乐生活必须多样，必须有文化艺术相伴，必须有美好相随，这样生活才能充满欢乐。

生存，不仅需要市场，同样需要精神，需要顽强的意志、坚定的信念来开发市场、推动市场与创新市场。

精神，需要鼓舞，需要提振，需要坚定，否则会枯萎，萎靡不振，而一个萎靡不振的人，一定不会成功，不会成就大事。

情感，需要交流，需要抒发；创新，需要艺术灵感，需要激情，需要境界，需要视野，需要心胸，需要丰富的想象力，而这些都离不开艺术。

文化艺术，原本就是我们生活中的一部分，是生命的组成部分。快速的市场节奏，不断变化的时代，已经让我们无暇顾及文学艺术了。

文学艺术，原本就是生命的组成部分，是精神的不竭源泉，是精神的动力，是生命的灵魂。

没有灵魂的生命，不是真正的生命，不会走得太远；没有灵魂的生命，是经不起任何风浪考验的。

梦想，需要千万里追寻；前行，需要不屈的精神鼓舞。

决战，不仅在市场，更在心灵，在意志，在梦想，在修炼，在文化艺术的新战场。

科技、市场、创新、生活,都离不开艺术,只有同时在两方面获得永不枯竭的源泉,发展才会获得更大动力,生命才能开出绚丽的花朵,人生也因此会更加完美。

2017年11月2日初稿

2017年11月4日终稿

生态圈

生态圈，有多种形式，有政治的、经济的、科技的、社会的、自然的、生命的、生物的，等等。

作为生态圈，都有一些共同特征，其形成与发展都有一些规律，值得我们注意。

生态圈是一个链条，各个部分都是组成圈内链条中的不同环节，每个环节都是不可缺少的，都是维持生态圈正常运行的要素。

生态圈与环境密不可分。一定的生态圈都是在一定的环境下生存的，环境对生态圈的形成影响极大。环境，是历史发展所造成的，历史的发展必定会留下岁月的痕迹，要抹去这些痕迹是很难的。改变，需要时间，需要外力，需要系统合力。

生态圈，是一个利益共同体，大家都在生态圈中生存、受益，一损俱损，一荣俱荣，要想改变生态圈，必定会触动圈内各方利益，必定会受到抵抗，因此改变生态圈并非易事。

生态圈，是按类别聚合的。人以群分，物以类聚，不同的人在一起，不同的物在一起，组成了完全不同的生态圈。这些不同的生态圈，虽互不相容，但会相互影响。

生态圈，有各种形态，有健康的，有绿色的，有可持续的、可循环的；也有不健康的，灰色的，不可持续的，被破坏了的。

建设一个健康的社会生态圈，是和谐社会的基石，是公平社会的保证。权力，在阳光下运行；监督，在公众的视野下；道德，潜入人们的心灵；规则，成为行动的准则；制度，约束人们的贪欲；威慑，震慑人们的所为，这就是我们倡导的健康、可持续的社会生态圈。

2017 年 11 月 7 日

中美关系的发展

这两天，美国总统特朗普夫妇访问中国，受到习近平主席夫妇的热情接待，中国政府以"国宾+"的超常规礼遇，精心在故宫、人民大会堂等地高规格地接待特朗普夫妇一行，而中美企业家更以34个合作项目、总投资2535亿美元的投资合作大单，创世界经贸合作新纪录，震惊世界，这表明中美关系正在进入一个全新的阶段。

特朗普总统的这次访问，是我们在十九大以后、进入一个新时代开始接待的第一位外国最重要元首，美中分别是世界上第一大、第二大经济体，中美关系以合作对话为核心的新开篇，不仅对两国关系，而且对世界各国，对世界经济，都是好消息，都是稳定剂，都是吉祥兆。中美的深化合作，必将为中美、世界各国带来重大利好与机会。

正好这两天央视四台的《国家记忆》正在播放当年尼克松总统在1972年2月历史性访华的前后，虽然已经看过多次，但在现在这个时候看，仍然倍感亲切，倍加感慨。

感慨当年国家在如此动荡的国内外环境下，做出尼克松访问的决定是如何不易；感慨在当年条件如此简陋、又要如此节约地接待世界上最强大国家的总统是多难的一件事，当时电视不普及，转播卫星都没有，要租，飞机最好也是伊尔18；感慨毛主席、周总理、尼克松总统是多么的远见卓识、多么的伟大、多大的魄力、多么的智慧，真不愧为世界级领袖，做出了如此令世界震惊的大事、做出了永远惠及后代的中美历史性和解；感慨周总理、基辛格、叶剑英、乔冠华等为前期谈判与中美联合公报成形而做出的艰苦努力；感慨邓小平、卡特总统共同努力，最终实现中美在1979年的建交。

再追溯，就是大家熟知的小球转动大球的故事，人们至今都佩服中国著名乒乓球运动员庄则栋与美国乒乓球运动员科恩的智慧与大胆，更佩服毛主席与周总理果断把握这个机会，推动小球转动大球，改变中美关系，改变中国，改变世界。

历史，机会总是存在，稍纵即逝，把握了，就能改变历史，改变世界；失去了，就很难再现这些机会，就会拖延历史的进程。

历史，总是这样，前人栽树，后人乘凉。我们在享受中美关系带来的一系列成果时，不能忘记毛主席、周总理等老一辈无产阶级革命家开创的伟业，没有他们的卓识远见与巨大魄力，中美关系的历史性破冰将延误很久很久。

历史，总是继续，毛主席让我们站起来；邓小平同志的改革开放使我们富起来；习总书记的新时代将使我们强起来。而没有站起来，就没有富起来；没有富起来，就没有强起来。我们对过去要常念感恩之情，常怀感恩之心，正是我们富起来了，才能有这次震惊世界的2535亿美元的中美经贸合作大单。

斯人已逝，伟业永存。当银幕上出现毛主席、周总理、尼克松、基辛格等为中美关系破冰而努力的历史性珍贵画面时，不由得心中涌动一种不可遏止的尊敬，这尊敬发自内心，这尊敬无法阻挡，这尊敬穿越历史时空，永远留在人们的心中！

2017年11月10日

暖暖的风

昨天,利用出席重庆万国半导体项目建筑屋顶封顶的机会,提前来到重庆分院,这是党的十九大后,调研分院的首站,蒋玉梅作为分管副院长与我同行。

已经记不清楚这是第几次来重庆分院了,重庆分院成立以来,一直麻烦不断,业绩不佳,原来成立分院的设想一直没有得到如期实现,在院总体如此迅速发展的大潮中,重庆分院一直在边缘化。

但这次不同了,这次来重庆分院,就像最近我去青岛分院、在江西分院出席东北区第一次会议一样,感受到一股新风,感受到在冬的日子里的一股暖流。

第一,重庆分院在调整后出现了新变化。新班子在各界领导的关怀下、总院的全力支持下、在立鸿同志的主导下、在邓强同志与分院班子的协助下、在业主的充分信任下,成功回归电子,先后拿下海康威视重庆基地、OPPO手机重庆基地,不仅重新在重庆确立了新的影响力,而且为总院做了很好的补充。

第二,干部员工的精神状态好,信心满满。放眼看去,一批在重庆分院初建时留下的骨干,依然留在关键岗位上,大浪淘沙,留下的是真金,他(她)日渐成熟,支撑起重庆分院的大梁,风采正当时,体现出十一科技品牌不可阻挡的魅力。

第三,十一科技一家人的理念深入人心。无论你走到哪里,十一科技是一家人的理念越来越深入人心。融合,已经是大趋势,深度合作,是发展大潮流,是一个新特征。

每一次调研,每一次到分院,看着大家一张张青春的脸庞,看着大家充满期待的目光,看着大家亲切的笑容,一种信任,一种责任感,一种爱,一种担当,在心中流淌,这是一股无法遏止的力量。十一科技是大家庭,永远连着你我他(她),作为大家长,我责任重大。期待调研时的忠言,成为各分院新的方向。

这份责任,还没有卸下;这份责任,在心中更重;这份责任,在新的时代,要有更多的担当;这份责任,在未来的岁月,要有更大的作为。

新风,由十九大习习吹来,冬天,并不寒冷,感到一股暖暖的风。

2017 年 11 月 13 日

全域开放正当时

今天全天集中学习党的十九大文件，这是继院党委中心组在11月9日第一次学习后的第二次集中学习，比第一次规模大10多倍，参加学习的是主要担负重要领导责任的各分院一把手与正在关键岗位上的中青年干部，共计210余人，大家从全国各地回来，以空前饱满的热情参加学习，没有通知到的部分干部将在下周三（22日）到无锡的华东分院集合，与华东地区的干部一起听讲，还有约200名干部，参加第三批集中学习，这样就做到了传达学习落实十九大文件的全覆盖。

一天的会议，就要结束了，同志们热烈讨论，气氛从来没有这样热烈，这样激情，这样迫切，充分反映了大家对党的十九大的期待，对十一科技在党的十九大指引下如何发展的期待与思考。

一、通过会议，我们收获满满

第一个共识：全体干部，全体党员都认为，党的十九大报告是

备注：这是赵振元同志在院第二批中青年干部集中学习党的十九大报告总结时的讲话，根据录音进行整理。

高瞻远瞩的，是对未来五年的纲领性文件，报告在很多方面的内容都非常新颖，是指导我们未来五年发展的大纲，我们必须系统深刻学习。大家一致认为，党章的修改总结了五年非常重要的经验，把很多纲领性的东西写进了新的党章，巩固了五年的发展成果，同时为后五年发展奠定了好的基础。

第二个共识：充分肯定了我的《十一科技要在党的十九大的光辉指引下奋勇前进》报告。报告结合了十一科技的实际，特别是我提出的"振、新、实、严"四个字，能够集中创造性地概括十一科技落实十九大的精神，指明了十一科技新一轮的发展方向，大家一致表示要在四个字的落实方面很好下功夫。

第三个共识：大家一致认为，我提出的"坚持对的、修正错的、引入新的"这十二个字非常重要，很简要地概括了我们要做什么，如何做？不仅总院对标，各分院也都可以对标，结合自己的情况学习十九大才有意义，高谈阔论，脱离实际，一害自己，二害别人。

第四个共识：大家一致认为，在坚持文锦江峰会提出的高举"自主、合作、创新"，这是对的，但根据党的十九大后的新特点、新形势，特别是走进了一个新的时代，我提出了十一科技在党的十九大后新的理念："开放、合作、发展"，这是十一科技发展最新理念，这是十一科技新的旗帜，这是十一科技落实党的十九大的最重要的核心，这是文锦江峰会的"自主、合作、创新"三面旗帜的新发展，我们一定要通过这次学习，集中统一到"开放、合作、发展"的新旗帜，这是十一科技一面新的旗帜，必须高高举起，是在新的历史条件下的体现和发展,在这面新旗帜的光辉照耀下,十一科技将迎来新一轮的腾飞,与伟大的时代、伟大的祖国一起飞跃。

第五个共识:大家一致认为我提出的从严管理、从严治院的十个方面的内容是非常必要的、非常具体的,体现了党的十九大后从严治党的具体要求,体现了党委对全体干部的真正关爱,只有依法治院、依法管院,才能平安运行,没有平安就没有幸福,没有平安就没有创新发展。从本质上,坚持了这十条,就坚持了遵法、守法、依法保护。在新的历史时刻,对大家敲的警钟,对大家的具体要求,是对大家的爱护,是对家人的爱护,是对幸福的守望。

这次学习,我们还有很多的收获,一起在屋顶花园相聚,总部与分院的干部,不少都是第一次到美丽的屋顶花园,大家在屋顶花园充分感受了十一科技大家庭的温暖,感受到屋顶花园的美丽、温馨,感受到十一科技的强大,感受到总部的力量。

二、全域开放正当时

为什么要开放? 习总书记在十九大报告中指出"**推动形成全面开放新格局。开放带来进步,封闭必然落后。中国开放的大门不会关闭,只会越开越大。要以'一带一路'建设为重点,坚持引进来与走出去并重,遵循共商共建共享原则,加强创新能力开放合作,形成陆海内外联动、东西双向共济的开放格局**"。

我们必须深刻认识总书记的这段重要讲话,在新的形势下,形成全方位的开放格局,对于十一科技,意义重大。

第一，我们只有全域开放，才能赢得新的市场。

自主创新当然是必要的，但如果没有充分的开放，创新受到局限，赶不上快速发展的国内外形势的迫切需要。如光伏树的外形与降成本研发，我们自己的思路有一定局限，如果充分开放，广纳海内外各界人士意见，就一定能找到最好的形式。

第二，我们只有全域开放，才能进入更大市场。

现在，国内市场的竞争日趋激烈，要保海外市场，"一带一路"，洪流滚滚，不进入"一带一路"，不进入国际市场，无法保证国内市场仍然保持高速增长，全域开放是新市场的需要。

第三，全域开放是增加新动能的需要。

新旧动能转换，必须寻找新动能，旧动能已经不足了，新动能必须来自开放，只有全域开放才能带来更大的动能。我相信通过今天的会议，大家统一思想，海外市场会出现突变，因为海外市场，特别是"一带一路"有极大的市场。

第四，更多的项目承揽需要我们全域开放。

很多大集团、大客户，我们一拍即合，这些大客户在国内外有一系列投资，锁定几十亿项目是完全没有问题的。如果我们不主动、不持开放态度，我们会失去许多机会。我们需要在新的方面深化合作，和大客户共同走出去，联起手来，大步合作，只有坚持全域开放的理念，才能获得更多的市场。不走出去，不融入"一带一路"，就没有出路，我们有太多的机会，有太多的优势，一定要走出去，一定能走出去。

全域开放是一个非常重要的措施，会带来一系列新的变化，会带来一系列重大合作。

第五，我们具备全域开放的一系列优势。

第一个优势，是十一科技具备的资质优势。我们是国内综合甲级院，涵盖很多行业，无论是国内还是国外的合作都要找这样的综合平台。"综甲平台"是我们全域开放第一个最有利的条件。

第二个优势，是技术优势。在电子高科技，在集成电路，在液晶显示，在光纤光缆，在生物制药方面具有的优势是国内领先，是绝无仅有的，在光伏设计上的优势在国内外都是领先的，光伏总包也在前列。由于我们在新能源方面对人类做出的贡献，在国内外获得充分肯定。我们要好好珍惜我们的优势。我们还有其他很多优势，这些优势在新旧动能转换，在发展高科技，发展新能源方面，在"一带一路"方面，有很大市场，完全符合国家战略，符合十九大指引的方向。

第三个优势，是我们的地区优势。我们现在除了成都总部，28个分院密布全国地区战略，随着海外布点的延伸，我们还会有新的地区优势，地区优势不是一天两天建立的，是很长时间建立起来的，这是非常宝贵的。

第四个优势，是我们具备资本优势。现在我们不光有服务平台，还有上市公司的融投资平台，这与以往的机会是不一样的。资本平台可以做更大的事，可以撬动几十个亿的资本，做我们以前根本不敢想的事，我们有很大的资本平台。资本与服务双轮驱动，投资拉动服务，服务推动投资。

第五个优势，是十一科技团队优势。十一科技团队全国

3000多人，久经考验，非常强大，无论是国内还是国际市场，都能找到适应的人才，我们还会引进一些优秀人才，团队优势非常明显，是经过一二十年考验的，是能够理解十一科技核心文化价值观的团队。

第六个优势，是我们遍布全国各地的显赫的总部大楼。我们现在在成都有新总部大厦，在无锡有华东大厦，正在天津建设华北大厦，正在西安建设西北大厦，这些地区总部大厦能代表我们的实力，在国内大院中也是绝无仅有的，无人可比的，十一科技毫无疑问是最强大的高端工程设计院。

因此，我们几乎具备全域开放的所有条件，关键是我们现在思想还不够解放，步子还不够大，抢占机遇的能力还需要提高，发展慢，本身也是风险，而且是最大的风险。

希望今天的会议能够成为十一科技发展新的重要节点，新的转折点，相信会议后，一定会有新的捷报频传，在今天确定的新的战略指导思想下，各分院会投入新的发展洪流中去，抢占更高的制高点，建立更大的优势。

2017 年 11 月 16 日

结束过去，开辟未来

结束过去，开辟未来，是因为我们走进了一个新的时代，新的时代要求与过去完全不一样，要有新的精神，新的风貌，新的气象，新的担当，新的作为。新的时代，需要新的目标，需要新的战略，需要新的路线，需要新的朋友。

结束过去，开辟未来，是因为不能只停留在过去，停留在过去的成绩。过去的成绩是辉煌的，但未来更具挑战性，更加充满不确定性，一切都在快速地变，需要做出更大的努力，付出更多的代价，需要更多的智慧，才能适应未来发展。把过去荣耀的包袱彻底放下，轻松上阵，有利于取得更大的胜利。

结束过去，开辟未来，是因为在过去的发展探索中，在曲折的转型道路中，走过不少弯路，遇过大的风险，付出过沉重的代价，有过深刻教训。认真而不是敷衍地总结，深刻而不是肤浅地检讨，不是彻底地与过去的错误告别，是无法赢得新的未来的。

结束过去，开辟未来，该清的要清，该结的要结，该变的要变，该纠的要纠，该弃的要弃，该深化就深化，该加强就加强，不要拖，不要等。新的未来，只与志同道合者前行，只与亲密战友为伍，结成新的统一战线,实现更加崇高的目标。

新时代,有容为大;新时代,有新为先;新时代,有勇为胜;新时代,有为为贵;新时代,有志为远;新时代,有智为赢。

结束过去,进入新的时代,更稳、更快、更精彩、更辉煌。

2017 年 11 月 29 日

枫叶正红

　　已是深秋时节,但莫干山景区依然秋意盎然,枫叶随处可见,随风飘荡。红透了的枫叶,在绿色的山林里格外醒目,分外妖娆,在阳光下闪闪发光。

　　枫叶红了,那是秋的呼唤,秋的时分,是最美好的季节。秋的季节,是最美丽的日子。

　　枫叶红了,红在深秋。在深秋的日子里,在温暖的阳光下,放眼望去,莫干山绿色葱葱,山峦起伏,宛如绿色长龙,而红色与金色的枫叶,正淹没在其中,时隐时现,而在近处的红色枫叶树,成为人们争相留影的宝地。

　　枫叶红了,那是对生命的礼赞。生命如同枫叶一样,在经历曲折的成长后,正释放出更大的活力,显示出勃勃生机的生命力。枫叶,在经历冬、春、夏后,秋的枫叶更加成熟,更加美丽;生命,在经历人生的种种磨难后,更加坚强,更加成熟,如同这红色的枫叶,灿烂正当时,光彩更照人。任狂风暴雨,任浊流滚滚,挡不住战士的脚步,挡不住风采飞扬;任坎坷曲折,任大雪压顶,青松挺且直。一颗执着的心不变,一颗勇敢的心永在,一颗不断追求的心常青,"踏遍青山人未老,风景这边独好",这儿开辟的美景,永远无法能比。

枫叶红了,那是对爱情的赞美。爱情,是生命的基础,是人生的瑰宝。爱人,是生命中最重要的伴侣,是人生事业永恒的战友,在经历了四十年的爱情长跑后,彼此更加珍惜,更加珍爱,更加习惯,更加熟悉,更加在乎爱人的一切,这爱穿越时空,超越历史,经受时间的考验。这爱情至高无上,无论什么,都无法分开这真挚的爱情,这爱情爱到深处越浓,时间弥久越珍贵,历经风雨更珍惜。

枫叶,在天边彩云的衬托下,分外妖娆,有枫叶衬托的彩云,更加绚丽多彩。经过秋的洗礼,对美好的爱情有了更加深刻的领悟。爱情的故事,是心中梦想的期待,而"众里寻他千百度,蓦然回首,那人却在,灯火阑珊处",真正的风景,不在天边,而在心里;真正的爱情,不在梦里,而在眼前;真正的幸福,不在热烈的情感,而在平淡的日子里,在心灵的融合中,在相知相爱相伴中;真正的快乐,是在经历风雨之后见到的彩虹,是大家彼此的真诚包容;真正的依恋,不在远处,就在自己的身边,朝夕相处的知心爱人。

枫叶,是大自然赐予我们的杰作。爱人,是心灵真正的依靠,是时刻的眷恋,是梦中的归宿,那是情深的伉俪,那是亲密的伴侣,那是智慧的爱人,那是包容的战友,那是温馨的港湾,那是心往神追的幸福家庭,那是历经风雨后天边的美丽彩虹,那是一种无法割舍也无法替代的情感。

枫叶红了,果实熟了,爱情更甜美了,在新的时代,在新的长征路上,在枫叶红了的日子里,定将收获更多的爱情果实,迎来万紫千红的美好春天。

枫叶红了,那是对大自然的热爱。大自然总是美好的,珍惜自然,才能从自然中获得享受;尊重自然,才能得到自然的恩惠;热爱自然,才能体会生活的意义;贴近自然,才能理解生命的价值;融入自然,才能领会人与自然和谐相处的真正含义。

枫叶红了,那是对秋的道别。秋风无情,落叶纷纷而下,向我们做最后的道别,深情而难舍,道别在深秋,秋的一切美好将成为过去,成为永远的记忆,而冬将来临,那又将是另一番风景。

枫叶红了,是一种自然景观。自然界就是这样,春、夏、秋、冬,四季交替,循环往复,构成生生不息的生态循环圈。而每一个循环,都是独特的、无法替代的景色。

枫叶红了,表示生命的经历过程。生命就是这样,不同的经历,不同的光彩,不同的阶段,不同的辉煌。

枫叶红了,象征生命怒放。生命,不仅在青春闪光,更会在历经磨难后的成熟期,怒放生命!

在红色枫叶撒落的日子里,努力走进新时代,营造出风清气正的时代;风新气顺的时代;风亲气和的时代;风馨气暖的时代;风烈气猛的时代!

2017 年 11 月 26 日初稿

2017 年 12 月 5 日再稿

慢了，什么都没有

走进新时代，一个明显的特点是节奏很快，挑战更严峻。

从国际上看，特朗普总统减税等一系列大动作，会引起国际环境的大变化，我们必须认真对待，尽快从容应对，不可听之任之，以免陷入被动。

从国内情况看，发展更快，机会更多，各项政策也在调整中，如果不果断加快发展步伐，新一轮的发展机会会擦肩而过。

从我们的发展历史看，每一步发展，都是在关键点上把握了机会，才有今天的发展大格局。

格局，不是一天形成的，而是一些关键节点的机会的把握。人生会有很多精彩，但关键之处也就是一两步。

企业也是一样，每个发展阶段，都有机会，但真正关键的，也就是几个重要的转折点。

获悉华为已成功实现营收超过5000亿元，其中任正非坚定的信心与果断的作风，在智能手机方面的坚定转型并获领先，海外市场大规模布局，是其重要原因，华为与中兴通讯的差距正在迅速扩大。

差距,不是一天形成的,而是无数次机会把握能力上的差异造成的,是企业家的宏伟魄力与坚定信心的差距引起的。

慢了,什么也没有,没有机会,没有资源,失去制高点,甚至连纠错的机会都没有,已经死去。

慢了,什么都不是,被历史车轮淘汰,被新时代抛弃。

慢了,什么都无法持续,不能持续辉煌,不能持续发展,不能演绎更加精彩的故事。

前方,永远是挑战;机会,永远在身旁,而把握这些机会就是敏锐的眼光,大胆的勇气,快速的行动。

罗马,不是一天建成的;美丽的风景,不是一蹴而就的;光明的未来,也不是下一次决心就可以的;一切的美好,都是在艰难困苦中持续奋斗而成的。

2017年12月9日

战略决断改变格局

新的时代，战略的机会，处处呈现，但并不是我们都能够把握的。很多机会仍然会擦肩而过，这里是否有战略决断力是一个非常重要的因素。影响战略决断力的因素很多，也很复杂。

或许是因为我们的雄心不够，志气不强，目标不远，追求这些战略机会的动因力不够，当机会来临时，没有强烈追求的愿望。成功，只属于那些胸怀大志、有远大理想的人。

或许是因为我们的意志、勇气与魄力不够，对突然来的机会，不敢想，不愿想。成功，只属于那些意志坚定的人，我们或许已经过时，缺少年轻时那些无畏与勇敢的坚定精神。历史证明，意志脆弱者是成不了大事的。

或许是因为我们的人才不足，能力不够，控制力不强，不敢去想更大的机会。但人才，不能只看内部，要有更远的视野，国际化的社会，应该是国际化的人才队伍才能适应，完全内生式的增长方式已经过时。能力，也是逐步培养的，在丰富的实践中，能力的提高是很快的，这需要一个过程。控制力，也是可以培养的，不会一蹴而就，但控制力不会在梦想中增长，只能在市场的大风大浪实践中提高。

　　或许是我们的实力不够，使我们不敢去想。但实力不是天生的，是在实践中提高的。实力增长的转折点往往是在每一个战略决断后，而平时的积累是其基础。只有积累而没有跳跃，实力不会大幅提高。要抢占制高点，没有一股拼搏精神，没有一连串跳跃动作，显然是无法完成实力提升的。

　　或许是我们的资源不够，使我们不敢去想。资源，有内部资源与外部资源，如果眼睛只向内，内部资源肯定是有限的；但如果眼睛向外，外部市场的可用资源是非常大的，是涌流奔腾而不断的，何不用起来呢？

　　或许是我们的年龄已老矣，交接班顺理成章，在最后时刻，何必再冒这种风险？平安度过最后的职业生涯，或许就是最好的结果。

　　然而，发展是硬道理。错过了难得的发展机会，就是最大的过，过去的功无法抵过这个过。过去的，是辉煌的；但未来的，更精彩，事业就是这样奇怪，序幕不是高潮，精彩总在后面。

　　人生，总有谢幕时，但一个真正的战士，奋斗是无止境的，永远不会放弃他神圣的追求，永远在自己的光荣岗位上，不知疲倦，不弃努力，保持警惕的眼光，绝不放弃任何一个机会，把精彩的演绎，完美释放。

　　这不为别的，这就是红色的初心，这颗永远年轻的心，在江南孕育，在北疆历风雨，在西南扎深根，在祖国各地开花，现在新的时代,再出发,走向更加广阔的国际舞台。

再出发,依然光彩耀人;再出发,更加光荣绽放;完美人生,靠心灵支持,用经典演绎。

2017 年 12 月 9 日初稿

2017 年 12 月 12 日终稿

我们一天天好起来

"敌人一天天烂下去，我们一天天好起来。" 这是毛主席的著名论断，当然时代变了，或许我们已经没有了敌人，但我们却有竞争对手，前两天美国的一份政府报告宣布，将中俄两国列为竞争对手。

因此，在现代社会，在当代世界，由于价值观的不同，社会制度的不同，历史文化的不同，地区利益的不同，等等，国与国之间，地区与地区之间，存在利益冲突，有时或很严重，战争的威胁是存在的、明显的，冲突双方的阵营也是明显的，虽有合作，但成为敌人的可能依然存在，始终未变。

改革开放四十年，中国取得举世公认的飞跃，超越日本，成为全球第二大经济体，各方面的实力正在全面逼近美国。

进入了新时代，一个明显的特征是："敌人"一天天烂下去，我们一天天好起来。中国经济稳中求进，每年继续保持较高的增长率，党的十九大的召开，更是指明了未来五年的发展方向，鼓舞了全国人民的斗志，刚刚结束的中央经济工作会议，指明了明年的方向。

按照习总书记在党的十九大指引的方向努力,用不了太长的时间,我们在经济总量上就会超越美国,成为世界上第一大经济体,从而实现中华民族伟大的复兴梦。

中国百业兴旺,民族昌盛,各项建设事业日新月异,经济社会快速发展,扶贫攻坚战取得重大突破,城市建设快速推进,高铁在世界领先,公路网密布,乡村振兴战略取得进展,大数据、云计算、技术创新、智能化制造等新制高点在国际领先,中国比任何时候都更接近民族复兴的伟大梦想,而美欧等原来的强国,正在被我们超越,正是应验了这句至理名言。

而看我们的那些对手,也是如此,我们正在继续拉大差距,一天比一天更加强大,我们的情况在一天天好起来,我们在比任何时候都更接近我们十一科技的伟大梦想。

始终坚持不忘初心,坚持一贯的理念,坚持不变的底线,坚持核心价值观,坚持客户、股东、员工、社会责任优先的原则,以不断改革与转型获得的动力、优势,以持续的催枯拉朽的进攻精神,终于赢来今天。

我们欢乐,与伟大的时代同行;我们欢乐,在胜利的时分;我们欢乐,在结束历史纷争之时。

我们高歌,畅饮这胜利的美酒;我们高歌,在团队更加强盛的时刻;我们高歌,为未来光明的前景。

"路遥知马力,日久见人心",国与国之间的较量,企业与企业之间的比拼,重要的是耐力,比的是人心、品德、价值观、战略、核心竞争力、速度、企业文化等。

"得道多助，失道寡助"，这是历史规律，谁也不能例外，这已被无数发展历史所证明。

前进吧，在新的时代，新的机会，新的使命，新的征程，与过去相比，一切都会更加辉煌，我们不应、也不会停止在过去的欢乐，而要鼓起更大的勇气，迎接新的挑战。

敌人一天天烂下去，我们一天天好起来，这世界发展的总趋势不会改变。

2017 年 12 月 21 日

重温《长征》

最近，我抽出不少空余时间，再一次重看由著名演员唐国强、刘劲等主演的24集电视连续剧《长征》，去寻找新时代发展的强大动力。

唐国强同志等出神入化的演出，使我们仿佛回到那个难忘的战争年代，重新受到一次深刻的教育与巨大的鼓舞，让我找到了进入新时代后需要的新的动力。

毛主席在长征路上经历了种种严峻考验，经历了一系列惊心动魄的斗争，一次次挽救了红军，挽救了中国革命。长征的经历，如同史诗般的经典，如同神话般的神奇，留下千古传奇，成为中国乃至世界战争史上的不朽奇迹。

在长征之前，毛主席被"左倾"分子长期排斥在中央核心领导之外，他的正确主张不被采纳，从而导致第五次反围剿的失败，红军被迫进行战略性大转移——长征。

备注：这是赵振元同志为纪念伟大领袖毛泽东主席124周年诞辰而作。

长征不久，在博古、李德的错误领导下，红军即遭遇湘江战役的惨败，从出发时的8万6千人，只剩下3万多人。以后，红军又错过一个又一个机会，在国民党蒋介石的四处围堵下，生存机会越来渺茫了。在全党、全军的强烈要求下，在遵义召开了具有历史性意义的会议，毛主席重回红军领导指挥的地位，从此中国革命拨正船头，开始进入正确轨道。

遵义会议后，也不是一帆风顺，毛主席要熟悉情况，调整错误的方向，这都需要一个过程，需要时日，因此遵义会议后就有了青道杠战斗的失利。但毛主席很快就调整了方向，就有了四渡赤水、乌江天险重飞渡、兵临贵阳逼昆明、飞夺泸定桥、抢占腊子口、过皑皑雪山、过茫茫草地等一系列战争史上的伟大奇迹。

如此弱小的红军与当时强几十倍的国民党军队周旋，最终取得胜利，这个奇迹是无法想象的，但确实是真实发生了，这是人类军事史上最壮观的奇迹。

原本以为红一、四方面军会师后，会成为红军胜利的转折，没有想到张国焘的分裂主义与野心，差点彻底葬送红军的前途，葬送中国革命的前途，张国焘的分裂行为，比蒋介石的围堵，更具杀伤力，更具破坏性与毁灭性，但毛主席沉着指挥，果断粉碎张国焘分裂主义阴谋，终使红军脱离绝境，走上通往革命胜利的光明大道。

在内外危机面前，解决内部危机是最重要的，堡垒最容易从内部攻破，只有解决了内部的危机，才能迎来外部的胜利。只要内部高度一致，就不怕任何困难，不怕任何强大的外部敌人。

困难，一个比一个大；危机，一次比一次深，但在毛主席的英明领导下，克服一个又一个困难，排解一个又一个危机，胜利一个比一个大，战果一个比一个丰硕，终于成功到达陕北，成功保留了红色火种，燃烧起中国革命的燎原烈火，最终成就今天的伟大中国。

最艰难的时候，领袖的英明指挥是最重要的，这英明来自毛主席卓越的智慧、洞察秋毫的能力、坚韧不拔的钢铁意志、伟大而崇高的理想、视死如归的大无畏英雄主义、渊博的知识、一切从实际出发的灵活应变的思想等。

最艰难的时候，亲密战友的信任与齐心是最重要的，毛泽东与他的亲密战友周恩来、朱德、张闻天、刘少奇、彭德怀、叶剑英、聂荣臻、林彪、徐向前、贺龙、王稼祥、李先念等，在最困难时，肝胆相照，忠诚不渝，永不言放弃，演绎了世界上最辉煌无比的历史。

想想长征，我们今天遇到的一切困难又算什么？

想想长征，我们今天的幸福生活，比蜜甜，还有什么不满意？

想想长征，那些为革命付出宝贵生命而无法享受今天成果的先烈们，我们还有什么不能放弃？

走进新时代，我们需要有长征精神；走进新时代，我们要发扬长征精神；走进新时代，我们要牢记当年初心，因为新时代挑战更加严峻，任务更加艰巨，我们仍要百倍努力！

2017 年 12 月 20 日初稿

2017 年 12 月 25 日终稿

慨然

28·8·2020

赵振元 著

管理随笔 ②

光明日报出版社

目 录

2018俄罗斯足球世界杯评论

2018年

高位稳着落

据报载,2017年中国的GDP为82万亿元人民币,首次超过80万亿元人民币,而且实现了自2010年以来GDP增速的首次回升,达6.9%,重要的宏观经济数据同时飘红。消息传来,全国一片欢腾,因为不仅实现了安全着落,而且在高处、在高原、在高点实现稳着落,经济发展的新动能、新趋势、新结构更是鼓舞人心。

很多时候,趋势比数据更有意义,因为数字是暂时的、可以改变的,但趋势是长期的、难于改变的。数字反映的是现状;趋势代表的是未来。数字反映的是现象;趋势反映的是本质。当然,数字与趋势是关联的,两者是一致的,但我们应当更关注于趋势,关注于稳定的、长期的数据,而不应对一些暂时的数据过于在乎。

比如,调结构、搞转型、高质量运行,这是国家与企业适应新时代发展所必须做的,而要调结构、搞转型、高质量运行,就是意味着对现有的结构、传统、优势、产业等进行一次大的调整,而对新的结构、新的产业要加快推进,这些都会冒很大风险,同时也会影响现有的发展速度,因为调整与转型都要付出代价,都会对原有的一切进行调整。

如果不这么做，经济发展就没有新动能，而旧动能很快会因不适应发展而被逐步淘汰，最终被赶出历史舞台。

因此，我们必须要有长远的战略眼光，不在乎一寸一地的得失，不在乎短时间的滞胀，而是在乎全局的战略，在乎长远的布局，在乎结构性的改造，在乎最终实现的整体转型，在乎总体趋势的改变。

这种战略调整，要付出极大努力，要冒极大风险，但其前途却是光明的。用不了5年，这种调整就会见效；用不了10年，这种调整就会见大效；用不了太长的时间，一切所谓强大的竞争对手，都会在我们的持续调整中，统统被甩到后面。国家是这样；企业也是这样。

中国的经济正在以创新为核心，带动科技、经济、社会的高质量、快速发展，高位稳步降落，就是反映了这几年的重大成果，反映了未来发展的美好趋势。

我们十一科技也是这样，与伟大的祖国同行，我们持续的战略转型在4年后见效，2017年我们高质量地达到历史新高，超越很多强劲对手，未来趋势更如灿烂的朝霞，喷薄而出，不可阻挡，我们实现了高位平稳着落，正上下齐心、空前团结，准备与亲爱的祖国一起实现新一轮的腾飞。

2018年1月20日

分拆，也是一种生产力

　　昨天（22日），到了绵阳，除慰问老同志外，作为新一年第一个调研点，去了绵阳分院与西部建筑，听了汇报，看了指标，业绩靓丽，干部员工昂扬的精神状态与满满的信心，深刻地感染了我，这不禁让我想起了绵阳分院与西部建筑的一些往事。

　　根据电子工业部的安排与国家电子发展布局的需要，十一科技（当时为电子十一院）总部于1988年10月迁入成都，屈指数来至今已有30年整，时间过得真快啊！

　　那时电子十一院600多人，而到成都的户口指标只有400个，包括我在内200多位同志由于多方面的原因暂时留在绵阳了，留下设计、工厂、服务公司、管理等部门组成了新的绵阳分院。

　　那时总院党委副书记孝康同志（他在1996年年底接替守廉院长任总院院长，我在2000年7月接替孝康院长任总院院长）亲自兼任绵阳分院院长，而我则任绵阳分院副院长（主持工作）。在1991年年底后，我开始升任总院党委副书记，以后又任总院副院

　　备注：这是赵振元同志为庆祝总院入迁成都三十周年暨绵阳分院成立三十周年而作。

长，同时兼任绵阳分院院长，直到1997年，我开始不再兼绵阳分院院长。

以后绵阳分院的班子不断调整，绵阳分院的结构也在不断改变，最后由综合部门成了单一的设计分院，詹林同志任绵阳分院院长，担负起带领绵阳分院发展的重任。

后来，绵阳分院不断扩大规模，朱益华同志在大连工作11年后，于2012年从大连回到了绵阳，这样绵阳分院的力量得到加强，同时内部对绵阳分院发展有不同意见，这些不同意见掣肘了绵阳分院的发展。当时绵阳分院人心涣散，人心思走，消极怠工，前景十分令人担忧。

这时候一种新的方案出现了，将绵阳分院一分为二，一个保持绵阳分院的称谓，另一个称西部建筑，分别由詹林同志与朱益华同志牵头。

在绵阳这样不太大的城市设两个分院，在一栋大楼20、21层里设两个完全独立运行的设计部门，这样力量分散了，相互竞争激烈了，外界议论会多了，这是一个很有争议的方案。方案一出，反对声很多，作为主要决策者的我，承受了很大压力，一度也非常犹豫。

小平同志"发展是硬道理"与"摸着石头过河"的铿锵话语，在我耳边响起，我就抱着试试的想法，力排众议，批准了绵阳分院一分为二，同意了西部建筑的成立。

绵阳分院与西部建筑从2014年开始各自独立考核运行，一晃四年过去了，绵阳分院与西部建筑在克服困难中前行，在走过曲折后,发展开始步入快车道,终于迎来光明的曙光。

绵阳分院保持着自己的产业特色,同时在多领域发展;而西部建筑作为一个新生体,蓬勃生气,发展更快,迅速成为院民用建筑的一面旗帜,同时依靠自主创新,在路桥与景观设计方面,走在院的前列,为院在这一领域的发展杀出一条新路。2017年两院的净上交,是当年绵阳分院的四倍,仅西部建筑的上交就达到总部建筑板块上交之和。2018年,两院发展前景更加明朗,人心齐,力无比,在握项目很多,新一年将毫无悬念地快步再迈上一个更新的台阶。

现在看来这种拆分是成功的,当年是冒着风险的,在发展事实面前,证明了当年的担心是多余的,争论可以结束了。

分拆,是一种宝贵的生产力。不仅整合与重组可以提高生产力,有时,科学分拆同样可以达到这个目的,关键是要看分拆是否有利于发展,是否有利于提高生产力、提高竞争力。

分拆,释放了生产力。科学分拆,最大限度地调动了各方的积极性,激发了活力,激发了创造力,使生产力发挥达到了极致,充分释放了人的潜能,释放了生产力。

分拆,可以创造更多的发展与生存空间。一分为二,就是扩大了发展空间,扩大了生存空间,扩大了竞争空间。

分拆,可以形成有效的竞争机制。竞争,是市场发展的动力;竞争,是市场无形的推手;竞争,是永恒的动力。人们在竞争面前,往往会有更强的斗志,有更大的潜能。

分拆,留住了人才。对企业,特别是设计院,人才是最重要的，最根本的，留住了人才，就留住了希望，留住了未来。多一个部门，多一个空间，志同道合者可以选择在一起。人各有志，强扭的瓜不甜。而单一部门，则限制了人们选择的余地，一些有才华的人才，可能由于意见或性格不合而被迫离开。

分拆，是一门艺术。而艺术是需要用心思考才能入门的；是需要大胆探索、勇敢实践才能掌握的；是要用广阔的心胸才能获得的。

分拆，不仅需要眼光，同样需要稳定的、有利于发展的强有力的政策支持。总部在2013年下发的三项制度改革，是非常重大的决定，最大限度地调动了干部员工的积极性，激发了他（她）们的创造性，同时也保障了院的利益，为拆分提供了广阔的发展空间、利益空间与政策支持，从这个角度看，是改革保障与推动了拆分的成功。

分拆，之所以能成功，主要是拓展了发展空间、利益空间与人才空间。这三个空间的拓展，极大地释放了生产力，而判断一切改革举措是否成功的关键，最重要的是看有利于还是限制了生产力的发展。

十一科技在实践中进行了一系列成功分拆，都获得了很大成功；同时，十一科技也进行了很多成功的重组与整合，同样也都获得成功。

由此可见，无论是重组或分拆，都是改革与创新的方式与工具，无论采用何种方式，最关键是要从实际出发，要立足于是否有利于发展这个根本的判断标准，而不在于形式本身。

任何时候,思想不能僵化,僵化的思想是发展最大的障碍。而灵活应用与成熟驾驭这些管理技巧,是一个管理者成熟的标志。

改革,要大胆实践,勇于创新;实践,只有实践,才是检验真理的唯一标准;发展,是一个过程,改革是否成功,需要时间证明;成果,最终体现在数据上,体现在荡漾在大家快乐的脸上,体现在大家充满幸福的脸上。

幸福,都是奋斗出来的;成功,都是勇于改革的产物;发展没有现成的路,路就在脚下,脚下就是希望的路。

这次我到绵阳,看到分拆后的效果和绵阳分院三十年的成就,非常振奋,应大家的盛邀,我分别为绵阳分院与西部建筑写下了"三十年风雨,改革成就伟业""人才之家,建筑之花"的贺词,表达了我对两院取得成就的祝贺,同时也更大地鼓舞了大家的热情。

以上作为总院迁入成都与绵阳分院成立三十周年庆的贺文。同时感谢夫人小平为本文的精心修改及当年对分拆提出的正确意见。

2018年1月23日初稿

2018年1月.24日终稿

地区发展战略研究

一、什么是地区战略

"战略,是一种从全局考虑谋划实现全局目标的规划,战术只为实现战略的手段之一。"这是百度的解释,伟大的领袖、伟大的战略家毛主席在《中国革命战争的战略问题》中指出:"**研究带全局性的战争指导规律,是战略学的任务。研究带局部性的战争指导规律,是战役学和战术学的任务。**"他还指出:"**然而全局性的东西,不能脱离局部而独立,全局是由它的一切局部构成的。**"毛主席的话,深刻地指出了战略的任务以及全局与局部的关系。

地区战略是指企业在地区的发展战略,企业在这一地区发展的布局、发展的目标、方法与步骤等。企业地区战略是企业总体战略的重要组成部分,是为企业总体战略服务的,是企业总体发展战略在地区发展上的体现。

总体总是由地区组成的,市场总是可以分解的,无数个地区市场的总和就是总的市场。

十一科技的地区战略是：在总院的正确战略主导下，在我国产业、科技与经济发展的地区中心或区域中心，建立十一科技区域中心，支撑与推动院战略的实现、支撑与推动院的发展。**地区具有四大功能：总院指令的执行中心、市场开发中心、地区发展的协调中心、干部人才的成长平台。**

经过长期建设，特别是经过最近18年的快速发展，十一科技已形成了一个总部（成都）、七个大区（东南区、华东区、华北区、华中区、西北区、东北区、西部区）、28个分院、40个独立核算部门的**战略布局，**这种布局很好地适应了我国高科技与产业发展的需要，适应了院快速发展的需要、是十一科技之所以快速发展的一个十分重要的原因。

二、地区布局，奠定发展的大格局

十一科技总部在成都，如果没有强大的地区支持，就无法站在市场前沿，无法贴近市场，无法为客户提供就近服务，无法集结本地的优秀人才，无法实现快速发展的步伐，无法实现心中的梦想，无法实现自身宏大的战略。

大战略，需要大格局，大格局才能有大发展。没有地区的精心布局，没有地区的大布局，就不会有发展的大格局，没有地区的大布局，就没有十一科技的大格局。

不肯走出去，守在家门，是不可能发展的。因为家门口的市场总是有限的，是根本无法适应发展的，要想有更大的收获，要想有更大的惊喜，必须走出去。

三、地区布局，用心血浇铸

实际上，地区布局已经不是战略了，因为人人都知道地区战略好，但真正实施并能获得成功的并不多，特别是在设计行业，少之又少，究其原因，地区布局是一个系统工程，与战略、策略、政策、市场、领导、人才、投入、决心、环境、机会、时间、条件等都有关系，处理好并非易事，要经历时间与风雨的考验，不会轻易成功，特别是设计院设分院，涉及因素多，那就更加复杂了，成功就更加困难了。

世界上任何有价值的事，都不会轻易成功；而一旦成功，其价值就会日益凸显，充分释放，让你受益无穷。

18年来，无数次的调整，无数次的挫折，无数次的探索，无数次的失败，无数次的风险，造就了今天的成功。

18年来，一批又一批优秀人才在地区建设中脱颖而出，成为十一科技的中坚力量，老将风采依旧，新苗茁壮，成为设计行业一道独特的风景线。

18年来，十一科技以深远的战略眼光、十一科技健儿以永不退缩的顽强精神、以艰苦创业为荣的品德，勇敢地走出四川，走出成都，在全国扎根，与当地的优秀人才一起，组成十一科技的强大团队，开辟了一个又一个地区，开发了一个又一个城市，形成了今天强大的地区格局，有力地支撑了十一科技的发展格局。

18年来，十一科技地区格局已成气候，成为全国设计院中最靓丽的花朵之一，如今，**以上海为中心的东南地区、以无锡为中心**

的华东地区、以天津为中心的华北地区形成了十一科技的龙头大区,成为十一科技的支柱,规模约占全院的二分之一,仅这三个大区的合同、营收、利润之和就可以超越不少对手,其他的四个区与总部,同样发展很快。

四、地区总部,是强大而温暖的家

在18年的发展中,我们以远见的战略,勒紧裤腰带,挤出资金,投资地区总部建设,成功把握一个又一个机会,抓住机会,快速扩张,辛勤播种,在如此紧的财力下,坚定投入,全国28个分院中,绝大部分都购置了固定办公用房,使分院与地区总部有一个稳定的家、强大的家、温暖的家、现代的家。已经建成的总部大厦、华东大厦、正在建设或在策划中的华北大厦、西北大厦、南京大厦、苏州大厦等,更以其美丽的风采,光艳四方。

这些地区与分院,是镶嵌在十一科技光荣品牌的璀璨明珠,发出耀眼的光芒,是十一科技不可分割的重要组成部分。

五、扎根地区,与城市共享发展繁荣

除总部外,扎根在全国28个分院,不仅成功把握当地发展的机会,共享地区发展的成果,而且为当地的税收做出重要贡献,有些分院还为当地政府的招商引资与服务做出了重大贡献。

十一科技,在很多城市,很多地区,已经成为当地的响亮品牌,成为城市的一张名片,成为城市与地区高科技与新能源的著名企业,成为城市与地区不可分割的一部分,服务城市,融入当

地,这就是十一科技地区战略的必然结果。

扎根当地,融入当地,与当地融为一体,与城市发展同步,与地区发展共舞,为当地发展做出贡献,这就是我们的社会责任,这也是十一科技无数创业健儿的忠诚,这就是十一科技地区战略的真正初心。

六、辛勤付出终获回报,享地区战略灿烂之果

几十年的努力,18年的奋斗,使总部地处西部的十一科技尽享全国发展的机会,尽享当年辛勤播种的丰硕果实。地区的战略与产业转型战略、双轮驱动战略将持续推动十一科技在同业内傲视群雄、持续走强。而不断深化与巩固的地区战略,会继续演绎更大的精彩,一切都在路上,一切都在转型中,一切都在深化中,地区之花必将开出更加灿烂的果实。

把每一个分院、每一个地区都建设成为规模分院、规模地区,都成为一个强大的经济体、竞争体,这就是我们地区战略的目标。

2018年1月27日

重组，释放生产力

北京分院最初是2000年下半年为北京华夏8英寸项目（以首钢NEC为依托）而设立的，那时我刚上任十一院的一把手，结合项目的需要，把院北京办事处扩为分院，后来华夏半导体由于多方面的原因没有上，北京分院却因此而建立了，而且以后就在首钢NEC的周围，即石景山海特花园旁，购置了办公用房与住宅，我们就这样在北京正式扎根下去了。

北京是首都，市场大，机会多，竞争也十分激烈，商务成本高，打开市场很不容易，留住人才也不易，离成都总部又远，我们的优势不明显，发展面临的困难很多。

十几年来，北京分院的领导换了一任又一任，但始终没有明显变化，人才留不住，发展慢，竞争力不强，几乎每年都完不成指标，一直在亏损的边缘徘徊，与总部和其他分院蒸蒸日上的大好形势比，格格不入，该用的办法都用了，面貌依旧，大家对北京分院的发展失去了信心。

2017年上半年，根据发展的需要，同时根据双方的意愿，院决定将由上海分院管辖的北京建筑设计部与北京分院合并，即北京建筑设计部归入北京分院,并由原北京分院董事长袁士伟同志任新北京分院董事长,原北京建筑负责人李天山同志任新北京分院院长,新的北京分院开始扬帆远航,归属东南区。

重组仅半年多,新北京分院就创造了一个新的奇迹,在2017年第一次完成净上交,完成了其他各项指标,消息传来,我和大家倍感振奋,同时北京分院团队活力大增,空前团结,竞争力得到显著上升,在援外项目中连连中标,在国内重要项目中有优秀表现,干部员工信心满满,对美好未来充满希望。

北京分院重组的成功,除了院的正确决策,白焰、俞世一、才志等同志的推动,士伟、天山与新北京分院领导班子、员工的共同努力外,重组的成功,还有以下一些重要原因:

一、重组,引入了新的增量

重组,引入了新的增量。高质量的增量,能带动原有的存量,两者组合就会改变原有的格局,从而推动新的发展。

北京建筑设计部的团队充满活力、创新力,一旦注入北京分院,给北京分院发展带来了新的动能,带动了北京分院的发展。

二、重组,实现了优势互补

重组,实现了优势互补。优势互补就是1+1>2,优势互补,就能成功。

原北京分院的强项是机电与净化设计,而北京建筑设计部的强项是建筑与结构,两者组合就形成了强的组合,就形成了强的竞争优势,有了竞争优势,就有了竞争力,就能开拓市场,赢得客户的信任。

三、重组,要有准确的市场定位

重组,要有准确的市场定位。这也是关系到重组能否成功的关键,要根据重组后的新优势,重新定位。

我们根据新北京分院的组成特点,给新北京分院提出了工业与民用并举,海内外市场同步的要求,为新北京分院准确定位,新北京分院坚定地按照这一要求去做,取得了很大成功,收获了丰硕的果实。

四、重组,搭建了大的发展平台

重组,搭建了更大的发展平台。平台大了,舞台就大了,机会就多了。

对北京建筑设计部而言,以在北京属地的北京分院为平台,在各方面可以得到一系列更多的支持,可以获得更多的资源,可以有一个家的感觉;对原北京分院而言,北京建筑设计部的加入,可以开辟更多的领域,可以充分发挥十一科技综合甲级的作用,可以获取更多的市场。

五、重组,带来双赢

重组,带来了双赢。任何合并,任何重组,都不是一厢情愿的,必须是共赢的,只有双赢,才能成功;只有双赢,才能长久;只有双赢，才能拥有美好的未来与光明的前景。

六、重组，要有好的带头人

重组，要有好的带头人。带头人，是事业成功的关键。

新的北京分院的核心领导是袁士伟同志与李天山同志，他们有很好的互补性。士伟同志的稳健与天山同志的活力配合得很好，两人的团结与共识，是重组成功的关键，没有带头人的和谐与高度一致，取得重组成功也是不可能的。

由此可见，无论是重组，或是分拆，都有成功的可能，必须因地、因时、因事、因势而为，而检验是否成功的唯一标准，只能是实践。

2018年2月2日

量力而行，顺势而为

乐视倒下了，这在意料之中，过分炒作，投资太猛，似乎一夜之间就要成为巨人，然而罗马不是一天建成的，空谈是没有用的，在炒作声中，在一批"卫士"的护航下，终于倒下，留下一地鸡毛，留下一个烂摊子，留下对股东的伤害而退出历史舞台。

最近又听报道说，海航也出问题了，海航也是风云全球的综合性航空集团，这些年来，海航一直在全球不断并购，让人目不暇接，全球化的并购速度一刻也没有停止过，在一些"高人"的帮助下，几千亿元的贷款轻松获得。

据报道，海航集团在2015年位于世界500强464位。2016年，海航以295.6亿美元营收列353位，资产规模为1761.2亿美元（约合人民币1.2万亿元人民币），境外资产3300亿元，境外员工29万名，每年利息支出是156亿元，一年内的短期债务高达1852亿元，而长期债务高达3828亿元。据《华尔街日报》2017年11月报道，海航的债务总量高达1000亿美元，资产中50%是贷款。

债台高筑，到期无力偿还债务，信誉尽失，评级就会下去，资金链就会断裂，企业就面临破产的困境，而临时拍卖资产，只会低价出售，企业价值迅速贬低。

作为一个享有盛誉的航空集团，应当以航空产业与航空服务为主，兼做别样，过度性扩张，丢了本业，同时也无法很好地在新领域施展，到头来只能是四处碰壁。

量力而行，是我们做事的原则。人不能超出自己的能力做事，特别是不能超得太多，超得太多，必定会被压垮。资本杠杆是必要的，但杠杆的作用除了能撬动外，还有另一个作用，那就是丢翻，丢个人仰马翻，彻底完蛋。

量力而行，是生存的准则。做力所能及的事，就非常轻松，就非常愉快，就容易成功。而勉为其难，力所不能及，必定会失败。

量力而行，是实事求是的态度。实事求是，是一切事情成功的前提，是毛泽东同志一贯倡导的共产党人最重要的作风与思想，我们必须遵守。自己的情况，自己最清楚，有些事跳起来够得着，可以跳跳；跳起来够不着，就不能做了，硬要跳，必摔跤。

量力而行，是自知之明的标志。人贵有自知之明，能做什么，不能做什么，自己应该最清楚。该做的做，不该做的不做，该想的想，不该想的不去想，这就是自知之明。

量力而行，是最好的发展。一个人，一个企业，一个国家，在选择发展路线时，必须要根据自己的情况，决不能照搬别人的，必须从自己的实际情况出发，量力而行，分阶段而动，逐步发展，最终成大事。

顺势而为，是我们成事的策略。势，就是发展的趋势，是发展的潮流,是发展的方向,顺势而为就是顺应发展的潮流,就是借势,就会事半功倍,就容易成功。逆势而为,阻力增大,成功的可能性就小得多。

做自己能做的事,做自己力所能及的事,做自己想做的事,做那些顺潮流而为的事,做自己梦想的事,就一定能成功。

不要去祈盼天上掉馅儿饼,天上不会掉馅儿饼,天上只能掉致人死命的铁饼。幸福都是自己奋斗来的,幸福生活都是靠自己一天天奋斗积累的。

国际歌是这样告诉我们的:**"从来就没有什么救世主,也不靠神仙皇帝。要创造人类的幸福,全靠我们自己。"**

按照国际歌的话去做,就是最幸福的,就是最能成功的。

再见吧,那些好高骛远;再见吧,那些无底的陷阱;在可以看得见的光明未来,前进;在能够实现梦想的地方,努力;前途,一定属于那些脚踏实地的奋斗者!

2018年2月7日

团队，持续增长的动力

任何企业的发展，都会遇到增长的瓶颈，都会遇到增长的烦恼，都会遇到增长的阻力，企业是这样，国家也是这样，个人也是这样。

持续增长的动力究竟在哪里？ 是战略牵引？是不断改革？是持续转型？是政策激励？是品牌影响力？是技术创新？是市场突破？是竞争机制？是科学管理？是重组并购？是运用资本力量？是共同价值观的作用？是文化力的推动？是合作共赢？是人才团队的引进？是落实执行力？……

毫无疑问，这些因素都会影响企业的增长，但对企业增长影响最大的还是企业核心人物的眼光、战略、决心、意志与勇气，以及由这个核心灵魂人物组成的坚强团结与持续稳定的团队。

这个团队，有宽阔的胸怀，有紧随时代步伐的紧迫感，有极强的创新力，有极强的包容性，有强大的执行力，有共同的理想，有共同的目标，有共同的经历，有共同的价值观，有共同的利益，有紧密的纽带相连，有持续新老交替的机制，有敢于牺牲、压倒一切对手的巨大勇气。

有了这样一个团队，一切困难都可以克服，一切阻力都可以冲破，一切危机都可以度过，一切风险都可以避免。

有了这样一个团队，没有资源可以获取资源，弱小可以变成强大，贫穷可以变成富裕。

有了这样一个团队，战略清晰，目标远大，决策果断，创新涌动，转型持续，就能不断引领新的时代。

有了这样一个团队，可以不断超越竞争对手，可以不断刷新纪录，可以不断创造新的未来。

有了这样一个团队，增长的烦恼会被克服，前行的路越来越宽，未来的景越来越美，持续的增长不再是空话，而是美丽的现实。

有了这样一个团队，增长的动力就会加强，增长的途径就会多样，增长的潜力就会广阔。

有了这样一个团队，梦想可以变真，目标可以实现，奇迹可以创造，心想可以事成。

毛主席说："**世间一切事物中，人是第一个可宝贵的。在共产党领导下，只要有了人，什么人间奇迹也可以造出来。**"我们依靠团队从弱小成为强大，同样，我们依靠团队将解决持续增长面临的挑战，不断走向新的未来。

团队，是我们的生命；团队，是增长的动力；团队，是发展的支撑；团队，是未来的希望。

团队，创造了财富；财富，应当由团队分享。这财富，由汗水凝成，用心血铸就，必须珍惜与爱护，一切来之不易。

梦想，在团队的努力中不断变真，成为鼓舞人心的事实，成为美好的现实。

品牌的价值，在团队努力中实现；离开了团队，品牌一钱不值。过分强调品牌，不重视核心团队，最终会一无所有。

带领这个光荣的团队，继续战胜对手，让十一科技的光荣旗帜插上四面八方；带领这个光荣团队，实现稳增长快增长，超越目标，创造奇迹；带领这个光荣团队，继续为城市、为祖国，做出更大贡献，让理想飞舞，让梦想实现；带领这个光荣团队，在"一带一路"中显示中华实业；带领这个光荣团队，担负起神圣历史使命，在高端产业发展中，尽展绝色风采。

2018年2月9日

莫道君行早

春天到了,生命蓬勃,到处充满生机;漫山遍野,到处是花的海洋;郁郁葱葱,到处是满目绿色;城乡繁荣,到处是希望的田野。

"一年之计在于春,一日之计在于晨",抓住春天的机会,抓住春天的播种机会,才能有秋天的收获。而春是短暂的,瞬息而过,如果不能抓住春天的每一个日子,不能抓住春天的每一个早晨,一切都是空的,到秋时会颗粒无收。

"春风又绿江南岸",春天的日子里,一切都是美丽的,江南更是如此,江南充满生命的欢腾,充满着蓬勃的活力,到处都是发展的热潮。

"机不可失,时不再来",春天的机会是宝贵的,春天的机会又是短暂的,宝贵的机会如果擦肩而过,一去就不再来,我们必须紧紧抓住。

发展,总是靠真抓实干才能达到;超越,总是通过把握机会才能实现;平行超车难度大,弯道超越机会多,而春天的机会就是一个弯道,必须实现快速超越。

然而，**超越要分步进行，不能超越自身实力。**弱小企业，只有通过一次次机会的把握，不断累积，才能最终成就宏伟大业，超越对手，而不能幻想只通过一次不切实际的大机会就翻天。天，是翻不了，一切事物的发展都有其规律，违反了规律，必然会得到报应。

这方面要向股神巴菲特学习，他的十点投资经验对我们把握机会有一定的启示作用：**"一是长期投资；二是利用市场的误判；三是安全边际；四是防守第一；五是保持足够的现金流（会空仓）；六是股市是理性和感性的结合体；七是永远不要加杠杆；八是不熟不做，守住自己的能力圈；九是选股就是选女婿；十是把大赌注压在高概率事件上。"**而像乐视那样，试图靠炒作到处开花，全面铺开，到头来，一地鸡毛，害了自己，也害了一大批盲目跟进的大中小投资者。这正反两方面的经验教训，告诉我们，发展与超越必须要有健康的心态，必须量力而行。

"东方欲晓，莫道君行早。踏遍青山人未老，风景这边独好"，这是毛主席的壮美诗篇。当时第五次反"围剿"失败，红军将被迫开始长征，毛主席在这个低潮时写下了如此壮丽的诗篇，对中国革命的前途充满信心。

如今，中国作为世界第二大经济体屹立在世界东方，我们走进了新时代。新时代，一切都是欣欣向荣，我们面临的是一个新的美好春天，面临的是一个难得的历史黄金期，我们应该更有信心，让我们把握这春天的机会，努力耕耘，迎接收获的金色秋天!

　　趁早行动吧,把失去的时间抢回来,把丢掉的机会再拿回来,莫辜负了美好春光的期待,莫丢了早晨的宝贵时光。

2018年2月28日

能快，就快一些

稳，是快的前提。我们通常都说，要有稳有快，稳中求快，稳中求进，这是没有错的，因为没有稳，快是持久不了的，这方面的教训很多。有些企业辉煌一时，但很快便从峰谷上掉下来，被那些看似慢、但很稳、实际上快的企业所超越。所以，稳是快的前提，只有站稳了，才能前行。

快，是稳的目的。我们之所以稳，最终目的还是为了更快一些发展，而不是单纯为稳而稳。

一味求稳，就会痛失发展的大好时机，而"机不可失，时不再来"，有时候，一旦失去机会，或许一生都难以再找回来。

机会，总是存在于发展中；机会，总是给那些有准备的人；机会，总是给那些敢于冒险的人；机会，总是给那些有深刻敏锐思想的人。

一味求稳，就无法实现弯道超越。在平行的赛道上，超越有难度，但在转弯处稳步加速，就有超越对手的可能，如果没有弯道时的加速度，超越的机会并不多。

一味求稳，难以开创新局面。新的时代，新的挑战，新的使命,新的发展,一切都是新的,日新月异,互联网、大数据、人工智能等都在不断改变着这个世界,必须快才能跟上时代发展的步伐,否则就会被淘汰。

一味求稳,就无法扩大已经领先的优势。经过近些年的不懈努力而积累的领先优势,可能会被对手超越。优势,可以积累;优势,同样可以丧失;而保持一定的速度,是维持与扩大优势的关键。

该快就要快,只有快,才能不被历史车轮淘汰;只有快,才能抓住发展机会;只有快,才能与时代共舞;只有快,才能共享人类发展的共同成果。

该快必须快,只有快,发展才能提升档次,优势才能达到一个新高度。要高质量发展,高水平推动,显然慢吞吞是不行的。

慢了,就会落后,而落后,意味着要挨打。市场如同战场,失去了战略制高点,就会陷入非常被动的局面。

调整,永远在路上,但停下来调整是不行的,只有在发展中调整,在调整中加速,才是正道。该快的,如果慢了,便会中止发展的大好势头,而这势头一旦过去,很难再来。

"欲穷千里目,更上一层楼",迈上每一步不同的台阶,都有不同的高度,都有不同的感受,带来不同的美丽风景。

每一个高度,都有新的机会,都是新的优势,都有新的使命,都有新的责任。

每一次登上新高,眺望远方,是一种别样的风景,是一种全新的境界。人类不就是在无尽的探索中,战胜自我,不断发现新世界，实现人生的自我价值吗？

能快，就快一些，就是快马加鞭，疾蹄奋进，再下一城。

能快，就快一些，就是对发展太稳、太慢的一种深深忧虑，是怕失去宝贵机会的担心。

能快，就快一些，是一种实事求是，是一种自我的超越。

能快，就快一些，是一种态度，是一种宣言，是在新时代的再出发。

2018 年 3 月 13 日

徒步，走向新未来

今天早晨，无锡的上空被一大片乌云笼罩，遮住了太阳，天气有点冷，但随着时间的推移，天空很快就放晴了，到了8点，已经是万里晴空了。

今天，是无锡产业集团成立十周年庆，成立十年来，在无锡市市委小敏书记与黄钦市长的正确领导下，在蒋国雄主席十年呕心沥血的努力下，无锡产业集团快速发展，已经成为无锡营收规模最大的国资集团，国雄主席比我还多的白发，说明了他无私奉献的一切。据太极实业昨日发布的公告，太极实业在2017年实现营收120亿元，利润6亿多元，成为无锡国资系统单体规模最大的企业。

为了庆祝产业集团的十周年庆，产业集团今天上午举行了"十年产业发展，万里国企征程"的徒步庆祝活动，产业集团旗下20多家公司、约1000人出席这个活动。我正好在无锡，应国雄主席之邀出席这个活动，我觉得这不仅是一次有意义的活动，而且也是十一科技主动融入太极实业、融入产业集团的机会，因此决意参加，季超、才志、胜春与华东分院50多名同志与我一起参加了这个活动。

徒步庆祝活动在风景如画的金城湾公园举行，只见公园里彩旗招展，人如潮，花争艳，人们身着红装，精神焕然一新，红色是大家的衣着，快乐都写在大家的脸上，这里是欢乐的海洋。

徒步活动正在成为人们热爱绿色生活的一种方式，也成为产业集团进入下一个十年的发展宣言。刘涛副书记代表产业集团对过去的十年做简要回顾，特别是在谈到2017年产业集团在助推无锡集成电路重大项目所做的突出贡献时，全场响起长时间的热烈掌声。随后，国雄主席宣布徒步庆祝活动正式开始。

在风景如画的公园里徒步，犹如在画中穿梭。清新的空气，湖光山色，绿色葱葱，树叶摆动，轻风吹拂，徒步在这充满诗意的环境中，是一种幸福。

在山水间游走，如同梦幻一般。樱花盛开，百花争艳，清澈河水流淌着这一首美丽的歌。

与战友们一起，并肩同行。熟悉的同事，亲密的战友，徒步时畅谈心里话，并肩时更加心贴心，把平时的惦念作为亲切的问候，把热心的祝贺变成亲切的鼓励，友谊在徒步中加深，融合在徒步中实现。

与时代同步，走向未来。走过十年，走向未来，中国新时代，无锡黄金期，产业新未来，太极好时代，十一科技全盛时代。

2018年3月31日

樱花常盛开

　　无锡鼋头渚的国际樱花节从3月27日开幕后,鼋头渚的游客一直如潮水般的拥挤,这几天的天气又好,游客更多了,昨天与朋友们一起凑热闹,去了鼋头渚,充分领略了樱花谷的美丽与游客的拥挤,汽车根本无法接近旅游点,只能徒步到鼋头渚。

　　鼋头渚的樱花谷果然名不虚传,正是樱花盛开的季节,粉红色与白色的樱花相互辉映,把樱花谷打扮得如同仙境般美丽,佳人加美景,就构成了一幅多彩的全景图,我们在这里留下一张张珍贵照片,快乐的笑容,很快就让我们忘却了拥挤的烦恼。

　　经过了10多年的持续建设与发展,在中日双方与国际友人的共同努力下,樱花谷越来越漂亮,樱花时节,3万多株樱花烂漫开放,把樱花谷打扮得分外美丽,格外妖娆。

　　慕名到樱花谷的游客越来越多,樱花谷与樱花节正在成为无锡一张响亮的名片,这张名片穿越时空,迅速传播,影响越来越大。吸引越来越多的国内外游客涌向无锡,来到鼋头渚,使鼋头渚真正成为"太湖佳绝处"。

　　离开成都已有些日子了,离开成都时,樱花还没有盛开,在无锡赏花时，也常想起成都的樱花，想起院里的那些樱花树，不知盛开得如何？从朋友圈里突然发现自家院里樱花的照片，盛开得非常娇艳，与无锡鼋头渚的樱花相比，也有其特色。

看着发来的樱花，勾起了我对院里种植樱花树往事的回忆。大约十年前，我从日本回来，提出要在院里种一些樱花树，后来我又提出增加樱花树的数量，建樱花林，同时要使院子一年四季花盛开，但由于院子空间的有限再加上一直在进行的办公大楼的建设，使院子绿化建设的蓝图一直未能如愿贯彻。

院内的樱花依然盛开，越开越好，以强劲的生命力向人们展示了她美丽的风采，每到这个时候，院的樱花树都成为院一个夺目的景点而受到大家的喜爱，院内职工与老同志们都以院的樱花为荣，但由于我出差多，樱花花开到花谢的时间很短，常常擦肩而过，因此常常成为我的遗憾。

院的樱花与十一科技的日渐强盛完全同步，樱花引入院十年的时间，见证了十一科技成长道路上的风风雨雨，樱花与我们风雨同舟，我们与樱花的情感也与日俱增。

我们将在十一科技总部大院内与屋顶花园上，对樱花与其他花种进一步全面精细规划，让樱花常盛开，四季花常开，百花争艳，美景永驻，让我们的生活更美好。

2018 年 4 月 1 日

美好，从早晨开始

今天是无锡华虹桩基工程开工的日子，这个项目从去年8月2日双方签约后一直受到各界的普遍关注，而今天的正式开工标志项目进入一个全力冲刺的新阶段。

早晨，醒得很早，看着天气非常好，就决定早起晨练。从宾馆到蠡湖旁很近，用不了10分钟就到了蠡湖边的绿道。

春天的早晨很美，无锡蠡湖旁的湖景就更美了。一轮朝日从东方冉冉升起，很快就跃入天际。湖光山色美，林间鸟儿鸣，湖中鱼儿跳，山上云雾绕，地上百花耀，空气清新好，绿道健身忙，春色真诱人，春光无限好，如同仙境，恰似梦境，蠡湖的早晨，春天的无锡，真是美得太过分。

美景，属于早起的人。其实早晨的美好，时间很短暂，就像春天很短暂一样，早晨的美景很快就会过去，太阳很快就会升上来，气温很快热起来，早晨的凉爽感很快就会过去；天色很快会亮起来，早晨的朦胧感也很快就会过去，因此那种美好的感觉很快会过去，只有早，只有快，才能抓住这个机会；只有早，只有快，才能有这个感觉。

机会，属于早起的人。只有起得早，才能看到早晨的各种美景；只有起得早，才能感受春天的美好；只有起得早，才能捕捉各种可能的机会；只有起得早，才能身体好；只有起得早，才能心情好。

成功，属于早起的人。早起，是属于勤奋着的人。一年之计在于春，一日之计在于晨，抓住早晨，就是抓住了一天，而抓住春天里的每一天就是抓住了春天，抓住了春天，就是抓住了一年，抓住了每一年，就是抓住了一生。

美好的一天，从早晨开始；成功的人生，从勤奋做起。

2018年4月3日

人间自有真情在

——印度电影《小萝莉的猴神大叔》观后感

前些日子，与太太一起去看一部新的印度电影《小萝莉的猴神大叔》，为电影的情节而深深感动，电影院里观众都被感动得流泪，我们也不例外。这部片子的网评很高，9.5分以上，接近满分，票房很好。

这是最近继《摔跤吧，爸爸》《神秘巨星》后，我们观看的第三部印度影片，应该说，每一部都很喜欢，与目前国内一些无聊的影片比，多了一份真实，多了一份感动，多了一份生活，多了一份真情，多了一份教育。

《小萝莉的猴神大叔》主要描写的是一个巴基斯坦的六岁哑女沙希达的遭遇，她在跟随妈妈去印度德里治病回来的火车上，在夜间不小心下了车，与妈妈分开而误入印度，以后又如何在拥有虔诚宗教信仰而单纯的印度男人猴神大叔不顾一切的帮助下，历尽重重艰难而重回巴基斯坦与妈妈重逢的感人故事。影片曲折而动人，引人入胜，高潮迭起。

从影片的名字看，很难想象片子会如此吸引人，但随着情节的不断深入，人们的心被剧情紧紧抓住，演员们的精湛演出为电影增彩，而朴实无华的真实场景，印巴两国的不同的宗教信仰差距及两国在历史上的宿怨等，都通过影片展示了出来。

猴神大叔救助沙希达的过程是非常坎坷的，首先要过的是女友家的关。女友家是印度有地位的人，当清楚沙希达的真实身份后，是无法容忍沙希达长期停留在家中的，猴神叔叔面临爱情与保护沙希达的两难选择。

送沙希达回国的过程更是一波三折，险象环生。边界上的生死关、境内的通缉、警察署的出逃、公共汽车的追捕，一环扣一环，一环套一环，扣人心弦。

通过影片，首先是强烈的情感震撼，真爱可以超越国界，超越宗教，可以化解仇恨，可以超越财富，可以排除一切困难。

通过影片，可以深刻地感受到，人类的爱，人性的爱是崇高的。爱，是永远不变的星辰；爱，是永恒的星辰，决不会在银河中坠落。同情弱者，保护弱者，是人类共同的责任。

通过影片，可以深切地感受到，只要爱在心头，一切困难都能克服，一切困难都能被战胜。

通过影片，可以真切而全面地了解印度与巴基斯坦的风土人情、宗教信仰、社会风貌、交通设施、经济发展水平等，是集中了解我们虽然相隔近但了解不深的邻国，多了一份想到印度与巴基斯坦的向往，同时也加深了对印度与巴基斯坦的好感，人民之间的心都是相通的。

文化是超越国界的，艺术是穿越时空的，文化与艺术都是人类共同的财富。文化与艺术搭起了国与国之间的桥梁,连接着人民之间的情感纽带。让我们多与世界各国多交流文化,多一些了解,多一些包容,多一些合作,少一些对立,少一些仇恨,让人类的爱遍洒人间。

印度的著名男演员三汗名震业内,阿米尔·汗曾经在电影《摔跤吧,爸爸》《神秘巨星》中有极其精湛的表演,而萨尔曼·汗这次在这部电影《小萝莉的猴神大叔》同样有精彩的表演,他把猴神叔叔演得非常好。我们期待能看到沙鲁克·汗主演的电影。同时,小哑女的扮演者哈尔沙莉·马尔霍特拉演得非常传神。

2018年3月27日初稿

2018年4月8日终稿

金灿灿的世界：
如何实现乡村振兴战略的思考

——千灯古镇大唐生态园观后有感

昨天是下雨天，今天又成了艳阳日，我们来到了昆山千灯古镇旁的大唐生态园。

千灯古镇隶属于昆山市，离苏州市中心只有35公里，距今已有2500多年的历史，是著名爱国人士顾炎武的故乡，是国家AAAA级风景区，千灯原名"千墩"，名出吴越争霸。

大唐生态园在千灯古镇南头的大唐村里，从开发至今已有十年的历史，我们来时正好赶上2018年千灯第十届油菜花节暨"千灯杯"中国好风光全国摄影大展启动仪式，展出的照片非常美丽，场面热闹。

这里是江南的富庶之地，大唐生态园离上海很近，与青浦相邻，离上海市区只有一小时车程。这里是寸土寸金，发展房地产可以大赚一笔，但大唐村的村民有远见，深知**"金山银山不如绿水青山"**这个道理，拿出3000亩地发展绿色经济，在十年前开建了这个大唐农业生态园，有效地保护了耕地，同时也实现了农业产业的转型升级，引进的先进大棚技术为高效农业闯出了一条道路,同时也为千灯古镇的观光多了一个新的绿色景点。

生态园的亮点之一:现代农业的集约化。把分散的农地或荒地,集中打造,连片开发,实现农业的集约化,既是对农田的有效保护,又是对农田的高效开发,是一举多得的好事。

生态园的亮点之二:旅游观光。生态园多样的菜类、花种与果树,营造了四季花常开的绿色生态百花园,一年四季都可供游客观赏与休闲。游客们纷至沓来,除旅游门票外,还带动了餐饮、旅游产品、广告、专项推广会等活动,这些都会成为不断增长的收入。

生态园的亮点之三:大棚技术。大棚里有特色蔬菜和瓜类,都是市面上最流行的,价值很高,这也是生态园的一绝。这些种子的价格是很贵的,如美国的芦笋,每公斤种子价格可达14000元,仅3个月便可长成半人高。大棚技术成片地引入,为高效农业与现代农业提供了可能。

生态园的亮点之四:美丽的百花园。不同的季节,生态园变换着不同的颜色,永远是姹紫嫣红,鲜花盛开,百花争艳,四季常青,小桥流水,湖光美景,一幅现代乡村的美丽图画,吸引着来自城市的人们,吸引着来自四面八方的游客。

现在正是油菜花盛开的季节,在阳光下,金灿灿的油菜花发出黄色的光芒,这光芒耀眼无比,这光芒穿透云雾,这光芒把整个世界变成一片金色,人们如同披上一道金色霞光。

乡村振兴战略,是党的十九大提出的重要战略,但要实施这个战略,要通过一个个载体来实现,而生态园就是一个很好的载体,是一个很新的创举。

农业大有可为,农村大有可为,在今年的工作指导思想中,我们把实施乡村振兴战略作为院工作的一个重点,我们要思考如何用我们的优势,在乡村振兴战略中有所作为。

2018 年 4 月 6 日初稿

2018 年 4 月 10 日终稿

最美人间四月天

　　四月里,春风轻拂,春潮涌动,大地复苏,万紫千红,春色满园,万象更新,一片生机勃勃。

　　四月里,放眼望去,樱花盛开,红梅独艳,金色油菜花遍野,杨柳在微风中摇曳,湖水清澈,鱼翔浅底,万类霜天竞自由,到处是勃勃生机。

　　四月里,荣誉飞来天下舞。从书记手中接过沉甸甸的奖杯,产业强市杰出贡献奖闪耀,百万大奖创造历史,前无古人,成头号新闻,全额捐出,表达新意,喜讯成网讯,迅速传遍各地,然而责任重大,不停步,再起步,凭微薄实力,再做新贡献。

　　四月里,杜甫故里诗词大会特别荣誉奖加身,倍获特别荣光。在千年永耀的诗圣杜甫塑像下,与诗乡小朋友们亲切合影,成为温馨记忆。欢迎晚宴,巩义好客,国内顶级诗坛大咖现场朗诵,书记鼓励,即席挥诗,当众吟诵,显增长功力,一鸣而响,书记赞美,众人肯定,响亮掌声成为难忘瞬间。颁奖晚会,明星荟萃,精彩演出尽颂千年诗圣杜甫,而偶遇当年心中仰慕偶像,亲切交谈,惊喜无比。

四月里，太极之光耀眼，业绩报捷，董高监们频商大计，重组发威力，成无锡国资营收规模独大，重展雄风，股东敬爱。

四月里，无锡华虹开工炮响，上海华力强力推进，中环宜兴中标，新项目再推，好事在江南。破难点，突重围，高扬民族集成电路之旗。做的是产业事，道的是家国情。

四月里，杭州上虞晶盛新能源论剑，好兄弟相会，久别重逢。信息产业新能源力量集结，成强大产业结盟。战友情谊深深，话题多多，议的都是家国事，道的都是民族情，唱的都是深情歌，吟的都是激情诗，歌声，诗意，真情，荡漾在美丽的杭州湾。

四月里，借东风，鼓干劲，快速调整，推动发展，各大区发声，佳音频传，风电突破，新源发力，大项目连下数城振士气，去晦气，破迷雾，突重围，振雄风，再现辉煌。

四月里，昆山分院荣耀回归，新的历史起点。四月里，集结队伍再出发，新思路，新目标，大调整，大格局，洗历史尘埃，记曾经的痛，齐努力，树新风，登辉煌新台阶。

四月里，股改画句号，多赢格局落定，源起16年前混改，深深感恩当时那个开放的年代，感恩好领导，感恩干部员工信任。而混改16年，风雨岁月，风雨历程，往事不堪回首，脑海不灭的记忆永在，尘埃落定终成成功典范，混改树国内新风，载入史册。重组成功，资本梦实现，再成经典，成资本、产业、工程、设计多个市场融合成功案例而荣耀。惠员工，耀城市，强国家，利社会，功德永在，好事仍继续，无止境，再续光辉诗篇。

四月里，在成都，诗歌成礼物，书法会朋友。吟诗歌，挥书法，诗言志,字抒情,文化交友,寻真正朋友,诗歌与书法共济,激情与艺术齐飞。

四月里,总部屋顶花正开,花簇锦绣,风光无限好,在此常会远方朋客,屋顶论道,纵横四海,谈笑凯歌还。四月里,成都美,身在无锡仍思此,花重锦官城。四月里,盼大芯成功,事业多一大员。

四月里,下江南成常态,无锡、苏州、上海,江南美丽风景穿梭,常来常往,会常开,事多做。激情诗篇常从心中跳跃,美丽江南四月天独美,心中话常吐,健康步常走。金鸡湖旁夜会老领导,太湖旁情深迎兵团首长,都是一样深怀感恩的心,深念当年的情。

四月里,再到温暖将军岭,阳光照耀,山地光伏牵动情感,唯扶贫落实而欣慰,光伏大道闪金光,成领导关注焦点,人们向往热点,山地光伏成亮点,光伏与廊桥握手,乡村振兴战略找到结合点。

四月里,早迎朝霞去,夜回暮色归,忙碌是常态,分秒都宝贵,与太太聚少离多尽思念,各处是难舍的事,到处是温暖的情,说的都是家国事,行的都是民族志。

四月里,百花吐蕊,万花争艳,虽国际风云变幻,然我们胜似闲庭信步,四十年改革成果已成大局,稳步走,与国际大家庭同行,有尊严韬光养晦,唯此寻得发展时机,他日再论剑,胜高低。

最后以著名才女林徽因女士发表在1934年5月《学文》一卷1期的著名诗篇《你是人间四月天》作为本文结尾,同时也作为对四月的道别:

我说你是人间的四月天；

笑音点亮了四面风；

轻灵在春的光艳中交舞着变。

你是四月早天里的云烟，

黄昏吹着风的软，星子在

无意中闪，细雨点洒在花前。

那轻，那娉婷，你是，

鲜妍百花的冠冕你戴着，

你是天真，庄严，

你是夜夜的月圆。

雪化后那片鹅黄，你像；

新鲜初放芽的绿，你是；

柔嫩，喜悦，水光浮动着你梦中期待的白莲。

你是一树一树的花开，

是燕在梁间呢喃，

——你是爱，是暖，是诗的一篇；

你是人间的四月天！

2018 年 4 月 30 日

难以忘却的记忆

　　昨晚，在成都的公务接待后，与太太到绵阳，一改往日驾车，我们一起乘高铁，体验别样的旅途快乐。乘高铁只用了40分钟就到达绵阳，快速，舒适，感觉非常好。

　　晚上与太太、小妹、远富在作家莲子在绵阳的家度过了我们的"五四青年节"，在宁静的涪江边享受着静谧夜晚带给我们的特别感受，音乐声中推杯换盏、把酒言欢，莲子抑扬顿挫地诵读着我昨天通过国内10多家主流媒体网站发表的五四颂歌新诗——"奔腾的力量"，大家在仔细地听着。然后应邀在绘画墙上为莲子的新居提笔挥毫"夜色已静，莲子情深""莲子花开""青春涌动、莲子的风""净福"等祝贺诗词。我的书法和题字给莲子和大家带来一阵阵惊喜，大家为我的即兴书写赞叹、喝彩！在五四青年节，给大家带来了一种别样的欢悦！

　　今早沿着涪江的绿道晨练，让我与太太在晨练中再次重温绵阳——这个美好的城市，重新燃起那些难忘的记忆，十一科技从绵阳走出，绵阳是她的根。绵阳，是我们初恋的处女地，是我在川成立新家的第二故乡，是我们儿子诞生的福地，我对这片热土有着剪不断理还乱的眷恋之情！

从住地出发，穿越绵阳城，走过熟悉的人民公园，来到东方红大桥下面的涪江绿道，到处是晨练的人们。看着这些不曾相识的人们，然后思绪却飞到过去，回到几十年前的绵阳。

人民公园，是绵阳最大的公园，是绵阳最重要的地标之一。过去我们在绵阳时，逢年过节，都是全家人必到之处，我们在这里度过很多快乐时光，而儿子远远为我们照的一张合影照片，成为那个时候最好的照片。而考研失败、总部迁入成都（我留在绵阳）时在人民公园失落而留下的迷茫惆怅的历史瞬间，则是永远无法抹去的痛，或许正是这些痛苦与挫折，才成就了今天的事业。

东方红大桥，是连接绵阳城区、连通山上与山下的主要桥梁，过去是，现在也是。而对我与小平而言，这座桥，是我们的爱情桥、相思桥。大桥见证了我们从相识、相知、相恋、相爱、相依、相伴的过程，而涪江两岸则是我们常去的地方，我们对这座大桥与绵阳的涪江，有着特殊的感情。

重新审视这座充满爱的城市，因为爱，所以特别关注它，特别是"5·12"大地震时，绵阳更是牵动着大家的心。然而，这种爱已被大家种种担心而替代。

不用赘言，绵阳在最近几任领导的主持下，有不少闪光点，如京东方与惠科项目的引进，涪江外滩的打造，绵阳湿地、三江半岛、桃花岛、仙海湖等开发，都为绵阳城市发展做出了贡献，但放到全国来看，绵阳有被边缘化的可能。

绵阳，作为全国闻名的电子科技城，清洁卫生城市，宜居城市,虽然还有科技的光荣,但电子的光环正在褪去,不再耀眼。与成都不断扩大的差距,让绵阳感到压力,2017年,成都的GDP是13000多亿元,而绵阳只有2000亿元,而在十年前两者差距并没有这么大;与无锡相比,2017年无锡的GDP是10500亿元,而这两个城市人口相比,无锡600多万人,绵阳500多万人,只少了100多万人,但作为科技城,绵阳的科技人员的人数配比是在全国居首位,比无锡多了很多;德阳与绵阳在GDP的差距在缩小,如果不加倍努力,德阳也有超越绵阳的可能。嘉兴的人口只有300多万人,2017年的GDP是4350多亿元。

绵阳,曾经我们爱你,因为你曾经哺育了我们的成长,你是光荣的中国电子科技城;现在我们依然爱你,因为你有光荣的过去,你有悠久的历史,你是中国的特色与骄傲。但在走进新时代的滚滚洪流中,希望你要与时俱进,勇立潮头,不要从我们的记忆中消失,不要被滚滚的发展洪流所淘汰。

绵阳,让光荣成为过去吧,加快调整,加大改革力度,加快产业转型,加快城市中心的重新布局,以更大的发展格局,追上时代的步伐,再现你往日的魅力,重展雄风,这是我们最大的希望!

2018年5月5日

多走动，就有机会

看到别人成功，人们总是习惯抱怨自己没有机会，其实机会是公平的，每一个人都面临机会。机会，就在你的面前。

多走动，多接触外界，朋友就多。朋友就是机会，朋友就是市场，朋友就是渠道，朋友就是财富，朋友就是出路。俗话说，朋友多了路好走，朋友多了路子宽，这是千真万确的真理。孤家寡人，没有朋友，是没法开发市场的，是不可能有机会的。朋友要交，朋友也必须常来往，否则就不能称其为朋友了。

多走动，走出家门，走到社会，走进市场，走向世界。外面的世界很丰富，外面的世界很精彩，外面的世界变化快，不要老关在屋子里，视野狭窄，思想封闭，是不可能发展的。只有开阔眼界，开阔思路，才能有机会。

多走动，直面交流更加好。互联网时代，充分利用网络是对的，但人之间的感情交流，信息的相互沟通，不能全靠网络，直面交流仍然是最好的方式。重大客户的维系，朋友的巩固，直面交流是必不可少的。直面交流，可以避免传话或电话、网络交流的人为障碍，减少那些不必要的矛盾。

多走动，见多识广，思路就宽，机会就多。"一走就灵，一跑就成"，这是一条真理，说明走动的极端重要性。

多走动，就是学习的机会。"听君一席话，胜读十年书"，许多的事，总是搞不清；许多的理，总是辨不明；许多的路，总是看不准。然后，到外面走走，拜拜老师，"大师指点，茅塞顿开"；"一言击醒，终身受益"。

多走动，外面是信息的海洋，是发展的大潮。蓬勃发展的世界给你信心，遍地的市场给你机会。你在信息的海洋里荡漾，你在市场的洪流中把握机会。

世界的精彩，在于其多样性、丰富性；生命的意义在于运动，在于在运动中发现与改造世界。

2018年5月27日

机会，稍纵即逝

机会，像一片云，捉摸不定，飘逸四方，随风而过。

机会，像流水，川流不息，流淌而过，千年流水，一去不复还。

机会，像一阵风，来得快，去得急，来无影，去无踪。

机会，总是不断出现，又不断消失，循环而不重复。

机会，稍纵即逝，不能果断把握，很可能就会失去，就会错过，而错过了机会，失之交臂，就会付出沉重的代价。

有些事无法重复，有些机会无法再现，有些机会无法追回。

"机不可失，时不再来"，说明了机会的重要性。机会就是这样宝贵，时间就是这样无情，生命就是如此短暂，一切都是如此匆匆。

"机会是留给有准备的人的"，如果没有对机会的强烈渴望，如果没有对机会的万分珍惜，如果没有对机会到来进行的充分准备，是不可能抓住那些宝贵的机会的。

抓住机会，要有明确的目标。如果自己没有目标，没有准备，机会来了也会跑掉。而目标明确，一旦机会闪现，就容易下决心去抓住它。

　　抓住机会,要有果断的勇气。勇气很重要,抓住任何机会,都不是一件容易的事。**抓住任何机会,都要付出极大的努力;实现任何机会,都要付出很多的代价**,而没有勇气则会一事无成,让机会白白错过。

　　抓住机会,要有敏锐的智慧。对机会的判断,来源于敏锐的智慧,深刻的思想,仔细的观察,还有丰富的经验。而智慧的眼光是明辨一切的根本。

　　抓住机会,要有快速的行动。不仅要有发现机会的眼光,更要有抓住机会的能力,而行动是最为关键的。如果没有快速的行动,机会在我们讨论时就会悄悄溜走。

　　抓住机会,需要有一定的实力基础。机会虽然很好,但实力不够,优势不明显,机会无法变成实在的现实,只有放弃这些机会。

　　机会,改变人生,机会,改变命运;机会,改变世界,机会,决定未来。

　　我们的思路与想法,或因我们突然获取的一个信息、突然间听到的一句话而改变。而我们的命运,会因一次偶然的机会而改变。

　　有时候,或许这个机会起初看起来很小,似乎很不起眼,但它可能最终演变成推动前行的重大机会,你的命运会因此而改变。

　　珍惜身边的每一个机会,珍惜身边的每一个朋友,珍惜遇到的每一个机会,你一定能好起来,快起来,发展起来。

2018年5月28日

五月里，红花盛开

五月里，红花盛开。

五月里，十城穿梭，盛典不断，见新朋，会老友，说不完的话，道不尽的情，不亦乐乎。

五月里，古越绍兴红旗展，中芯威武，瞻总理祖居；上海几度花艳红，华为成国人之焦点，扬民族之威；青岛美丽，留下雨中飘荡的回忆；嘉兴红船聚首，光伏秀州，遇家乡好市长；武汉长飞闪光芒，三十年情不断，往事历历在目；夜抵合肥，别样的责任。五月里，一片鲜花开，繁花似锦。

五月里，蓉城停步，细雨中享温馨，花重锦官，绿满蓉城。屋顶花开，景色更美丽，宾客远方来，成都处处显和谐。

五月里，太极迎新址，别旧样，风光无限；蠡湖旁美景在，湖边漫步，渤公岛上好风光，一月当空，星光灿烂，如人间仙境美如画；昔日朋友再会，产业鼓，催人响，黄金期，再出发。

五月里，浦江岸夜船穿梭，霓虹灯闪耀，光电世界真奇妙，十里洋场展新貌。寒风吹人醒，夜色美景独特，大都会夜景，难撼动。

五月里,迎全球光伏盛会。365权威发布,巩义领导千里赴上海,议扶贫大业,获扶贫大奖。PGO合作情深,抱团取暖。SNEC全球最大。大咖论道,领袖登台,海内外嘉宾同台,朋友们相聚,情意深长。握巨头手,签协议。光伏大展,千家企业亮相,万众拥来,迎世界最大盛会,几百万人产业,责任重大,寒风中阵阵暖流,阳光普照大地,光伏树花独艳。

五月里,常在晨曦起,夜里暮色归,人在雨中行,常有烈日晒,风雨多考验,几度夕阳红,人在旅途,疲惫成常事。

五月里,激情诗篇流淌,鼓舞斗志,走秀网络,真情闪耀,《你最珍贵》成最爱作品,穿越历史时空,伴随身边,真情到永远。

六月里,劲风吹,新时代,更忙碌,再努力,唱凯歌,迎胜利一场,再举杯欢乐。

2018年5月31日

长飞往事

昨天上午由上海来到武汉,应邀出席武汉长飞三十年庆活动。张智华陪同我参加全过程,智华陪我报到时,获悉为武汉长飞长期服务并做出重要贡献的我院老同志黄以庄夫妇也应邀出席庆祝活动,这时我想如果一直呕心沥血分管长飞的冯孝康院长也能来参加这个活动,该有多好。但仔细想想,30年来,长飞已换多任,此次庆典,我院名额已经不少,应当非常满意了,回去把长飞的发展与孝康及所有到过长飞的十一院的同志们共享吧。

在庆典系列活动中,见到了长飞几届前任的老领导与老朋友,我们曾经一起共同参与了初创时期的建设,有的还一起出过国,这次久别重逢,倍感亲切,不停地互致问候,询问大家的近况。

印象最深的还是30日上午的正式庆祝会。大会向为当年做出正确重大决策的吴基传老部长致崇高敬意,向为项目做出很大努力的武汉市原市长赵宝江致敬、向拉出中国第一根光纤的"中国光纤之父"赵梓森院士致敬,向长飞的历任领导、股东、国际友人致敬。吴部长、赵院士、赵市长、长飞马杰董事长、庄丹总裁都发表了动情的讲话,给大家留下深刻的印象,特别是吴部长的讲话,风采不减当年,讲话鼓舞人心。

长飞已从30年前(1988年5月)成立的合资企业,成长为世界上规模最大的光纤通信集团,是全球唯一同时掌握PVCD、OVD和VAD三种预制棒制备技术的企业。2017年,长飞的营收超过100亿元,利润超过12亿元,2014年在香港上市,最近又被中国证监会批准在A股上市,成为最具投资价值的上市公司。而在未来全球发展布局中,长飞有更大的全球布局设想,在"一带一路"建设中,长飞还有更大的发展空间。自从"光纤之父"香港大学校长高锟在1966年首先提出光纤通信理论后,光纤通讯迅速发展,很快成为现代通信的主要形式,而他本人也因此荣获2009年诺贝尔物理学奖,成为华人与港人的骄傲。在信息化、网络化的现代,光纤通信的作用与地位无法取代。

在欢庆的日子里,我的思绪回到1988年5月底的一天,那时我在院办公室任院办副主任,收到一封公函,我拆开一看是来自武汉的一封关于邀请参加武汉长飞工程设计的招标邀请函,我马上交给了院领导,院里马上组织强有力的投标组去武汉,在激烈的竞争中,业主在诸多纠结中,最终选择了我们,从而开启了我们为长飞服务30年的历史,开启了与长飞一起共同成长30年的征程,我们从此成为国内光纤工程的设计领军,一直保持到现在。

长飞合资公司成立于1988年5月,80年代末期,我国的通信事业还十分落后,长飞合资公司当初为原邮电部、荷兰飞利浦与武汉市人民政府共同出资成立,技术上主要依靠飞利浦。那时,飞利浦的光纤通信技术是世界领先,飞利浦也是如日中天,有了飞利浦做靠山，无论是品牌、技术与渠道，都有可靠保障，而中国庞大的市场，注定项目的成功率是不会有任何问题的。

我们中标长飞中方设计，大约是1988年的6月间，那时院总部正准备迁入成都，总部机构也进行了调整，由专业改为综合处，长飞的设计由四处担任。在长飞的第一期工程中，中方设计实际上是转换与深化，而概念设计与初步设计都是由当时的飞利浦公司设计部（AIB）完成的，因为工艺技术与关键设备都是由飞利浦提供的，而中方没有这方面的工艺、技术与设备，中外设计只有这样合作，才能满足以后生产与建造的需要。当时，长飞中外联合设计开创了国内中外设计的一个完整的先河，对适应当时大规模的合资潮、引进潮，都有意义。

一个特殊的决定，让我与长飞结下不解之缘。

在1989年年初，那时总部已搬入成都，而我已留在了绵阳分院，任副院长（主持工作），为了推动项目，长飞组成由各方人士组成的中国光纤访问团，访问飞利浦总部——荷兰埃因霍温，这是一个发达、现代而美丽的城市，代表团中有我们设计院的不少同志，当时孝康副院长在分管，设计由他带队，而邓院长、孝康副院长考虑到干部培养与项目管理的需要，让我随团考察，这样我就直接介入了长飞项目。

埃因霍温，是荷兰的第四大工业城市，也是欧洲四大科技城之一。这是我第一次出国访问，一切都是那么的新奇，西方世界是如此发达，城市是如此美丽，人们是如此富裕，人员素质是如此良好，大坝是如此壮观，科技与工业是如此发达，与当时的我们相比,差距很大,而与AIB的合作中,我们学到了很多东西。

荷兰之行,是难忘之行,是快乐之行,是开阔视野之行,是进步之行。

回来后,我仍然回到绵阳分院主持工作。不久,约在1990年7月-10月,在长飞施工的重要阶段,我以工地总监的身份去接任长飞现场负责人,在武汉,在长飞一期现场度过了我人生一段快乐而美好、也是艰难的时光。

快乐而美好,因为长飞工地工作单纯,一切很新鲜,不像绵阳分院的工作繁杂,重复;同时,武汉是个大城市,美丽的东湖在旁边,还有华中理工大学、武汉大学,我们就住在华中理工大学三号楼招待所,大学的氛围非常好,也是久违了。晚上与周末不值班时,我们会到武汉市各处走走,自在而快乐。虽然那个时候我们还不富有,工地上也没有车,不像现在神气,应有尽有,但每天骑半小时自行车来往于我们的驻地华中理工大学与长飞工地,也很快乐,田园风光,另一番感受。

艰难的时光,是指当时施工与采购正值关键期,中外双方初次合作,分歧很大,涉及汇率、质量、变更、赔偿等一系列敏感问题,矛盾尖锐,冲突严重,我作为中方设计与施工管理的全权代表责任重大。而我对前面情况不了解,而此时又得代表院与各方(有时我一人,还有翻译,要面对6~7个外国人)进行艰难谈判,边谈,边翻资料,边找法律、法规等补课,每次都是根据情况,准备与补课。这3个多月,在谈判中对中外设计的认识,对中外设计的谈判与艺术有了深刻感悟,一下子长大了,成熟了,我总结长飞那一段谈判而发表的一系列论文,在国内外刊物公开发表,后来结集出版,书名为《中外设计的竞争策略》。

三个多月里,我既谈判,又要推动工地的工作,我以合作与沉着的态度,维护院的利益,同时积极解决问题;处理好各方面的关系,努力缓解各方面矛盾,各方关系趋于和谐。一向严厉的外方总监列文向冯副院长(时任)致函,要求让我多留一段时间,后来院里考虑绵阳分院更需要我,就没有同意他的要求。

三个多月里,我所有重大问题都直接向冯副院长汇报,得到他的全力支持。而邓院长从北京回成都,专门绕道来武汉看我,看望同志们。工地工作组的同志们给我全力支持,这些都支持我度过这段艰难的时光。

以后,我作为总院副院长来长飞谈判了二期工程的总包,而作为院长时,长飞的每一期我都关注,多次来长飞,现在武汉分院与长飞关系很密切,近几年已经逐渐远离了长飞,但仍然密切关注长飞的一切,祝长飞越来越好。

长飞的成功,是伴随着祖国改革开放的步伐而成长的,没有小平同志改革开放的政策,没有中央的决策,没有吴部长等领导的眼光与魄力,不可能有今天的长飞。

长飞的成功,得感谢飞利浦公司,能在那个年代向我们提供如此先进的技术,要克服来自西方的很大压力,非常不容易。

长飞的成功,是中央与地方合作的成果,是所有股东方、历任领导、全体干部员工、协作单位、参建单位共同努力的结果。

长飞的情结,是十一科技挥之不去的情结,是十一科技成长的摇篮,是十一科技腾飞的前夜。十一科技很多领导与干部都经历长飞项目的锻炼,都对长飞怀有深厚的感情,都有一种特殊的长飞情结。

对我而言,长飞是我人生经历的重要锻炼台阶,是我成长为今天的宝贵财富,而在长飞共事过的那些战友、同伴仍然在我美好的记忆中,长飞的难忘岁月无法复制,但却在我心中永恒。

2018年5月30日初稿

2018年6月1日终稿

一切都是原来的模样

早晨,在蠡湖旁晨练。

看到太阳升起,美景依旧,湖水清澈,轻风吹拂,杨柳飘荡,快乐的人们在享受着生活的幸福,沐浴着美景中的晨风,似乎一切都没有发生,发生的一切都没有感受,一切都是原来的模样。

新能源行业,在经历快速发展后,行业在政策的影响下,它正在快速地回归曾经出发的原点,好像一切轰轰烈烈都没有发生,一切精彩都不曾出现,一切都是原来的模样。

我们的心,永远都是这样,对美好自然的热爱,对绿色经济的推动,对美好未来的渴望,对大好河山的珍爱,愿江山如此多娇,这颗心,还是原来的模样。

虽经历风雨,经历风暴,经历坎坷,经历辉煌,起起伏伏,常见潮起潮落,长迎花开花谢,但这颗真诚心痴心不改,转型永远在路上,多元化之路常青,一切还是原来的模样。

从起点又回到终点,从出发再回来,循环往复,每一次都不该是简单重复,而是应该循环上升,否则人类不可能取得进步,进步的取得是在行进中的调整，在循环中的上升，这是正确的模样。

2018年6月8日

责任与担当

责任,就是一个人肩负的担子,一个人要承担的义务。

一份责任,就是一份信任;一份责任,就是一份荣誉;一份责任,就是一份担当。

担当,要有勇气,而这勇气是由一个人的品质所决定的,也受一个人的性格所影响。万事德为先,德就是品质,这是担当的基础。

担当,是一种情怀。**情怀远大,就能担当"先天下之忧而忧,后天下之乐而乐"。**这就是情怀的高度,这就是人的崇高境界,有了这种情怀,有了这种高度,就有了担当,就有了一切。

担当,是一种使命。使命大于天,责任重于山。大家的信任,这信任高于一切;大家的嘱托,这嘱托重于泰山,不能推脱,只能向前。

"人生自古谁无死,留取丹心照汗青",自古以来无数名人志士为我们做出了榜样。

担当,是一种精神。人的精神,在砥砺奋进中闪光,愈磨炼,愈闪耀。**人的精神,是无价的,是无法阻挡的,有了这种一往无前**

的精神,就会变不可能为可能,就能挑起千斤重担。

担当,是一种力量。无私者无畏,无私者心底自宽,心宽者力量无穷,心宽者心底坦荡。

"千磨万击还坚劲,任尔东西南北风",无论遇到什么,都要有力量去克服,有意志去承担,要用生命去实现自己的担当,实现自己的责任。

担当,是一种机会。这是一种报恩的机会,这是一种展示自己品格的机会,这是一个体现责任的机会,这是一个大展风采的机会。

担当,是一股清风。吹得人心暖,吹得大地净,吹得风气正,吹得气儿顺。

一个担当,体现真正人格;一个担当,展现美好人性;一个担当,体现生命的价值;一个担当,写下新的历史。

2018年6月7日

光伏摇摆，"芯"风吹动

昨日，无锡市人民政府、无锡产业集团与国家集成电路产业投资基金签署战略合作协议，三方就下一轮全面合作达成协议，开启新一轮的造"芯"运动。

消息在深夜传出，各方一片叫好，无锡将在国家集成电路产业投资基金的护航与支持下，加快无锡集成电路高端产业链的强化与完善，产业强市又得到国家产业力量、国家金融与国家政策的强势支持，无锡再一次走在江苏与全国前面，走在行业的前面。

受新能源5·31新政的影响，光伏发电一下子处于停摆状态，五月底前刚结束的上海第十二届SNEC会议的繁荣与激动，还来不及回忆，行业一下子跌入低谷，来得太急，来得太陡，让行业措手不及。

虽然行业协会、光伏大佬们四处反映，而且包括我在内的11名光伏领军人物破天荒地联名向社会公开呼吁，要求给光伏行业一定的缓冲调整空间与时间。我也相信，在如此众多舆论下，在充分听取各方意见后，上面肯定也会出台一些补充性的文件，进行修补性的工作，但要恢复过去的政策，再现光伏行业曾经的繁荣,已经不可能了,往日风光已经难再了。

究其原因,是多方面的,也是多年来逐步累积的。

第一,从国家层面上看,虽然对新能源发展的方向是一致的,是鼓励的,但具体的政策上还是出现不断摆动,政策多变。财政补贴上起伏大,没有找到解决问题的根本途径,补贴长期亏欠,自然难以为继了。

第二,从企业层面看,扩张太快,规模发展过急,竞争无序,涌入的企业太多,发展过热,调整已成必然趋势。

第三,从行业的技术性质看,技术含量不高,门槛较低,使进入者的难度降低,增加了竞争的激烈程度。

第四,光伏发电是新的可再生能源,它的进入,冲击着原有电力部门的利益,打破了原有的平衡。光伏发电的发展是一个过程,自身不稳定的特性还没有现成的解决方案,这些都成为并网难的理由。

新政出后,立竿见影,迅速波及整个行业,整个产业链出现从来没有过的大波动。从开发、设计、总包、建造、制造、材料、会展业、咨询业、新闻传媒、金融保险等都受到严重影响,应了这样一句古话,"覆巢之下,焉有完卵"。

与光伏有关的上市公司股价一泻千里,为了维护股价(也是为了生存),大家都在努力撇清与光伏的关系(确实也有理由),但以炒作为主的中国股市不会认同,也不会给你成长调整转型的时间,重当下而轻未来;同时,庞大的产业转型也不会在一夜之间完成,在短时间内,要实现大船掉头难度很大。

因此，如果5·31新政不改动，股价企稳需时间，银行停贷，各地不予备案，工厂停工，合同纠纷起，产业萧条，部分企业倒闭，行业加速洗牌，是大概率的事。而如果给行业一个调整的缓冲期，这个缓冲期约3~5年，那上述问题可以避免，但现在看来，这种可能性正在降低，行业大洗牌已经开始。

"芯"风吹动，缘于国家战略的紧迫需要，涉及国家重大利益。中美贸易战引起国人关注，美国挟"芯"而制，成为国人心中的大痛，这种痛是切肤之痛，是民族之痛，是中美两国合作与较量在新时代的继续，是新时代里我们面临的一个非常重大的考验，我们必须举全国之力，切实长期努力，摆脱在"芯"片核心技术上对西方的依赖。

"芯"风吹动，吹来了希望。"芯"是工业的心脏，是战略制高点，门槛高，难复制，而且种类多，应用广，是新时代国际战略竞争的核心，是大国之间竞争的战略制高点。新能源不少有实力的企业都与"芯"有着某种程度的关联，在目前倒逼的形势下，乘势而为，一方面保持在新能源方面的蓄势，等待时机；另一方面加快向电子、向"芯"片的产业转型，或许是长久之计吧。

"芯"风吹动，吹来了机会。国家战略的支持，国家政策的出台，高级别人才的荟萃，以大基金为代表的国家资本的全力支持，给了这个行业巨大的支持，国家是如此坚决，政策是如此优惠，财力是如此支持，"芯"风必定劲吹。

"芯"风吹动，带来了信心。如此庞大的市场，如此重要的战略，如此宽广的领域，如此完整的产业链，如此强大的竞争能力，我们信心更足,让我们携起手来,再干一把。

　　俗话说得好,"天无绝人之路",光伏停摆,我们等待复苏的机会;而"芯"风吹动,又给大家带来了新的希望,关了这扇门,还有那扇窗,而那扇窗比起这扇门要大得多。

2018年6月9日

多元化之路常青

多元化，是相对于单一而言的，是一种健康的业态。

多元化，就是多样化，多种化，多态化。

单一的产业结构是很危险的，一旦人们的需求发生变化，市场发生变化，国家宏观政策调整时，会很被动，特别是当这种变化与调整很急、很陡时，往往会措手不及。处理不好，企业随时都有倒闭的可能。

而多元化的结构，比较经得起各种风浪，也能适应不同变化的需求，在大风大浪来临时，能"任凭风浪起，稳坐钓鱼台"，而在形势好转时，更可以如虎添翼。

多元化，是丰富的业态，是健康的状态，是发展的姿态。

多元化，不仅是指业务结构多元化，收入来源多元化，市场的多元化，而且在合作伙伴、产业链的上下游、采购渠道等，也都要实现多元化。

多元化，不仅是为了防风险，同时也利于比较，有了比较，就能做出更加正确的选择。

多元化，也不是平均主义，是有重点的多元化，无论产业结构还是合作伙伴都要有战略重点,都要有资源与重心的倾斜,否则无法形成带动优势。

市场的发展,总是波浪形的,螺旋式的,此起彼伏,高潮迭起。在一段时间内,总有一些产业成为重点,但这种重点不会也绝无可能一成不变,随着市场的发展,重点会调整,重点会发生变化。重点的不断转移,持续变化是现代市场的明显特点。

变化,是这个时代的特点,而且变化的周期越来越短,变化的速度越来越快,一切都在迅速地变。创新,是这个时代的特征,各种新技术不断推出,各种新概念不断出现,各种新方法不断翻新,创新改变着一切。

努力摆脱对单一产业、单一技术、单一市场、单一供应的过分依赖,使自己的业务结构多元化,使自己的产品线丰富起来,是确保企业基业常青的永恒真理。

世界是美丽的,市场是丰富的,生活是多彩的,需求是多样的,只有多元化的供给,才能确保实现上述目标。

对于一个试图基业常青的企业而言,不仅其业务结构要保持多元化,而且就单一门类的生产线或业务链,也应有传统、改进、创新这样三个多样的状态。

用传统的,满足仍然存在的基本市场的需要;用改进的,适应变化了的新市场的需求;用创新的,领航于产业与行业。

多而不乱,新旧并存,持续转型,不断创新,不跟风,敏锐洞察未来;不守旧,在传统基础上创新。

俗话说,"鸡蛋不能放在一个篮子里",那样风险太大,这是千真万确的真理,这是永恒的金句。

　　这世界,谁也救不了你,救你的只能是你自己,**在快速发展的世界里,在一切多变的时代中,规模企业要想生存发展,唯一能做的就是用多元化的本领适应多元化的世界。**

2018 年 6 月 10 日初稿

2018 年 6 月 11 日终稿

快乐的一天

结束一天的紧张工作(这工作也包括飞行的旅途)后,与同伴们来到蠡湖旁,湖边的美景使一天的疲惫顿时消失,再次欣赏夕阳西下,忍不住用手机再次拍下如此熟悉的湖光景色。

微风习习,阵阵凉爽,杨柳低垂,山水一景,城市与山水共耀,建筑与景色同辉,一派盛世景象。

使命在身,责任在肩,再下一城,城市添新彩,山水更清澈,鱼儿更跳跃。

快乐,写在脸上;喜悦,跃上眉梢;轻松,留在心底;成果,写在纸上。

快乐,属于奋斗者,属于把一个个想法变成行动,在行动中变成现实的人们。

不改初心,不知疲倦,不变风度,朝着目标步步进发,终能成功。

6月14日,是个重要的日子,是个快乐的日子,必须记住它。

2018年6月14日

绿色生态好

早晨起来,漫步蠡湖旁,享受旭日的温馨阳光,更体会树林的荫庇,感受绿色对人们的保护。

绿色生态,是大自然的原生态,是自然原来的模样,是我们追求的目标。

人与自然和谐相处,才能和谐平安,否则灾害频发,洪水泛滥,暴雨成灾,人们的居住环境会迅速恶化,人们的生存空间会越来越小。

生存,要绿色;健康,要绿色;快乐,要绿色;美景,要绿色;旅游,要绿色。

居住的宾馆,从没有客人到游客如织,从国内游客到现在外国友人云集,有时超过一半,这正反映了人们对这座城市大力倡导绿色生态的肯定,反映了人们对这座城市越来越好的旅游环境的肯定。

传统能源对人类居住环境的损坏以及人类要付出的代价,必须仔细算出,告知公众,以采取措施,立法限制。而对于新能源,则应多加保护,统一规划,明确政策,大力支持。

　　绿色生态,我们追求的目标,功在当代,利在千秋,是人类社会可持续发展的必然选择,没有第二,只有第一;绿色经济,是市场经济必须遵循的原则,同样没有第二,只有第一。

2018年6月15日

区域调整

　　十一科技对大区进行重大调整,形成有强大竞争实力的五个大区。经过长时间的酝酿,为适应集成电路大项目与应对新能源变化的形势,十一科技决定对大区进行调整,原有的七个大区与一个总部调整成为五个大区。

　　大区的调整酝酿已久,现在调整的时机与形势显得更加紧迫了。调整后的五个大区基本形成了规模相等、能力相似、互补性强的五个大区,特别是在巩固东南区的情况下,加强了华东区、华北区的力量,庞大的总部大区也开始应运而生,开始纳入大区的管理范畴。

　　大区的调整将有利于十一科技作为中国最大的集成电路工程设计院与承包商,在当前国家全力推进国家集成电路核心战略的形势下,更好地为这一战略服务,同时也更好地适应除集成电路外的电子、军工、生物制药等优势板块快速发展。

　　作为十一科技的优势领域,新能源正处在一个调整期,我们也正在调整新能源的人力,以加强电子板块的力量,等待新能源春天的到来。

在经过调整后,我们将在6月28日迎来十一科技2018年第二次高层经营工作会。经营工作会将研究新形势下经营形势和战略对策,我们对稳步实现今年的各项目标充满信心,我们将努力推进各项事业继续取得较快发展。

2018年6月19日

产业因链而聚

据今天(22日)无锡日报载,昨天(21日),两大新兴产业项目落户宜兴,中环扬杰半导体器件封装、文灿新能源汽车轻量件项目签约仪式在无锡举行,黄钦市长、宜兴沈建书记等领导出席,**一个以中环为核心的大产业链正在宜兴逐步形成**,未来的前途不可限量。

产业通常以产业链的方式聚集,而其中的龙头企业是关键,龙头企业往往是产业链的终端或者是其应用端。

产业集聚是个现象。 人们通常看到,某个城市或地区一旦引进一个产业的龙头企业,很快就会有与之相配套的相关企业接着落户,很快就形成从设计、上游(材料)、中间产品、终端产品的完整产业链,形成一个高度集中的产业聚集区,这是一个难以阻挡的市场现象。

产业聚集是个规律。 相互配套的产业按市场需求,聚集在一起,减少了中间供应环节,有效地降低了成本,形成了产业链,产业链的竞争优势,使这些企业在激烈的市场竞争中处于有利地位。

产业聚集是个高地。产业链具有明显的特色,有显著的竞争优势,单打独斗是不会成功的,必须相互合作,才能形成强大的竞争优势,产业聚集,是有广阔前途的战略高地。

产业聚集也为企业转型提供机会。产业的相互连接,产业的相互渗透、相互融合成为必然趋势,而渗透与融合则为企业转型提供了更多的可能,提供了方向,企业正是在这种融合中不断发展。

一个城市的产业竞争优势,关键是要寻找在业内有巨大影响力的高端龙头企业,龙头企业越多、越强,形成的产业链就越多,带动的企业也就越多,假以时日,这个城市的产业竞争力就会日益强大。

因此,引进一个关键企业,就等于引进了一个上下游与配套企业组成的产业链,就等于引进了一群企业,而这些企业的组合又形成了新的市场,会再次吸引相关的、新的龙头企业入驻,彼此影响,滚动发展,一个企业变成一群企业,一个大球转成一个更大的球体,产业越来越兴旺。

因此,在某一个大项目上招商的成功,意味着一个产业大机会的形成;而在某一个大项目招商的失手,或会导致一个大产业链的丢失。

无锡市市委李小敏书记关于**"强链、补链、延伸链"**的战略思想正在加强着无锡产业链的发展,而他提出的**"产业强市"**的宏伟设想正在他亲自挂帅与以黄钦市长执行班子的坚定努力下,正在日新月异地改变着无锡这座美丽的城市,而华虹、中环在无锡的成功落户,已经吸引国家大基金、兆易创新等强大力量的聚集,相信还会有更大的龙头企业涌向无锡,成就无锡成为高端产业链的高地,而中环扬杰的签约只是这个庞大产业链的一个开始而不是结束。

2018年6月22日

谈锐科激光上市

在今天武汉到成都的MU2653航班上，看了26日《湖北日报》，一则新闻吸引了我的眼球——"锐科激光今日挂牌深交所创业板"。

仔细看了介绍，有四个特点非常值得借鉴。

一是科技创新含量高。锐科激光在2013年研发的首台万瓦连续光纤激光器问世，这是中国继美国后成为第二个掌握此技术的国家。

二是成长性好。锐科公布的三年财报：2015年、2016年、2017年的营业收入分别为3.13亿元、5.23亿元、9.52亿元，利润总额分别为0.28亿元、1.03亿元和3.26亿元，成长性极好。

三是混合体制的优势。锐科原先是一家在2007年成立的民营企业，在2011年主动牵手央企航天三江集团，由三江集团控股，从而站上更高的平台。航天三江集团有央企军工企业严格的管理体系，而锐科突出自主创新的能力，这两者的结合，成就了今天的激光锐科。

四是军民融合的优势。军工，是激光锐科创始人闫大鹏的情结,他毕业的南京理工大学,曾为军工企业输送了很多人才。航天三江的体系、广阔的军工市场都为锐科提供了宽广的舞台,而锐科富有创新的能力与灵活的体制又有先天的优势,两者结合实现了军民的真正完美融合。

2017年,锐科成功研发了中国首台2万瓦光纤激光器,有望在今年推向市场,新产品将再次打破西方的垄断。

创新,需要强大的后台支持;发展,需要优势互补;军民融合,最重要的是体制融合。

体制决定机制,机制成就机会,机会推动成功。

军民融合是当下谈论的热门话题,而实际成功的寥寥无几,关键是没有或者很难解决体制问题。而锐科激光的成功,成为最为生动的军民融合成功案例。军民融合,关键是要从体制上融合,而锐科创始人广阔的心胸,成为成功的关键,这正是应了一句箴言"心有多大,舞台就有多大"。

2018年6月26日

六月的风

六月的风,有些猛,有些烈。来不及准备,风儿已到;还没有站稳,人快被吹倒。

六月的风,有些冷,有些寒。夏日未来到,春风仍含寒。风从彼岸来,意在压垮人。

六月的风,有些陡,有些急。急刹车,四方声不绝于耳。风自调整来,行业临洗牌。

六月的风,惊醒了梦中的人;六月的风,叫停了前行的船;六月的风,停下了快车的道;六月的风,再吹集结的号。

再吹集结的号,又是一场新的长征。在毛主席的英明领导下,我们不曾被两万五千里长征所击垮,不曾被日寇铁蹄碾碎,不曾被蒋家王朝所战败,如今,我们一定能赢得新长征的胜利。

再吹集结的号,又是一场新的较量。解放战争中,我们较量过;抗美援朝中,我们胜利过;改革开放中,我们合作过;如今,我们将再次较量,一决高低。

再吹集结的号,又是一场大决战。今天的中国不再是东亚病夫,毛主席让我们站起来,邓小平的改革开放让我们富起来,我们将迎接更加开放的世界。

再吹集结的号,此消彼长,再战一场,转型永远在路上。荣耀已经过去,新的胜利,更加期待,与祖国同进,与产业同行,壮志豪情,雄心永在。

今天的中国,国泰民安,新的时代,昂首阔步,14亿人民众志成城,强大的中国将屹立在世界东方。

2018年6月25日初稿

2018年6月26日终稿

在坚持中，做一些改变会更好

　　坚持是必要的，成功往往在再坚持一下的努力之中。很多时候，胜负就在咫尺之间，关键是能否再坚持一下。

　　坚持是必须的，方向对的，不能轻易改变，改变了，就会招致更大的错。

　　但很多时候，并没有坚持或放弃这样简单，虽然说方向是对的，但有路障，需要清除或绕道，否则无法前行；虽然说方向是对的，但客观世界如此复杂，我们思想的简单，功能的单一，无法适应复杂而多变的世界。

　　把自己变得丰富一点。思想丰富，知识丰富，本领多样，才能适应多样的世界。外面的世界很精彩，丰富生动，多彩多姿，充满快乐。外面的世界很无奈，变化太快，市场无情，适者生存。

　　把自己变得灵活一点，在不改初心的原则下，善变一点；在不变梦想的前提下，调整一点，使自己更快地实现梦想，实现目标。

　　调整慢了，会碰壁。庞大的船队，行驶在万里海疆，突现暗礁，不紧急调整方向，就会触礁翻船，大海航行靠舵手。

　　调整慢了，走绝路。在公路上行驶，情况多变，急刹车、改方向是常有的事，否则车毁人亡，行车安全靠司机。

"不撞南墙不回头"的做法，就是固执己见，就是自毁长城，就是不见棺材不落泪，将会付出沉重的代价，这代价太大，这代价承受不起，这代价功亏一篑。

坚持的是自己的梦想、理想、目标；改变的是战略、策略、方法、路径、结构；提高的是自己的能力、水平、境界、创新能力、影响力。

2018年6月29日

风景，在变化中越来越美

　　两天的会议结束了，仍然沉浸在会议浓浓的气氛中，沉浸在暖暖的情感中，与以往会议不同的最大感受是，这世界变得真快，在变化中，这儿风景独好。

　　国家政策在变，国际形势在变，外部环境在变，人们要求在变，各项标准在变，越变越复杂，越变越好的总趋势没有变。

　　一切在变，我们的思想必须变，思想不变，就不会有行动上的变化，跟不上形势，就会被历史无情淘汰。

　　变出一个新团队。五大区亮相，新力量组合，新团队形成，新未来招手，大家信心满满，友爱无价，蓄势待发。

　　变出一个新局面。管理全覆盖，信息无漏洞，资源都共享，东西南北中，我们是一家人，新局面由此开创。

　　变出一个新格局。规模接近，相互合作，共同竞争，成强大实体。五个拳，个个强；五把剪，剪剪锐；同声威，壮志冲云霄。

　　变出一个新未来。新局面，新未来可期；新未来，呈一骑绝尘越众山。

　　变出一个新天地。一变就灵，一变就好，一变就行，一变就真，一变就赢，变出一个新天地。

风景在变化中越来越美；风景，在变化中多彩多姿；风景在风雨中经受洗礼，而雨后必定是更美的彩虹，这彩虹耀眼天下，这彩虹艳丽无比。

2018年6月30日

一路风雨

昨晚，从成都到无锡，SZ9544航班，上飞机前得到通知，无锡上空有黄色雷阵雨警报，我想运气真差，前天刚因成都的暴雨在虹桥机场多待了10个小时，看来今天又要在成都机场再现这一场景了，但没有想到飞机在下午5:40分准时起飞。

起飞后，服务员说机长说先飞，如果无锡机场降不了，再想别的办法。听到这话，我的心又提起来了，听这话看来今晚有可能又要迫降到其他机场，今晚又悬了。

两个小时后，飞机到了无锡上空，清晰可见地面灯光，虽然还有一些雨雾，但无大碍，飞机准时降落在无锡机场，一颗悬空的心，终于放下。到了无锡后，无锡的朋友说，阵雨刚过，他们也没想到飞机能准时降落。

今天上午，按照安排，我、才志一行先到中国第一村——华西村参观与洽谈合作，参观了华西村的代表建筑——龙希大厦，参观了吴仁宝老书记的故居，见到了华西新一代掌门人——吴协恩书记，亲听他关于深刻论述华西村发展的光辉历史与现在的传统、服务、高科技的三轮驱动战略，深切感受到华西新一代掌门人的新的宏图大志,华西村的过去、现在与未来在我脑海中一直深深思考,强烈震撼。

中午在华西村包副书记的盛情邀请下,我们在华西村提前吃了美味、简单的午餐,午餐后,计划从上海虹桥乘飞机到青岛出席2018国际集成电路产业投资(青岛)峰会"城投—华登CEO之夜"招待晚宴,争取会见一批业界的新老朋友。

没有想到的是在吃饭时得到机场通知,原定的下午3点上海虹桥到青岛的MU5515航班因上海的大雨而被取消,这时唯一可选择的是稍后下午3:45分由浦东机场到青岛的MU5574航班,因此马上订了这班,但因上海天气,这趟飞机仍然存在很大的不确定性。这时,才志提议,干脆开车从华西村到青岛,600公里,6个多小时,而当时是11:30分,如果马上出发,在晚上6:30分左右赶到青岛是完全有可能的。

我们立即决定在雨中开车去青岛,于是我们马上与华西村的朋友们匆匆告别,我、张鹏、华东司机小曾,我们三人踏上在雨中去青岛的路程。

雨,越下越大,但我们一点也没有犹豫,坚定地向前,小曾熟练的驾技,还有张鹏的后援,我没有什么可担心的。

雨,越来越急。似乎在考验着我们,确实已经很久没有在雨中有如此长途了,是不是有些冒险,是否有些不该,但这些年来,我的一个宗旨是决定了做什么,就一定要努力去做成,调整可以,但决心与方向不变。

做一件,成一件;做一件,是一件;一件一件地做,一步一步地走,无论遇到什么,都不要回头;无论什么风雨,都阻挡不了前进的步伐。

风雨之后,果然是美丽的彩虹,车行一半,已经没有雨了,面前是一片坦途。

我们在晚上6:30分准时进入青岛城区,到达国际会议中心,迎接我们的是青岛的城市海滨美景、招待晚会盛大的会场、新老朋友的热情似火的笑脸,还有大家说不完的话,道不尽的情。

那一刻,7个小时的奔袭疲惫一扫而光,留在心底的是阵阵欣慰;那一时,觉得一切都很值,没有付出,什么都不会得到。

2018年7月5日

青岛的夜晚

青岛，是海滨城市，历来很美。这其中的原因既有得天独厚的自然条件，也有后天科技管理城市的原因，更有作为国际化城市的青岛一直面向国际，面向市场，面向未来，建成了一个开放、美丽、多元的国际化之都。

自从2018上合青岛峰会在6月9日－10日在青岛开过后，青岛再上新台阶，超越过去，领航时代，青岛的地位与影响力与过去就完全不一样了。

上合青岛峰会，使世界把注意的目光投向青岛，青岛成为人们关注的热点，特别是为会议召开而做的一系列城市基础与交通设施的改造建设、海滨景观与重点建筑的改建、夜景的重新设计等，使原本就很美丽的青岛，更加靓丽，迅速成为具有国际级水准的城市。

最美的还是青岛海滨的夜景，作为上合青岛峰会留下的珍贵的遗产，现在成为青岛夜色最美丽的景观，成为中外游客在夜间纷至沓来的目标，成为市民夜晚观赏的热门景观，成为青岛闪亮的名片，成为城市的骄傲。

　　五彩缤纷的夜景,绚丽多姿,美丽多彩,一道道光芒闪耀,划破宁静的夜空,在宽阔的海面上空留下美丽的弧线,疑是美景天堂来,更是人间闪光彩。

　　青岛的夜晚是美丽的,但比这更美丽的是青岛人的自信,日益快速改善的投资环境,迅速提升的国际地位,正在快速地改变着青岛的面貌。

　　一个个国际会议的召开,一个个重大项目的落地,正在向世人昭示,青岛正在迅速成为国内外重大项目的首选地之一,青岛将因上合峰会的召开,迈上一个新的高台阶,青岛正在快速成为投资者心中最佳的投资选择地之一。

　　青岛,我们为你骄傲;青岛,我们为你喝彩;青岛的夜晚,使我们如痴如醉。

2018 年 7 月 5 日

风云十八年

（2000年7月14日，信息产业部正式任命我为信息产业电子第十一设计研究院院长，至今已有十八年了，十八年，历无数风云，心中感慨无限，匆匆几笔，是为纪念。）

十八年前，你在蓉城上任，十八年后，你在无锡回顾，十八年前，青春是你的风采，十八年后，硕果是你的骄傲。

你在十八年前担当，梦想在心中腾飞，光荣的十一科技，从此披荆斩棘，摧枯拉朽，一路狂奔，向着心中的梦想飞去。

飞去的路上，风光无限，阳光灿烂，到处都是美景，到处都是胜利的欢笑。

前行的路上，常有乌云笼罩，风雨阻断，黑云压城城欲摧，命运常遇险。

钢铁就是这样炼成的，意志坚强，斗志正旺，越战越勇，万水千山只等闲，破千层迷雾，冲万丈狂浪，决胜在高端。

十八年，壮志不改，雄心犹在，破旧规，当改革先锋，树混改典范，立发展潮头，强企业，惠员工，福大家，社会好，国家益。

十八年，改革屡建战功，改制成为先锋，虽IPO梦想未竟，然重组成功惠及各方,资本市场露头角,典型案例成为永恒经典。

十八年,改革在路上,多轮驱动,成功转型,转出一个新天地,转出一个高质量,转出一个高增长,转出一个新未来。

十八年,产业立院,心系国家,成发展先锋,常在潮头,与改革同步,与发展共舞,成独特风景线,美丽而威武。

十八年,做党的忠诚战士,做城市的优秀儿子,做企业的光彩代表,为城市发展呐喊,为产业强市助威,奔波各方,成就大业,2000多亿元产业投资花落成都、无锡、武汉、大连,杰出贡献,成城市特别记忆,成全别人,成功自己。

十八年,在伟大时代,有先辈激励,有坚强团队共伍,常在决战胜;有美貌智慧伉俪相伴,总能化险为夷;有幸福家庭同在,动力源泉永在;有朋友们合作共赢,助推成大业,不亦乐乎?

十八年,常有贵人助,时有领导识,更有员工爱,梦想常能现,机会常抓住,心中歌儿飞。跨界越飞扬,激情诗篇从心底飞出,昂扬斗志;文采笔墨飞舞,外交内联成特色,深友谊,助合作,成独特一绝。

十八年,常在旭日起,总在暮色归,旅途飞,路上跑,万水千山走遍,风情无数领略,谈笑诙谐,不知劳累,献毕生精力,鞠躬尽瘁,终无悔。

十八年,常记党的养育之恩,常念组织教导之理,常感贵人相助之情,常记员工重托之心,常把最珍贵记忆藏心田,常记责任大于天,常守底线不突破,常葆青春永在。

十八年,欢乐与艰辛同在,幸福与勇敢同飞,一次次胜利,换来团队的高歌;而一次次挫败,则换来的是更强的斗志。

十一科技,成国家商标,行业品牌,同业骄子。百亿规模领航,核心能力突出,盈利能力强,资产质量优良,多元化业务遍布,高科技与新能源占先,五大区成市场先锋,五栋大厦成闪光珍珠,镶嵌在祖国各地,十一科技,威武雄壮,一路凯歌唱响,东西南北中,我们是一家人,十一科技的梦想,响彻大地。

未来在路上,心儿永远年轻,青春永在,壮志永坚,在岗位一天,天天努力;履使命一分,分分闪光而不褪色。

发展路上,唯持续大胆改革,才能不断破局;唯不断调整加快转型,才有明媚春天;唯永远奋发努力,才有光辉未来。

一切在路上,责任大于天。

2018 年 7 月 14 日

2018俄罗斯足球世界杯评论之一

精彩仍在继续

　　2018俄罗斯足球世界杯正在俄罗斯10多个美丽城市如火如荼地进行，吸引着全球的眼光，很快"特金会"、反复无常的美国贸易加税等，已经不再被人们关心，全世界都把目光投向俄罗斯，投向莫斯科，投向俄罗斯其他举办城市。这是球迷的节日，这是人民的欢乐，这是足球的盛宴，这是狂欢的海洋。

　　俄罗斯的这些举办城市，以前也不怎么有名，但随着足球赛事的开展，随着全球大批球迷的云集，这些美丽的城市成为人们关注的焦点，人们关心在那里的足球赛事，也对那些美丽而有些陌生的城市充满好奇，足球世界杯成了俄罗斯融入世界最好的名片，成为人们了解俄罗斯的最好窗口，我不得不佩服普京总统的宏大魄力，在西方世界全力围堵俄罗斯的情况下，成功地利用足球，打开世界的大门，如此健全的设施，如此热情的人们，如此大的投入，一股挡不住的俄罗斯风情扑面而来，让一切恶意中伤与诽谤去见鬼吧，而曾经扬言要抵制的国家，终因逆潮流而动与代价太大而作罢，本届世界杯足球赛实现世界大团圆，必将以普京与世界人民的胜利而告终。

我不是一个足球的爱好者，或者说根本不懂足球，而且我们中国已经习惯只能当观众，不管如何投资足球，都永远进不了属于强者的足球世界，但看看如此疯狂的球迷，如此精湛的球技，如此精彩激烈的对抗场面，我们还有什么能比足球更吸引人们眼球的运动吗？

这两天正好是假期，我完整地看了法国与澳大利亚，塞尔维亚与哥斯达黎加，冰岛与阿根廷，德国与墨西哥的比赛，零星看了其他场次的比赛，看了中央电视台播出的赛事花絮，其中冰岛与阿根廷、德国与墨西哥的比赛，给我留下了深刻的印象。

冰岛只有35万人（原来说33万），队员的一部分由牙医、老板、导演、工人兼任，在与由著名球星梅西领军的世界级强队阿根廷的较量中，一点也不胆怯，打得虎虎有生气，而梅西由于压力太大，罚球失分，成为永远的遗憾。

阿根廷是一个以足球为生命的国度，90%的男人都有足球的梦想，小男孩从5岁就开始练球，因此足球在阿根廷有着非常深厚的基础。而冰岛，虽然人这么少，但实力却不一般，令人肃然起敬，最后两队以1:1握手言和。

而昨晚看的卫冕世界冠军德国队与墨西哥队的比赛，既大出意外，又是必然结果。德国队单一的打法，缓慢的速度，配合不好，在墨西哥队配合默契、进攻反击快速、行云流水般的进攻面前，始终非常被动，多次差点被攻入大门，最终墨西哥队以1:0战胜德国队，德国队首尝36年来世界杯首战告败的苦果，本届世界杯德国队能否再现上届雄风,大家都拭目以待,而墨西哥队也报了在世界杯三败德国队的一箭之仇。

速度是足球的生命,有效配合是胜利的前提,墨西哥队无论进攻或反击,都是快速的。

只有快,才能寻找与发现机会;只有快,才能更好地调动对手,寻找突破的机会;只有快,才能冲破严密的防线,撕开最终的防线。

足球运动是一个团队的运动,相互间的配合非常重要,单打独斗虽然是英雄,然而在防守如此严密的情况下,单打的成功率极低,会浪费与错失来之不易的宝贵机会。而传神般的传球,心灵相通的默契配合,往往能出奇制胜,让对手防不胜防,成为决胜致命的一击。

没有永恒的老大,只有永远前进的斗士。一切荣耀只能说明过去,现在与未来的,永远在路上,永远属于不懈奋斗、勇于且敢于创新的人们。

无论德国、墨西哥、冰岛、阿根廷在本届赛事中能走多远,墨西哥队与冰岛队在第一轮比赛中的美好表现将成为我们永远快乐的回忆。

2018年6月17日

2018俄罗斯足球世界杯评论之二

命悬一线

今天凌晨俄罗斯世界杯,F组进行着全球球迷都密切关注的一战:德国队与瑞典队的比赛。在小组赛的第一场比赛中,世界冠军德国队出人意料地以0:1不敌墨西哥队,德国队在比赛前,已经命悬一线,再输一场或平局,就要卷铺盖回国,成为历史的笑话与难解的耻辱。

艰难仍在继续,上半场德国队先失一球,然而德国队勇士血流球场,演绎悲壮一幕,下半场德国队少一人,由罗伊斯艰难扳回一分,1:1,在90分钟内一直保持这个结果,比赛进入最后的补时阶段,然后对已输一场的德国队来说,这是命悬一线的时刻,处于德国队历史上最绝望的时刻,正是在补时的94分42秒的最后时刻,由克罗斯射出关键一球,以2:1逆转瑞典队,为小组出线争得了主动权。

悬念,总是留到谢幕;精彩,总是要到最后,不到最后的一刻,永远没有真正的胜者。

这就是足球的魅力,这就是世界的精彩。对球迷而言,观看这场比赛是最大的精神折磨,同时也是最大的快乐。

"天将降大任于是人也",上帝就是在最重要时刻,赋予克罗斯拯救"德意志民族"的重任,克罗斯把握最后的机会,在队友的神传下,奋力一击,终成伟业,成为拯救德意志民族的英雄。否则怎么向视足球比生命还重的战斗民族交代?怎么无愧于上届世界杯冠军的光荣称号?

前天晚上,观看了巴西队与哥斯达黎加队的比赛,在90分钟时间内,巴西队在哥斯达黎加队门前任何狂轰滥炸,在哥斯达黎加的严密防守下,都不能奏效,而在补时阶段的最后时刻,巴西队连进两球,以2:0战胜哥斯达黎加,为小组出线争取了主动,捍卫了世界强队的荣誉。

坚持,就是胜利;坚持,才能胜利;坚持,总能洞开;坚持,才能逆转;坚持,才能完成历史使命。

胜利,永远属于那些在死亡面前都不低头的英雄;英雄,就是那些拿生命坚持自己理想的无畏战士。

2018年6月24日

2018俄罗斯足球世界杯评论之三

不仅差运气，更差水平

德国队黯然离开了世界杯，离开了喀山这个伤心之地，默克尔总理现场加油也无济于事，反而落到更加悲情的地步。

从上届冠军到小组最后一名，从神坛跌到悬崖低谷，从天堂到地狱，其实并不遥远，只有一步之差，只有一步之遥。当时，德国队只差一个球，也许这个球进了，韩国人的斗志会全无，不会有以后的神勇表现了。

从进攻无术，屡屡浪费大把机会看，德国队还不是只差运气，更差的是水平。没有像样的中锋，没有默契的配合，没有快速有效的进攻，没有临门一脚的功夫，即使再着急，即使再多的进攻，也是无效的，当年德国队快速进攻、稳健防守的英姿已经荡然无存了。

小组垫底，悲情出局，可能是历届世界杯最大的冷门，让德国队与全世界热爱德国队的球迷们伤心、流泪、悲痛，但这又是现在德国队水平与实力下降的真实反映。这种踢法，这个水平，这个实力，这些队员，即使小组出线，也是走不远的。

德国队的过去是辉煌的,运气也是好的,人们总是期待德国队能常演绝处逢生的经典,因为人们习惯了,上帝也总是这样眷恋德国队。

但这次不行了,德国队的实力如此差,状态如此低迷,给你运气也没有用,因此上帝就决定不给了,让你好好清醒。

或许,德国队能看到自己的差距,认识到自己的水平,卧薪尝胆,再展雄风,下届世界杯再次耀眼全球。

运气是重要的,比运气更重要的是实力以及把握机会的能力,不仅足球如此,企业如此,人生也如此。

2018 年 6 月 28 日

2018俄罗斯足球世界杯评论之四

奇迹不常有

——写在上届冠军德国队出局

今晚，是喀山难忘之夜，是德国队惨败之夜，是无数德国球迷与全世界球迷的伤心之夜，在F组，上届冠军德国队以0:2不敌韩国队，尴尬出局。

俄罗斯世界杯德国队与韩国队的比赛可谓惨烈，在这个小组的另一场瑞典队对墨西哥队的比赛中，瑞典队以3:0胜墨西哥队，墨西哥虽积分4分，但净胜球为负数，此时对德国队很有利，德国队只要能进一个球，就可以小组出线了。

但无论德国队如何进攻，韩国队的大门如铜墙铁壁，德国队就是进不了。德国队进不了球的原因，除了韩国队的严密防守外，进攻方式的单一，缺乏速度、力量与准确率也是重要原因，浪费了很多机会。

反而韩国队越打越好，特别是在补时阶段，韩国队抓住机会，先进一球，而在最后德国守门员也上去助攻的情况下，再下一城，以2:0战胜德国队，韩国队虽不能晋级，但2:0战胜世界冠军队毕竟为韩国、为亚洲挽回了面子，而今晚的优秀表现令全球球迷刮目相看。

今夜，德国队终究不能再现上场小组赛中，最后时刻以2:1反超瑞典队的奇迹，奇迹不常有。

上帝，不能总眷恋着你，也会眷恋别人，这样上帝才是公正的。

机会，给你一次已经足够，不会总留给你，也会留给别人，你没有抓住，就注定失败。

决定命运的，不能只靠运气，必须要靠自己的实力，实力决定一切，决定最后的胜负。

谁也救不了你，能救你的，只能是你自己。

在最后时刻，变不可能为可能是重要的，但最重要的还是要用自己的优势与实力取胜，而不能只在最后爆发，这样赌注太大，看得太悬，留到最后往往不太靠谱。

德国队，还会再来，在下届世界杯，在我们的期待中，在新的希望中，因为德国民族历来是非常坚强的，从来不服输的。

输赢乃兵家常事，有志者准备好，再战一场，期待着，伟大的德国队。

2018年6月28日

2018俄罗斯足球世界杯评论之五

昨夜星辰

昨夜,在俄罗斯世界杯进入前八名的小组淘汰赛中,法国队与阿根廷队、乌拉圭队与葡萄牙队上演了精彩绝伦的比赛,让人充分享受了足球比赛的巨大魅力,享受了观看足球比赛的巨大快乐。

而昨夜的比赛,必将成为世界杯历史上最经典的画面之一而永久载入史册,昨夜比赛出现的法国队姆巴佩、巴拉圭队卡瓦尔等新一代的足球巨星,将开始光耀这神圣的足坛,成为全世界球迷的关注热点。

在法国队与阿根廷队的比赛中,法国队队员年轻、青春、活力、速度、力量、配合、神传等都达到了一个前所未有的高度,反击速度之快,进攻之强力,临门一脚之威力,传球之神力,配合之默契,都是我以前没有看到过的,而水平虽高、但"年迈"的梅西则显得体力与速度处处力不从心。在如此高水平的大赛中,法国队能如此行云流水般的有效进攻,真是绝无仅有,姆巴佩两次出神的进球、两次助攻都创造了好机会,他创造的点球机会更是为法国队首开了本场进球纪录,最终法国队以4:3战胜阿根廷队,送阿根廷队回家,送梅西回家。

姆巴佩的进攻带球的最高速度已达39.2公里/时,居然超过了世界飞人博尔特,这真是个不可思议的奇迹。在赛后姆巴佩当选为本场最佳运动员,在接受新闻媒体采访时他的谦虚讲话,更是加深了人们对他的好感,以及他表示在世界杯参赛每场2万欧元的奖励将全部捐出用于公益事业,这也为青少年树立了榜样,这就是足球新星的风采。19岁的他,昨晚在比赛中创造的一系列足球杯历史上新的纪录,我看无人能比,无人能超,当然他的辉煌未来,昨晚只是开始,但已光芒万丈。

在与葡萄牙队的比赛中,乌拉圭队的苏亚雷斯与卡瓦尔绝代双锋,演绎了无与伦比的配合,卡瓦尔的两个进球,终结了葡萄牙的进程,乌拉圭队以2:1战胜葡萄牙队,结束了葡萄牙队的世界杯之旅,断送了C罗的梦想,送他回家。

清代诗人赵翼的诗道:"江山代有才人出,各领风骚数百年。"昨夜上演的就是新的足球历史,新的神话。以梅西、C罗为代表的老一代球星,虽然还会活跃在足坛,但他们领军与闪耀足坛的时代已经过去了,新的时代一定会有更伟大的球星产生。

青春的力量是无敌的,青春的光华是闪耀的,青春的美丽是震撼的,青春的魅力是无穷的,青春的灿烂是多姿的。

任何情景或都可以重演,唯独青春一去不复返;任何东西经过努力或都可以重新获得,唯独时间如流水,一去不复返;或一切可以人为阻挡,但进步的趋势与新陈代谢的规律,是任何人都阻挡不了的。

新星闪耀，犹如一道五彩缤纷的彩虹，划破天际，照亮夜空，美丽无比，全球瞩目，昨夜的俄罗斯，是多么令人难忘。

人们都遗憾，法国队与乌拉圭队将过早地在淘汰赛中相遇，这场将到来的比赛是一场难得的盛宴，但肯定也是一场大悲剧。但这悲剧无法避免，或许这就是足球的魅力，冠军只有一个，不能共享，不能共得，或你死，或我活，别无选择。

无论结果如何，昨晚他们演绎的精彩华美的经典比赛，已经写进历史，而他们即将到来的对抗，必将续写新的历史，全球球迷都热切关注着，我们都在期待。

竞争与对抗总是要产生悲剧的，悲剧总是在不断发生的，或悲剧才能产生真正的美。

正是这些悲剧构成了伟大神圣的足坛，造就了奋勇向前的足球精神，使足球成为一个庞大无比的产业，成就一代又一代风华绝伦的英雄。

足球深刻地影响着世界，影响着人们的生活；生活因足球而变得更丰富、更刺激、更快乐、更享受、更精彩、更美好。

昨夜星辰是美好的，昨夜的星辰，将永远留在我们美好的记忆里，留在足球的光辉史册上。

2018 年 7 月 1 日

2018俄罗斯足球世界杯评论之六

机会，来自速度

昨晚，看了世界杯西班牙队与俄罗斯队的比赛，在经过90分钟沉闷乏味的比赛与加时赛后，比分仍然定格在1:1，最后只有通过残酷的点球比赛来决胜负（今晨的克罗地亚队与丹麦队的比赛也是如此）。

幸运之神最终眷顾东道主，在神一般守门员的努力下，成功扑出2个点球，最后俄罗斯队在山呼海啸的全场俄罗斯球迷的呐喊声中，以4:3（实际上俄罗斯还有一个点球机会）战胜呼声很高的西班牙队，昂首挺进8强。

在这场比赛中，西班牙队创造了本届世界杯最长的传球纪录，但又有什么用？传球的目的是为了进球，进不了球的传球，只能空耗时间，白白浪费机会，失去了任何价值。

进攻速度太慢，反击速度太慢，可能是年龄太大了跑不动了，也可能从来没有那种超人的快速度，当球到对门时，俄罗斯身材高大而严密的防守，已经团团围堵住了西班牙的进攻队员，西班牙队已经没有任何机会了。

在这种严密防守下，个人进攻又如此乏术而无力，迟迟无法破门，浪费了门前一次又一次机会，只有最后等到有利于俄罗斯的点球决战。

速度是决定胜负的关键。只有足够的进攻与反击的速度，才能在运动中有效调动对方，成功摆脱防守，突破严密的防线，撕开防线的裂口，最后洞开大门。

速度创造机会。足球的机会在于速度，速度使人防不胜防。速度会改变进攻与防守的格局，速度创造胜利的机会。快速地迂回穿插，高速地长传短接，打乱对方阵脚，创造进球的机会。

速度给人惊喜。在攻防的快速转换之际，往往就是机会来临之际，出其不意，攻其不备，是胜利之本，而这一切都来源于速度。

其实，不仅足球的赛场如此，人生的舞台也如此。很多事，很多机会，要靠速度去把握，要靠速度去争取。有时候，慢一步，步步慢；慢一拍，拍拍跟不上。

比发展，就是比速度，有了速度，就把握了机会，有了机会，就能生存，就能发展，而在发展中调整也比较容易做到。而如果速度慢，失去了机会，那就连调整都没有机会了，因此我们必须讲究速度。

2018 年 7 月 2 日

2018俄罗斯足球世界杯评论之七

别高兴得太早

昨天上午在上海金山(离我老家平湖很近,是隔壁)出席上海一个重大项目的工艺设备搬入仪式。下午2点赶到虹桥机场,准备乘下午4点多的西藏航空TV8992航班回成都,没有想到因成都昨天下特大暴雨,机场无法降落,飞机晚点。在虹桥机场看到晚上7点的新闻联播,对成都的特大暴雨做了报道,46架飞机迫降到重庆江北机场。

一直等到晚上9点开始登机,满心欢喜,没想到上了飞机,服务员一会儿又通知我们,接塔台调度电话,飞机要晚上11:20分才能起飞,心一下就凉了,情绪激动的乘客继续闹,而我则虽觉无奈,但同情服务员,她们其实更辛苦,谁都想早回家,但权力在调度,而原因是成都的大雨积压的拟降飞机太多,只有排队,急是没有用的,耐心等吧,一切顺其自然,其间太太与儿子不断电话关心,但都没有办法提前。

上了飞机,通过手机看晚上10点巴西队与墨西哥队争夺前8名的直播比赛,到上半场快结束时,比分还是0:0,这时飞机在10

点50分起飞了,世界杯的转播没法看了。

飞机到达成都的时间正好是今天凌晨2点,从进虹桥机场到降落正好12个小时,而此时正好另一场争夺小组前8名的比利时队与日本队的比赛直播刚开始。也在这时已经知道巴西队与墨西哥队的比赛已有结果,在超级巨星内马尔的带领下,实力强劲的巴西队在下半场终于爆发,以2:0战胜墨西哥队,挺进八强,这是两个队比赛水平的真实写照,一点都不意外。

比较起来,我还是更加关注比利时队与日本队的比赛,其原因一是因为这两者的实力比较接近,比赛有看头;二是日本是亚洲队,是我们的邻国,看看别人,我们也许能找到些差距。

从机场到家的路上,一直在看比利时队与日本队的比赛,后来到家后,在今凌晨三点睡觉,因为飞机晚点已经影响太太的休息太多,还有那时日本队已经2:0领先比利时队,全场的日本球迷情绪十分高涨,场上似乎开始由日本庆祝胜利了,对比利时队极不利,而且剩下不到半个小时了,一切似乎大局已定。我看大势已定,不可能有新的变化了,就睡了。

哪知今天早晨起来一看,是神勇的比利时队竟能以3:2的比分,不可思议地逆转了这场比赛,把日本队送回了家,而自己昂首挺进八强。

这确实太不可思议了,可能谁也没有想到是这个结果,一切都是意外,却又在情理之中。因为比利时队毕竟是世界强队,身高又如此占优势,这头欧洲雄狮一旦开始发威,亚洲虎是无法对抗的。

逆转发生在第68分钟,比利时队奇迹般地进了一个不可思议的斜角度头球,而在以后的5分钟内,又被攻入一个头球,最后在补时阶段的第94分钟,日本队再被比利时攻进一球,进入八强的梦想终碎,原以为到手的胜利就这样壮烈地丢失了。

当然,今晨日本队的比赛表现确实靓丽,在上半场始终处于绝对主动,而上半场2:0的比分,一直成为日本队与亚洲的骄傲,亚洲国家都以日本队为荣,日本队的水平、技术、纪律、文明等都是我们的榜样;我们也以韩国队以2:0战胜德国队而骄傲。从此,全球足球界应当重新审视亚洲队了,黄种人的足球水平并不低,灵活、快速就是亚洲的优势。

如果,日本队不高兴得太早,对复杂的局面多想想,对可能的不利后果再想想,更加谨慎些,或许能笑到最后。

如果日本队在2:0领先后,不再强攻,不再试图扩大比分,而是全面加强防守,顶住比利时的进攻,然后抓住机会全面反击,或许能把胜利延续到最后。

笑到最后,才能笑得最好。这世界真是奇,一切皆有可能,不能笑得太早,不能高兴得太早。

笑到最后,才能笑到胜利。一切都在路上,一切都在途中,路途上风雨交加,只要稍有不慎,就会摔倒,而摔倒了,恐难再有机会东山再起。

别高兴得太早,念想在一瞬间,胜利写进历史。日本队给我们以深刻的教训,比利时队给我们上了生动的一课。

2018年7月3日

2018俄罗斯足球世界杯评论之八

群星灿烂

——法国队与乌拉圭队之战

今晚,俄罗斯世界杯4分之1决赛法国队对阵乌拉圭队,最后法国队以2:0战胜乌拉圭队,不负众望地挺进四强,而乌拉圭队不得不含泪离开赛场,打道回府。

综观全场比赛,缺少了中锋卡瓦尼的乌拉圭队,仅靠中锋苏亚雷斯,独角戏难唱,绝代双锋一旦成为单锋,就会失去光芒,就无法形成有力的攻势。乌拉圭队易得球而不能进球,射球而无法破门,面对法国队严密的防线,乌拉圭始终不能破门。

而反观法国队,虽然姆巴佩被人紧盯而难发挥大作用,但团队整体实力强,个个都有进球能力,而瓦拉内与格列茨曼的进球奠定了最终的胜局,而格列茨曼由于进球与助攻的作用,被评为本场最佳运动员。

从比赛看,法国队的整体实力明显优于乌拉圭队,无论身高、个人突破能力、防守能力、速度、配合、年轻、体力等,都明显强于乌拉圭队。

足球,是团队的运动,团队的整体水平非常重要,对球星的过分依赖,会造成很大被动,最终是走不远的。

足球,机会很重要,有一定的偶然性,机会不会只给球星,机会会给每一个队员,如果平均水平高,把握机会的可能性就大。法国队的每一个队员都有进攻能力,也有防守能力,这样乌拉圭队就防不胜防。

足球,虽然有一定的偶然性,有运气的成分,但最终还是实力的较量,水平的比拼。

法国队胜乌拉圭队,意料之中,情理之中,而法国队以均衡的实力、充满青春的活力,必将在本届世界杯上走得更远,这点也是毫无疑问的,作为足坛的新贵,法国队受之无愧。

乌拉圭队虽败犹荣,乌拉圭队在本届世界杯的卓越表现,会长久地留在我们的脑海里。

2018年7月6日

2018俄罗斯足球世界杯评论之九

运气靠什么

——谈比利时队与巴西队之战

　　昨晚在观看了法国队与乌拉圭队的比赛后,原想继续观看比利时队与巴西队争夺进入前四强的比赛,哪知一躺下就睡着了,醒来时比赛已结束,打开手机知道了结果,看了回放,享受了过程,巴西队费尔南迪尼奥送乌龙,比利时队7号德布劳内破门,最终比利时队以2:1战胜巴西队。

　　我对这个结果并不意外,看看比利时队在与日本队的比赛中,最终以3:2大逆转日本队,就知道什么都可能发生。

　　只靠内马尔等一些球星的巴西队,因运气差而错失很多机会,但运气与实力有关,实力强的,机会就多,运气就好,胜利的概率就大大提高,虽然巴西队错过几次得分机会,比利时队也有好几次险些进球。

　　比利时队以三位著名中锋组成的铁三角闪亮登场,红魔队无论进攻还是防守,都打得有声有色。比利时队防守严密,反击快速,个个神勇,红魔难挡,整体实力比巴西队明显高出一筹。

实力带来运气。实力强,个个勇,进攻机会多,就会出现东方不亮西方亮,运气也会多。运气跟着实力走,看似运气,实质上是实力的反映,运气是上帝的眷顾,而上帝总是眷顾实力强的队。

状态决定运气。比利时队的状态很好,无论进攻还是防守,都能快速而有效地进行,让巴西队很难突破比利时队严密的防线,而一旦比利时队反击,则会给巴西队很大的威胁,比利时队7号德布劳内的进球,就是在快速反击中实现的。

团队带来运气。足球比赛是团队的较量,团队的配合,团队的整体实力,团队的进攻,团队的防守是最为关键的。再闪耀的球星,如果没有队友们的妙传与配合,也无法发挥其天才作用。

战术带来运气。赛后,比利时队主教练马丁内斯说,"这次比赛大胆进行了变阵,让对手措手不及,而比这战术更重要的是全队在比赛时坚决地执行,执行力比决策更重要。"两强相遇,既是实力的比拼,更是战术的较量,新的战术、新的变阵带来新的机会、新的力量、新的运气。

本届世界杯把德国队、巴西队、阿根廷队挡在四强之外,创造了88年来的新历史,新的历史将由更具风采的年轻一代书写,或许德国队、巴西队、阿根廷队会东山再起,但如果没有脱胎换骨的改造是不可能的,而脱胎换骨又谈何容易?

法国队与比利时队将在上半区半决赛相遇,那将是一场打法与实力更加接近的比赛,是一场提前到来的决赛,也是众多球迷不愿看到的提前硬拼,这场比赛必将更加残酷、更加惊心动魄、更加激烈、更加经典,也必定更加难忘,或许这就是足球无法阻挡的魅力,不能共存,王者只有一个,不是你死,就是我死,拼掉对手,才能活下去。

我们期待这场世纪大战。

2018年7月7日

2018俄罗斯足球世界杯评论之十

平民球队的胜利

今晚,在英格兰队与瑞典队的比赛中,英格兰队以2:0毫无悬念地战胜瑞典队,在时隔28年后再次闯入四强,英格兰球迷处在极度的亢奋之中。

这支英格兰队的球员,除了凯恩有些知名度外,其他的队员都很年轻,队里没有大牌明星,力量也比较平均,但就是这样一支球队创造了英格兰队28年的新历史,而且在本场比赛中以比较明显的优势战胜瑞典队,瑞典队在失利时永不放弃的精神同样获得了尊重。

明星当然是重要的,明星具有领军与统帅的作用,具有很大的号召力,是一个场上球队的灵魂,全队都得围绕他转。

明星一般具有极快的速度,具有极强的攻击力,能对对手造成很大的威胁,能把握机会,能打破僵局,明星是球队胜利的希望。

但是,足球是团体的比赛,团队的较量,只靠一两个球星是不够的,而且当对手采取严密的一盯一的防范措施后,明星可能就会因被严密盯防而失去很多机会,而这时就会给其他队员带来更多的进球机会。

从本届世界杯的实际情况看,只依靠球星的巴西队、阿根廷队等都提前回家了,而全队拥有均衡水平的法国队、比利时队、英格兰队都进了前四强,这说明球队的整体力量与配合比单纯依赖球星更加重要。

当然,如果既有球星,又有均衡的球队水平,那就更好,比如法国队,目前应该处在比较有利的地位。

均衡,不仅是指进攻队员之间水平的匹配,而且更重要的是进攻与防守的匹配,本场英格兰队与瑞典队的较量中,英格兰队最大的功臣是守门员皮克福德,他神勇地扑出了许多看似必进的球,如果不是这样,比赛结果或会改写。

均衡,也表现在点球大战上,实力均衡的队伍都能够有出色发挥,英格兰队在进入前八强时,就是在点球大战时,点杀哥伦比亚,获得胜利,笑到最后。

豪华的球队当然是贵族,但贵族往往走不远。而队员实力均衡、年轻有活力、水平高超、攻守兼备的平民球队则更加实用,走得更远。

拥有球星的均衡球队与平民球队则会走上巅峰,世界杯冠军必将属于他们。

2018年7月7日

2018俄罗斯足球世界杯评论之十一

实力+运气=胜利

——评克罗地亚队与俄罗斯队之战

今天凌晨，俄罗斯世界杯争夺前四强最后一席：克罗地亚队与俄罗斯队之战，分外引人注目，因为俄罗斯是东道主，在近乎疯狂的球迷支持下，场面十分壮观，因此我迷迷糊糊地坚持看完，越到后面越紧张、越激烈、越精彩，而最后的点球大战，成为惊心动魄的世纪大战，在点球中克罗地亚队五罚四中，而俄罗斯队五罚三中，最终克罗地亚队以总分6:5战胜俄罗斯队，挺进四强。

在克罗地亚队点球的最后瞬间，由克罗地亚队的拉基蒂奇罚射，这时似乎世上的一切都停止了，因为这是决定胜负的一球，这是决定俄罗斯队命运的最后一球，最后拉基蒂奇以极稳定的有力射门，射进大门，送俄罗斯队出局。

似乎上帝的幸运之神更偏向于克罗地亚队，在点球大战中，俄罗斯队竟然有两球未进（射偏一个，被守门员扑出一个），而克罗地亚队只有一个球被扑出，其他的全中。

这两个队都是靠点球大战进入前八强的，克罗地亚队是在点球大战中战胜丹麦队进入前八强的，而俄罗斯队则是在点球大战中战胜葡萄牙队进入前八强的。

点球是他们的拿手好戏，但两强相遇，总有一胜，总有一败。俄罗斯队的斯莫洛夫、费尔南德斯先后射失，使俄罗斯队最终以5∶6不敌克罗地亚队，克罗地亚队笑到了这场比赛的最后。

综观全场比赛，双方实力接近，机会也差不多，否则不会用点球来决定胜负。比较起来，还是克罗地亚队的总体实力略胜一筹，队员的控球能力、进攻与防守能力相对全面些，全队的平均水平要高一些，而俄罗斯队则对久巴等球星的依赖要更大些，队员水平的均衡性要差一些，离世界强队的地位还有差距。

俄罗斯队止步于前四强，是一个比较合理的结果，从几乎默默无闻，到昂首进入前八强，已经非常不容易了，俄罗斯队在世界杯的精彩表现已经载入史册了，给世界球迷、特别是俄罗斯球迷带来了太多的惊喜，他们虽败犹荣。

普京总统观看了这场比赛，他在赛后说，俄罗斯的球员们在一场"公正、精彩的比赛中败北了"，"但对我们来说，他们很棒，是英雄"，他们是"死在沙场上"，"我们为他们感到骄傲"。这就是总统对自己球员的评价，这就是俄罗斯精神。

胜利，以实力为基础，运气为关键，特别是足球有很大的不确定性，有很多假如，但正是这些不确定性，正是这些假如，使足球比其他体育赛事更刺激、更吸引人，有着其他赛事无法比拟的巨大魅力。

胜利的天平，总是向有实力者倾斜，上帝总是眷顾那些倾力奉献而又技高一筹的人们，上帝要给他们展示才华的机会。这种现象，无论在足球场，或是体育界，或其他任何行业、任何领域，放之四海而皆准。

努力吧，付出你的真诚，付出你的心血，付出你的全部，你的梦想会越来越近。

2018 年 7 月 8 日

2018俄罗斯足球世界杯评论之十二

红魔惜败，高卢昂首

今晨，法国队与比利时队在上半区进行半决赛，抢夺进入决赛的名额。

这是一场提前到来的决赛，这是一场当今两支最优秀球队的对决，这是足球新生代间的较量，这是很多球迷们最爱的两支球队的精彩比赛，我也破例坚持凌晨起来看完。

拥有德布劳内、卢卡库与阿扎尔等球星的比利时队与拥有姆巴佩、格列茨曼等球星的法国队，可谓实力相当，谁胜谁负都很正常，上半场互交白卷，双方都浪费了很多门前机会，而且从控球情况看，比利时还占有优势。

下半场开始，法国队5号乌姆蒂蒂接队友格列茨曼发出的神传脚球头球破门，为法国队建功，法国队以1:0领先比利时队，这一结果保持到终场。

我认为，比利时队输在未能充分发挥自己的优势。比利时队平均身高明显高于法国队，空中优势，头球攻击应是其强项，但几次角球都未能奏效，在门前多次进攻也未能体现空中优势。

而相对矮小的法国队反而充分利用头球,多次成功地解围,而且用头球破门,实现一球定输赢、进军决赛的伟大梦想。

如果比利时队空中优势再强化些,运气再好一些,队员再灵活些,个人能力再突破些,胜者应该是比利时队。

历史没有如果;历史只承认结果,而结果只能一个,胜者为王。

法国队昂首进入决赛,写进光荣历史,有可能捧起金灿灿的大力神杯。

优势,是制胜的法宝,是胜利的基础。以己之强击敌之短,历来是兵家之常识,然而由于指导思想的不明确或执行的不力、或运气的不佳,未能使优势充分发挥,最终落败。

优势,不仅是自身是否具备,更重要的是能否充分发挥。足球是个团体运动,没有亲密无间的配合、没有传神般的到位、没有心领神会的默契、没有主教练明确的战略意图、没有团队坚定的执行力以及没有足球特有的运气,一切优势都无法发挥,一切都没有用。

祝法国队走得更远,大家应当给姆巴佩更多的时间与宽容。

成长,需要时间;成熟,需要历练。

2018年7月11日

2018俄罗斯足球世界杯评论之十三

豁出去一搏，换来胜利

——评英格兰队与克罗地亚队之战

今晨，莫斯科卢日尼基球场上演了一场精彩对决，决定另一个进入世界杯决赛的名额，最后克罗地亚队在加时赛中，凭借曼朱基奇的一球，绝杀英格兰队，昂首挺进决赛，将与法国队争夺世界杯冠军，创造了克罗地亚队一个伟大的历史，而人们抱有希望的法英大战，将无法呈现，取而代之的将是法克两队进行巅峰决战，而英格兰只能与比利时队争夺季军席位。

尽管包括我在内的很多球迷或许更愿看到法英两队在决赛中相遇，但球迷的梦想往往会被足球的不确定而打碎。

上半场的比赛，英格兰队优势明显，始终压着对方，让克罗地亚队处处被动，英格兰队凭借特里波尔在定位球的传神一脚冲击波，率先打破僵局，英格兰队以1:0领先克罗地亚队，场上出现往英格兰队一边倒的有利形势。

正当人们都认为英格兰队优势明显、胜局在握、英格兰队进军决赛几乎已成定局的情形下，不料风云突变，下半场克罗地亚队果断变阵,勇敢进攻,以快占优,以快取胜,以快克敌,迅速掌握场上主动,快速而有效地进攻,使英格兰严密的防线开始出现动摇,使进攻成为克罗地亚队的主旋律,而英格兰队则由主动变成被动,疲于奔命,忙于防守。

而进攻总是胜利的保证,足球是进攻者的世界,而一味防守最终一定会带来失败的结果,在克罗地亚队的密集而快速的攻势下,英格兰防线终于出现一疏。

在下半场,克罗地亚队把握机会,先由佩里希奇在英格兰队大门前成功用头球扳回一分,场上形势开始逆转,开始向克罗地亚队转变。而在加时赛中,又是凭借佩里希奇传神奇助带伤上场的曼朱基奇在英格兰队门前上演世界杯绝奇,以凌空一脚终结英格兰队进军决赛梦想,克罗地亚队以2:1反败为胜,实现成功大逆转。

豁出去一搏,克罗地亚队由被动转为主动。与其被动输,不如主动胜,人生难得几回搏,今日不搏待何时。

豁出去一搏,由守为攻,克罗地亚队用快速有效的进攻,打乱英格兰队的步伐。克罗地亚队的胜利,是勇士的胜利,是战术的胜利,也是个人熟悉技术的胜利。

豁出去一搏,体现壮士风格,展现足球精神,体现体育风尚,虽败犹荣,而胜更贵。

豁出去一搏,战士的生命,只在战场;战士的光彩,只在战场;战士的价值,只在战场。

豁出去一搏,两雄相争勇者胜,两军相遇智者先。

果断变阵，变出一个新天地。勇敢冲锋，向大力神杯迈进。

人们期待，法克大战，谁胜谁负？世纪大战，充满期待；新生一代较量，谁登王座？

2018 年 7 月 12 日

2018俄罗斯足球世界杯评论之十四

红魔呈威

今晚,足球世界杯进行了争夺季军的决赛,由比利时队与英格兰队,最后凭借穆尼耶与阿扎尔的两个进球,比利时队以2:0战胜英格兰队,获得第三名,英格兰队获第四名。

说实话,红魔比利时队获得这个荣誉实至名归,就是在半决赛中,比利时队也只以一球之差惜败法国队。比利时队已经是世界上最强的足球队之一,成长迅速,是足球新一代的骄子。

综观全场比赛,比利时队的优势是明显的,以阿扎尔、卢卡库等核心球星,星光闪耀,进攻的力量,配合的默契,传球的到位,反击的速度,临门一脚的质量,都是高水平的,而英格兰队总是要差一点。

英格兰队在进攻速度上、在传球配合上、在门前一脚上、在胜利欲望上、在运气上,总是要差这么一点点,而就这一点点,使双方形成了优势上的差距,最终英格兰败北,比利时队创造历史,获得一枚奖牌。

在实力相当的两个球队的对抗中,有很多要素决定着双方的胜负。

决定胜负的第一个要素是要有胜利的强烈欲望。比利时队的求胜欲望很强,一定要拿到这枚奖牌,因此奔跑十分积极,而英格兰队有些无所谓的感觉,上半场比赛中英格兰队,有些像表演赛一样,缺乏比赛的紧迫感。

决定胜负的第二个要素是进攻与反击速度。没有速度就无法打乱对方防线,无法打乱对方阵脚,无法找到突破的机会,无法取得胜利。比利时队的进攻与反击速度是很快的,阿扎尔第二个进球就是在反击中实现的。

决定胜负的第三个要素是球星的作用。无论进攻的有效组织,或是反击的速度,或是临门一脚,一般都是由球星来组织与实施的。比利时队的德布劳内与阿扎尔表现十分突出,他们是比利时队场上的灵魂,配合默契,第八十二分钟,德布劳内的神传使阿扎尔门前破门而入。而英格兰队凯恩在本场发挥的作用就远不如比利时队的球星了。

决定胜负的第四个要素是运气。足球最大的魅力是它的不确定性,也就是说水平差一些、但运气好一些的球队,可能有机会赢那些水平高一些、但运气差一些的球队,特别是在实力接近的比赛中,运气很重要。这场比赛,英格兰队的运气很差,几次看来似乎要进的球,最后都神一般地被比利时队的守门员与后卫挡回来,英格兰眼睁睁地看着球飞出而毫无办法。

还有一些因素决定着胜负,但无论如何,无论是比利时队,还是英格兰队,都是属于本届足球世界杯表现最好的球队之列了,特别英格兰队的平均年龄很小,他们都有更好的未来,让我们一起祝福他们走得更远。

2018年7月14日

2018俄罗斯足球世界杯评论之十五

高水平的决战

——法国队与克罗地亚队争夺世界杯决赛观后感

从昨晚开始到今晨结束、在雨中的莫斯科卢日尼基体育场,世界杯上演了最精彩的最终对决,全世界球迷都在观看这场世界杯的最后的盛宴,最后法国队以4:2战胜克罗地亚队获得冠军,克罗地亚队获得亚军。

法国队的四个球分别是曼朱基奇的乌龙球、格列茨曼的点球、博格巴与姆巴佩的进球,而克罗地亚队的两个进球分别由佩里西奇与曼朱基奇攻入。

这是法国队在1998年获得世界杯冠军后,时隔20年再次夺冠,而克罗地亚队获得亚军也是历史上取得的最好成绩,这个只有400多万人口的国家,总统重视,全民支持,球队努力,从欧洲附加赛开始,一路克敌,杀入决赛,真是一个伟大的奇迹了。

综观全场比赛,两队的实力比较接近,双方都有强大的阵容,法国队有格列茨曼、姆巴佩、吉鲁、坎特、瓦拉内、博格巴等,而克罗地亚队则有佩里西奇、莫德里奇、曼朱基奇、雷比奇、拉基蒂奇等,都是高一流的强手。

上半场一直是克罗地亚队在场上占据优势,法国队比较被动,进攻次数少,但法国队抓住了一个定位球与一个角球带来的点球机会,在上半场以2:1领先结束上半场。

形势与信心的变化,出现在法国队由克列茨曼罚中点球后,这时法国队以2:1领先,法国队的信心开始大增,从下半场开始,由被动转为主动,在场上占优势;而克罗地亚队则开始有些急躁起来,进攻的有效性降低,而法国队则开始活跃起来,乘胜追击,由博格巴与姆巴佩分别连进两球,扩大了优势,最后4:2的比分,一直保持到终场。

法国队之所以胜,原因有很多,其中最重要的无非有以下几点:

第一,由年轻天才队员领军组成的均衡球队,攻守兼备,实力均衡。姆巴佩与格列茨曼堪称是年轻的天才队员,姆巴佩的快速进攻能力是一道景观,每次他一旦得球,便会吸引对手多人防守,这给其他队友以进攻机会,而且他超众的速度与进球能力,给对手造成极大威胁,这次决赛再次展示了他的风采,助攻传球、远射进球居功甚伟。而格列茨曼则是法国队的核心人物,他罚点球的冷静而有力、准确传神的定位球,强有力的远射能力,是法国队进球的主力军,他因此被评为本场最佳球员。

第二,法国队主教练德尚的正确的战略战术。法国队的优势是中后场强大的防守能力与进攻反击能力,这个优势在这场比赛中执行、发挥与表现得淋漓尽致,上半场虽场面不好看,但法国队抓住机会,成功反击,以明显的领先优势,毫无悬念地取得冠军。

第三,善于并敢于抓住比赛的转折点。两队实力接近,克罗地亚队士气旺盛,志在必得,上半场优势明显,而在克罗地亚队的强攻下,法国队疲于奔命,无法展开有效进攻。法国队的点罚进球,燃起了法国队的信心,开始吹响了法国队进攻的进军号,一个真正的、快速反攻的法国队,映入眼帘,大家为之一振。

还有其他的一些原因,比如,克罗地亚队太过劳累,几次门前球运气差了些,上半场得势不得分等。

法国队的取胜,是实力的胜利,是青春的力量,是天才加均衡的胜利,是正确战略战术的胜利,法国队夺得大力神杯众望所归,实力所系,青春所在,天才所致。

而姆巴佩被评为最佳年轻运动员奖,是对他作为新星、巨星的肯定,更多的是寄托了足球界对青年一代的殷切期望。

这场决赛,出现凌空抽射、远射、抢点射门、乌龙球、点球、门将失误等,成为几十年世界杯足球史上的奇观,而这丝毫无法淹没决赛的光辉,决赛的高水平一扫往届世界杯的沉闷,精彩的高水平对抗,创历史的进球数量,成为永载史册的经典决赛。

一大批天才新星的崛起,宣告那些过时明星领军的足球时代的结束,反映了"江山代有才人出"的必然趋势,而这势必使足球运动更加蓬勃、足球比赛更加精彩,足球带来的生活更加美好,以后的足球球迷也会更多。

俄罗斯世界杯落下了帷幕,这次世界杯赛,从6月14日开始到7月15日结束,整整32天,32天里进行了64场比赛,给世界带来惊喜,给我们带来快乐,比赛期间,观看比赛成为我们快乐生活的一部分。

俄罗斯因举办本届世界杯而打破国际封锁,一个个美丽的俄罗斯城市,一场场精彩的比赛,一张张热情友善的笑脸,一次次的彻夜狂欢,一次次难下决心的竞猜,改变了我们的生活,世界因此而更加和谐,足球因此而更加精彩。

我们与世界杯一起度过的那些不眠之夜,成为我们快乐的永恒回忆。

2018年7月16日

再出发，在阳光灿烂的日子里

再出发，在阳光路上。明媚的阳光照耀金色的大地，大地生辉。山水在阳光下分外妖娆，绿色葱葱，江山如此多娇，花朵朵朵开放出芬芳的花蕾。

再出发，在美丽的风景线。再出发，在风景如画的蠡湖旁，在天下一绝的鼋头渚，在风光无限的太湖旁。无锡，进入发展的快车道，无锡，正在成为世界的无锡。

再出发，在美丽的蓉城。这里是杜甫曾经居住过的地方，杜甫的梦已现，蓉城现代"广厦千万间"，传统与现代一体、历史与文明交汇，国际大都会大格局已奠，森林城市已成。

再出发，在改革的前线。改革开放四十年，成果丰硕，国家强盛，人民富裕，欣欣向荣，然战斗正未有穷期，世界高科技竞争激烈，贸易摩擦不断，新挑战严峻，唯改革才能强国力，续发展，辟新路。

再出发，在十一科技发展的关键期。十一科技，快速成长十八年，格局已定；未来路，光灿灿一片，挑战就在面前，遇关键机遇期，闯关口，上规模，求质量，再战一场。

再出发,在发展的黄金期。黄金期是千载难逢的,黄金搭档是可遇不可求的。在如此美好的时期,在如此珍贵的岁月。

再出发,信心满满;再出发,豪气冲天;再出发,书写更加灿烂的历史。

再出发,在成长的快速期。格局已定,大盘已稳,方向已明,基础已奠,道路已成,速度可快,在加速中进入新天地,在加速中领略新风景,在加速中走进新时代。

再出发,在梦想变真的日子里。梦想飞,在心中;梦想飞,在行动;梦想飞,勇敢追。朝着梦飞的地方去,再苦再累不回头。

再出发,在跨界的洪流中。跨界飞跃,文理互通,诗文闪耀,生活催生激情诗篇,笔墨飞舞,交四方好友,友谊遍天下。

再出发,在夕阳红的日子里。夕阳红,温馨又从容;夕阳红,红透半边天;夕阳红,晚霞如彩虹。

再出发,在生命燃烧的日子里。青春永在,生命永恒。虽岁月无情,时间穿梭,新陈代谢难阻挡,唯年轻的心永远不老,唯旺盛的斗志永远不减,唯忠诚的心永在,与亲爱的祖国同心。

2018 年 7 月 15 日

好事多磨

今天，一项重要协议再次落地，再下一城，协议将推动双方实现共赢，从而无锡在产业强市、强链、补链、延伸链方面再次迈出十分重要的一步。

好事多磨，从合作意向、初次访问、协议的起草、讨论、回访到定稿、签约等，都不是一帆风顺的，而是不断反复，不断磨合，趋于一致，最终水到渠成，瓜熟蒂落。

事情是靠人去推动的，而双方的需要、背后的支持力度、合作的诚意是十分重要的。磨合的过程是不可避免的，通过磨合加深了了解，推动合作。

合作，才能实现共赢；合作，才能实现互补；合作，才能更具竞争力；合作，才能加快发展。

做事，绝非容易，很容易做成的事不会有太大价值，有价值的事都不容易。过程的反复，道路的曲折在所难免，不成功也有可能，因此别把事情想象得太容易了。

做事，要脚踏实地。光有宏韬大略还不行，必须要有不顾一切的执行力，要坚定而智慧地推进目标的实现。解决具体问题要有充分的耐心,细节决定成败,良好的沟通推动成功。

做事,要充满诚意。以诚相待,容易获得别人的信任;以心比心。

做事,要有激情。激情,是力量的源泉;激情,是生命的动力;激情,是成就事业的保障。

做事,要有毅力。事情的曲折性与复杂性,往往考验着人的毅力,坚强的毅力是推动做成事的关键。成功,往往在于再坚持一下的努力之中。

一件事情的成功,需要多方面的合力,需要多方面的投入,需要多方面的因素促成,而绝非一个人所能。因此,不必过分夸大个人的贡献,而要强调大家的作用。要有"功成不必在我"的胸怀,要有做好一颗螺丝钉的思想。

做一颗小小的螺丝钉,放在哪里,就在哪里闪光,放到哪里,就在哪里发挥作用,这是我真实的愿望。

做一件,是一件;做一件,成一件;成一件,闪光一件,件件留在城市的历史里,留在城市的记忆里。

做一件,成一件,一件一件做,一件接一件,永远不停步。

好事多磨,多磨出好事;磨出一个新产业,磨出一个新未来,磨出一个更强的集团,磨出一个更强的城市,磨出一个更美的城市。

2018年7月21日

也有累的时候

也有累的时候，累得不想走，累得话儿不想说，累得书本不想看，累得手机不想开。

也有倦的时候，倦意浓浓，只想睡；睡意蒙眬，只想静；万物均无，心皆空。

也有病的时候，天旋地转，不能自已；浑身疼痛，上吐下泻；身心疲惫，周身无力。

也有退意涌的时候，想退下来，一退到底；想安静，静寂无声；想放下，一切任之。

真想歇一歇，真想静一静，真想放一放，真想停一停。

然，这只是瞬间的念头，当激昂的音乐奏起的瞬间，当当年的誓言响起的时刻，当激情岁月青春再现的片刻，当成功的号角再次吹响的时分，当亲人们的浓浓深情、战友们的深深期待，当组织领导的巨大信任，当无数先辈英雄榜样的激励，当时代与城市的巨大召唤时，一切的放弃念头顿时化为乌有。

累了，就歇歇；倦了，就躺躺；病了，就治治；想退，还不行。

战士，就是这样，生命不息，战斗不止；战士，就是这样，努力前行,永远在路上;战士,就是这样,激情不逝,生命永在。

战士,就是这样,心中永远有一片天,新美如画,永远在当空,在心中,在梦中,在永远的追求中。

战士,就是这样,目标明确,意志坚定,不管前方的路有多远,有多难,终不回头,永远向前。

战士的幸福,就在完成重大使命的那一刻,就在青春闪耀的那一瞬间,就在与爱人亲人欢聚的美好时光,就在与战友们举杯高歌的欢乐日子,就在回首往事的难忘时分。

奋进吧,勇敢的战士,战斗正未有穷期,新时代,挑战多,难度大,需要更多的勇气,需要更多的付出。

前进吧,带队的领军人物,未来路漫漫而其修远兮,新的征程,道路更险,对手更多,需要更多的智慧,需要更多的胆略。

2018 年 7 月 21 日

冲破乌云

　　下午3点20分,在无锡出席签字仪式后,乘车前往上海虹桥,准备从上海返回成都,这样比从无锡夜班回成都可以提前4个小时到达成都。

　　在接近上海时,乌云开始笼罩,云层越来越厚,听天气预报,2018年第10号台风"安比"将在今晚10点,由台湾海峡登陆上海,因此必须赶在台风到来之前起飞,否则在机场等待的时间将是无聊的,而且是遥遥无期的,因此能提前就提前。太太、儿子不断来电话询问台风情况,甚为挂念,早点回去,免得亲人牵挂。

　　到达虹桥机场时,乌云越集越多,天色越来越黑,有"黑云压城城欲摧"的感觉,是暴风雨来临的前夜。那时还不到下午5点,往成都方向最近的航班是CA4516,下午6:05分起飞,而我订的是MU5411航班,下午7:15分起飞,为了躲开台风,我只能而且必须提前,因此我马上请院办改票,这样可以提前1个小时离开上海。

　　没想到的是到了机场,国航办理值机的服务员告诉我,CA4516航班是从台湾飞过来的,受台风"安比"的影响,飞机到上海已无时间表,可以到三号台办理改签手续。我一下子傻眼了,看着三号台如潮的排队人群,我想最明智的做法就是应该立即改回原先的东航5411,这架飞机是除CA4516航班后最早去成都的,而国航飞成都的,都在后面,因此我毫不犹豫地请院办再次改回MU5411。院办以极快的速度高效改回这个航班,我终于松了口气,飞机可以在台风前起飞,我可以按时回到成都了。

乌云继续在机场上空云集,但我已经胸有成竹了。飞机按时起飞,赶在乌云再次笼罩之前,赶在台风来临之前。

冲破乌云的笼罩,冲破乌云的包围,飞上万米高空,高空是金色云彩朵朵,另一番新的景色,我在飞机上用手机拍下这些美丽的景色。

冲破乌云,前面是一片新天地。乌云包围着上空,但这是暂时的现象,突破乌云的包围,前面就是新的天地。

冲破乌云,心情突然变得开朗。飞上蓝天,原本疲倦不堪的身体,浑身无力的感觉突然消失了,心情一下子就变好了。

冲破乌云,迎接我们的是胜利的曙光。胜利的曙光在前面,在突破乌云的前面,在越过黑暗的云层后,在通往胜利的大道上。

冲破乌云,必定是朝霞满天。

2018年7月21日初稿

2018年7月22日终稿

美欧达成协议，致力于零关税

今晨，看到最新消息，美欧达成协议，致力于零关税，消除贸易壁垒。

这个消息再一次说明，美欧贸易摩擦是虚晃一枪，我们千万别当真，更别幻想欧洲会与你站在一起，联合制美。

这是异想天开，且不说美国作为世界第一强国，无论在经济总量、技术水平、科技创新、军事威胁力等方面都让欧洲无法超越与脱离，而且从价值观方面，美欧从来是一家人，而与我们从来不是一家。

那么怎么办？其实也很简单，谁都别依靠，谁也别树敌，做好自己的事，谁也别太帮，谁也别太好，谁也别惹我，突破底线了，坚决出击，一击换天下太平。

关键是做好自己的事，继续推进改革，坚持开放，推进民主与法制，更加关爱国内的产业，韬光养晦，忍辱负重，加速发展。

再过20年，我们再相会，天更蓝，山更美，水更清，祖国更美好。

再过20年，中国会更加强大，更加开放，更加民主，更加法制,真正成为世界意义的强国之一。

　　20年,时间不长,我们等等吧。

2018 年 7 月 26 日

在多边规则破坏后

当美欧宣布双边贸易零关税后，意味着一个新时代的开始，而前些日子，日欧贸易的零关税则是这个转折的前奏。

我们怎么办？确实是个难题，特朗普步步紧逼，刀刀见血，我们不仅需要勇气，同时需要智慧，比智慧更重要的是坦诚的反思。

在加入世贸组织后、在中美长期贸易顺差时，我们原本也是有机会逐步调整的，如果这种调整当初在形势好的情况下持续果断进行，今天就要主动得多，但我们无法舍去高速增长的速度，如今我们面临的是更加复杂的挑战。

多边规则不管用了，只剩下与美国、西方一对一的单挑了，欧美本身就是一家，自家人也会吵架，但外面人千万别当真，更不要劝，他们很快会和好的。而日本虽在亚洲，但其本身是地道的西方，是美国阵营的骨干分子，而我们的一些邻国，未必会向着我们，在利益与价值观的驱动下，会倒向以美国为首的西方阵营。而与我们关系不错的一些大国，不会是我们的铁哥们，因为国家利益高于一切，政策随利益而变，是一个规律。

这几十年的积累使我们富强，而这几十年问题的沉积也将使我们迎来空前的挑战，零关税，必然趋势，你准备好了没有？

去掉补贴，放弃保护，公开透明，开放市场，公平竞争，民主法制，我们准备好了吗？

我们会有一时的痛，但会换来长久的太平；我们会有短时的恼，但会有永久的笑。

天，塌不下来，对待特朗普最好的办法，就是勇敢地投入战斗，我们过去都不曾怕过，现在更不会了，只是有些麻烦，但麻烦后面必定是更加明媚的艳阳天。

2018 年 7 月 27 日

青山依然在

昨晚，与朋友们一起来到青城后山半山腰的一个居住小区，这个小区是当年汶川地震时，援建方浙江为灾民集中安置而与当地政府联建的，后来对外发售，共100栋，1000户。这些房子只有居住权而无房产权，居住的人群，大多是成都来的。

这里绿水青山，空气清新，阳光明媚，居住成本低，离成都不远，是休养身心的好去处。周末如携家人、约朋友来这里一聚，晚上可对酒当歌，畅饮一番，释放一周工作紧张的压力，另一番心情；而早晨可在山间漫步，呼吸新鲜空气，极目青山，远距离思考，换来新一周工作的动力，而不亦乐乎？

早晨起来，看到中国经济网昨日发出的新闻，中国政府决定对美国日益升级的贸易战回击，对美国将对中国2000亿美元的中国产品的进口关税，由10%提到25%的行为回击，中国决定对600亿美元的美国进口产品，相应提高关税。

看来，中美贸易战不断升级，而且也看不到双方谈判的可能，估计想把中国置于死地的特朗普，就是谈，对中国也没有好果子。

既然无法谈，既然不能停，既然已由战略合作伙伴，一夜之间成为战略对手,那就别无选择,那就战斗吧。

青山依然在,山河壮丽美,装点此关山,今朝更好看。

青山依然在,中国站起来,老祖宗留给我们的不仅是无穷的精神财富,而且有保卫国家安全的撒手锏,我们无须担心什么。

无非就是发展慢一些,无非就是麻烦些,但如果中美贸易战能唤醒大家对核心能力的创造渴望,如能唤醒大家加快对守信、法制、信誉、民主、开放、公平、公开、透明、监督、包容、惠民、规范等一系列与国际市场全面接轨的体系建设,那么,我们在贸易战中失去的只是质量不高的增长速度,而换来的是一个更加高质量、新动能、更加健康的未来!

因此,我们不必过分担心,毕竟世界是大家的,中国也不是好惹的,青山依然在,人民更智慧。

无锡华虹今日上梁仪式,标志工程重大节点,因不在现场,特别牵挂项目一切,遥祝一切平安、顺利。

期待工程在素心董事长的带领下,华虹人、十一科技人、上海建工、无锡人共同努力创造无锡华虹新速度,在安全、质量、进度、成本、创新方面均创造新纪录,以告慰国家、无锡、华虹与各界的热切期待!

2018 年 8 月 4 日

环球同此凉热

昨晚看电视,华北热浪刚退,南方热浪滚滚。国内热,海外同样。一贯以夏凉著称的北欧,也进入了空前的热浪,瑞典的气温达30摄氏度,创250年来之最。

地球变得这么热,谁之过?回答是肯定的,是地球人之过,是地球上那些不负责任的大国之过。

美国,在特朗普的领导下,一切以美国为中心,一切以美国优先,放弃一切协定,放弃一切承诺,几乎退出一切国际组织,让世界秩序大乱,让巴黎气候协定成为一纸空文,这是最大的责任。

好在都在一个蓝天下,同在一个地球上,谁也躲不过,谁也跑不掉,谁也无法独善其身。

贸易战也是这样,美国挥舞着大棒,谁不听话就打谁,先是经济制裁,后是武力威胁,各个击破,最后一切唯美国是从。

环球同此凉热,世界是大家共同的家园,我们要团结起来,不必理会什么,该出手就出手,要完一起完,谁也别躲过,关键是我们要团结起来,团结就是力量,团结才能击败美国。

我们要加快再改革一场,大改革一场,再改四十年,完全实现市场化与国际化进程,把内功练好,准备迎接一场更长时期的战斗。

2018年8月7日

加快新旧动能的转换

当前,中美贸易战愈演愈烈,没有和解的迹象与可能,因此在当下,加快新旧动能的转换尤显重要。目前,在院战略经营思想的成功推动下,院经营形势鼓舞人心,若能抓住良好机会,加快新旧动能的转换,我们必将再迈上一个新台阶。

加快新旧动能的转换,要加快以下一些工作:

一是要加快核心能力的提高。

当前,国家把集成电路、人工智能、机器人、互联网、物联网、大数据、高端制造业、安全网讯、通信、军工、生物制药等技术与领域,作为国家重点发展的战略领域,我们应当全力以赴去学习、介入、推动,争取在这些领域有所作为,既为国分忧,同时也为我们自身发展寻找新的动能。

二是注意新动能的量与质的提升。

首先,对新动能,要注意量,没有一定的量就没有一定的质,没有在新兴战略性领域一系列重大项目量的积累,就无法取得质的优势;但新动能量的扩大,并不等于质的提升,如果没有一系列创新的突破,没有系统技术与服务的升级,我们就无法取得质的提升，同样无法维持长期的可持续发展。

三是要注意对旧动能的改造与提升。

新动能不能一蹴而就，也不会凭空产生，它必定从旧动能中蜕变而来，因此对原有旧动能的系统总结、改造、提升就显得非常重要了。

四是注意支持大胆改革、支持新动能发展的政策的出台，注意引进适合于新动能生长的各类宝贵人才。

让政策与人才成为推动新动能发展的要素，让改革成为新动能发展的巨大引擎。

2018年8月9日

雨中飘荡的回忆

今天,在晨雨中又要离开成都了,踏上一次十分重要的旅途。任一把手十八年来,无数次承担这种重大使命而出征;十八年来,一直在市场的第一线奔波,想卸下这份责任,然而并不容易。

市场不相信眼泪。在市场经济中,任何成长,都必须经历市场风浪的考验,都必须在这种生死较量中不断壮大。眼泪,哭泣,都无济于事,市场不相信眼泪,市场不喜欢眼泪。

市场不同情弱者。成功,是无数次市场竞争的结果,是与时俱进的胜利。失败是成功之母,只要不放弃,无数次失败终会造就成功,钢铁就是这样炼成的,在千百次的锤炼中,弱小终会变成强大。

"不经历风雨,怎么见彩虹,没有人能够随随便便成功",歌词唱得好,现实更精彩,雨后的天更蓝,云更白,彩虹更美,生活更美好。

竞争,只有竞争,才能不断成长;竞争,只有竞争,才能改变原有的市场格局。

市场地位的高低，不由计划来定，而在市场中形成。客户的口碑，品牌的力量，市场的信誉，自身的实力，改革与转型的力度，决定着其市场的地位。

全面竞争，是市场的法则。市场竞争，是体系的竞赛，是实力的比拼，是价格之争，是文化的竞争，是技术与人才之争，是服务之争，也是战略与策略的较量。

出其不意，是市场的一个法则。策略是为战略服务的，灵活的策略是制胜的关键。要让对手无法猜出你的策略与方法，攻其不备，出其不意。

果断反击，是市场的另一个法则。要准确选择时机，果断反击，这对于扭转整个局势至关重要。在市场中择机果断奋起反击，在调整中快速反制对手，以其人之道还治其人之身，是非常必要的，是制胜的关键。

一锤定音，是市场的高度。果断出击，一锤定音，一击扭大局，一击迎晴天，一击破迷雾，一击扭乾坤，一剑封喉，达到市场的高度。

支持这个的底气是新动能的持续获得，是盈利强大的多元化转型业务的支持，是高信誉的品牌，是坚强的团队，是难以撼动的综合实力，这使在市场上轻松反制成为可能。新动能、转型业务，是通过艰苦转型而获得的，如同生命线，是我们的法宝；而强大的资本市场工具，快速增长的综合实力，更是坚强的翅膀，是真正的铜墙铁壁。

想卸下这份责任，想卸下这份荣耀，远离市场的血雨腥风，安心去写作,去创作,去写诗,去生活,去旅游,踏遍万水千山,去做自己想做的事,安度平静的生活。

然战斗正未有穷期,进入新时期以来,市场较量加剧,竞争胶着,竞争面更广,仍是关键机遇期、爬坡期,责任更加重大,担当依然重要,稍不留意,后来者必居上。事未竟,梦未圆,大决战,在后面,未来还有更多较量,未来还有更多的决战。

企业家,是诗人,更是战士。战士离不开战场,战士必须发出怒吼的声音。

战士,一旦离开战场,这声音就没有了激情,这诗歌没有了生命,这号角没有了鼓舞的力量,生命也就没有了价值,剩下的就是风花雪月的呻吟。

未出征,心已赢,一出手,就大胜。战胜了自己,就能战胜别人。出手果断了,不再犹豫了,就能大捷。快到机场了,这时汽车的碟子里正在播放降央卓玛的歌曲《雨中飘荡的回忆》,我非常喜欢降央卓玛的优美歌声,非常喜欢这首歌,歌中的"今夜又下着雨"这句歌词是我一篇散文诗的篇名,同时还是我一本诗集的书名,中国作协何建明副主席曾为这本诗集写序,使这本诗集名声大震,可见我是多么喜欢这首歌了。

我带上这首歌,带上心中的理想,带上流淌在心中的诗歌,踏上新的征程,去完成新的使命,去迎接这场战斗的胜利,去收获这场胜利的果实,去开启一个新的历史性转折。

到了机场了,飞机因下雨而晚点,而正好利用这个时间我在远程做出了一个关键性的重要决策,这个决策换来的是一场久违的重大胜利,换来的是在市场上一系列重大转折,成为我们持续走强的一个标志性的分水岭。

我决定把这篇在特别时刻写的散文借名为《雨中飘荡的回忆》,以纪念这个雨中特别的早晨,纪念在雨中飘荡的那些难忘的回忆。

雨中的决策,换来的是漫天飞舞的胜利旗帜,换来的是各地频传的捷报,换来的是无法阻挡的前进脚步,换来的是历史性的大转折。

一切已经成为过去,唯独雨中飘荡的那些美好的回忆永恒,唯独那些不灭的斗志永存,唯独那些该出手就出手的勇敢精神永在,唯独那些心中流淌的不朽诗歌永响。

2018年5月10日稿

2018年9月13日发

任何经历，都是一种财富

人的一生，有很多不确定因素，有时候，喜极而泣，让你开怀大笑；有时候，祸从天降，让你措手不及。

这时候，需要的是一种沉着，一种淡定。不因喜而得意忘形；不因悲而丧失信心。

任何经历，都是一种财富。顺利，可以增强你的自信，坚信你的道路；曲折，可以锻炼你的意志，提高你应急问题的处理能力。

不经历风雨，怎么见彩虹，没有人能随随便便成功。

老一辈革命家历尽坎坷，在血与火的残酷斗争中，在无数次濒临死亡前面不低头，以坚强的革命意志，勇敢顽强生存，才成立了新中国。而经历了无数苦难后，意志坚强的中国共产党人，就再也没有惧怕过任何艰难险阻，直到今天，无论面对什么，都如此从容，如此淡定，因为共产党人曾经经历无数苦难，才有今天。

李白、杜甫、苏东坡、王维、孟浩然等一代伟大诗杰，其不朽诗句千古传颂。这些伟大的诗人，大都是政治抱负不得志，生活贫困潦倒，一生颠沛流离，但正是这些诗人走南闯北的流浪生涯，一次次地被贬，一次次在民间百姓底层的生活，一次次饱尝民间疾苦,一次次在大自然的游历,增加了他们别样的经历,以无可抑制的情感,写出了那些光耀千秋的辉煌诗篇。

如李白的《将进酒》《蜀道难》《梦游天姥吟留别》《静夜思》《望庐山瀑布》等名篇,可谓"笔落惊风雨,诗成泣鬼神"。"人生得意须尽欢,莫使金樽空对月。天生我材必有用,千金散尽还复来。……五花马,千金裘,呼儿将出换美酒,与尔同销万古愁。"思绪奔放豪迈,想象丰富,意境奇妙浪漫。而在官场几起几落的苏东坡,堪称是乐观生活的大师,无论被贬到何等境地,都是从容、积极面对。因乌台诗案被贬时,他写道:"莫听穿林打叶声,何妨吟啸且徐行。竹杖芒鞋轻胜马,谁怕? 一蓑烟雨任平生。"到了黄州,他写下了《赤壁赋》《后赤壁赋》和《念奴娇·赤壁怀古》等名作。

念奴娇·赤壁怀古

苏轼

大江东去,浪淘尽,千古风流人物。

故垒西边,人道是,三国周郎赤壁。

乱石穿空,惊涛拍岸,卷起千堆雪。

江山如画,一时多少豪杰。

遥想公瑾当年,小乔初嫁了,雄姿英发。

羽扇纶巾,谈笑间,樯橹灰飞烟灭。

故国神游,多情应笑我,早生华发。

人生如梦,一樽还酹江月。

有人将李白、杜甫、苏东坡等诗人的足迹画了地图比对，发现他们无不是行走千万里，几乎一生都在路上。很难想象，在没有飞机、火车、汽车的古代，如此长久的游历，需要经历多少坎坷。如果他们都是仕途顺利而享乐的宫廷官员，没有了这些充满苦难且特殊的经历，是否还能写出这样光辉的诗篇？

不经历曲折，怎么有坦途，坦途是曲折的组合，世界上没有笔直的大路可走。

多一份经历，多一份体验，多一份经验，多一份生命的领悟。

多一份经历，多一份积累，多一份财富，多一份生命的光彩。

多一份经历，多一份考验，多一份磨炼，多一份成熟。

经历，是生活的源泉，是成长的摇篮，是生命的激越，是生命的组成部分，既精彩纷呈，又充满烦恼，既光辉灿烂，又充满曲折。

"受宠不忘形，受辱而不惊"，这是我们应有的生活态度。任何时候都要做到"宠辱不惊"，把任何经历都看成一种财富，看成一种成长的过程，看成拨乱反正的机会，看成更加健康成长的必然。

2018 年 10 月 23 日

随心所欲成笑话

10月23日《环球时报》头版首条标题新闻："美未放弃对华打汇率牌"，这个标题十分醒目。

上周三，美国财政部宣布未发现重要的贸易伙伴达到故意操纵其国内货币汇率标准，并将中国、德国、日本、瑞士、韩国和印度等列入观察国名单。

还没有一周，美方突然变卦，当地时间21日，美国财政部部长姆努钦在接受美国彭博新闻社采访时表示，他对修改美国汇率操纵国的认定标准持开放态度，同时提出了两个方法。

不管如何修改，一定要把中国纳入汇率操纵国，这是美国的目的。这个初衷，美国任何时候都没有忘，特朗普总统自上任第一天起就誓言将中国列入汇率操纵国，只是到目前为止尚未宣布，而现在要通过修改标准，把中国强行纳入汇率操纵国。

美国的伟大，是不言而喻的，发达的经济，领先的科技，强大的国防，健全的法制，开放的民主，完美的教育，创新的人们，高素质的人才，富集的资源，辽阔的国土，光荣的历史等，都使美国成为世界各国的领头羊，成为人们追随的榜样，成为人们向往的人间天堂。

美国的强势,也是众所周知的,特别是特朗普总统上任后,一切以美国利益优先,不断地退出各种有影响力的国际组织,不断地退出各种重要的国际合约,不愿承担一个大国应有的义务。

特别是这次美国退出美俄的《中导条约》,毁掉了多年来在控制核竞赛方面的谈判成果,使人类再一次处在核战争的危险边缘。

强势可以,不能霸道;强大可以,不能凌弱;规则可以,不能任意;利益可以,不能排他。

当今世界,单极独大的时代已经过去,多极化的时代已经到来,停留在单极化的老思维上,必然会四处碰壁。

当今时代,是国际化的时代,你中有我,我中有你,共赢发展,是世界发展的主流,是无法阻挡的历史潮流,任何坚持狭隘的保护主义,必定是自掘坟墓,埋葬自己。

当今时代,是和平合作的时代,合作是主旋律,和则百业兴旺,斗则两败俱伤。人类发展面临的资源枯竭、气候变暖、自然灾害频发等的问题,必须共同应对,环球同此凉热,地球无一人能置身事外。

随着各国的发展,美国在世界经济总量的比例会越来越低,人言会越来越轻,我们忍耐一下吧,把自己的事做好,把美国急剧调整的对华政策作为中华再次崛起的历史性机会。

同时寄希望于美国人民,美国人民是伟大的,前进发展的脚步不会因为个别美国总统任内短视的言行而倒退,纵观美国的发展历史,绝大多数总统都是有作为的,有全球眼光的,倒退的只是极少数,而美国总统的任期制就决定了一、二届总统的影响是有限的,而且这种影响并非完全负面,它使我们突然清醒。同时,我们坚定地相信,美国人民一定会有办法继续推动美国与世界同行。

世界的发展,一定离不开美国,也一定离不开中国,离不开世界各国,离不开中美之间的真诚合作,离不开世界各国的真诚合作。

2018年10月23日

十年醒来一场梦

——中国(无锡)新能源国际会展(CREC)十年庆感想之一

明天,就要迎来一年一度的中国(无锡)新能源国际会展开幕式了。这是第十届大会,十一科技一直是重要的参与者,一直与大会努力前行,我对这个会一直充满感情,完全当成主场在操办。

一年一度,不变的是容颜,变化的是环境;一年一度,不老的是青春,衰退的是市场;一年一度,人依旧,情未改,考验严峻在眼前。

从2017年的新能源展馆的面积看,2017年无锡新能源会展是4个馆,展出面积40000平方米,虽然才是上海SNEK会展的一个零头,但非常红火,规模列全国新能源展会第二。每届无锡新能源会展,朋友云集,人气火爆,活动丰富,热闹非凡,到处是节日的气氛。这是全国新能源界的一个难得的盛会,是无锡的一个盛大节日,也成为无锡一张不可缺少的靓丽名片。

徐惠娟女士作为总策划人,经历了十届大会的风雨历程,可谓居功至伟,为无锡的发展做出了重要贡献,而无锡市历届主要领导同志的高度重视与有力支持,则是这一盛事成功的基础。

　　然而,时过境迁,甚至还没有从去年的欢乐中走出来,"5·31"新能源新政的出台,就如一场大风暴,迅速席卷新能源界,其威力之大,任何新能源企业都无法幸免,加上国际环境影响的叠加,新能源企业雪上加霜,上市公司市值一律腰斩,不少企业产品积压,库存增加,还有些企业不得不减产或关门。

　　市场的冲击波同样影响到新能源会展,会展是产业发展的晴雨表,新能源行业迅速下滑,企业对参展的热情陡然下降,参展企业明显减少,今年参展的面积是两个馆,20000平方米,是去年展出面积的二分之一,如果不调整会展的策略,明年第十一届的会展会如何? 对此,大家都是非常担心的。

　　梦想,在快速变化的现实中成为泡影,延续永恒的辉煌并不容易,这世界没有永远的永恒,一切都在变化,唯有快速地调整,才能使生命永存,梦想永在。

　　丰富会展的内容,拓展会展的空间,与国家战略同步,与城市产业共舞,与市场需求接轨,与公众关注相吻,会展才会有持续的生命活力,梦想才能永远变真。

　　这次在正式会展前的无锡集成电路峰会,以别样的方式,拉开了第十届中国(无锡)国际新能源国际会展(CREC)的序幕,虽然峰会不在主会场,但会场的火爆远超出人们的想象。

　　高亚光副市长的讲话,高屋建瓴地展望了无锡集成电路发展的现状与未来的战略,给大家描绘光明的无锡集成电路产业前景。

　　中国集成电路的领军人物——张汝京先生的精彩演讲,触及当前最敏感的话题,指出了中国集成电路的缺与失的现状,同时给出了解决的方向,成为本年度最有价值的集成电路报告;而全国唯一的国家集成电路设计大师王毅勃的报告,则全景式地展示了目前我国集成电路生产线的建设与分布情况,展望了国际集成电路的发展技术与水平。协鑫半导体田新总经理的演讲以及企业家们的对话,同样精彩。

会场人群散去,人们议论得更多的是容纳100多人的会场太小了,要在更大的会场去讲。

由此可见,加大新能源与集成电路的融合,延展新能源的会展内容,将新能源与集成电路结合起来,有可能成为新能源会展延续的一个好途径。

需求,造就市场,市场吸引观众。企业要成为市场主体,而按市场化运作的会展,要着力研究市场的变化,加快改革,适应市场的需要,才能使会展永续。

2018年10月31日

在平淡中开创新生活

或许，我们的每天都是这样平淡而无新意；

或许，我们的每天都是这样单调枯燥而日日重复；

或许，我们感到因生活的枯燥乏味而产生厌倦；

但生活就是这样，平淡而新奇，平凡而伟大，这就是我们要面对的生活。

新的道路，可能就在这平淡的一天中突然找到方向；

新的转折，可能就在这不经意间突然来临；

新的纪录，可能就在这平淡的一天中创下；

新的伟大，可能就在这平淡的一天中产生；

新的思想，可能就在日复一日的平淡中出现。

不甘平淡而创新，活出每一天的意义，活出每一天的滋味，活出每一天的精彩。

不愿时间就这样匆匆过去，抓住每一天，抓住每一时，抓住每一分，创造新的纪录。

真情拥抱生活吧，生活是创造的源泉，平淡中孕育着伟大。

看似平淡如水的生活，到处是激情澎湃，看似平静的海面，风浪将要来临。

　　勇敢放飞生命吧,生命是活力四射的,不应该受到约束。

　　让生命自由奔放,奔向广阔的空间,奔向自由的世界。

　　让生命充分燃烧吧,迸射出生命的火花,放射出生命的异彩。

2018 年 11 月 10 日

新思路，大格局

——听CEO蒲军讲述大梁酒村的经营战略

最精彩的还是11月25日的上午，作为酒村参观的活动——要集体听取酒村的介绍。没有想到的是来给我们介绍的是大梁酒村的CEO蒲军，他同时还是全球通的CEO。

我们在酒厂之前的活动中，主持人都提到了蒲军如何如何关心我们，给我们送礼包等，本以为这个领导今天我们见不到，因为我们只是一个最普通的旅行团，但没有想到蒲军他亲自前来为我们这40人介绍，这让我们感到一个意外惊喜。

而我们心里却在打鼓，蒲军到我们这儿来讲，是否有效果，我们这个团是个老龄团，购买力很差，而大梁文旅的业务与策划遍及全国，规模大，业绩辉煌，作为主要领导来亲自讲，是否能达到预期。

在我们充满期待的目光中，长达2个多小时的讲解，蒲军详尽地介绍了大梁酒村的前世今生；讲述了大梁的现在与未来；讲述了为什么免费请游客们来吃住而且临走还要带走一个大礼包的缘由；讲述了适量白酒对人体健康的促进作用；讲述了自己种植白酒（即在酒村认购白酒并由酒村负责保管与酿造）与购买瓶装白酒的价值区别；讲述了邛崃与大梁发展白酒业得天独厚的条件；讲述了大梁酒村三期发展规划；讲述了大梁酒村的酒类产品与认购种植白酒的优惠条件等。蒲军的讲话娓娓道来，深入浅出，以情动人，以理服人，以例启人，以实惠人，是一个非常生动的报告。即使我这样平日对白酒业知之甚少且缺乏投资认知的，通过他的报告也很快增长了很多关于白酒业的知识，加深了对白酒业投资的认知，加深了对投资种植白酒业的兴趣。

在课间休息时，我们与蒲军进行了交流，互换了名片，亮出了身份，加上了微信，我们很快成为能互动交流的好朋友。同时，我与太太商定，我们与酒村签署合同，认购种植了两罐白酒，每罐是4980元。我们投了近一万元，获得了120斤（每罐60斤）原始白酒，以后正式饮用时，还要适当勾兑，最后的成品是160斤（每罐80斤）。投资的同时，我们还获得了价值可观的回报，每投资一罐酒（4980元）的，可以获得5000元的赠送，这包括5年内两人每年两次（共2×10人次）到酒村及与酒村连锁经营的四川其他旅游点的免费旅游（除往返交通外的全部费用），这笔费用至少10×300元=3000元，其余2000元为酒村每次赠送的白酒与农产品，这样我们投资了近1万元，获得了1万元的赠送。

大梁酒村这种经营思路，突破了传统推销白酒的旧模式，赋予白酒营销全新的生命力，是非常了不起的创新，是经营的大格局，对我们传统的经营模式是一种颠覆，实现了双赢的格局，对我们创新是一个重要启示：

对投资者而言,好处是明显的:

1. 投资 5000 元,回赠 5000 元,从投资角度看,这至少保本。

2. 除保本外,增值空间非常大。

俗话说,陈年酒香,保存时间越久的酒,酒越香,价值越高。3~5 年后,5000 元投资(已得到回赠)的 80 斤白酒,按每斤瓶装后,每瓶肯定不会低于 150 元,总价值肯定会超过 1 万多元,回报是非常丰厚的。

3. 多了一份真情。

你可以在节庆日,为亲朋好友定制专用酒瓶,献上你专门的祝福,这肯定比你买现成的瓶装酒更有意义、更低成本、更有情谊。

4. 多了一份真意。

酒是自己种的,亲眼看见原酒从装罐到密封的全过程,一切都是真的,而买来的瓶装酒由于环节太多,难保证一切是真的。这种真正的白酒远胜那些所谓的品牌白酒,因为谁也无法保证那些品牌酒的真实性。而到酒村直接购买品牌名酒,这价格可能是自己到酒村种植白酒的 10 多倍或 20 多倍,而且品牌白酒一瓶难求,而自己种植的白酒,有保障,随时用,随时有。

5. 没有风险。

酒村承诺,任何种植白酒者都可以随时把种植的白酒退回给酒村,收购价是原价+定期利息的 3 倍,这样就可以消除购买者可能存在的风险心理。

6. 一切便捷。

酒村可以提供很多样式、精心设计的酒瓶,也可以根据你的要求定制,而每个酒瓶的价格也只有8~12元。

保存这些酒罐,在3年内是免费的,3年后每罐只收150元。同时,你的酒若存储时间不够,还可以帮你置换一份年份时间更长一些的白酒,以备你急用。

对酒村而言,也是赢在明处的:

1. 如果按每罐60斤白酒算,每斤白酒是83元;如果按每罐80斤白酒算,每斤白酒是63元,一个酒村以这种价格大批量卖出,利润是很高的,因为白酒是粮食做的,成本很低,而且酒的原料非常丰富,取之不尽。

2. **虽然每年两次免费来酒村旅游(包括首次,实际是三次),但大量的人流拥入酒村,给酒村带来了川流不息的人流,**而人流是五星级旅游地的必须具备的指标,而现在大梁酒村是四星级,如此大流量的人群,可以肯定在不久之后大梁酒村就可以达到五星级标准,而中国酒村一旦由国家正式命名为五星级,那又步入一个更高的境界了。

同时,种植酒的收费在先,免费活动在5年内的较长时间里完成,资金的提前回笼为酒村的发展提供了充足的资金财力保证,酒村可以从容地为5年内更大发展布下更大的局。

3. **传播与口碑的极端重要性。**

"好事传千里,口碑重于山",这充分说明传播的重要性;而"一传十,十传百,百传千,千传万……",充分说明了传播的速度与价值。

不选择昂贵的明星为酒村代言,而选择这种群体式的传播方式,从酒村兴旺的发展与我们亲身的体会看,是非常成功的。

蒲总介绍说,有的县到大梁酒村来种植白酒的种植户已达到2万户,而我们这个旅行团(40人)回来后,短短几天,经我们介绍,有80多人将在周日赴大梁酒村,这80多人一定会有很多人种植白酒,一定也会有人购买酒村的白酒与各种特产。他(她)回来后,也一定会更多地把大梁酒村的美名传播出去,更多的游客会拥入大梁酒村,这点是不用怀疑的。

4. 选择超越品牌白酒的新路子。

邛崃大梁酒村,以前从来没有听说过,我们只知道邛崃的文君酒厂,而文君酒比起茅台、全兴大曲、五粮液、泸州老窖、剑南春等名酒,也有很大差距,那么大梁白酒想做大就更难了。如何在这种情况下快速发展,超越对手,大梁酒村走出了一条新的成功路子。

5. 带动旅游业更大发展。

在旅游中饮酒,在饮酒中领会酒文化,在领会中亲身投资,在投资中感受旅游投资的快乐。

大梁酒村实施的经营新战略,推动的是白酒的销售,带动的是整个旅游产业,造福的是各方,方便的是游客,受益的是大家,兴旺的是经济,丰富的是市场。

从大梁酒村回来好几天了,但对大梁酒村经营模式的思考仍然没有停止。

2018年11月26日

中环暖阳

这两天在天津出席华北区2018年第四次会议，会议开得很成功。

会议刚结束，我就怀着很迫切的心情，前往中环参观8~12英寸硅片的研发情况。

去年7月，我曾陪同黄钦市长前来中环，当时8英寸硅片正在研发，一年多过去了，不知现在进展如何了？浩平在百忙之中全程陪我参观，他是前一天凌晨才从马来西亚回来，非常忙，身体也不适，全程长时间陪同，我真是很有些过意不去。

见到浩平，非常高兴，我们一行在浩平与彦君的陪同下，详细参观了中环领先在6~8英寸硅片生产的全过程，特别是深入核心生产的高等级净化室，去近距离了解中环硅片研发生产过程，看到中环的8英寸硅片从无到有，从少到多，现在已月出货量25万~28万片，居国内第一。10月份，中环8英寸硅片的出货量已经占总出货量的63%。同时亲眼看到大硅片研发火热推进，取得突破性进展，我感到无比振奋。

我为中环在短短的一年多的时间里取得的飞速进展而深感

骄傲，我为十一科技在才志带领下的武蕾团队对这个生产主厂房进行的一系列艰难而成功的改造而骄傲。

中环急行，是国内外形势发展的紧迫需要，是国家战略的需要，是高科技产业发展的需要，是中环发展的需要。

中环急行，争取了宝贵的时间。中环通过这段时间的努力，抢回与争取了一年多的宝贵时间，这时间如金子般的宝贵，非常不易，非常珍贵。

中环急行，占领的是战略制高点。制高点是行业的龙头与地位，是产业与技术的核心与关键。占领了制高点，就把握了大局，就有了话语权。

中环急行，带动的是整个产业。产业为中环而荣，天津的成功将带动中环内蒙古与无锡宜兴的联动发展，将推动中环迈上一个新台阶。

中环的成就是战略与决心的胜利，是坚持的胜利。沈浩平以巨大的魄力与勇气，制定了中环急行的战略，在硅片与大硅片全速发力，争取到了宝贵的时间，中环将重回龙头地位。

中环的成功，是团队的成功。国字号的中环，多元化的中环，市场化的中环，最可贵的优势是有以浩平为灵魂人物的坚强团队，这个团队对党忠诚，能打硬仗，敢于胜利。此时，中环团队一张张熟悉而青春的脸庞浮现在我的眼前，他(她)活跃在研发、生产、营销、服务与管理决策岗位，坚守在天津、内蒙古、无锡宜兴三大基地与世界各地，这个团队是中环最宝贵的财富，是中环无坚不摧、无难不克的最重要原因。

作为中环的亲密战友，十一科技一直以中环为傲，一直与中环同行，在中环的发展过程中发展自己，用一切的努力，助推中环的腾飞，适应中环的急行，为中国的高科技产业发展做出我们的贡献。

"待到山花烂漫时，她在丛中笑。"中环是中国高科技一朵灿烂夺目的花朵，我们衷心期待中环结出更加丰硕的果实，也祝贺十一科技与中环的战略伙伴关系历久弥新，更加坚固。

我们与中环明年就要在天津117大厦的地标旁共同办公，新落成的中环大厦与十一科技华北大厦犹如津门两颗璀璨的明珠，闪闪发光，这两颗明珠照亮津门，照亮产业，照亮各地，成为我们与中环美丽友谊的美好象征！

暖阳，在津门；暖阳，在中环；暖阳，在中环那些熟悉而亲密的朋友们；暖阳，在十一科技华北与天津分院亲密的战友们；暖阳，在我们的心中；暖阳，在我们美好的记忆中。

这暖阳，是发自内心深处的；这暖阳，驱散了多日来一直笼罩在我们头顶的迷雾。

2018 年 12 月 16 日

2019 年

新年里，华虹的旗帜格外艳

今天是元旦，是2019年的第一天，我正好在上海，很高兴与白焰、上海分院的干部们一起应邀出席华力升旗仪式、新年跑步比赛、华力二期龙舟邀请赛。

华虹集团素心董事长、华力二期均君总经理、华虹集团陈剑波副总、华力二期雷海波书记等领导与几百名华力干部、员工出席了系列活动。

今晨，寒风凛冽，有些刺骨，上海浦东康桥的华力二期（华虹六厂）人头攒动，人潮如涌，在庄严的国歌声中，灿烂的五星红旗在人们的注目中升起，随着华虹、华力的旗帜也冉冉升起，飘扬的旗帜升在天空中，激荡着人们的心底，心中腾起一股蓬勃的信心与力量。

素心董事长发表了新年致辞，他在讲话中回顾了2018年华力二期建设取得的辉煌成就，展望了2019年面临的国内外形势，提出了2019年的奋斗目标。素心董事长特别强调要与合作伙伴同舟共济，一起迎接新挑战。显然，在新的一年，华虹、华力面临繁重的任务，而素心董事长的重要讲话是对大家与全体合作伙伴新年的极大鼓舞,是对大家的信心提振,因此受到大家长时间的热烈鼓掌欢迎。

升旗仪式后,在素心董事长的发号令下,分组跑步开始了,2公里的跑步比赛在寒风中进行,而跑步的热浪则为大家驱散了严寒。

接着开始的是龙舟邀请赛,龙舟比赛是利用了华力二期(华虹六厂)厂前一条天然的市政河道进行的,这也是国内集成电路厂唯一有这个特色与条件的。共有华力、上海建工、十一科技、上海振南、美施威尔、中电二栗田六支队伍参加这个比赛,经过初赛,有四支队进入决赛。

在决赛前,素心董事长、我等分别给各自进入决赛的龙舟队点睛,助威各自队伍加油,力创佳绩,最终由华力龙之队获得冠军,上海建工上安队第二名,十一科技队第三名,这就为新年的龙舟比赛与迎新年系列活动画上了句号。

今天上海的天气格外的冷,要穿很厚的羽绒服才能不感到寒冷,但我们的心中很热乎,因为感受到华虹华力的蓬勃活力,感受到春的召唤,感受到组织的力量,感受到历史的责任。

我一直在思考这样一个问题,为什么华虹的旗帜这么艳?为什么华虹的团队如此具有蓬勃活力?为什么华虹的组织这么凝聚而有战斗力?为什么华虹的品牌如此响亮?

其中的原因有很多,最重要的是有以素心董事长为核心、为灵魂的领导团队,始终把领袖、党和人民的重托放在心上;始终把历史的责任与神圣的使命记在心上;始终不忘初心追梦想,一直把华虹的大旗高举；始终坚持党的领导与市场化、国际化、法制化相结合的原则；始终把发挥党与国家的政治、资源优势与自己的努力相结合；始终把努力追赶世界一流作为目标，永远向前进！

而依靠长期的技术积累与不断地调整，华虹的战略发展思路越来越清晰，华虹的技术与专利积累越来越厚实，华虹的开放、科学、严密的管理制度，使华虹的人才队伍越来越国际化，华虹驾驭市场化、国际化、法制化的发展路径的技能越来越成熟了。

在当下，华虹具有多方面的重大意义，她是万花丛中一朵娇艳的鲜花，她是迷雾中的灯塔，她是国家的民族瑰宝，她是植根于中华民族之根的国际旗舰。

在我们行进的队伍中，华虹作为国字号的主力部队，红旗是如此艳丽，艳丽的旗帜下集结着宏大的国内外高端人才队伍，集结着庞大的国内外合作伙伴，而十一科技作为其中的亲密一员我们也无比自豪。

"长风破浪会有时，直挂云帆济沧海"，在我们通往民族复兴的大路上，华虹的旗帜高举，中环的旗帜高举，十一科技的旗帜高举，国际化的旗帜高举，汇成一股民族创新的强大力量，那时可以告慰老一代创业的革命前辈，告慰无数寄于希望的国人。

2019 年 1 月 1 日

春天的脚步

冬天将要过去,春天将要来临,在经历寒冬之后,春天正在逐渐走向我们。

春天,是不可阻挡的趋势;春天,是不可阻挡的潮流;春天,是人们美好的期待;春天,是人们心中的向往。

春天,是万物复苏的季节;春天,是万象更新的时刻;春天,是充满希望的日子;春天,是我们的期待;春天,是我们的向往。

春天,放眼望去,万花盛开,姹紫嫣红。

春天里,处处是蓬勃的活力,到处是盎然生机,到处是欣欣向荣的景象。

春天,你是蓬勃的秧苗;春天,你是大海的怒涛;春天,你是壮美的山河;春天,你是绽放的花蕾;春天,你是灿烂的阳光;春天,你是蔚蓝的天空。

春天里,老人们快乐,年轻人蓬勃,孩子们歌唱。到处是欢乐的海洋,随处是舞动的影子,绽放的青春激荡,生活的快乐流淌,幸福生活满满。

春天里,改革的脚步重启,再出发的节奏加快,重调整的誓言发出，整装向明天。

　　春天里，抓住难得的机会，播下这收获的种子，按下这美好的快门，留下这美好的感受，保存这飞逝的瞬间，收藏这珍贵的记忆。

　　"日出江花红胜火，春来江水绿如蓝"，在江南，东方红遍，阳光普照，万紫千红，杨柳依依，碧波荡漾。江南春早，江南人勤，江南人慧，江南最先感受到春天的活力，江南最先感受到春天的来临，江南最先感受到春天的美丽，江南最先感受到春天的蓬勃，江南最先听到春天的脚步声。

　　"春回大地暖，山河绽笑颜"，沐浴着改革开放的春风，收获着改革开放的丰硕成果，欢庆着改革开放的胜利，在春天的日子里，我们与祖国的壮美山河一起展开笑颜，尽情欢笑。

　　"不知细叶谁裁出，二月春风似剪刀"，春天的回归是个过程，虽然初春依然寒冷，但这寒冷挡不住春天的脚步，挡不住春天的来临。

　　寒冬之后，必将是明媚的春天。

2019 年 1 月 4 日　苏州

跨界思考

昨天，第六届中国光伏年会在苏州召开，石定寰、朱共山、沈浩平、刘济东、王进、曹华斌、胡宏峻、郭夏、张勇、顾永亮等一批光伏界名人出席，我也出席了这次盛会，这次会议与中国信息产业商会新能源分会套开，出席会议的代表有300多人。

在新能源遭遇去年"5·31"新政的寒流以来，或许是最大的一次，折射出人们对新一年新能源发展的希望与期待。这次会议不仅人数多，而且年轻人多，显示了新能源界蓬勃发展的后继队伍，正如石定寰参事所说，这真鼓舞人心。

这次会上，最引人关注的奖项是中国光伏发展十大功勋企业家，通过数月网上投票，已经吸引了很多人的眼球，这也是改革开放四十年来全国首次公开评比这个奖项。

这次会议进行了学术交流，郭夏教授、王进院长的课堂，以新的理论与观点给大家上了生动一课。

而给人们留下印象更深刻的恐怕还是赵远远的《从半导体产业看光伏产业》的专题演讲。

远远的报告，从世界半导体发展的重要节点与历史，描绘了一幅半导体发展的全景图；从中国与世界光伏业的发展，描绘了光伏发展的全景图、从1986年日美贸易战到2018年的中美贸易战的不同特点与可能的趋势、最后画龙点睛地指出了中国半导体与中国光伏在世界的现状与地位以及应该采取的对策措施。

远远的报告图文并茂、思路清晰、观点鲜明、角度新颖、数据翔实、引据恰当、演讲简洁、准备充分、关切重大，是一篇当下很难得的报告，显示了一个青年学者宽广而又接地气的视野，报告结束后全场报以长时间的热烈掌声，与会代表在会场内外都在热议这个报告，给予非常充分的肯定。报告前，我对他选题的担心一扫而空。他能做出这个报告，与他丰富的工作经历与留学研修经历分不开，而这些都是中国改革开放带来的历史性发展机会与十一科技给年轻人提供的成长沃土。

电子与新能源界，需要有一些深入思考的年轻人，而围绕一些专题深入研究，则有可能出创新的成果。

新生代的成长，必须在电子与新能源近乎残酷而又充满内外竞争的环境中亲身体会、实践，温室里培养不出有生命力的花朵，而以深入学习与观察获得的独特视野，是成长的基础。

愿十一科技的沃土，能培养更多的在电子与新能源方面的新人，逐步担当起发展的重任。

2019年1月5日 无锡

小题大做

有时候,我们需要大题小做,大事化小,小事化了,这是在夸大这些问题违反了对事物的基本定性、违反了实事求是的原则,而且对当时发展没有好处,也为当时的环境所不容的情况下的选择。

而有些时候,我们又需要小题大做,当这些小题通过演变与积累可能上升为大题时,或我们有从容的时间将这些小题解决,放大能实现突破一点、带动一面时,我们可以而且必须小题大做。

小题大做,是抓住某些表面似乎是小事、但实际反映的是大事的现象或事。我们对这些事要一抓到底,务求见效。

深究不放,敢于纠正与批评,从而突破一点,教育一片,推动一面,带动全局。

小题大做,不是无中生有,而是从小看大,从近看远,从局部看全局,从眼前看长远。

小题大做,是管理的精细化,是管理的进步,一切进步都是管理的结果,没有卓越的追求,没有管理的高度,必将一事无成。

小题大做,是领导的艺术。一个优秀的领导者,要善于从小见大，由近看远，触类旁通，以点带面，带领团队，与时俱进，推动发展。

小题大做，是领导的魄力。得过且过是常见的作风，老好人的思想害了不少人。而小题大做，需要魄力，虽然会得罪人，但会树立起一种良好的氛围，建立一种实事求是的新风气，建立一种唯优为美的正气，一个团队如没有是非观，没有高标准，就一定不是一流企业。

小题大做，是我们的本色。毛主席说："世界上怕就怕认真二字，共产党就最讲认真。"可见，认真，是我们的传统；认真，是我们的本色；认真，是我们的纪律；认真，是我们的生命力；认真，是我们的战斗力；认真，我们最大的优势；认真，也是一切科学家与诺贝尔奖获得者最基本的素质。

我们要从小抓起，小处着手，大处着眼，推动各项工作持续迈上新台阶。

2019年1月6日

新的手机

今天太太一早就把她新的华为手机换给我了，把我原来的旧的三星手机换掉了，并以她非常娴熟的同步技术，很快恢复了原有手机的一切使用功能。

说实话，原有的三星手机我还是非常喜欢的，毕竟用了这么多年，习惯了，也很有感情了，我很多出版的书集就是用这部手机敲出来的，一下子换新的，还真是有点舍不得。但随着对华为手机的逐步熟悉，发现华为手机的功能并不比三星手机少，而且手机电池的待机时间明显比三星手机长很多。原先三星手机一天要充很多次电，但华为手机一天有一两次就可以了，这就解决了每天对手机电量不足的担心。

人们总是习惯于按部就班做传统的事，而对新的事物有一种本能的抵触，而正是这些抵触，使我们丧失了很多创新的机会，失去了很多新路径发展的机会。

坚持传统当然是必要的，但在坚持中努力去创新，敢于去尝试，或许会在这种变化实践中赢得新的机会。

新的一年，发展有很大的不确定性，努力尝试多种新的、不同于以往的发展方式,创新新的成长路径,成为摆在我的面前的挑战与考验,这是一场大考。我们要努力适应这种变化,如果我们拒绝这种变化,就会被历史的车轮所淘汰,而过去的一切也会随之被奔腾不息的潮流淹没。

努力去赶考吧,努力去争取这场考试的胜利吧,把一切放在后面,向着新的目标出发。

2019 年 1 月 13 日

阳光灿烂的日子

今天,成都的天气非常好,冬暖的阳光温暖着人们的心窝,弥足珍贵。

在这个休息日里,忙碌的是锻炼与健身,试图把一周的疲惫一下子都消除掉。

阳光下,人们沐浴着和平的阳光,享受改革开放带来的现代文明,呼吸着自由的空气,体会着生活带来的快乐,自由地选择自己的生活方式。

成都,是一座休闲的城市,是一座来了就不想走的城市,是一座历史与现代交相辉映的城市,是有着千年历史文化沉淀与积累的城市。

成都,文化气息浓厚,历史影响深远,名人辈出,休闲生活普遍,平民百姓过的都是悠闲自在的自足生活。

无论是在城市,还是在乡村,都有一个共同的特点,那就是人们普遍选择休闲的方式。

其实,在紧张的工作之余,休闲是一种很好的放松方式。休闲,既是工作的放松,也是生活的目的,我们挣钱、发展,说到底是为了美好生活,总书记多次讲到,人民对美好生活的向往,就是我们的奋斗目标。因此,是否能给大家带来美好的生活,成为判断我们事业是否成功的最重要标志。

都市生活,城市节奏,乡村休闲,成为我们这个时代的生活特点,成为我们这个时代的标志。适应、享受这种生活,是时代的选择,是生活的快乐,是生命的重要组成部分。而走在这种潮流的前面,会获得无穷的生活乐趣。

2019 年 1 月 19 日

夜间，流光溢彩

晚上，与太太漫步在成都御景湾小区外，被眼前的夜景所迷住，到处是流光溢彩，五彩缤纷，充满着节日的气氛。

在正在召开的成都市十七届人大二次会分组会上，听成华区光强书记介绍了成华区新的一年里要打造东站、北湖、熊猫基地、猛追湾等多处景观，使其成为会客厅，而作为总部与驻地都在猛追湾的我，就特别关心猛追湾的情况，书记说猛追湾将成为罗强市长工作报告中"丰富夜游经济"里的重要内容，湖边夜景非常漂亮，而且将分段通游船，成为成都夜景的重要标志之一。

而今晚的夜景，是新打造的，预示着光强书记提出的设想，正在开始实现。

作为四届市人大代表的老代表，见证并参与了成都的GDP从千亿元达到2018年的15000亿元巨变，亲历了把成都建设成为公园式的西部国际大都会的巨变。

一天天感受到成都的变化，一年年体会到时代的节奏，这时代变得真是太快。

我们在变化中享受着改革开放的成果，我们在变化中快乐着，我们也在变化中逐步变老，这一切无法阻挡。在人代会上，看着大都是陌生的面孔，曾经叱咤风云的那些熟悉的朋友们，大都已经远离，看来，我们确已变老。

但，这没有关系，好在我们曾经拥有过无悔的美好青春；好在我们依然奋斗着且健康快乐着，这一切就已足矣。

我们期待我们的环境越来越美，我们期待着这城市越来越好，我们期待着国家越来越强，因为不仅我们还可以享受，更重要的是我们中华民族还有生生不息的下一代，他（她）们能享受，这也是我们的愿望。

2019 年 1 月 24 日

成华夜色美

白天听了光强书记的介绍,晚上开始亲历。今晚的夜景,是最近新打造的,前两天还没有见到,是实施整个猛追湾国际会客厅的第一步,预示着光强书记提出的设想正在开始实现。

可以想象春节期间猛追湾会更美,而这美景与府南河的湖光夜景交相辉映,一定更加灿烂夺目,会成为美丽蓉城的一个新夜景。大家都会来,在夜色里来猛追湾相会,猛追湾因此成为名副其实的国际会客厅,对此,我充满期待。

建设好猛追湾会客厅,意义重大,原因有很多,一是猛追湾毗邻成都第一商务圈——春熙路,离新崛起的新商业中心——太古里也不远,商业繁荣;二是猛追湾有西部最高的电视塔339,339在成都的地位犹如东方明珠在上海的地位,影响力大,独一无二,无法取代;三是有绿色满园的成华公园,有穿区而过、清澈的府南河,有一批高档社区、酒店与科研院所;四是地处成都东部的成华区,现在夜晚可看的景点不多,猛追湾会客厅建成了,必定成为市民与游客在夜晚、在成都东部的必到之处,成华区将成为罗强市长报告中"丰富夜游经济"的一部分。

　　一天天感受到成都的变化，一刻刻聆听着城市的发展节拍，一年年体会到时代的变化节奏，这个时代变化真是太快了。

　　我们在变化中享受着改革开放的成果，我们在变化中快乐着，我们也在变化中逐步变老，这一切无法阻挡。

　　时间，是谁也无法抗拒的车轮，唯一能保存的是对美好岁月的珍藏，是那颗永远保持着生命不息、奋斗不止的执着的心。这颗心，简单而忠诚；这颗心，初心永不变。

　　我们期待我们的环境越来越美，我们期待着这城市越来越好，我们期待着国家越来越强，因为不仅我们可以享受，更重要的是我们的下一代，中华民族生生不息的下一代永远是我们的希望与寄托，他（她）们能享受，这也是我们的最大愿望。

　　"火树七彩艳，流光溢彩间。游人夜不归，争拥成华来"，不信，你来看看！

2019年1月24日初稿

2019年1月25日终稿

穿梭在两个城市之间,辛苦并幸福着

这次无锡市第十四届政协委员会第三次会议(1.21－1.24)与成都市第十七届人民代表大会第二次会议(1.22－1.25)基本重叠,同是成都人大代表与无锡政协委员的我,可是遇到难题了,经过反复考虑并与成都、无锡协商,本着突出重点,充分兼顾的原则,最终选择了在1月21日(无锡第十四届政协委员会第三次会议开幕式)与1月23日(无锡政协大组专题)两个全天出席无锡市第十四届政协委员会第三次会议;而其他时间(除1月23日外),则全程出席成都市第十七届人民代表大会第二次会议,这样安排,充分兼顾了两个会议的重点,也能保证两会期间与成都、无锡的市、区领导与代表们有充分的交流,得到成都与无锡两地的理解。

近段时间一年一度的两会,热火朝天,热点爆满,充满活力与朝气,肩负着城市人民的厚望与寄托,开启新一年的城市发展航程,是城市一年中最值得期盼的大事。

而成都与无锡不同的城市风格,一样的发展决心,创造了两个城市的发展奇迹,成都2018年的GDP达15000亿元,而无锡在2018年的GDP也已达到11000亿元，无锡追赶的速度很快。在中国的城市群中，成都、无锡都是闪耀在城市星空中两颗耀眼的巨星。

近段时间无锡产业强市的独特发展战略，成都则是西部国际大都会与城市公园的战略定位；无锡的务实，成都的肯干；无锡的风光自然天成与悠久的崇商历史，成都深厚的人文历史沉淀；这两座城市正在不断创新发展，成为宜居、宜业、宜发展的城市典范，成为中国大中型城市中的发展标杆。

近段时间在成都与无锡间频繁往来，已成惯例。而这次每天移城，隔天异地，来回穿梭，参加两会，则创造了频率最高的历史纪录。

在穿梭中，我深切感受到不同城市在跳动着的自己特定的生命脉搏，深切感受到这两个城市的可贵之处。

近段时间穿梭于两个城市之间，是一种责任，是一种荣誉，更是工作的需要，事业的组成。作为企业界的人大代表与政协委员，担负着重要的责任，除了要反映企业的呼声外，还要充分利用企业与自身的资源为城市发展出力，这是一种其他力量无法取代的，是一种独特的资源，为城市发展充分释放这种资源，是我们崇高的历史责任。

近段时间来往于两个城市之间，是一种快乐。如果不是需要，谁也不会每天穿梭，虽然忙碌，但却十分充实，十分快乐，因为自己的忙碌为城市的辉煌做出了贡献，一座座奖杯记载了这些光荣的时刻。而城市的信任，朋友们一张张期待的脸，更是一种神圣的力量,让你永远无法感到疲惫,永远无法停下匆匆的脚步。

　　近段时间奔波于两个城市之间,是一个难得的机会。感受不同的文化,接触更多的朋友,建立更多的信任,面临更多的机会,是千载难逢、可遇不可求的。两个城市的发展,给企业,给我,带来了新的思想,新的感动,新的朋友,新的机会,而这些机会则会改变我们的历史。

　　近段时间穿梭在两个城市之间,忙碌并快乐着。

　　近段时间穿梭在两个城市之间,辛苦并幸福着。

2019 年 1 月 21 日－26 日

坚持"三化"战略，化解发展风险

当下，国际政治、经济、社会的发展存在诸多不确定因素，习近平总书记在省部级领导干部会上提出，要应对可能发生的重大风险，保持底线思维，确保经济稳中求进，稳中发展。**领会与学习总书记的讲话，分析内外形势，统一全体干部的思想，统一院发展的新思路，是当务之急。**

摩擦加大、争端扩大、壁垒提高、经济下行、人心不稳等，或成为新一年可能存在的最大风险。新的一年，一种悲观的情绪在一些地区、在一些人中蔓延。

在看到不利的一方面时，我们必须看到另外有利的一方面，这样才能更深刻地把握事物真正的本质，不致被现象迷惑了前行的方向。

第一，行业内的周期性的波动是正常的。这种调整既是一种周期性的规律，同时也是行业健康发展所必需的。

第二，发展中的平衡总是相对的，不平衡总是绝对的。这由事物运动的内部规律所决定，快一下，慢一下，这是再正常不过的，我们必须要正确对待。**没有绝对的平衡，只有相对的平衡。**

只有不平衡，事物才能在调整中获得新动力，获得新动能。只有慢，才能快，只快不慢是不现实的，是违背客观规律的。

第三，调整，是各方需要。在经历了一个阶段快速发展后，放慢速度，是各方面的需要，是各方面的要求，我们必须主动适应这一情况。

第四，放慢，有利于高质量发展。放慢，是环境所迫；放慢，是高质量发展所需。但放慢不等于不进，放慢更不等于倒退，放慢，是一种稳中求进；放慢，是为了稳中上进。

第五，发展是无法改变的大趋势。放慢，是为了中国与世界更好地发展。中国是世界上第二大经济体，14亿人口，改革开放四十年一直快速的步伐是停不下来的。而世界的发展步伐、"一带一路"的延伸、世界各国追求美好生活的发展步伐也不会停止。放慢，是为了寻找更大的发展机会，寻找更适合的宽广路子，寻找更适合生存的发展方式。

第六，"三化"战略（项目中小化、低利化、多元化），是今年院一切战略的核心。"三化"战略，是院经营战略的一部分，是经营战略在新一年的具体运用与体现，是双轮驱动战略的组成部分，是地区战略最好的应用，是2019年院指导思想核心的核心，是2019年我们一切工作的出发点。

第七，坚持"三化"，就是坚持了院发优势，而优势是胜利之本，发展之要。充分发挥自己最大的优势，是最好的战略。"三化"战略，避免了对单一重大项目的过分依赖，而这种依赖又有很大的不确定性，因此，坚持"三化"战略，真正化解了发展中的不确定性，化解了发展中的风险。

第八，坚持"三化"，可以实现项目的大、中、小平衡发展，统筹兼顾，极大丰富了院的生命线。

第九，坚持"三化"，是为了更好地实现大项目。更好地、更系统地、更稳健地推进大项目，是大院的战略定位与目标所在，这是不会改变的。但"三化"是其基础，坚持"三化"，可以在人才、工程经验、思想理念、管理能力、驾驭能力、防风险能力等方面，为大项目做更加充分、更加扎实、更加稳健的准备。

第十，坚持"三化"，我们可以加快一些关键重要领域的发展。坚持"三化"，可以使我们在电子之外的生物制药、新能源、物流、军工、工业、综合类、城市建设、民用工程等技术，有个突飞猛进的大进步，有一个量变到质变的大飞跃，有一个根本的大转型，使我们原本忽略的领域，重新成为我们的发展旗舰，成为我们在国内领先的行业，使我们可持续发展的基础更加稳固。只要认清形势，把握机会，每一次调整都会给我们带来新的进步与飞跃。十八年来，我们在调整中不断成长，在与对手的激烈对抗中不断壮大。我们的领域会越来越宽广，我们的快速进步与日益强大，连我们自己都不敢相信，这一切都在不断地调整与创新中完成。

第十一，坚持"三化"，必定使我们的生存能力与适应能力得到全面提升。坚持"三化"，将使我们在大、中、小项目间更加游刃有余，使我们更加从容不迫地击退对手，使我们更加昂首立于国内大院前列之林，实现十一科技持续强盛的梦想。

2019年，将是"三化"战略全面实施的一年，将是十一科技优势与能力充分发挥的一年,将是十一科技最光辉的一年,没有任何悬念可以阻挡住十一科技连续十八年快速而又坚实发展的前行脚步。

让我们迎接这个充满挑战与希望的一年吧,以优异的成绩迎接无数革命先辈用生命换来的伟大祖国成立七十周年大庆!

2019年1月30日

此消彼长

美国波音公司737M8连续出现机毁人亡的重大事故,中国等多国都宣布暂停波音737M8的飞行,这股风很快会席卷全球,因为谁也不会相信波音公司与美国政府那些不靠谱的承诺,毕竟命是自己的,而且生命对我们只有一次,会信任如此不靠谱的人,这个世界上可能少之又少。

波音的麻烦或许只是才开头,大规模的赔偿诉求会接踵而来,赔偿浪潮会一浪高过一浪,而飞机控制系统问题的解决是非常复杂的,不仅在理论上复杂,而且必须经过实践的检验,这需要很长时间,恢复人们的信任感更是一件极难的事,否则人们还是不敢去乘。

而其他波音737系列飞机也面临全面的安全检查,否则或许也会有安全的忧虑。总之,消除人们对死亡的恐惧,消除对波音公司的不信任感,非一日可以办到。

在波音迅速消退的同时,波音的竞争对手——空客公司正面临快速成长的好机会,可以预见,大型客机订单会向雪片一样飞向空客,毕竟大型客机的制造能力不是靠"豪情壮志"可以吹出来的,目前世界上只有空客与波音,而面对波音的无奈,只有把订单转向空客。

此消彼长,反映的是市场的现状。空客的飞机安全性能要比波音好,事故率比波音要低,市场上更易接受。

此消彼长,反映的是两种不同的态度。波音737M8很早就出过事,但波音一直拒绝承认是系统设计的缺陷,这次埃塞俄比亚航空公司的出事,在以如此多鲜活的生命换来的惨重代价面前,波音仍然不愿直面,美国政府也设法保护。但无可奈何花落去,没有人、没有哪个国家会因此而顺从美国,顺从波音。

此消彼长,反映的是兴旺与衰败的规律。波音的消退是不思进取、不愿面对、不敢担当的必然结果。任何国家、任何公司、任何个人,只有顺势而为,随潮而进,才能不被时代所抛弃。波音曾经是美国的荣誉,也是美国的一个象征,现在的波音也是美国社会的一个缩影,美国必须调整自己,正视自己在某些方面的落后,不断改进自己,而不是独步天下,唯我独尊,而是与全世界共同发展,才能不被历史所抛弃,才能永远保持自己的领先地位。

此消彼长,往往发生在重大的节点、重大的关头,看似一个偶然的突发性事件,实际是一个必然的结果,是领导、战略、价值观、理念、信誉、技术、核心竞争力、机会、能力、实力、服务、文化、团队等综合因素的较量与体现,是长期较量的必然结果,是竞争双方实力分化的一个分水岭。

此消彼长,反映的是新兴事物的蓬勃兴旺、与时俱进,反映的是保守势力的沉闷落后、日趋消退。

2019年3月16日

大连的夜晚

　　大连的夜晚，依然是迷人的，海滨城市特有的港湾、沙滩、游乐场、帆船等，就在眼前，在夜幕下，显得更加特别。

　　大连是东北的一颗璀璨夺目的明珠，也是全国的一张名片。虽然，政治上特殊原因以及不停的动荡，使这座城市的发展受到影响，但雨过天晴，一定会有更加美丽的彩虹出现，在改革开放再出发的日子里，大连一定整装重新出发，一定有更大的动作。我们耐心地等着吧。

　　对大连的情感一直没有变，是因为十一科技的大连分院一直是大连最有名的高科技工程服务单位，大连分院在东北也是相当著名的。我们在大连设分院已经有30多年的历史了，是十一科技最早的外设分院之一。30多年来，我们一直与大连这座美丽的城市一起成长，我们与一大批国际上顶级的公司在大连携手并进，为他们服务，看到这些大公司如今成为大连的产业支柱时，心中有万分的欣慰。我为大连分院而骄傲，为十一科技而骄傲，为王利同志突出的市场能力而骄傲，也为如今蓬勃向上、锐意进取的干部团队而骄傲。

对大连的情感一直没有变，是因为我们曾经在2003年10月21日在大连召开了十一科技经营峰会，那是在党的十六届三中全会召开的前夜，我们尊敬的杨晓堂总经理亲临大会，为我们做了十分重要的报告，为我们指明了发展的方向，由此拉开了第二次改制的序幕。在大连峰会上同时进行的新老交替，则宣告了十一科技一个新时代的开始。因此，大连峰会对十一科技非常重要，一直是十一科技发展史上一个重要的里程碑式的峰会，而重新踏入16年前召开大连峰会会场的银帆宾馆，勾起了我对当年往事的回忆，一张张曾经年轻的脸庞浮现在我的眼前，当年的领导与战友们如今都好吗？

对大连的情感一直没有变，是因为改革开放再出发，十一科技志存高远，扬帆远航，继承大连峰会精神，再攀高峰。而大连分院在经历了辉煌与曲折后，也将与强大的十一科技开始新的征程，今年大连分院重大项目屡获突破，形势之好远胜去年，大家信心满满。而总部决定将大连建成十一科技最重要的技术人才培训基地的决策，将为大连分院的发展带来一系列新的重大机会，大连分院因此会面貌一新，旧貌变新颜，所有十一科技人对远在东北的大连分院从此将不再陌生，以后总部与各分院高端人才将频繁来大连，接受最新的专业培训，交流最新的技术资讯，这样做将使大连分院比任何一个分院都有更多的机会融合总院，融合于十一科技大家庭，大连分院也因此会得到总院技术与高端人才的更多支持，大连分院的发展将揭开新的篇章。

发展，总是要有机会相伴，而机遇总给那些有准备的人留着。准备，总是那样艰苦，那样细致，那样需要魄力。

机会，总在那果断决策的一个瞬间，而做出果断的决策需要有谋定而动的思维，更要有着眼长远的战略谋划，需要有牵一发而动全身的抓关键的艺术，需要有果敢的抓机会的勇气与不顾一切、务求见效的实干精神。

以上的话，写在大连分院蓄势待发的前夜，写在大连的早晨，写在春意盎然的日子，写在万紫千红的春天。

2019 年 3 月 18 日

欢乐的歌，从蒙古包中飞出

因为要见证中环、协鑫项目落地的签约仪式，在一周内第二次来到呼和浩特市。今晚，被会议安排在蒙亮"蒙古包"就餐。

夜幕下，一排排坚固的"蒙古包"，格外壮观，分外引人注目，而蒙古包内的气氛更是热烈，高潮不断迭起，专业歌手演唱的优美歌声在蒙古包中回荡，而翩翩的蒙古舞蹈则让人陶醉。

被这种热烈的气氛所感染，我们也情不自禁地加入了演唱的行列，先是点曲，后是自唱，把蒙古包内的气氛渲染到一个高潮。

歌声，从蒙古包飞出，穿越城市的夜空，在塞外的都市上空回响，给初春仍感寒意的夜晚增添暖意。

快乐，从心中荡漾。唱的这些歌都是反映内蒙古草原的名曲，如《草原夜色美》《呼伦贝尔大草原》《父亲的草原，母亲的河》《鸿雁》等，这些歌在今晚特定的场合上唱，有一种更为亲切的感觉。

热情，再一次被点燃。你一首，我一首，大家都要唱，再有名的大佬也未能漏掉，气氛真是热烈，大家的情绪被点燃，气氛浓浓，这也拉近了我们与朱共山、沈浩平这些大佬们的距离，加深了我们的友谊。

与巨人们同行,得到最多的是思维的启迪,获得最多的是发展的支持,留下最多的是难忘的友谊。

与巨人们同行,在大战略中找到自己的定位,在大格局中开辟新的道路,在风雨如磐的前行中找到力量。

与战友们在一起,感受到的是团队的力量,大家庭的温暖氛围,永远都在的信任,永远都在的支持。

内蒙古的梦想,是青春的萌动,是事业的寄托,是一种故乡的情怀,青春可以逝去,过去已经远离,但这情怀永远在延续,永远在我的心中。

踏进呼和浩特市机场,一块醒目的广告语**"不必仰望别人,自己亦是风景"**让人瞩目,这句广告语充满励志,人生就应当这样,坚定地按照自己的选择,快乐着自己的人生,一切足矣。

2019 年 3 月 17 日

青岛，今晨又下着小雨

    为参加十一科技华北区2019年第一次工作会，于昨晚在暮色中抵达青岛黄岛金沙滩会议中心，见到的是一张张熟悉的脸，只是气氛更加热烈，青春更加飞扬，队伍更加壮大，信心更加饱满，斗志更加旺盛。

    是的，作为营收已经超过百亿元的大院，三个百亿元的实力（总资产、营收、合同）的大院，是设计界的重量级的单位，更是成都、无锡两地的重头戏，而其巨大的行业影响力与强大的团队，更是出众，我们应当有更多的发展自信心。

    昨晚，大家聚集一堂，我说，在这个时候我想得更多的是19年来，我与大家一起共同建设每一个分院的漫长而艰苦的经历，与大家经历由弱小到强大蜕变的痛苦而幸福的成长过程。

    雨中飘荡的回忆是清晰的，雨中留下的记忆是难忘的，雨中洒下的泪水是幸福的，雨中的歌声将永远回荡。

    我喜欢晴朗的日子，喜欢朗朗乾坤，但有时更喜欢雨，或许因为我是江南人，一直与雨为伴；或许因为雨中更加安静、更有情调；或许因为雨中更易勾起那些回忆；或许因为雨中更加激发斗志。

我喜欢《今夜又下着小雨》，喜欢小雨那份特别的情感。我昨晚就说，我想，青岛今天应该有雨，果然早晨起来，青岛下着小雨，我一早起来，就在雨中漫步在万紫千红的花园，漫步在繁花似锦的绿道，漫步在迷雾中的金沙滩海边，海风吹来，是一阵特别的感觉，是一种特别的清新。

青岛，越来越美，越来越有影响力。去年上海经合组织会议的召开，使青岛威名远扬，而明天（23日）将在这里举行的海军70周年庆与多国海军演练，总书记将亲临，更会吸引世界的更多的目光。

我们在青岛起步，与山东一起发展，与华北共舞，同样也在创造新的历史。新的历史，就是在我们的努力中不断写下的。

"仰望巨人，我们心潮澎湃，而创造新的历史，我们同样坚定"，这是我昨天在飞机上写下的诗句，作为我对自己的鼓励，对十一科技的鼓励，对华北区的鼓励，作为本文的结尾。

2019年4月22日

又是雨中别青岛

今天上午,将结束在青岛紧张的一天行程,离开青岛回成都。

早晨起来,青岛又在下雨,而且比昨天的雨大,青岛展示给我的是多变的海洋性气候,昨天下午晴朗的天气已经不在。今天是海军70周年庆,在青岛举行多国部队海军演练以示庆祝,总书记与中央领导要来,但愿与昨日一样,在上午时分,天气再由雨转晴,为海军演练提供晴朗的天气。但从今天情况看,转晴可能性不大,多半要在风雨中庆中国海军的70岁生日,战舰破浪前进,是另外一种情怀。

青岛一日,感想很多,出席了华北区一季度工作会,会上的信心与热情很鼓舞人。而发展中的问题也总会存在,但也会不断解决,这么多年来不就是一直在"调整中前进,在完善中发展"的吗?当昨天《我们是一家人》院歌的亲切、熟悉而优美旋律在我们的耳边响起,心中感慨很多,我说在2004年国庆(也是院庆四十周年)创作并传唱的这首院歌,真实地反映了那时十一科技的梦想,这首歌唱了15年,十一科技由当年的5亿多元,成长到了去年的107亿元,标志着梦想的实现,今天,我们还要唱下去,继续创造新的历史。

幸福的梦想都是奋斗出来的，是一步一步走过来的，是一次次把握机会得到的，是一次次在调整中实现的，是一次次加速而实现超越的，这世界没有捷径可走，罗马不是一天建成的。

到位于黄岛的青岛分院新址参观，我也是第一次，在做出青岛分院从青岛"五四"广场旁搬到黄岛的总部经济区的决策后，我还没有机会来到青岛分院新址。看到青岛分院新址井然有序，文化气氛浓厚，企业标识鲜明，干部员工精神饱满，发展快速而且后劲十足，对此我与同行的干部们非常振奋，特别是华北区兄弟分院的同志们更是备受鼓舞，表示一定要向青岛分院学习，回去后在各方面加紧努力，争取更大进步，参观也变成了交流与相互学习的好机会。看来，除了开会，相互间的观摩也是启发思路、推动共同进步的好办法。

最难忘的还是与有中国集成电路之父之称的张汝京先生的见面，张汝京先生是我与十一科技十分亲密的朋友，对我们的成长帮助极大，这是我在芯恩开工后，第一次来芯恩看望张汝京先生。张汝京先生对我的到来进行了细致的安排，对我们一行发表了十分重要的讲话，全面论述了5G通信与第三代化合物半导体发展的关系，诠释了他作为中国集成电路领军人物对未来发展方向的深刻洞察，使我们一行人员受益匪浅。随后，他又亲自陪我到芯恩的工艺设备的翻修工厂，见到了在那里工作的美、日、中三国的工程师，见证了芯恩团队孜孜不倦钻研业务的热烈场面，使我体会到信仰的力量与职业培训的作用。

然后,我们一起来到芯恩工地,亲切看望大家,张汝京先生向我详细介绍了项目的情况与芯恩的发展战略、市场定位、团队组成等,使我对芯恩的未来有了更多的信心。

接着,我给项目组的同志们开了个会,由龚伟力同志汇报,我要求大家注意安全,同时项目组由上海分院、总包公司与青岛分院的同志组成,要加强团结,要把《我们是一家人》的歌唱在嘴上,落实到行动上。

晚上,张汝京先生在青岛中德工业园的家设家宴请我,永航、才志、士伟、伟力、张鹏等同志陪同。在家接待,家宴,是最高规格的接待,晚宴充满亲切气氛,我们像在自己的家一样亲切自如,我们谈话的内容很广,气氛浓烈似家人,给我们都留下了十分深刻的难忘印象。

在雨中离开青岛,更多的是对青岛的祝福,对青岛分院发展的期待,对华北区与十一科技美好未来的祝贺,也包含了对长期在芯恩工地的龚伟力、芦永勇等同志们的深深挂念,愿他(她)们在异乡如同在家中,爱青岛如同爱家。

去年5月的一天,我在雨中从成都出发,到青岛与白焰、李力、家红、伟力、张鹏等战友们一起拿下芯恩项目,我因此写下《雨中飘荡的回忆》一文,记录了我当时的心路历程。今天,我们再在雨中出发,迎接更加明媚的春天,四月里的日子,一切是如此美好!

青岛,我们下次再见!

2019年4月23日

战舰破浪前进

中午从青岛回到成都后，一直惦念着今天下午在青岛海域举行的海军70周年庆典活动，刚在电视新闻联播中看到总书记在雨中视察海上阅兵部队，英雄的海军战舰在风雨中破浪前进，接受总书记的检阅，这是另外一种情怀。

破浪前进，是海军部队的英雄壮举。大海波涛汹涌，海军战舰迎风而上，破浪前进，表示了中国海军不惧风暴，坚定前行的坚强决心。

破浪前进，是海军战士的风采。水兵爱大海，骑兵爱草原，飞行员爱祖国的蓝天。不管海上有什么风浪，海军战士都斗志昂扬，战舰飞驰，巡航海疆，破浪前进，不达目的，决不罢休。

海军70年来，威武雄壮，人民海军逐梦深蓝，期盼强大，卫我海疆，保卫南海，开辟海上新丝路。

破浪前进，是中国人民的决心。无论遇到什么困难，都不会改变初心，不会改变初衷，不会改变美好的梦想，向着梦中的地方飞奔去，再苦再累也心甘。

2019年4月23日 成都

为庆祝海军成立70周年而作

光荣的华为

——为华为总裁办5月16日致华为员工公开信、奋起应对美封杀的勇敢行为而点赞

两条路,是两种不同的方向。

一条是自强通向光明的阳关大道,

一条是依赖顽凶留下历史的遗憾。

两条路,两种不同的情怀。

一种是民族尊严流芳千古,

一种是受制于人吞下苦果。

两条路,两种不同的命运。

一种是奋起反击赢得自由,

一种是失去自由受制于人。

没有了信仰,留下空躯还有什么用?

没有了自由,人生还有什么价值?

挺不起腰杆,人生还有什么尊严?

没有了精神,一个民族就没有了灵魂。

好样的,华为!

你是中华民族的脊梁,

你扛起了新时代民族复兴的大旗,

走在了这场大决战的前列。

你们的后面,

是生生不息的中华民族。

好样的,任正非!

你是中华民族的英雄,

你继承了先辈的血性与勇敢,

站在了这场大决战的前面。

你的后面,

是十四亿伟大的中国人民。

奋力一搏吧,光荣的华为,

伟大的祖国是你坚强的后盾。

你的使命,神圣而光荣,

你唱响了中华崛起最美的赞歌。

坚定前行吧,英雄任正非,

亲爱的祖国是你永远的力量，

历史选择了你，把家国重任担起，

你奏响了新时代最壮丽的乐章！

2019年5月18日

华为的贡献

5月21日,华为创始人、CEO任正非在深圳接受新闻媒体采访时,就外界关心的问题做了回答,这些回答充分表示了华为的决心与任正非宽广的胸怀,令人感动。

任正非说,最重要的还是把自己能做的事做好。

任正非说,不会轻易狭隘地排除美国芯片:不能孤立于世界。

任正非说,华为的5G不会受影响,别人两三年肯定追不上。

任正非说,不要煽动民族情绪,不能把买华为与爱国简单等同起来。

任正非说,自己做芯片很难,但咬牙做了这么多年,挺过来了。

任正非说,我们每年交税是两百亿美金,我们的科研经费将近是两百亿美金,人工工资加起来也快三百亿美金。

任正非说,芯片领域不能光靠"砸钱",同时也要在数学、物理等领域加大投入。

任正非说,目前,华为有700名数学家、800名物理学家、120名化学家、六七千名基础研究的专家、六万多名各种高级工程师、工程师,形成组合共同前进。

任正非说,华为仍然对参与全球科研和创新保持积极态度。

向华为学习,就是向任正非学习,因为任正非是华为的灵魂,是国家的栋梁。

向任正非学习,就是学习任正非的决心,学习任正非的胸怀,学习任正非对科技的投入,学习任正非对人才的重视,学习任正非对社会的责任,学习任正非对国家的杰出贡献!

一句话,学习任正非作为真正企业家的伟大抱负与作为卓越政治家的博大胸怀。

2019 年 5 月 23 日

路,是人走出来的

随着我们与成都银行战略协议的落地,我们与成都银行将开启高级别的合作新征程,而成都银行成华支行总部将入驻我们十一科技第二栋大楼,成为第二栋大楼第一个、也是最重要的客户,从而拉开了总部第二栋大楼出租的序幕,这约4000平方米的面积与十年租期的合约,成为十一科技重要而稳定的风向标。成都银行就地提供的高质量服务,必将给我们的发展注入新的强大动力,为十一科技进入百亿俱乐部后再上新台阶而助力,为中国高科技在特殊时期的发展助威。王晖董事长在百忙之中,一个月内两次来院推动战略合作,着实让人为之深深感动。

十一科技总部第一栋大楼在2016年5月24日正式入住后,除了自用外,其余剩房已经对外租完,除了与区政府联合引进北京中关村外,还有不少散户,现在一套也没有了,满座。这既是政府的支持、十一科技强大的品牌效应与产业链的吸引力,也是大楼毗邻成都地标339电视塔的独特地理位置以及大楼的高质量、多功能、完善的服务体系、合理的价位等因素,现在真是到了一房难求。

在这个时刻，我想得最多的是当初总部这20亩地如何从划拨用地转为科研用地、又如何从科研用地转变为商业用地、从多次合作没谈成到自主开发、从一栋到二栋方案的变化、从两个独栋到有裙房连接的两栋方案的变化、从一般标准到国内高标准写字楼的配置、从单一写字楼到多功能用途楼的改变、从城市写字楼到城市花园写字楼的转变、从随意单独引进客户到成建制、高标准招商的战略改变，这一系列不断而快速的变化，适应了市场的需求，不断提升着大楼的品质，提升了大楼定位，丰富了大楼的内容，增强了大楼的吸引力。

如今，两栋十一科技成都总部大厦组成的十一科技广场，屹立在成都339第二商务圈，成为美丽成都一个重要地标，成为城市高质量发展的典范，是339商务圈的重要地标性建筑，我们为美丽成都做出了贡献。

回想总部大楼建设的风风雨雨，心中充满无限感慨，感恩这个伟大的时代给我们的机会，感恩老一代领导人留下的这一摊、感恩全院同志们众志成城的努力、感恩智慧佳丽的贡献、感恩政府、设计者、建设者、供应商们的努力，我们共同成就了这永恒的经典。

夜幕下，十一科技广场犹如两颗璀璨夺目的明珠闪闪发光。夜晚，登上西部第一高的339电视塔，首先映入眼帘的是几个通红的"十一科技"大字，这几个醒目的大字给夜色的成都带来一道绚丽多姿的夜景，带来了信心与力量。我们以成都为荣，成都以有十一科技这样的百亿大院而傲，我们日夜与成都相伴。

路,要从顶层谋划,战略上设计。 顶层设计是最关键的,虽然具体的细节看不清,但战略方向要清晰,目标要明确,决心要大,要分若干个战略步骤。

路,要紧紧依靠团队。 团队是行进的主体,虽然灵魂人物是重要的,但大家的智慧、群众的力量,集思才能广益,最佳的方案都是吸收大家大智慧而成,个人的智慧总是有限的,而团队的创造力则是无法估量的,多听听大家的意见,可以使决策方案得到补充、修正与完善,可以使路更加宽广而光明。

路,一开始总是模糊的,不那么清晰的。 世界上没有笔直的路,没有一条路一开始就能看得到底,总是要走到一定的路口,才能找到去向。因为人的任何设想都不是现实,任何设想都与现实有距离,任何设想都需要在实践中检验。只要方向正确就可以大胆地走,在走的过程中逐步清晰起来。

路,要不断调整。 走一步,调整一下;走几步,回头看看;走一段,总结一下。

路,不能等绝对把握才往前走。 世界上任何事,都没有绝对把握,当真有把握时,机会已错过,这个把握就可能成为失败的开始。

路,要按照最极端情况设计。 最极端情况,就是最坏情况。十一科技是专做设计与总包的,近4000人。最坏的情况,就是设计与总包大量减少甚至没有,十一科技也能生存下去。通过这几年努力我们做到了,如今主营外的利润约占50%,即使市场有变化,我们也能从容应对,十一科技的骨干不会走,员工不会辞,这是对员工的关爱，对社会的责任。

路，适合自己的，就是成功之路。别人的路再好，也属于别人，盲目模仿是行不通的。找到最适合自己的路，就是成功。

路，要靠成功把握机会，找到转折。很多时候，一个机会往往会改变路的方向，决定路线的成功。因此是否能把握行进中的机会，就成了道路是否成功的关键。

路，要勇敢无畏地前行。没有现成的路，成功的路要靠勇敢开拓，靠智慧排解道路上的障碍。没有勇敢，永远走不出第一步，而一旦走出第一步，就会有第二步，第三步……

路，要一步一个脚印。路，要一步一步地走，不能一步登天，这个世界上没有通天的捷径，特别要下功夫做好基础性的工作。"罗马不是一天建成的"，高楼大厦平地起，如果基础不牢，总有一天会倒塌。

路，永远在行进中。早于总部大厦投入使用的十一科技华东大厦，现在已经满座。而即将入住的华北大厦，人气很旺；已经封顶的西北大厦，将在年底入住。虽然总部第二栋大楼、华北大厦、西北大厦的完全满座，或许还需要一段较长的时间，但**"坚冰已经打破，航道已经开辟"**，我们一点也不担心，而且反而信心满满，因为我们已经探索出路子了，已经有足够多的经验了，可以从容应对，迎接新一轮的高峰。

十一科技除了品牌、技术、团队、实力的强大外，如此多遍布全国的高质量、现代化的地区总部大楼与分院办公室，这一笔庞大的资产，是全国任何一个设计院都不可能有的，这是十一科技

正确战略的胜利，也是长期心血的结晶，是十一科技光辉品牌的重要组成部分，是留给十一科技后人巨大财富中的宝贵一笔。

这份资产既是我们对外的门面，又是对内的条件，同时也是收入的来源，增值的资产，同时还会带动地区科技经济的发展。我们推动地区总部发展的步伐不会停止，还会适时加强。

路上有机会，也有陷阱；路上有阳光，也有风雨；路上有风景，也有迷雾。

走路走大道，大道上阳光照；走路走大道，大道上朋友多；朋友多了路好走，阳光道上风光媚。

在大胆行走中，开辟属于自己的路；在勇敢地前行中，找到适合自己的路；在战略思考中，发现自己的路。

鲁迅先生说："其实地上本没有路，走的人多了，也便成了路。"一切的路，都在行走中形成；一切的路，都在实践中探索；一切的路，都在坚持中越来越光明；一切的路，都在调整中趋于完美。

2019 年 5 月 28 日

"开放是美国顶尖研究型大学
取得卓越成就的关键"

据报道,就中美学术签证问题,耶鲁大学紧急发声。5月23日,耶鲁大学网站刊出校长苏必德的声明,苏必德校长说:"这几周,中美关系紧张以及对学术交流审查令耶鲁大学和全美各地的国际学生、学者感到不安。"

苏必德校长说:"开放是美国顶尖研究型大学取得卓越成就的关键,也必须始终是耶鲁大学的标志。"

在"黑云压城城欲摧"的恐怖气氛中,在美国还是有一些著名的大学不改初衷,坚持原则,坚持底线,不怕恫吓,敢于发声,伸张正义,这实在难能可贵。

这个世界上,竞争当然是存在的,也是必需的,但一定要用正当手段,不能不择手段,更不能动用国家力量而毫无证据地打击别国企业。

这个世界上,你中有我,我中有你,互为市场,互为依靠,产业链上谁也离不开谁,市场上谁也少不了谁,技术上谁也不能从头到尾。

不正当手段与阴暗心理,破了几百年来建立的市场的规矩,也破了自己定下的规矩,破了很不容易建立起来的世界秩序,得到的是一个混乱世界的局面,而这个世界上一切的人,都得为这种混乱与倒退买单。

好日子,从此没有了;中美之间的正常学术技术交往没有了;四十年在几代远见卓识的老一代领导人克服重重困难而建立起来的中美友好关系没有了;四十年来在风雨中前行而又造福两国人民、造福世界的中美友好合作局面没有了;取而代之的是双方日益增长的摩擦与仇恨。

我想,这种局面不会长久,因为这不符合两国人民的共同利益,不符合世界人民的期待,不符合历史的发展潮流。

历史,可以倒退一时,而不能永远;进步与正义之声,总会传遍世上每一个角落,对这点,我们丝毫不怀疑。让我们耐心等待吧。

2019 年 5 月 29 日

中美主播跨洋对话引关注

北京时间5月30日8时30分,美国福克斯商业频道主播翠西·里根与中国国际电视台(CGTN)主播刘欣在福克斯电视台直播中进行了一场"跨洋对话",历时16分钟。

这场对话吸引了中美媒体与几亿观众的关注与瞩目,结果是虽有激烈但算温和;虽有分歧,但趋于认同;都很优秀,刘欣更加出彩。

我们不去评论中美贸易的谈判,因为这是一个没有结果的谈判,我们评论是没有用的。

吸引我更多的是,中国应当如何大胆利用这种国际多媒体的场合,发出声音,消除外界对中国的偏见与误读,还世界一个真实的中国。

要有多种渠道、多种声音全面反映真实的中国,除了公式化、近乎千篇一律、倍感枯燥的外交辞令外,我们还需要有更多接地气的、亲切的、多样化的民间声音,有时候,民间的声音更有力量,传播也更广。

刘欣以她的睿智、沉着、大胆、博学、多才、出色的英语水平与深厚的爱国情怀,打动了中国,感动了世界,一举成名。

　　而14亿人口的泱泱大国,有的是人才,我们需要研究的是如何为这些人才的脱颖而出创造出更好的环境,改变一下目前比较沉闷与单一的做法。

　　其实,14亿人口的大国,什么都无须怕,关键是要向华为那样,把自己的事做好,而做好自己的事,关键还是要把气氛、机制与环境搞好,把人的积极性充分调动起来。刘欣的脱颖而出,应当给我们一些有益的启示。

　　　　　　　　　　　　　　　　　2019年5月31日

再出发，上海SNEC光伏展

　　一年一度，第十三届(2019)上海国际太阳能光伏论坛与会展(SNEC)，热闹如常，风光依旧，人潮如涌，一扫"5·31"新政的阴霾，天空露出明媚的阳光，人们信心似乎更足，仿佛是一片欢腾的海洋。

　　一年一度，聚友情。新朋老友再相聚，谈合作，协力创新，事业红火。握不完的手，说不完的话，道不完的情，议不完的事，会场内外，气氛热烈；台上台下，情绪高涨。

　　一年一度，新风貌。到处是新品的发布，处处是创新的展示，脸上荡漾着笑容，心中充满期待。新能源的复苏，驱散了"5·31"新政后的迷茫；国内外市场的萌动，燃起新的希望；未来的不确定性，又增添了一些迷茫。

　　一年一度，火热无比。会展带动的是产业，搞活的是服务业。酒店爆满，餐饮爆满，交通堵塞，人气爆满，到处是人潮涌动，放眼人流滚滚，一切都是"旺"，一切都是"热"。

　　一年一度，再相会。满满的一杯酒，绽放的是脸上的笑容；轻轻的一段话，表达的是重逢的喜悦；难舍地再握手，别后的再祝愿。

一年一度，再牵手。再牵手，走向新能源的未来；再牵手，奔向更广阔的天地；再牵手，创新开辟新的世界。

一年一度，几多欢笑几多愁。老友仍在人渐少，新苗茁壮新人多。大浪淘沙留真金，市场无情驱弱者。扬弃的是旧貌，换来的是新颜。

一年一度，再出发。再出发，依然豪情满怀；再出发，依旧青春勃发；再出发，迎来朝霞满天；再出发，新能源光照未来！

2019年6月5日

关于成功与失败的思考

　　机会，一般只给你一次，错过了，就失去了一次改变的机会。全力抓住机会，就是改变自己最好的办法。

　　有时候，失败换来的财富，比胜利还重要。因为只有失败，才能让你的痛苦刻骨铭心，才能让你牢记终生。

　　失去的，不再回来，不必老回头看，要勇敢地向前看；得到的，好好珍惜，倍加爱护。

　　胜利的原因很简单，就是一切都比别人强。失败的原因很复杂，就是很多关键之处不如别人。

　　从客户需求出发，从实际出发，从提升客户的价值出发，考虑对手的存在，这就是我们的市场出发点。任何背离这条原则的行动，在竞争中必然失败。

　　任何一种职务，任何一种过程，都是一种经历，任何经历都是一种财富。丰富的阅历，让你拥有无尽的财富，而这些财富是否能够发挥作用，还得源于你是否有善良而又真诚的心、是否有充满智慧的头脑、是否有勇敢的行为。

2019 年 6 月 12 日

文化是一种力

　　十一科技6月14日盛装出席无锡国际瑜伽节与6月16日在嘉兴隆重庆祝建党98周年的两次活动，虽然只有短短两天，但我们为此做了长时间的准备。这两天获得了非常丰硕的成果，在文化建设与党建方面收获着巨大的成果，我们至今仍然沉浸在这些幸福而难忘的回忆之中，心情激动，不能平静。

　　盛装出席无锡国际瑜伽节，与著名歌唱家钟丽燕同台演出，这对院瑜伽舞蹈队是个机会，而临时增加的新伴舞，则是对瑜伽舞蹈队的考验，瑜伽舞蹈队通过艰苦努力，完成了这一使命，从而迈上一个新台阶，钟丽燕的倾情演唱与瑜伽舞蹈队的精彩伴舞，给瑜伽节增辉，给无锡人民留下了难忘的印象。

　　在瑜伽节上，《无锡美》首秀，大获成功，从黄钦市长手中捧回沉甸甸的四个最美奖牌（最美作词、最美作曲、最美歌唱、最美伴舞），这是无锡对《无锡美》的肯定，《无锡美》的优美歌声通过钟丽燕的精彩演唱，划破拈花湾夜空，在无锡上空久久回荡，而《无锡美》的歌曲，已通过网络，在国内迅速传开。

　　我与鸿伟书记在嘉兴为十一科技嘉兴党建中心揭牌，标志着十一科技第一个培训中心正式开业,意义重大,而这也意味着院第二个培训中心——大连培训中心的揭牌也是箭在弦上了。大连这次观摩了嘉兴培训中心的成功经验与不足,这会加速大连培训中心的建设。

培训,是十一科技保持与提升竞争力的重要举措,很快院将下发嘉兴、大连的年度培训计划,十一科技的干部与员工,两年内都必须轮训一次。同时,中心也向太极实业开放。

这次请到了国内一流的红船精神研究专家徐连林、张志松教授讲课,大家都受到了深刻而难得的教育,大家对党史的发展历史,特别是对红船精神的理解,上升到了一个新高度,而这对当下发扬"首创、奋斗、奉献"的红船精神意义重大。

参观南湖革命纪念馆,"不忘初心,牢记使命",使大家再一次感受到神圣的使命,一定要把南湖红船所开辟的航程,继续下去。

而昨晚进行的"两优一学"表彰与文艺晚会,高潮迭起,精彩纷呈,来自总院瑜伽舞蹈队与华东分院、上海分院、苏州分院、南京分院、内蒙古分院的强大演出阵容,反映了十一科技日益快速发展的企业文化水平与不断提高的层次。来自嘉兴、西安、无锡、成都的国内知名艺术家与我们汇聚一堂,则展示了另外一种文艺风采。十一科技的文化是开放的,在开放中引入国内知名艺术家,在开放融合中推动自身的进步,是永远不变的方针。

这次我与鸿伟多次协商,在太极党委的统一领导下,进行联合庆祝建党98周年的活动意义重大,这必将会加快太极实业与十一科技的深度融合,使原本已经不错的关系,更上一层楼。

毫无悬念,已经进入百亿俱乐部大院的十一科技会继续发展,毫无疑问,与发展相适应的文化力也必须快速上升,才能与快速发展的规模与实力相称。

文化力就是企业的凝聚力、诚信力、信仰力、自信力、战斗力、影响力,是团队团结的纽带,是核心价值观的体现,是最重要的软实力,是竞争力的基石与重要的组成部分,我们之所以重视文化建设,其意义就在于此。

文化力,是一种实在的力量。文化力看到见,摸得着,用得上,渗透心间,暖人肺腑,鼓舞斗志,催人奋进。很难想象,一个没有信仰、没有信念、没有目标、没有斗志的人或团体会在竞争中获胜。

文化力,是一种信仰。文化力无难不破,无坚不克,无险不除。中国共产党从建党初期的58个党员,如今已是拥有8000多万名党员的大党,领导着世界上最大人口国家过上幸福生活。党领导人民一路走来,克服了无法想象的困难,而支持这个崇高事业的就是党的信仰,就是"不忘初心,牢记使命",就是"首创、奋斗、奉献"的红船精神。

文化力,是一种精神。文化力使人振作,催人奋进,鼓舞斗志。市场如同战场,没有斗志,没有勇敢,没有一往无前的精神状态,恐怕取胜是难的。

文化力,是一种信念。信念坚定,而信念坚定则必更加诚实守信,现在市场经济中的一些乱象是由于缺少信念而造成的,广泛推动文化力可以纠正这种乱象,从而推动社会风气的进一步好转。

文化力,是最有价值的投资。回过头看,我们在文化方面的投入与付出是完全值得的,我们获得了巨大回报,这回报是日益增加的社会影响力、是团队更加旺盛的斗志、是团队更加凝聚的力量,是未来更加美好的春天、是更加宽广的道路。

文化力,充分展示了我们的信心,而这信心是奔向市场决战的动力,是准备市场决战的定海神针,是我们永远珍爱的法宝,而这一法宝自我主持十一科技20年来,一天也没有丢过,一直在怀中紧揣,这是十一科技越战越勇的唯一法宝,别人不易学,也难学,是我们独有而永远珍藏的宝藏。

2019年6月17日

决策中的风险

任何决策,都会伴随一定的风险。没有风险的决策,实际上是不存在的,即使存在也没有什么意义。

任何机会,都存在于风险之中,没有风险的机会也是不存在的,即使有这样的机会,机会的价值也不会大。

任何发展,总是在机会与风险中前行,如何既能规避风险又能把握机会,在这两者中寻求平衡,是永远面临的考验与选择。

看准了,就要大胆干,只有大胆干,才能把握那些稍纵即逝的机会,而犹豫不决、瞻前顾后,则会痛失机会,这会导致一事无成。

看准了,风险自然就少,因为看准了就是考虑了很多可能出现的变化,把握了风险点,把握了正确的方向。

看准了,风险就会让路。风险存在于决策中,更存在于犹豫之中,一旦决心下了,风险反而减少了,机会反而会增多。

不干,是最大的风险。不干,就是放弃机会,放弃发展,放弃变化,就是最大的风险。别人发展了,自己没有赶上去,差距拉开了,被对手抛下了,就是最大的风险。

不敢担当,是最大的风险。不担当,不作为,不愿承担责任,从而痛失机会,这就是面临的最大风险。

不改变,是最大的风险。一切都在变化,决策的环境与时机不断在变,当初的决策方案也要不断修正,这样决策方案才能适应实际情况。

2019年6月18日

如期进行

昨晚在雨中到达绍兴，出席中芯绍兴项目封顶仪式，晚上与20年的老朋友王民华长谈，久别重逢，倍感亲切。今天，绍兴大雨，但开工仪式不惧风雨，如期进行。在开工仪式上见到了绍兴市委马卫光书记等市领导，见到了中芯国际CFO高永岗与绍兴中芯CEO赵奇等，大家很久不见，分外亲切。

在这么大的雨中出席一个仪式，这对我、白焰、李力、陈敏、余亮等十一科技的同事们，都还是第一次。

如期进行，反映的是绍兴市发展集成电路的坚强决心。绍兴市委、市政府把中芯绍兴项目看成城市转型升级的重大突破，全力推动，由于中芯绍兴项目的落地，已有7家集成电路配套企业落户绍兴，这个数字在年底能达到20户，充分显示了产业的聚集效应。城市的产业转型升级，是城市发展的必由之路，哪个城市走得快，哪个城市就发展快。绍兴市的产业转型升级在马卫光书记的不懈推动下，成果卓著，而中芯项目则是转型的龙头，意义格外重大。

如期进行，反映了中芯国际加快发展集成电路的坚强决心。

中芯国际在实现14纳米技术的突破后,一步也不能停,一步也没有停,因为台积电在实现7纳米工艺技术突破后,又开始向5纳米进发,发展之快,令人惊叹,只有步步紧追,才能不被甩下。

如期进行,反映了在当下特殊的国际复杂环境下,加快发展中国自主集成电路技术的坚强决心。抢时间,争速度,尽快占领制高点,是大家的一致共识。

如期进行,反映的是一种精神。无论遇到什么,无论发生什么,都不要轻易改变原先既定安排,要把推行的计划进行到底,不达目的,决不罢休。

如期进行,反映的是一种决心。这种决心就是要把红旗举到底,要把事干到底,不是见困难就躲,遇危机就跑。

如期进行,风雨无阻。雨后就是美丽的彩虹,雨后就是就蔚蓝的天空。而经历了这场大雨的洗礼,必定冲去尘埃,换来更加清新的空气。在雨中进行仪式,就是对未来的一种宣言,未来必定快马再加鞭。

如期进行,不改初衷。定下的目标不变,定下的进度提前,在风雨中接受考验,在风雨中书写新的一页。

风雨,只能增加斗志;彩虹,使蓝天更加美丽!

2019 年 6 月 19 日

巴黎航展首日波音订单为零

　　看今日央视四台《今日关注》栏目，在巴黎航展首日，波音公司的订单为零，而空客的订单不少。实际上自从B737M8出现安全事故后，波音公司再也没有获得新的订单，不仅如此，原有的订单也都在推迟或放缓。人们担心波音飞机的安全问题，从实际情况看，波音新系列飞机的安全问题不少，解决起来需要时间，波音公司要付出极大的努力，但波音公司似乎并没有太有效的办法。短时间内无法让人们消除对波音飞机安全的担忧，波音公司的订单会继续滑坡。

　　因此，肯定地说，在波音公司新系列飞机的安全性问题从根本上解决之前，波音公司的订单不会有太多增加，这个世界上谁也不会拿乘客的生命开玩笑。空客公司的订单会继续领先，波音与空客，两者会继续此消彼长。

　　在这一现象背后反映的是美国制造业正在逐渐地衰退，衰退的原因是美国近年来对制造业的转型升级重视不够，投入不够，而且长年重兵在外，国力不济，实力不够，举债太多，颇有些力不从心。

信任，是一切的基础，一旦失去了信任，自己很快会从天上跌落到地下。一贯是业内老大的波音公司，从人们仰望的神坛跌落，并没有花多少时间，而要重新获得大家的信任，则路漫漫而长远。

珍惜客户的信任，永远保持与时俱进的良好状态，对一切先进的技术持开放合作的态度，广泛地进行国际化合作，才能永远保持国际竞争力，才能永远获得客户的信任。

快速地调整，重视客户的关切，一起与客户实现共赢，这既是市场的要求，也是自身利益的需要。

我们期待着波音公司早日恢复雄风，毕竟国际航空业的发展需要多个强手的并存，才能更好地发展，一个公司独大并不是好局面，形成竞争的格局才更利于全球客户的多样选择。

2019年6月19日

收获着丰收的喜悦

"院红五月劳动竞赛与科技创新活动",自5月10日开始至今已经40天,再有10天就要结束了,但回过头看已是成果丰硕,硕果累累了。

40天里,我们在市场收获着丰硕的成果,远超过去。这当然也有前四个月的努力与贡献,但这40天的加速与发力是明显的,说明劳动竞赛功德无量。

40天里,我们在市场、重大项目推进、技术专利、管理、第二栋新大楼的招租上有一系列重大突破,收获着累累硕果,心中充满着喜悦,这喜悦在夏的日子里,荡漾在脸上,喜在眉梢,甜在心中。

40天里,我们战略经营、"三化"战略、地区战略、双轮驱动,多箭齐发,电子与新能源同奏凯歌。

40天里,我们辛勤挥洒汗水,把淡季变成旺季,把放缓变成提速,把悲观变成喜悦,在红五月唱响一曲动人的赞歌。

40天里,我们不忘老朋友,深化合作,再结合作硕果;40天里,我们结交新朋友,开辟新战场,增加新动能,同样辉煌。

40天里，我们该出手就出手，一出手，晴空万里；一出手，风清气顺；一出手，阳光灿烂；一出手，正气浩然。

40天里，我们收获着一系列重要的国家荣誉，工总二院喜获全国"青年文明号"光荣称号，院品牌与管理双双获大奖，这些荣誉改写着历史，增添着光辉，丰富着我们的荣誉宝库。

40天里，我们在无锡国际瑜伽节上大放异彩，一曲《无锡美》唱响拈花湾，唱响无锡大地，江南大地留下了我们美妙的声音与翩翩的舞姿。而嘉兴党建中心的揭牌与太极实业（十一科技）庆祝建党98周年的系列活动，闪亮登场，完美收官。老师的精彩演讲、南湖革命纪念馆的参观、红船精神的继承、文艺演会的激情演绎，都会让我们永久地回忆在嘉兴的难忘的日子。

文化是一种力量，精神是一种财富，信仰是一种境界，这些都驾驭着物质的力量。精神变物质，物质变精神，这些都是颠扑不破的真理。

我们从南湖找到了再出发的动力，获得了强大的精神支撑；我们在无锡唱响了《无锡美》，在《潮起东方》中，与《亲爱的祖国同行》。

市场是有起伏的，在低谷中仍然有机会，低迷中仍然有希望，低潮中仍然有高潮，关键是我们的意志与决心，精神与文化的力量最终影响着发展的方向。

诗歌与远方不是梦想，而是理想的彼岸。没有诗歌，我们到达不了彼岸；而没有精神与文化的力量，我们也无法实现梦想。

再出发,为祖国七十大典献礼;再出发,依然心潮澎湃,斗志昂扬;再出发,将满载秋的收获,让我们再决战一场。

2019年6月21日

差距与换位思考

　　前两天在无锡机场候机时,同时买了两本书,一本是由人民日报出版社出版的著名国学大师季羡林的《知足知不足》(2015年5月第一版,2019年2月第三次印刷),另一本也是一位名人写的(恕我不列这位名人大姓,以免不敬)。同时买两个名人写的书,主要是想比较一下名人作品之间的差距,真的一看,差距就发现了。

　　季羡林的书,每篇文章娓娓道来,回味无穷,引人入胜,或借古论今,或驰骋纵横,无处不涉,让你爱不释手,每篇文章都有明确的意思,都有明确的主题,都会给你一种启迪、给你知识、给你力量。而另一位名人的作品(或许是没有把最好的作品放在本书),则阅之无味,不能坚持读完,也许是我的爱好与其不同吧。

　　差距,是客观的,知识的不同,历练的不同,境界的差距,观念的差异,生活阅历的不同,修炼的差距,心底的力量,情感的差距,读者的喜好等,都造成了这种差距。

　　大师,就是大师;大师,就是高人一筹,就是与众不同,季羡林就是与众不同。无论对季羡林有多少的议论,都无法挡住他作为国学大师的光耀,挡不住他作品具有的穿透力,挡不住季羡林的语言魅力,挡不住他作品折射的思想的光辉。

大师,就是大师;大师,也是普通的人,也有七情六欲,也有自己的弱点,但这不影响大师的光耀。大师的风范,是在日常生活中不断积累的,是在百折不挠的曲折经历中成就的,是在千锤百炼中炼成的。这光环历经岁月,光芒四射。

季羡林波澜壮阔的一生本身就是一个传奇,他经历得太多,他付出得太多,他研究得太多,他独创得太多,因此他就是与众不同的大师。

与其说我们读着大师的作品,倒不如说我们更在意他的人品,在意他的人格魅力。

我们当作者时,要换成读者的角度,看看这篇文章告诉大家的是什么,大家能从你的文章中得到什么,你是否用最真挚的感情,最成熟的经验,最丰富的知识,最新的获得,最美的语言,最简洁的话语,最经典的词句,最富激情的诗篇,给读者以多方位的启迪,那么你就在往大师方向努力了,总有一天,你也能成为某个方面的大师。

不信,你就试试。

2019 年 6 月 22 日

逆势,拉开差距的好机会

顺势时,机会很多,到处都是;逆势中,也有机会,而且超越对手,逆势是最好的机会。

因为,顺势时,外部环境好,大家都有机会,你好,我好,大家都好,有差距,不会太大。

但到逆势时,外部环境发生了很大的变化,大家的机会都在减少,大项目骤降,发生断崖式的下滑是大概率的事,这个时候要挺住,还能发展,保持增长,实属不易,需要真功夫。

一切英明的战略,在危机中会发挥关键作用;一切内功,在逆势中会大显神威;一切差距,在艰难的较量中真正拉开;一切竞争,只有在最后关头才能决出胜负。

准备适应更长的逆增长时期,准备适应更长时期的国际复杂形势,这是我们无法更改的现实,这也是历史给我们更大超越的难得机会。

"战士豪情满壮志,一曲战歌再响起",坚持一系列正确的战略,坚持正确的核心价值观,坚持在发展市场竞争力的同时,发展文化力，以更加多变的策略，适应市场，服务客户，在发展中超越对手，超越自我。

2019年6月28日

民宿

目前，民宿的发展很快，正在成为旅游与个人消费的热点，也正在迅速成为经济增长的一个重要部分。

与星级宾馆或旅店相比，民宿具有家居、经济、方便等明显优势，而由于现代交通的便捷与导航的先进，民宿分散、交通不便、不易找寻的劣势都被克服了，而民宿的其他优势则凸显出来了。

优势一是家居的感觉。离家出门在外，最大的不便就是没有了家的感觉，衣、食、住、行在宾馆有诸多不便，特别是吃饭，如果天天吃宾馆或外面的，会有很大不适，时间长了，还会由于不习惯而生病。而现在绝大部分民宿都能提供自己做饭的条件，客人可以像在家一样，随心所欲地选择自己的饭菜喜好，如同在家一般。除吃住外，其他行、洗也如在家一样方便，这在城市宾馆是做不到的。

优势二是经济与干净。民宿的价格，比起星级宾馆来便宜很多，价钱一般只有其二分之一到三分之一，或可以更省，特别是当全家出门旅行或人数很多时，经济性更加突出。而旅游的经济、实惠、干净，往往是旅行选择的重要出发点，这也是旅游可持续的支点。

优势三是功能多。在民宿，可以聚在一起聊天，可以开会，可以聚会，可以娱乐，可以唱歌，可以尽情地放开心情，自由地做一切高兴的事，不像在城市宾馆那样处处拘束，在民宿可以有很大的自由空间。

优势四是民宿周围都是美丽大自然。民宿，或在风景如画的景区旁，或在美丽的湖泊边，或在幽静的山间，或在美丽的乡村，都能接触到美丽的大自然，让你心旷神怡，有一种重回自然的感觉。在这里你的创新思维与灵感会充分涌动，你会找到一种别样的感觉，感觉到大自然的美好，对久居都市的人来说，是一种全新的感觉，这种全新的感觉在城市的宾馆中是不易找到的。

优势五是民宿惠及普通百姓。民宿的主人，大都是普通的民众，他们把自己闲居的房子拿出来办民宿，不占用国家土地资源，充分利用闲散房产资源，依法给国家纳税。同时以这种新的方式惠及游客、惠及自身、推动旅游，是一件功在当代、利在千秋的大业，是充分发挥闲散资源、推动旅游、提高居民收入、扩大就业的大计。

民宿，古而有之，今更一发不可阻挡。

民宿，外而有之，我们后发一定超过。

民宿，滚滚潮流，我们顺势而为。

2019 年 6 月 29 日

不抱幻想，立足自己

据新闻报道，华为创始人任正非在最近的一次接受采访时回应了美国总统特朗普在G20峰会期间允许美国企业继续向华为供货的表态。

任正非表示，特朗普的决定软化了对美国公司销售芯片和软件的禁令，对其业务不会产生"太大影响"，公司正在适应美国对其敌视的新时代。

任正非谈道："特朗普总统的声明对美国企业有利。华为也愿意继续从美国企业购买产品。"任正非表示："但我看不出这对我们正在做的事情有太大影响。我们仍将专注于做好自己的工作。"

国际合作是必要的，但在关键技术领域实现自主可控不仅必要，而且通过持续努力也有可能一步一步达到。

"以市场换技术"的策略，在改革开放的初期是正确的，也是有可能的。但通过这种方法换来的技术对我们可能是先进的，但对方给的却往往是因换代而要淘汰的技术。即使这样，当初也是必要的，是正确的，否则就没有今天的经济与技术的基础。

新的时代，要进一步改革开放，引进更多的技术、思想、产业、合作、资金等，丰富我们的经济与技术的发展，但同时更多的是要占领关键技术与核心产业的制高点，在大国博弈中争取主动。为此，我们必须多培养华为这样有鲜明民族特色、勇敢无畏的民族精神与国际大视野的企业。

少搞些炒作，少说些空话，脚踏实地，健全法制，依法保护企业的合法权益，鼓励企业创新，使全社会形成良好的诚信与创新氛围，大学、研究院所与企业真正成为创新与育人的主体。

如果我们坚持这么做，假以时日，华为这样的企业就会慢慢地多起来，不至于像华为现在这样孤单，中华民族的真正崛起必定也是指日可待。

2019年7月3日

凭实力说话

前两天,在苏州出席并主持十一科技第二次高层会议后,我又拜会了正在苏州创作的中国作协何建明副主席,送上了正由作家出版社审稿并将出版的《赵振元诗词精句作品集》初稿,请他提出宝贵意见并为书作序。

我的前两本书《今夜又下着雨》《行走在远方》(与太太合著),都由建明副主席作序。我非常喜欢他作的序,他的序本身就是超越书中内容而又充满激情的战斗诗篇,读着他的序,既是入门的向导,同时也会获得鼓舞的力量。

谈话中,建明副主席祝贺我成为中国作家协会新会员,并赠送了我他正在热销中的新作《大桥》,这本书是中宣部近期重点推广的新书,建明副主席的《浦东史话》也一版再版,成为上海重点推荐书,现拟拍成电影,成为真正史诗。

谈话中,建明副主席告诉我,几个月前,我们在无锡见面时,他向我们讲起要创作又一本新的史诗《革命者》(描写上海地下党),现已经完成,正在审稿中,将要出版。这让我大吃一惊,因为这部作品的工作量实在太大、涉及面太广、查阅的资料太多,他居然在这么短时间内完成了，真是让人不可思议。

一本又一本力作，一部又一部史诗，以敏锐的洞察力、深刻的分析力、融入生活、深接地气，以永远在时代前沿的强烈责任担当，吹响了新时代进军的号角，留下了无数永载史册的闪耀作品，这些作品无人能比，这实力是同时代其他人根本无法相比的。

而这实力后面的是建明副主席的辛勤付出，每天10多个小时的关门看资料与枯燥乏味的写作，马不停蹄地在全国各地讲学与培训年轻人，永远保持着年轻人的旺盛斗志，永远是军人雷厉风行的性格，永远是一个革命者强烈的责任担当。

榜样的力量是无穷的，榜样的力量是巨大的，从建明副主席身上看到的是巨大的差距，感受到的是一股蓬勃的前进力量，我们在新的时代需要这种力量，我们在新的时代需要这种鼓舞。

在现代社会里，在市场经济中，无论是科技界、经济界还是产业界、文艺界等，都充满着竞争，能否在竞争中站稳脚跟，生存并发展，实力是关键，实力虽有天生基因的影响，但更多的是靠后天的努力，后天的勤奋刻苦，决定着实力，决定着未来。

当我们听着当代中国著名女中音关牧村、德德玛、降央卓玛、钟丽燕等的甜美歌声时，深深享受着这歌声给生活带来的美妙，同时也感受到她们宽广音域、自成一体、美妙而具有穿透力的女中音所具有的强大实力，虽然她们的演唱风格与特点各有不同，但带给人们的美感与快乐是相同的。

每当我们听到著名词作家乔羽、阎肃的经典作品时，不得不为他们精美绝伦的词作叫好，这词作无法超越，这词作成为经典，这词作显示实力。

凭实力说话，靠实力生存。科技与经济的竞争力、身怀的绝技、才艺、作品就是实力的反映，是实力的标志。

用实力尽情展示，在实力上下功夫，这就是真功夫了。而这真功夫的背后，是不忘的初心，永远追求的梦想，孜孜不倦的努力，敢于超越的信心，善于把握机会的能力，勇于担当的责任。

用实力击败对手，用实力回击挑战。实力是竞争的基础，超前的正确战略，超常规的不懈努力，长时期的不断积累，正在稳步而快速地增强着实力。而实力的增强，正在动摇与瓦解着对手，日益改变着现有的竞争格局。

实力加机遇，使一切皆有可能，世界因此而更加精彩。

2019年7月2日

喜悦中的一丝忧虑

今天,科创板正式开盘,科创板的市盈率已超出人们的想象,一路狂奔,人们的心也随之而激动万分。

不断推出的"板",增加着投资的渠道,丰富着投资的内容,给投资者带来新的希望。

"由来只见新人笑,有谁听到旧人哭",股市两个字好辛苦。主板,中小板,创业板,科创板,一个接一个,而每一次,我们总是找出存在的理由,而且每一个理由都是无法反驳的。

当一个新板创立时,人们的注意力就从旧板转到新板。冷落旧板也是情理之中的,毕竟无论机构还是散户,资金就是这么多,无法满足所有板块的需要。

我所担心的是,中国股市历来以炒作为主,投资为辅,如何收回这些投资? 中国企业的盈利普遍不高,拿什么回报这么高的估值? 中国企业,拿出真金白银回报股民的,也不太多,如何解决投资的回报问题。

解释只有一个,市场机制,自负盈亏,自己负责。因此在高兴时,不免有一丝忧虑,如此高的估值,但愿不是一地鸡毛。

2019年7月22日

产业链中难幸免

据2019年7月21日参考消息报道，日韩争端开始影响在华半导体生产。日本政府强化对韩国的出口管制，或对中国的半导体生产也将产生影响。

在日本对韩国出口限制的半导体材料中，氟化氢是其中一种。2018年日本向韩国出口了约3.68万吨氟化氢，在韩国加工后，韩国在2018年向中国出口了约4050吨氟化氢，这主要用于三星电子与SK海力士在华的半导体企业。三星电子与SK海力士的半导体存储器产品所占世界市场份额共计约50%~70%。如果日本加强了管制，韩国无法进口氟化氢，那么韩国对中国的出口也会受到影响，而中国半导体的自给率现在约为10%，而韩国寻找替代品的道路也很艰辛。

半导体是个产业链，从设计、研发、装备、材料、制造、封装测试、成品等，环环相扣，一环都不能少。任何一个国家都难形成独立的产业链，只有合作才能共赢。

产业链中，有一些关键的环节不能轻视，要不受制于人，要在关键环节上取得突破，逐步提高半导体的自给率，摆脱对一些大国的过度依赖,这是当务之急。

各种形式的技术战、贸易战等,都是自伤元气的事,对谁也没有好处。

世界是大家的,唯独允许大家共享人类成果,世界才能美好;世界是光明的,唯有遵守规则、才能保持世界的正常运行秩序;世界可持续发展的题目是复杂的,唯有合作才能有光明未来。

2019 年 7 月 23 日

日本的产业优势

2019年7月25日《环球时报》刊登了冯昭奎的文章《日本产业技术靠什么建立"隐形优势"》，值得一读，现摘录部分，与大家共享。

文章说，虽然韩国快速发展，利用美国打压日本半导体等机会，得以在全球半导体行业中夺得举足轻重的地位，在全球前三大半导体公司（三星、英特尔、SK海力士）中，韩国占据了两席。

文章说，尽管韩国也发展了相关的零部件和原材料产业，但在种类、质量和技术水平方面，远远不能满足本国半导体产业发展的需要。韩国在光刻胶、聚酰亚胺这两种材料上对日依赖度高达91.9%和93.7%（这次日本对韩国出口管制的半导体材料还有高纯度氟化氢）。

文章说，日本有"看不见的优势"。今年6月，《日本经济新闻》在题为《解剖华为P30Pro》的报道中，将华为手机拆卸开——1631个零件中来自日本的零件多达869个。整个华为公司2018年从日本进口的零件总额达到了7300亿日元（约460亿元人民币），占到中日贸易总额的5%以上。

　　文章说,日本零件技术之强是基于许多"身怀绝技"的中小企业能数十年甚至几代人持续钻研某门技术。截至2015年,经营历史超过150年的企业在日本有21666家,而在中国不足100家。日本的很多小微企业,在电子零件的国际市场占有大份额。

　　文章说,日本零件技术之强,与其具备强有力的机床制造业做后盾是分不开的。超高精度机床和材料学并称为"工业之母",而日本、德国、瑞士在机床领域占据世界前三位。

　　可见,日本在材料与零件方面的优势非一日而建,而是长时期深厚沉淀的结果,是日本民族的一个特性——专注、专业、工匠精神,其实日本有了这个精神,发展其他产业一样快速。

　　我们需要加强与日本企业的产业合作,加强文化的融合与交流,在专注、专业与工匠精神方面下大功夫,缩短我们在材料与零件领域里与日本的差距,把我们做得更加强大。

2019年7月25日

高位运行

十一科技依靠自身的力量，在各方的助力下，在2018年迈入营收百亿俱乐部后，开始处于高位运行，今年上半年各项指标良好，表明十一科技经历了高位运行的初次考验，我们在下半年将迎来第二次考验。

高位运行，持续增长，在当下复杂的形势下，绝非易事，没有紧迫感、危机感，不是紧紧抓住且毫不放松的精神，没有鼓起来的巨大干劲，是绝无可能的。

高位运行，最重要的是突破原有思维的框框，敢于改革，锐意进取，勇于调整自我，敢于否定自己，尝试新的举措，在复杂的情况下，用全新的思维迎接发展的高潮。

高位运行，逆势增长，必须有新的高质量的动能、新的增长点，否则无法在逆势中实现增长。原有的阵地，会在调整中缩小，这是产业发展中正常的事，快快慢慢，此起彼伏，只有通过调整才能实现产业的均衡健康发展。我们必须多点齐发，不断用新点补旧点，用新动能补充旧动能，确保航船始终较快前行。

高位运行，必须战略领先。战略，事关发展的大局，事关未来的发展方向,事关能否持续增长。战略的谋划,在于准确地判断未来的变化,而变化是随时进行的,因此不可能、也不会有一成不变的战略,丰富的客观实践给了战略调整充实的内容,战略在调整中日趋完美而丰满。

高位运行,需要品牌先行。在低位运行时,品牌的价值与作用还不甚明显,而在高位运行时,没有品牌的充分运作,是无法在高位上持续迈进的。品牌,可以使企业的发展势如破竹,实现大面积的丰收,而这正是高位运行所必需的。因此,在高位情况下,品牌的策划、维护、拓展就显得更加重要。信誉与口碑,始终是品牌的基础与核心。

高位运行,文化力的提升尤为重要。文化力,是比较其他力更为重要的力。物质可以变精神,精神可以变物质,要不断提升文化力,提升与鼓舞大家的斗志,用充满自信与乐观的状态,保持在高位运行下的良好状态。

这世界,没有能轻易成功的,也没有不可能的,一切皆有可能。

这世界,没有现成的路,路就在脚下,脚下是延伸的路。

这世界,机会到处都是,但机会只给那些善良而勤奋的人,只给那些视信誉重于生命的人,只给那些无畏而勇敢的斗士。

这世界,多彩纷呈,复杂而多姿,平淡而有趣,快乐属于那些热爱生活的人们。

这世界,大浪淘沙,留下的是金子,冲走的是沙子;留下的是英雄,淘汰的是懦夫。

高位运行,这个几乎所有人都面临的难题,对我们是个挑战,也给我们充分表演的机会,让我们努力吧。

2019年8月3日

夜间经济

　　昨晚从上海浦东乘飞机回到成都，到达时已是今天的凌晨了，但成都机场依然人山人海，热闹非凡。从机场回家的路上，也是车水马龙，熙熙攘攘，已经熟睡的人很难感受到这夜间的热烈气氛。

　　夜间经济，是指当日下午6点到次日早上6点所发生的以服务业为主合法商业经营活动的总称，是城市经济在第二时空的进一步延伸。

　　消费，是拉动经济增长的引擎。不断增长的国内外假日旅游，对经济发展有很大的拉动。假日经济，已经是服务业生存发展不可缺少的最重要的组成部分之一。但除了假日经济之外，夜间经济，也是不容忽视的重要新兴市场，潜力巨大。

　　夜间经济的发展，是因为人们休闲的时间越来越多的在夜间。资料显示，美国居民有60%以上的休闲活动发生在夜间。夜间是白天的延伸，夜间经济是假日经济的重要补充。

　　夜间经济的发展是因为夜间消费的丰富的多元化业态与不断提升档次的夜间消费场所。现在夜间的消费呈多种丰富的业态、美食、夜游、运动、锻炼、购物、音乐、酒吧、电影、文艺、观光、休闲、棋牌等，为人们夜间消费提供了多样的选择，而不断升级与完善的夜间消费场所，更是日益吸引着大家。

夜间经济的发展是因为夜间是白天工作的延续。在夜间出差，奔波于飞机、高铁、轮船、汽车等，已是市场的常态，而在夜间忙于各种工作应酬也是必不可少的；夜间，已经是白天工作与竞争的继续，是白天使命的延续。

夜间，是白天的继续；夜间，是白天的延伸；夜间，比白天更美丽、更精彩。

生活的美好，不仅在白天，更多的是在夜晚。

城市的夜空，万家灯火，星光璀璨，歌声悠扬，人如潮水。忙碌一天的人们，开始真正享受着生活的美好，品尝着欢聚的快乐。

城市的夜空，夜色多美好，美好的夜色不仅在美丽的乡村和美丽的草原，更是在现代的都市，在都市里享受美好夜游的人们。

城市的夜晚，是心灵的放松，是情绪的调整，是情感的释放，是欢乐的天堂，是人生旅途的驿站。

夜间经济，是茁壮成长的新经济引擎，它正在大步向我们走来，带动着消费经济的快速发展，引领着时代的潮流，你准备好了吗？

2019年8月23日

东方之珠，我们依然爱你

　　香港的动乱，已经持续了2~3个月，由修订《逃犯条例》而引发持续游行、最终演变成了一场持续的暴力行为。这场暴力行为，对香港警察造成巨大伤害，对香港社会造成巨大伤害，让国人痛心，为世界关注。

　　这场运动，被美国等西方国家利用，与中美贸易战相呼应，给新中国成立七十大典添堵。

　　香港持续的游行暴力行为，正在日益撕裂着原本和谐的香港社会，正在逐步毁掉一个和谐、自由、法制、民主、强盛、繁荣的香港。

　　任何民主，都是建立在法制基础上的，离开了法制的约束，民主就会出轨，就会脱离正确轨道，就会成为一匹脱缰的野马，最终会危及整个社会。

　　任何自由，都必须以尊重他人的自由、安全与合法权利为前提，这样的自由才是值得提倡的，建立在别人痛苦之上的自由，是社会的害群之马。

　　历史一再证明，那些所谓的"民运分子"，没有一个是靠谱的。只有党和政府,只有祖国人民是才是真正爱港为港的。

东方之珠,不仅是香港人的,也是中国大家庭的,这颗曾经璀璨的明珠虽然现在蒙灰,但很快就会被抹去历史尘埃,重新绽放出更加闪耀的光芒。历经动乱之苦后的香港,必将更加珍惜稳定和谐的宝贵,更加珍惜和平幸福的阳光。

我们有老一代领导人留下的卓越智慧、谆谆教诲与成功案例,我们有在各方面日益强大的祖国作为坚强后盾,平息与解决香港的动乱是有足够的能力与绝对的把握的,对此我们毫不怀疑。

东方之珠,我们依然爱你。

2019 年 8 月 26 日

这里别一番风景

离开上海分院，从上海到无锡，一路上阳光灿烂，在阳光灿烂的日子里，心情愉悦，而到了阳澄湖休息站，下来一看，让我大吃一惊，这哪里是休息站，分明是一个美丽的古镇。

新改造后的阳澄湖休息站，面貌一新，真像一个古镇，里面应有尽有，风光无限，风景这边独好。

只见小桥流水，风貌独特，风景美丽，人群熙攘，供应丰富，风光独特，风情浓郁，气象万千，一片繁荣，像古镇，像拉斯维加斯的酒店，像旅游景点，像天堂。

这里是驿站，这里是商业场所，这里是文化展示，这里是旅游景点，这里是人们的热爱，这里是欢乐的人间，这里是文明的标志，这里是现代化的节奏，这里是温暖如春的家。

这里国内无法比，华南无法比，西南无法比，华北无法比，这里是江南千年文明的沉淀，这里是长三角实力的体现，这里是江南细雨的永久魅力。

这里国外也难有，中国崛起的东方龙，沉睡千年醒来东方狮，无论什么阴谋,无论什么诡计,都难挡得住中国的步伐,不可阻挡的中国风,一定吹遍亚洲,吹遍全世界!

2019 年 9 月 9 日

文化的力量

文化是一种力，一种非常重要的力。人们之所以要重视企业文化，就是因为企业文化是一种精神，而精神的特殊功能是物质的力量无法取代的。**将企业文化的行为上升到文化力的高度，更是一种质的升华。**

第一，文化是一种信仰。信仰是对某种思想或宗教及对某人某物的信奉与敬仰并把它奉为自己的行为。

信仰，是支持人生的最大力量。宗教的信仰与共产党的信仰是完全不同的，但信仰力量都是巨大的。中国共产党人凭借着对共产主义的坚定信仰，爬雪山，过草地，浴血奋战，前赴后继，在生死绝望中拼出一条生路，取得了两万五千里长征的伟大胜利，中国革命从此揭开新的一页。

在长征中，红军在1934年年底突破国民党第四道封锁线的湘西战役中惨败，红军人数由长征出发时的8.6万人锐减到3万余人，中国革命处在最困难的时期，但凭着全党坚定的信念，没有放弃努力，在以后的遵义会议上重新确立英明的毛主席的领导地位，在坚持中出现了历史性的转折，中国革命很快进入一个新阶段,从那以后只用了不到15年,就解放了全中国。

东北抗日名将杨靖宇身上同样闪耀着高贵的精神品质。1940年2月23日,在几天没有吃饭的情况下,杨靖宇将军一个人在林海雪原中与众多日寇激战,终因寡不敌众,被日寇的机枪扫射而壮烈牺牲。敌人残忍地剖开了他的头颅与腹部,要看看这个特殊的人究竟吃了些什么? 但他们发现杨靖宇将军空荡荡的胃里没有一丁点食物,只有一些枯草、树皮和棉絮,这让敌人也肃然起敬,给杨靖宇将军进行厚葬。是什么支持伟大的杨靖宇将军决战到生命的最后一刻? 就是他心中的伟大的共产主义信仰,对党的忠诚,这就是杨靖宇将军最大的力量源泉,让他的生命绽放出千年不败的花蕾,成为中国共产党人与中国人民永远的骄傲。

没有信仰的支持,我们不会取得两万五千里长征的伟大胜利,不会取得抗日战争的伟大胜利,不会取得解放战争的伟大胜利。

一个人在最艰难的时候,支持他(她)生存下去的,就是信仰。只有信仰会产生无法想象的巨大力量,这些力量产生了很多我们至今都难以置信的人间传奇。

第二,文化是一种理念。文化是价值观最重要的内容之一,而价值观是人们思想的核心。没有统一的文化,没有相同的理念,没有统一的思想,就不会产生统一的行动,而没有统一的行动,就不会取得行动的胜利。

第三,文化是一种竞争力。无论是对国家,或是对企业,或是对个人,文化都是一种非常重要的竞争力。

文化，是一种精神。精神建立在物质之上又反作用于物质，精神的力量是竞争力的十分重要的组成部分；文化是一种境界，而境界就是一种高度，就是竞争的优势。

文化力是一种能倍增的力。因为文化的力量支撑着物质的力量，同时文化的力量又可以充分释放与放大物质的力量，这就是文化力的双重影响与倍增效应。

第四，文化是一种凝聚力。文化力对内表现为组织内的一种非常大的吸引力，它能吸引组织成员在共同的价值观与信仰下紧密地团结，并能自觉地规范自己在组织内的行为，为实现组织的目标而服务。

凝聚力，是支持企业发展的要素。屡战而不散，越战而越强，需要内部有强大的凝聚力，而这种凝聚力的建立需要有科学的市场机制确立，也需要有文化力的助推。

第五，文化是一种扩张力。文化力还是一种扩张力。有凝聚力的企业必定会适时扩张。而对外扩张，不仅需要战略的谋划、各项资源的有力配置、人才与管理的同步等，更需要文化的有效融合与跟进。没有文化的融合与跟进，重组与扩张难以长久。

第六，文化是一座友谊的桥梁。在人们的交往中，文化是一座绝佳的桥梁，是人们联系的亲密纽带。这座桥梁，连接着你我他（她），连接着东西，连接着南北，连接着友谊，连接着需求，连接着市场，连接着歌声，连接着舞蹈，连接着快乐，连接着文明，连接着现代，连接着美好的未来。

第七，文化是个庞大的产业。随着物质生活的不断提高，人们对文化的需求不断增长,电影、电视、音乐、歌舞、歌曲、小说、散文、诗歌、曲艺杂技、美丽文化小镇、假日经济、夜游经济、文化旅游等更多地走进人们的生活,文化正在成为一个庞大的产业,成为人们的生活的必需,而充分利用文化的张力是我们必须要注意的重要课题。

2019年9月13日

是金子，就一定会闪光

埋在地下的金子，总有一天会重见天日，放出光芒。

黄沙掩埋的金子，总有一天沙去金显，露出真容。

被外象掩饰住的金子，总有一天脱颖而出，熠熠生辉。

流言蜚语怎能挡住金子的光辉，恶意诽谤也会无济于事。

是金子就一定会闪光，是金子就一定能大放光芒。

真金不怕火炼，真理越辩越明，乌云能遮挡住一时，但不能遮挡永远。

太阳的光辉，光焰四射，是任何力量都无法阻挡的。

金子的挖掘与识别是一个过程：第一，**"千里马常有而伯乐不常有"**，再好的千里马，如果没有伯乐相识，千里马也无法奔跑；第二，有些人物，有些事件，在当时、当代或许无法被人们所认识、接受，需要经过时间与岁月的沉淀、考验与检验，需要环境，需要机会；第三，金子本身的价值。含金量越高，越容易接受，反之会有一定难度。

金子的光芒,在历经岁月的积淀,会更加放射出灿烂的光芒。

大鹏翱翔千万里,只为寻找生存的广阔空间;鱼翔浅底深千米,只为获得深底的自由;千万次努力,只为在烈火中百炼成钢成真金。

金子不会自动闪光,掩埋在深处的金子一定要深挖才能面世。

这深挖需要独特的眼光,这深挖需要下大的力气,这深挖需要冲破一切障碍,这深挖需要把握一切可能的机会,这深挖需要有破釜沉舟的决心,这深挖需要有勇于付出一切的努力。

"大浪淘沙去淘金,沙去浪尽始得金",在发展的大潮中,每一个人都有被大浪淘汰的可能,每一个人也都有成为金子的机会,关键是我们的态度与决心了。

2019 年 10 月 4 日

增长的要素

任何持续增长都不是件容易的事，特别是在低谷时，要保持在高位持续增长，更不是件容易的事。

其实，增长没有秘诀，一切靠踏实的奋斗，如果说有要素，我认为以下三个要素对于持续增长是非常重要的。

第一个要素，就是要有正确的战略。战略就是方向，没有方向就没有目标，迷失了方向就走会错路，就会走向悬崖。但正确的战略不会直接从书本上获得，而是要从自身的实践中感悟、总结、提炼后才能得到。

列宁说：**"没有革命的理论，就没有革命的行动。"**理论来自实践，又高于并指导着实践，战略的重要性就在于此。

总的方向或许是不变的，但实施的道路总是弯弯曲曲的，因此对战略的调整是不可避免的。

战略的调整不能太慢，太慢了会失去战略机遇期，一旦失去机会，再好的战略也不能奏效了。超前而果断、快速而准确，是战略调整的要素。

战略的调整要贯彻到活动的全过程，世界上没有十全十美的战略,人们对事物的认识总是一个相当长的过程,实际的情况往往比我们想象的要复杂,人们的认识总是在实践中不断深化与完善的,这些都需要我们对原有的战略进行修订;同时随着实践活动的不断深入,实践的内容也会变得更加复杂、更加丰富,我们也需要对战略、对与战略配套的各项政策、制度进行不断补充与完善,使之适应变化的情况。

对战略、制度、办法的及时修订、补充、丰富与完善,与制定战略同样重要,否则这些战略、制度、方法等就会失去生命力。

战略的调整与补充切忌大起大落,要有战略与政策的稳定性与连续性,否则队伍也很难适应。

第二个要素,就是调整好干部队伍。毛主席说"政治路线确定之后,干部就是决定的因素",这个英明论断千真万确。战略要靠全体干部去执行,特别是担负各级主要领导岗位的干部要能深刻地去理解这些战略,并在行动中全力推动与贯彻。再好的战略,如果没有去认真执行而束之高阁,也是没有用的。

在发展的不同阶段,要大胆启用一些有魄力、有远见、有能力、忠诚度高、经过锻炼考验的年轻干部,把他(她)们放到关键岗位上,往往会打开新的局面,让他(她)们挑起领导持续增长的担子。然而对更多的干部,则应采用主要领导亲自演讲或通过大量事例言传身教的办法。

第三个要素,找到新战略落地的突破口。亲自抓一批影响大局的典型事例,说明新战略的必要性,从而加快统一全体干部对战略调整紧迫性的认识。

　　理论的力量与生命力在于能结出智慧的果实,有生命力的战略一定是符合发展实际情况的最佳路线,采用它,一定会结出丰硕果实。因此,通过生动的案例讲解,就会把这些正确的战略让全体干部所理解、所认识,使落实这些战略变成大家的自觉行动。

　　面对越来越复杂的经济形势,我们需要有更大的勇气与智慧去面对新的挑战,只要我们敢于并善于面对,我们在这场挑战中**"失去的将是一个旧的过去,得到的将是一个新的未来"**。

　　志存高远,久战而常胜,战略是法宝;愈战愈勇,历久而弥新,战略突破是关键;斗志昂扬,团队奋当先,路总在前方。

2019 年 10 月 10 日初稿

2019 年 10 月 11 日终稿

我爱无锡

最近,在多事之秋,无锡的事一件接一件,备受各界关注,我的心也随着每一次的突发事件而变得越来越不安。

安全,困扰着无锡,这里有复杂的原因,有历史的,有法律的,有系统性的,当然也有管理的问题。

面对突发情况,无锡市委、市政府就安全事故的防范采取果断措施,这些措施果断而有效,在严格执行中,无锡的安全形势会越来越好,安全薄弱环节会得到显著加强,安全意识会越来越深入每一个市民的心中。

坏事,在一定的条件下会变成好事;无锡,在经历这场风雨之后,天会更蓝,水会更清,地会更绿,人心会更齐。

在这个时候,我们更加爱无锡,更加希望无锡迅速走出困境,迎来平静。

我爱无锡,爱无锡的一草一木,爱博公岛的湿地,爱梅园的花,爱鼋头渚的樱花谷,爱无际的太湖,爱温柔的蠡湖。

我爱无锡的百年工商,我爱无锡产业强市的累累硕果,我爱无锡说了算马上干的精神,我爱无锡敢于超越一切的气魄。

抹去尘埃,太湖珍珠会更加夺目;擦去泪痕,未来是新的希望;乌云飘过,迎来的是满天朝霞。

2019 年 10 月 15 日

沸腾的夜晚

——无锡职业技术学院60周年庆文艺晚会暨"太湖英才奖学金颁奖仪式"侧记

　　昨晚,我与张健董事长两人,随无锡政协周敏炜主席、王鸿涌秘书长一起,在无锡职院朱书记、龚院长的陪同下,在无锡职业学院体育场观看了一场盛大而精彩的文艺演出,能亲自感受这8千人的热情与激情,并在这么大的场合上做即席发言,这是我没有想到的,面向几千名激情的师生做直接演讲,对我而言也是第一次。听朱书记说,根据安排,明天在同一地方,将举行无锡职业技术学院六十周年庆报告会,黄钦市长将亲临大会做报告。

　　到了现场,为现场热烈气氛所感染,我根据现场的实际情况,放弃了我原来的腹稿,重新快速构思新的腹稿,其核心要点是讲三个好,无锡职院是个好学校、无锡是个好地方、我们有好未来。同时提出了要有科学家的探索精神、企业家的创新精神、工匠的精细精神等,我的这个临时讲话获得好评,其要点登在今天《无锡日报》的头版。

　　今年年初,无锡市政协根据敏炜主席的提议,决定倡议成立

《太湖英才奖励计划》，加强无锡人才的培养，以更好地支持无锡产业强市的战略，政协在委员中号召，要动员所在企业带头捐赠。根据领导的建议，我与无锡电子仪表工业公司董事长、无锡信息产业界的资深权威代表人物张健商议，决定带头做此事，我希望通过此举为推动无锡人才强市做点工作，同时也更好地宣传总部远在成都的十一科技，让无锡更多地了解十一科技，而昨晚的颁奖是整个"太湖英才计划"中的一部分，无锡职院物联网学院20名优秀学生获奖。

没有想到的是，这个颁奖仪式会在无锡职院六十周年庆典的晚会上举行，这样一下子场面搞大了，让我们（特别是我要讲话）有些突然了。

昨晚，8千人的规模，现场气氛热烈，场面壮观，现代化的大舞台灯光四射，流光溢彩，节目精彩纷呈，人们挥舞着荧光棒与声棒，不断喝彩，师生们高昂的情绪，深深地感染着我们，原本说颁完奖我们就离开，但实在难舍场上的热烈气氛，难舍职院领导的盛情，我们（还有季超、光阳、文杰）就一直与周主席观看至最后。

昨晚，我仿佛回到了学生时代，回到了那个意气风发的青春岁月，可惜那时根本没有这样的环境，没有这样的条件，没有这种激情。而现在看到一张张青春阳光美丽而又充满自信的脸庞，心中充满羡慕与祝福。在我们伟大的新时代，他（她）是多么幸福啊！

昨晚，更加深切地感受到无锡的魅力，无锡职院的魅力，感受到青春的魅力。每年职院毕业生中的三分之二（约3000人）在无锡就业，无锡产业强市的大格局为他(她)们未来施展才华提供了宽广的舞台。而无锡悠久的历史、深厚的文化沉淀、优美的自然风光，让他(她)们感到无比自豪，无锡是个好地方，职院是个好学校，我们都有好未来，这是师生们共同的心声。在全国1200多家职业技术学院中，无锡职院最新排名在全国前十，转升成职业技术大学的日子指日可待，这是职院的骄傲，也是无锡的光荣。

无锡的魅力，不会因为一些突发事件而消失；无锡的未来，在经过安全补上短板后，必将更加光明灿烂；无锡作为太湖一颗闪耀的明珠，必将更加闪耀；无锡作为长三角最具竞争力的城市之一，在江南的战略地位必将更加重要。

在无锡这个特殊时期，与师生们尽情欢乐，展示的是我们对职院的信心，对无锡的信心，对无锡美好未来的向往，也是展示我作为无锡市的一个荣誉市民、一个政协委员、市政府国际经济顾问与无锡人民心连心的难舍感情，昨晚的意义就在于此。

2019年10月18日

战略定力决定成败

不跟风,不炒作,脚踏实地做好自己的事。

不迎合,不上当,心无旁骛一路奔向前。

在纷乱的市场中,保持清醒的战略定力,永不迷失方向。

在信誉缺失的市场里,筑起坚固的铜墙铁壁,保护好自己,保护好大家。

"不畏浮云遮望眼,只缘身在最高层",这是王安石留下的光辉诗篇,现在仍然可以成为我们的座右铭。

发展无止境,增长有思路,在持续增长中,在不断较量中,开辟新的天地。

毛主席在1949年9月21日中国人民政治协商会议第一次会议开幕式上说:"让别人去说我们这也不行那也不行吧,中国人民不屈不挠的努力,必将稳步达到自己的目的!"让毛主席的话成为我们永远的伟大动力吧。

2019年11月12日

关于地球温度、寿命的最新说法

今晚在飞机上阅读11月28日的《参考消息》，不同的版面，但都提及了一个非常重要的问题——地球的温度与寿命，这引起我的关注，趁着在飞机上的空歇，摘录下来，与大家共享。

第一篇是登在八版的文章《联合国称控温前景"黯淡"》，联合国在一份年度排放差距报告中说，如果世界要避免气温上升1.5摄氏度以上，那么各国就必须将减排目标提高为原来的5倍。

报告显示，即使当前的所有承诺都得到兑现，到2100年，全球变暖幅度也将超过3摄氏度。

报告说，过去10年间排放量每年增长1.5%，2018年的排放总量相当于550亿吨二氧化碳。这将使地球温度到21世纪末经历3.2摄氏度的升温。

就在去年，政府间气候变化专门委员会警告说，允许气温在21世纪上升1.5度以上将对地球上的人类、植物和动物生命产生巨大的破坏性影响。

这份报告特别关注最富裕国家的行动。二十国集团（G20）排放的温室气体占排放总量的78%。

第二篇文章是登在第七版的《人类文明消亡会早于太阳毁灭》。哈佛天文学家、哈佛大学天文系主任阿维·洛布认为，在太阳最终灭亡并威胁到地球之前，人类文明恐怕早就因为"自作自受"毁灭了。

我们的太阳终有一天将消亡，并在消亡的过程中吞噬地球。洛布写道，为拯救人类，我们必须把目光投向宇宙中其他行星。

洛布写道："看了今早的报纸后，我倾向于认为，在太阳构成可预见的威胁前，我们的文明早已因为自作自受而消失了。为什么这样想呢？因为我们从迄今发现的无数宜居系外行星上只能听到一片死寂，这也许说明高级文明的寿命要比他们恒星的寿命短很多。"

第三篇文章是登在第十六版的《中国提前实现2020年减排目标》。中国生态环境部周三发布报告说，去年（2018年）中国碳排放强度同比下降4%，比2005年累计降低45.8%。已经提前达到了到2020年碳排放强度比2005年下降40%到45%的承诺。

此外，中国还是太阳能电池板、风力涡轮机和电动汽车的主要市场，也是最大的太阳能电池制造商。

2019年11月28日

备胎的重要

车辆急驶时，如果轮胎出了问题而没有备胎时，车辆就会戛然而止，令人措手不及。而如果有备胎，在稍事休整后，换上轮胎可以继续前行。

华为，在受到一些大国的打压后，搬出并换上多年来准备的备胎，重新整装出发，没有受到太大影响，让这些大国的打击美梦落空，任正非成就了一段千年奇迹的佳话，他也因此成为大家心目中真正的英雄。

在经历了长时期的快速发展后，市场的调整是很正常的，放慢的增长速度有利于结构的优化与调整，而这种调整必定使经济发展更加健康，也更有利于自主可控技术的发展。

自主可控技术，就是最大的备胎。要想不受制于人，在关键领域必须发展自主可控技术，否则会很被动，尤其像我们这样一个大国，更是如此。

战略的调整与布局，同样是最大的备胎。没有适应于发展的超前战略，就没有发展的一切；而要使这些战略成功落地，没有战略的布局，同样无法成功，而一个成功的战略布局往往需要十年左右的时间才能见效。

急功近利是不行的。战略上的调整需要一个较长的周期，如果没有坚定的战略定力，没有艰苦的付出，是不会奏效的。

鼠目寸光也是不行的。战略要看长远，要超前，要有"要搞就搞第一，要做就做一流"的崇高理想，不能只看眼前，要着眼未来。

看长远，布大局，惠后代，我们要向华为学习，在逆境中昂首挺立，在寒冷中花儿绽放，在混浊中保持清醒，在艰苦中依然前行，在前行中甩下一个个对手，到达光辉的彼岸。

2019 年 12 月 3 日

洗牌

随着经济增长速度的下滑,洗牌的浪潮汹涌澎湃,势不可挡,洗牌过程在加速,洗牌的结果造成新一轮的产业分化与新的聚集。

"分久必合,合久必分",这是千年不变的通则。分分合合,合合分分,都是再普通不过的自然规律。没有永远的老大,只有永远的变化。适应变化,引领变化,才能永久存在,才能永续发展。

"适者生存,强者领跑",这是市场经济的规律。任何企业都不会在市场经济的真空中生活,严酷而多变的市场环境给企业的发展带来挑战,也带来机会。如何适应市场变化,争取主动,这是企业发展面临的永恒课题。

"从来就没有什么救世主,也不靠神仙皇帝,要创造人类的幸福,全靠我们自己。"国际歌唱得好,这世界上要想活得好,不能靠别人,也不能靠政策,只能靠自己。只有通过自己凤凰涅槃式的重生与转型,才能适应新经济的变化,才能用好政策,才能抓住机会,其他的一切,都是徒劳的。

洗牌,是不可阻挡的历史规律。大浪淘沙,留下的是真金;变化万千,在混乱中理出的是好牌;烈火锤炼,在百炼中成钢;历经风雨,在大风大浪中成长。

洗牌,是不可多得的重组。市场的分化,推动市场份额向着有竞争力的企业倾斜;资源集中,向胜者汇聚、向强者靠拢。

洗牌,是难得的机会。新兴行业勃起而日新月异,过时行业淘汰而走进历史。一切要素都在重新流动,一切要素都在按新规则排列。

一切都是新的,一切都从头开始,一切都要学习,一切都是机会,一切都充满蓬勃的活力。

2019 年 12 月 4 日

走自己的路

世上的路,千万条,条条道路通罗马。

世上的路,千万样,条条道路有特色。

世上的路,不是每条都适合,要走自己的路。

走自己的路,别彷徨,别犹豫,看准了,下定决心往前走,一心一意往前冲。

走自己的路,切记别埋怨。埋怨声声害死人,在埋怨中找到原谅自己的理由,这是最大的愚蠢。因为埋怨,让你放弃了机会,放弃了努力。

走自己的路,切记别后悔。世上没有后悔药,世上没有十全十美的路,唯有前行不后退,唯有调整不僵化,唯有努力不放松。

走自己的路,别迷信别人。在迷信中丧失信心,在迷信中迷失方向,在迷信中丧失自我。

走自己的路,是最光彩的路,这路前无古人,后无来者。走自己的路,是最好的路,光明一片,前途无限。

走自己的路,铁的意志,钢的决心,铁拳粉碎路上的一切障碍,勇敢直面风雨征程,活出精彩人生,走出一个红彤彤的世界。

走路走大道,大道上阳光照,光明坦途在前方,美好未来在召唤。

走路走大道,大道上阳光照,多元丰富推发展,东方红遍西方亮。

2019 年 12 月 5 日

培养、使用、关爱与尊重人

人，是知识的载体，企业的根本，是企业的核心竞争力。

企业发展，全靠人才，华为能走到今天，靠的是十几万高素质的人才，凡华为决意或看准要涉足的领域，基本是无坚不摧，无难不克。所到之处，对手纷纷甘拜下风，另寻出路。这种现象，成为华为现象，成为一股风，从国内刮到国外，成为奇迹。

支持华为所向无敌的，便是华为的高素质人才，留住这些高素质人才并不容易，除了丰厚待遇外，还有一系列措施。从华为的发展中，我们看到了人才的重要。

对人才，要坚持培养、使用、关爱与尊重。我们在这方面也有一些深切的体会。

今年，我们建立了三个中心，一个是文化中心，一个是嘉兴党建培训中心，一个是大连技术中心。这三个中心，都是当年计划、当年建设、当年投入使用。现代化的文化中心成为蓉城一个文化中心，企业与文化盛事在这里举行，同时这里也成为院的一个窗口，成为参观的必到处。嘉兴党建中心今年举办了7期培训，每期超过100人，场场风光；大连培训中心今年举办了4期培训，每期100人左右，场场火爆。这说明培训、学习与交流是多么的重要。

使用，就是要在实践中大胆使用新人，今年我们开始实行新人战略，在关键部门、关键岗位上，启用一批新人，收到了非常好的效果。这个政策我们还将继续推行。

关爱，就是要充分体现大家庭的温暖，为每一个人提供机会，提供发展的平台，设计好发展的路线图。同时，在家庭、生活与工作环境上，做出最大限度的努力，细微到实处。

尊重，就是尊重知识，尊重专家，尊重一线员工的首创精神，让大家的主人翁思想与地位牢固树立，让一切创新的思想充分涌动。

企业，就是一个家，就是一条船，就是一辆车，在同一个家里，在同一条船上，在同一辆车上，大家一定要齐心协力，共同撑起这片天，共享发展快乐，共尝发展成果。

企业日益强大的深处，是大家的齐心；企业快速发展的原因，是人心的凝聚；企业生机盎然的后面，是强大的人才支撑。

2019年12月6日

调整，是战略的灵魂

再好的战略，如果不能及时调整，战略也会失去生命力。

再好的道路，如果不能及时修整，也会发生偏差。

任何胜利，既是战略的胜利，也是调整的结果。正确的战略只能在发展中形成，在调整中完善。

我们党的胜利，就是不断调整的结果。从城市发动工人运动，到农村包围城市的正确战略的形成；从抗议暴动到枪杆子里出政权真理的建立，都是在毛主席的英明领导下，在革命的实践中逐步确立的。

在长征途中，在中国革命最危急的关头，毛主席充分利用遵义会议确立的领导指挥地位，以他前无古人、后无来者的高超军事指挥艺术，在金沙江的赤水河畔，成功地演绎了四渡赤水的世界军事奇迹，一次次调动愚蠢的蒋介石，在红军生死存亡之际，摆脱了蒋介石国民党军队的重重围剿，冲破突围，为中央红军进入陕甘边区创造了条件。

必须指出的是，四渡赤水不是事先的安排，而是毛主席根据当时敌情与实际情况做出的最佳决策，"毛主席用兵真如神"是真实写照，正是毛主席在危难关头的英明指挥，挽救了红军，挽救了党。毛主席在遵义会议后指挥的一场场经典战例，是世界军事史上最经典的案例，是以弱胜强、以少胜多的光辉典范。

而决定将党中央的大本营放在陕北、放在延安而不是放在川西与川西北，也是根据实际情况做出的调整。如果放在四川，就没有我们今天。

陕北，延安，是最好的根据地，土地贫瘠，人烟稀少，区域辽阔，回旋余地大，群众基础好，敌军薄弱。红军基础好，刘志丹带领的西北红军极有实力与影响力（刘志丹在陕北的活动，毛主席是通过阅读报纸获悉才决定把大本营放在陕北的）。陕北，易守难攻，连绵起伏的黄土高原是天然屏障，敌军难进入。历史与实践证明，毛主席这一英明的决策与调整，再一次挽救了红军，挽救了党，延安成为中国革命的伟大而神圣的圣地，成为全国一切爱国志士的向往之地，成为照亮中国革命胜利的灯塔。

党中央与中央红军到达延安后，在抗日战争、解放战争等一系列重大关头，毛主席随时根据变化的战局与情况，做出一个个英明的决策，这些决策指引中国革命的胜利航船成功到达彼岸。

企业管理也是一样，战略的优劣是一回事，执行中的调整是另一回事。如果能及时调整，劣可以变成优；如不能及时调整，优也能变成劣。由此看来，在某种程度上讲，调整决定着战略的成败。

企业家的领导艺术，不仅在于制定正确的战略，更在于依据实际情况果断地调整这些战略，使这些战略更加贴近与符合实际,成为发展自己、打击对手的有力武器。

《孙子兵法》说:"水无常形,兵无常势",这说明要保持用兵的优势,必须要善于变化。

战略,在调整中获得新的生命;调整,带来新的天地;"战略制胜"的法则在调整中显示生命力。

战略与战略调整的艺术,不可能从书本上获得,也无法从别人身上照搬,只能在变幻莫测的市场中敏锐观察,只能在瞬息万变的环境中果断捕捉,只能在自身的实践中用心体会,别无他法。

调整,永远在路上,只要在发展,调整就不会停止。在汹涌澎湃的大海里航行,舵手要沉稳驾驶,敏锐判断,要穿越急流,绕过险滩,躲过暗礁,驾驶航船稳步到达胜利的彼岸。

2019 年 12 月 8 日

柳暗花明

柳暗花明，是突然到来的转机，是事物在发展中突然出现的转折，是一种超乎常情却又在情理之中的突变，这种突变带来光明的前景。

柳暗花明，是持续较量的结果。长时间的竞争，双方实力发生根本性的变化，因此带来重大机会，使双方力量发生根本性的逆转。

柳暗花明，也会是突发的情况所致。在竞争的较量中，双方僵持不下，而一些偶发或突发的因素，促使双方的对峙迅速发生变化，向着有利我们一方迅速转化。

柳暗花明，是坚持的力量。持续的转型，艰苦的努力，不断出现新的量变，量变积累到了一定阶段，就会出现质变的飞跃，事物的结构会发生根本性的变化，出现曙光。

柳暗花明，是战略的胜利。战略的正确制定与不断调整，充分发挥着"战略制胜"的作用，经过长时期的战略调整，总会有见效的时刻，这就是柳暗花明的到来。

柳暗花明，是信心的火花。路，只有坚持走下去，才能出现转折与希望。走了一半，就半途而废，是永远无法走到转折处的，是永远看不到光明的。光明的道路要用信心支持、要用力量鼓舞，要有不达目的决不罢休的精神。

柳暗花明，是忍耐的结果。黎明前的黑暗最漫长，但曙光就在前头，只要忍耐，就一定能熬过这漫长的黑夜，前面就是明媚的阳光。

"山重水复疑无路，柳暗花明又一村"，这是历史的必然。我们在企业管理、市场突破与科学研究中，要保持足够的定力，要用战略、意志、信心与努力，不断坚持下去，就会从黑暗中走出来，就会在困境中突破，就会从被包围中突围，就会不断出现柳暗花明的美好景象，企业的道路因此就会越走越宽广。

任何有梦想的企业家，都会经历"山穷水尽疑无路"的痛苦境地，都有可能面临绝望的时刻，但只要坚持，不断调整，也一定会迎来"柳暗花明又一村"的光耀时刻，这一时刻是努力的回报，这一时刻是上天的恩赐。

2019 年 12 月 9 日

资产管理,企业管理的要素

资产,是企业管理的最重要的要素之一。

关于资产,书本上给出的综合释义是:"资产,1.财产。2.企业拥有或能控制的、预期会给企业带来经济效益的资源,包括各种财产、债权或其他权利。分流动资产、长期投资、固定资产、无形资产、递延资产和其他财产等。"

在实际中,人们往往习惯于以资产的多少为标准,判断其是属于轻资产企业,还是重资产企业。通常,人们往往更倾向于轻资产企业,因为这些企业转向快,灵活度大,负担轻,风险也小。

如果仅从资产的轻重出发做出决策和选择,对企业的发展是不利的,而且容易进入误区,有很大风险。

资产的价值,是我们决定取舍的重要依据。决定资产价值的因素很多,不能单纯从资产的多少看。资产的价值取决于资产的适用性、资产的组成结构、资产的流动性、资产的变现能力、资产的质量、资产的升值空间等。

持有资产的多少,要根据自身的实力与实际的需要,既不是多多益善,也不是越少越好。

持有的资产,一要考虑回报,要为生产经营可持续发展提供所必需的营收、利润保障;二要考虑资产保值、增值的空间以及资产回收的可能。

保持一定的资产规模,是生存发展的需要,是市场竞争的需要,也是抵御风险的需要。在市场竞争中,资产太小,资产太少,承担不了大的风险责任,得不到客户的信任。有时,太低的资产,可能连竞争入门的门槛也难进去。

资产,是实力的体现,是财富的标志,是长时期辛苦积累的结果,也是我们奋斗的主要目标之一。资产大,是实力强的标志。

资产,有软资产与硬资产之分。软资产,也称之为无形资产,软件、知识、技术、专利、品牌、成果等,都属于软资产;而房产、土地、设备、现金等,都属于硬资产。软资产是增值潜力最大、也是最易贬值的资产,持有时要慎重考虑,做出判断。

不断增加资产,就是增强企业的实力,就是增加企业的竞争力,就是增加企业的盈利能力。

在资产结构的组成中,保持合适的资产结构比例非常重要。不断优化资产结构,增加有较强盈利能力与升值空间的资产,是非常重要的。

结合自身的发展需要,持有或增持那些能带来长期稳定收益的优质股权投资、国家鼓励的新兴产业投资、那些有长期稳定收益且有资产持续增长的优质资产(如商业地产)等,是我们的目标。

通常,资产会成为支持企业发展的最重要的经济支撑,而决定持有这些资产的依据：一是自主可控，二是敢于突破与创新。

改制改革20年的发展，我们一直践行"服务客户，回报股东，造福员工，奉献社会"的理念，推动了十一科技营收从不足亿元到迈过百亿元大关，这背后是资产与净资产的同步快速增长。在实现双增长的过程中，资产与营收互为依托、互相支持、良性互动。

在实践中我们尝到了优质资产给我们生存带来的依靠，给发展带来的保障，给做大做强带来的支持。

2019年12月11日

战略制胜

市场竞争的成败,企业间较量的胜负,从短期看,策略与战术是起很大作用的,而且一仗、一役的胜负对长期也会产生影响。但从长远看,决定胜负的是战略,战略从根本上规定了企业的发展方向,一仗、一役、一城、一地的得失,不能也无法改变大局。

这方面,毛主席再一次为我们做出了光辉的榜样。在1945年6月,解放战争开始时,国民党军队的兵力4倍于解放军的兵力,且大部分国土在蒋介石统治下。在1946年年初与1947年3月党中央主动撤出延安时,毛主席就深刻地指出:"存地失人,人地皆失;存人失地,人地皆存。"毛主席的指示为我们制定了清晰的战略。

按照毛主席的英明指示,我们主动撤出一些重要城市,撤出延安,把城市的包袱甩给了国民党,而我们坚持以在运动中歼灭敌人的有生力量为目标,打得敌人处处被动。

毛主席领导中央机关,以极少的兵力,主动放弃延安,转战陕北,毛主席以无产阶级伟大领袖的大无畏精神,与胡宗南的几十万大军周旋在陕北的黄土高原,有力地牵制了胡宗南的主力,而胡宗南得到的只是一个空城延安。

我们这种主动的战略,使我们赢得全面的胜利,我们终于在1947年6月进入战略反攻,1948年9月进入战略决战,迎来1949年10月1日新中国的诞生。

由此可见,战略决定着中国革命的成败,决定着革命胜利的方向。

战略的重要,首先是因为战略决定着正确的方向。没有方向,就没有目标,而没有目标的行动是毫无意义的;没有方向,就会在黑暗中前行,而黑暗中前行难免会四处碰壁。

战略的重要,在于战略能整合力量与资源。有了方向,有了目标,就容易整合资源、整合力量,向着一个明确的目标与方向前进。把分散的力量聚起来,把分散的资源汇起来,形成一股很大的力量,就容易成功。

战略的重要,在于能鼓舞前行的斗志。没有战略,没有目标,队伍不知去哪里,人员不知干什么,不可能有旺盛的斗志。明确而坚定的战略,始终是队伍士气的源泉。

战略的重要,在于能最大限度地发挥自己的优势。根据自身实际情况、环境与对手情况而制定的战略,可以使自己的优势得到充分发挥,可以有效地遏制住对手,长处能得到充分地发挥。

战略的重要,在于能应对最坏的情况。正确的战略,考虑了不同情况下的应对措施,即使遇到最坏的情况,也能从容应对,不致措手不及。

在当前市场环境日益变得复杂的情况下,充分发挥战略的先导与制胜作用,对于企业在经济下行的情况下仍能稳步发展,是非常重要的。

2019年12月13日

实践，是最好的老师

　　书本上的学习是重要的，因为书本上的知识是从实践中总结的，它是前人经验与知识的结晶。

　　再好的知识，也一定要通过实践去体会，也一定要通过实践去验证。再好的经验，也要通过实践检验后再去应用。

　　一切真知，只能从实践中获得。毛主席在《实践论》中说："你要有知识，你就得参加变革现实的实践。你要知道梨子的滋味，你就得变革梨子，亲口吃一吃。你要知道原子的组织同性质，你就得实行物理学和化学的实验，变革原子的情况。你要知道革命的理论和方法，你就得参加革命。"作为企业家，必须在企业的管理实践中积累知识，不断总结经验，带领企业不断前进；作为作家与诗人，必须勤于写作，只有在勤奋写作中才能真正获得写作的真谛。

　　实践，提供了最丰富的创新源泉；实践，提供了最生动的客观世界；实践，提供了最鲜活的经验；实践，提供了最具可能的道路。

　　在当前经济下行的情况下，任何教科书都无法提供能解决问题的灵丹妙药，企业的任何有效方案只能从实践中探索，在实践中寻找,从实践中找到逐步解决问题的方案。

在发展的道路上,面临许多新问题、新挑战,这些复杂的问题是时代的产物,无法从前人那里找到答案,只有在实践中去探索,去解决。

勤于实践,在实践的汪洋大海中学会游泳。勤奋,是成功之母;勤奋,是成功的阶梯;勤奋,是不竭的动力;勤奋,是力量的源泉。

勇于实践,在实践的汪洋大海中掌握真正的主动,在实践中开辟一条属于自己的路,在实践中走出一条宽广无垠的路,在实践中走出一条克敌制胜的路。

热爱生活,真情投入。生活,是丰富多彩的,是绚丽多彩的,是生动多样的。生活是我们的大课堂,是一所大学校。

我们在丰富而生动的实践中获取生命的营养,在艰苦的实践中学会生存,在严酷的实践中百炼成钢。

任何美好的理想,都要通过艰苦的实践才能实现;任何超越,都是通过实践而不是通过口号完成;任何创新,都是千百次实践与反复的结晶。

这世界,谁也帮不了你,能帮你的就是你自己,就是你亲身参加的各种实践以及在实践中掌握的生存与发展的本领。

2019 年 12 月 14 日

兴旺总需顺势而为

　　企业的兴旺,取决于正确的战略,取决于坚强的团队,取决于团队的灵魂人物等,也取决于大势。在具备上述条件后,能否顺势而为,是决定企业能否持续兴旺发展的关键。

　　逆势而上,当然可贵,但毕竟阻力太大,走不了太远,主要是提倡这种逆流而上的勇敢精神。顺势而为,则事半功倍,可以走得更远。

　　顺势而为,就是要果断把握发展的机会,在发展大势到来之前或来临之时,做好各项充分准备,乘势而上,抓住机会,争取大有作为。而如果没有赶上这波浪潮,失去机会,就会被时代与潮流抛弃,就会被对手拉开差距。

　　顺势而为,就是要准确判断行业走势,在行业低谷到来前,要果断做出调整。要用转型与多元化的战略,迎接行业的深刻变化。

　　顺势而为,就是要善于以独特的眼光发现隐藏在背后的机会,并要敏锐发现这些机会可能形成新的大潮。

　　顺势而为,要敢于出新招。机会不仅需要等候,更需要创造;

潮流不仅需要跟随，更需要引领；转型不仅需要延伸，更需要跨界。创新开辟新天地，创新赢得新空间，创新才有新未来。

顺势而为，要勇立潮头，做时代的弄潮儿。在潮头，风光优美，波澜壮阔，天地美景尽收眼底，坦途广阔，机会无限，大有作为。跟随潮流，随波逐流，风险小，方向对，初创可以，但机会并不多，难成大事。要看机会，勇立潮头，但也不能太急，当能力与环境条件不具备时，先随波逐流为好，等待时机成熟，再立潮头。

顺势而为，还要敢于顶住逆流。发展不会一帆风顺，道路总是盘旋前进，局部进退是正常事，倒退回流也是寻常事，要敢于在调整中顶住逆流，确保航船稳步前行。

顺势而为，并不容易。因为更多的时候，机会与发展趋势并不明显，这个时候需要以特有的智慧与清醒去判断趋势与潮流。对各种可能有多方面准备，有了准备，有了备胎，就可以"任凭风浪起，稳坐钓鱼台"。

我们既要有敢于逆流而上的勇气，更要有顺势而为的智慧；既要有随波逐流的准备，更要有勇立潮头的意志。

2019年12月17日

梦想，并不遥远

我们总认为梦想是遥远的，但实际上梦想并不遥远。新的时代，给我们提供了实现梦想的无限可能性。

只要一直努力，梦想就会变成现实；只要超常努力，梦想就会提前实现；只要毫不动摇地走下去，就会超越梦想。

一切都不容易，一切又皆有可能；一切都很艰难，一切也都能够达到。这就是我们的伟大时代给予我们的机会，关键取决于我们的态度、战略、策略与方法，取决于我们的决心、意志与努力。

梦想，是在无数次胜利的积累中实现的；是在一次次的较量中完成的；是在一次次的凯歌声中唱响的。

企业家最大的愿望，就是发展企业，回报股东、员工与社会，"取信政府、服务客户、造福员工、回报股东、奉献社会"是我们的宗旨。

企业家要实现回报国家的愿望，就必须在市场中有一席之地，要有科技与经济的竞争实力，必须要有勇气击败强手的挑战，勇敢地战胜对手。

战胜强劲对手，并非易事，也并非绝无可能。重大历史机遇的一次次把握,使企业的发展不断乘上快速上升的直通车,从而从根本上颠覆了双方的优势,这一优势成为决定性的胜势。

眼光有多远,理想就有多大。如果只看到眼前的利益而放弃长远发展,就等于没有理想,没有未来,那么势必为企业发展留下重大隐患。如果只看到自己的优势,而不重视对手的发展,自己终有一天会丧失这些优势而被对手击败。

胸怀有多大,舞台就有多大。要有海纳百川的胸怀,要有一颗善良的心,要阳光而不要阴暗。善有善报,轮回与报应,这是一个普遍的、无法抗拒的自然与社会规律。

市场经济不相信眼泪。市场竞争,强者为王,勇者胜。没有自称的强者,没有永远的老大,一切都在变化中,而掌握变化命运的是什么?那就是与时俱进的精神与永不言弃的努力。

市场经济不同情弱者。要想得到市场的承认,要想得到社会的尊重,你就必须把自己锻炼得无比坚强,成为一个对社会有价值的、有贡献的人。

"沉舟侧畔千帆过,病树前头万木春",新的时代,一切都是欣欣向荣,一切都充满勃勃生机,给我们带来了发展与梦想的无限可能,带来了新的希望。在这个美好而又充满挑战的时代,只要我们不放弃努力,梦想就能逐步变真,一切皆有可能。

2019年12月18日

英雄谢幕

看到报道,联想的创始人、联想控股董事长柳传志正式宣布退休,一代传奇人物在75岁时低调谢幕。

柳传志毕业于现在的西安电子科技大学(前身是西安中国人民解放军军事通信工程学院)。1984年,柳传志在时任中科院计算所所长曾茂朝的支持下,和11名同事在北京中关村科学院南路2号计算所的传达室,一间不足20平方米的小平房里创办了北京计算机新技术发展有限公司,这个小公司以后成为赫赫有名的联想集团,是全国最大的PC公司,柳传志创造了一个神话与奇迹。

以后,柳传志多次隐退,又多次在关键时刻复出,在危急关头挽救联想,最后把班交给了杨元庆。

当年联想内部与倪光南院士关于"贸工技"还是"技工贸"路线之争,吸引了大家的眼光,后来在柳传志的支持下,"贸工技"明显占上风,倪光南只有出走完事。

离开了技术的支撑,任何企业、任何个人都难以走远,联想也如此。靠捷径只能走一段,最终的耐力,还是靠技术支持与技术变革。

缺乏核心技术支撑的联想,虽然贵为世界500强,但走起路来,摇摇晃晃,被列强一拍就倒,一压就软,并不怎么强,这点大家都看在眼里,痛在心里。

缺乏核心技术的支撑,联想难以把握当前5G发展的大好机会,发展遇到严峻挑战。从数据上看,盈利能力与其规模、品牌明显不相称,与华为这样的技术型公司比,不在一个层面上。如何沉下心来,回到以技术为先导的正确轨道,对联想的发展是个大的考验。

其实,问题的关键并不在于联想开始的路线。在创业初期,为积累资金,走"贸工技"路线无可非议,但规模、品牌都出来了,还坚持走这个捷径,赚快钱,一直没有根本性的调整,还走一条"贸工技"并斥巨资走国际并购路线就并不明智了。

殊不知,真正核心竞争力是买不来的,没有对目标与方向的坚定执着,没有长期大的投入,没有稳定的科研团队的长期努力,无法形成真正的核心竞争力。短期眼光,空洞口号,耽误了联想发展的最好的时机。

瑕不掩瑜,柳传志作为一代传奇人物,作为中国企业管理界的教父式的人物,已经功成名就了,可以好好休息了。但联想后人却不能放松努力,否则与华为的差距越拉越大,"产业报国"的最初目标势必也会越来越远了。

2019年12月19日

一张珍贵的照片

这是昨天晚上，小敏书记、黄钦市长在无锡产业强市杰出贡献奖表彰会后，与素心、浩平及我的亲切合影，我们以前都有过不同的合影，而5个人一起照，而且在这个特殊的时刻合影，就显得尤其珍贵了。

黄金时期，总是这么短暂，刚开始不久，就要变化，还没有从5年温暖的回忆中醒来，就要面对一个新的未来。

黄金时期，总是这样令人怀念，产业强市的澎湃洪流，如铁流一般，不可阻挡。而华虹落户无锡，中环落户宜兴，一石激起千层浪，揭开无锡产业强市最辉煌的一页。

黄金时期，小敏书记的战略总是这样清晰、这样到位、这样领先、这样鼓舞人心，以至于我们如果一段时间里没有听到小敏书记的讲话，都不知下一步该如何走。

黄金时期，友谊与合作如此真诚、如此珍贵，战友情深，战友默契，战友携手，书写了一个又一个新的历史，这历史写在无锡产业强市的进程中，留在无锡的光辉史册上，为无锡人民所铭记，为业界赞美而永耀。

市场的变化,是非常正常的事。任何需求都会有变化,任何发展都会呈螺旋式,事物发展任何起落都正常。

面临市场倒逼,会有两种情况,一种是没有备胎,没有新思路,出现断崖式的下跌,企业面临滑坡,甚至危及生存。另一种情况是,变危为机,在倒逼中走出一条更加丰富的多元化之路,企业在困难与危机中,稳中有进,不退反进,前景光明。

我们在自身的实践中,深切体会到危机带来的挑战,危机带来的机遇。

在经济发展的寒风中,我们不感到寒冷,反而觉得道路越走越宽广,越来越有奔头。

以环评院为例,一直以环评为生,环评资质与业务是他(她)们的命根子,在国家宣布取消环评资质与项目环评简政放权的改革后,打击很大,一下子不知所措,不知未来路在何方?做惯了环评,别的都不会,怎么办?在院"四项新战略"的指引下,环评院奋力开拓新的环保全域业务,确保了2019年基本稳住,刚刚获得了四川省地下水调查与能力评估业务的大单,这个订单不仅开拓了更加广阔的地下水与土壤修复业务市场,而且也斩获了环评院有史以来最大的订单。

如果不是倒逼,就不会主动去找新路了。倒逼,会推动企业的成功转型;倒逼,推动企业进入一个新天地。

2019年12月24日

不要急于求成

在前行的道路上,要发展,要快,要超越,但不能急于求成,急于求成,会功亏一篑。

太急,因为机会还没有到来,时机还没有成熟,就不容易成功。市场的机会是非常重要的,没有机会,就不可能成功。机会当然可以创造,但要看条件,如果不具备,你也无法创造机会。

太急,因为实力不具备,环境条件不具备,而容易失败。实力的积累,条件的具备,品牌的树立,竞争力的提升,文化力的培养,企业核心价值观的确立,都是一个很长的过程,显然不能太急。不在基础上下功夫,而急于建立大厦,这样的大厦是容易倾倒的。

太急,因为战略还没有奏效,容易失败。战略的正确,是企业制胜的法宝。但战略的见效,既需要很强的执行力,也需要一个较长的时间才能奏效,特别是有些战略还只有在环境与条件变化时,才能产生大的作用(比如长期准备的备胎)。太急了,这些战略的作用无法显现,无法充分发挥,也不能起到战略制胜的作用。

太急,会忽略对风险的控制,最终导致失败。步子走得太快了,就容易摔跤,特别是当前市场环境复杂,法治环境尚在逐步完善之中,诚信体系在建立之中,陷阱多。风险大,这是一个很长的过程。太急,对项目与合作伙伴缺乏选择,存在的风险会给企业运行带来很大危险,严重时,会使企业倒闭。

太急,想不出好的办法。急中生智,对一些救急的办法有可能,但对于企业的长远发展,需要有长远的对策,要有良策,而不是权宜之计。要有长远之计,必须要谋定而后动,要深思熟虑,而不能太急,太急时的办法考虑必定不周全,不周全的办法容易失败。古人云"三思而后行",要反复思量,再三权衡。现代的事更加复杂,三思都不行了,要更多的立体思考才行。

太急,是对自己没有信心的表现。信心,是事业成功的保证,是企业成功的基础。"自信人生二百年,会当击水三千里",这是毛主席青少年时期的伟大志向与自信,应当成为我们的榜样。

俗话说"欲速则不达",这是千真万确的真理。

果子青青,不要过早去摘它,让它去成熟,让它自由而健康地成长。

该快就快,能快就快,该慢就慢,不急于求成。加紧努力而又顺其自然,敢于跨越又量力而行,抓紧机会又不太急,果断行动而又三思而后行,这就是我们正确的态度。

"天时,地利,人和",这是人们成功的三个条件,缺一不可,缺一不成,而我们必须要有足够的耐心去等待时机,等待天时,平时则必须在地利、人和上下功夫,做好充分准备,等待天时的到来。

2019 年 12 月 25 日

别错过最好的时机

许多事情的解决,都有最好的时机,一旦错过了最好的时机,就无法赶上最快的班车,发展就会受到严重影响,严重时,危及企业生存。错过最好的时机,恐怕就再也无法回头了,再也无法按照原来设想的轨道前行了,就会前功尽弃。

最好时机的把握,要用智慧去判断。大智才能大勇,要准确判断环境、时机与条件,要从天时、地利、人和的综合权衡,去判断解决问题的时机,不要让最好的时机白白错过。

最好时机的把握,要有勇敢的奉献精神。没有舍得一身剐的大无畏精神,没有勇闯新路的勇气,没有敢于开创新局面的魄力,是无法把握最好时机的。因为伴随着最佳的时机的到来,也往往有很大的风险。

最好时机的把握,要有果敢的作风。该出手时就出手,一出手,就天下太平。该出手而不出手,瞻前顾后,犹豫不决,一旦错过最好时机,必将使局面失控而无法收拾,迎来的将是一个永远无法收拾的残局与败局。

最好时机的把握,要有强烈的责任担当意识。为官一任,造福一方。为企领导,领企有责。要在企业领导的岗位上,敢于担当,不怕挫折,不怕失败,才有可能去把握企业发展的最好时机。

最好的时机,不是单纯靠等待,而是要有主动的精神、创造的精神、变不可能为可能的精神、敢为天下先的精神,没有这些精神,一切都没有可能。

世界和平,国家安定,企业发展,个人成长,都离不开把握机会,我们在日常生活中的每一次不经意机会的把握,可能就是未来最佳时机到来的前夜,无数次量变会最终迎来质变,迎来发展最明媚的春天。

2019 年 12 月 27 日

思路，决定着出路

　　毫无疑问，战略决定着方向，战略决定着一切，战略制胜，但战略的制定是以思想为基础的，没有新的思想，没有好的思路，难以制定出好的战略，因而也不会有好的出路。

　　思路，决定着出路。这不仅表现在战略的制定层面，也表现在战略的执行上。思路，决定着事物发展的全过程；思路，贯穿着事物发展的全过程；思路，影响着事物发展的全过程。

　　战略的制定要有新的思路，要根据自己的情况，要体现创新，体现超越，体现优势，体现与众不同，体现特色。

　　在战略的执行过程中，需要不断调整原有的思路。因为客观环境瞬息万变，要求在执行过程中不断调整与改变思路，而这些调整正是为了更好地实现战略，否则无法到达胜利的彼岸。

　　一个主意的改变，一个决定的调整，一个新的方案，一个新的思路，都会补充、丰富、完善原有的战略，都会创造性地实现这些战略。

　　在战略的实施过程中，过程充满复杂性、偶然性，充满矛盾，新的思路能巧妙化解这些困难与矛盾，找到解决这些问题的办法,从而开辟实现这些战略的新途径。

经济下行,市场多变,要保持持续增长绝非易事,如果没有提前部署新的正确战略,如果没有在战略执行过程中进行一系列新的调整,战略的执行就会大打折扣,企业的发展会遇到严重的困难。

新的思路,总是在市场与周围敏锐的观察与分析中产生的。市场,是企业赖以生存的基础,是企业发展的舞台。市场需求的快速变化,机会的稍纵即逝,使市场变得既丰富又变幻莫测。一个企业,如果不对快速变化的市场做出敏锐的分析,快速地调整,采取新的对策,而一味地坚守传统而不做任何改变,注定要失败。

新的思路,总是在深刻的哲学思考中形成的。哲学的思考,是最深刻、最理性、最科学、最全面的思考。通过科学的分析、哲学推理而产生的新思想,是辩证的、全面的,因而经得起历史与实践的考验,是指引发展的金钥匙。

新的思路,总是要在丰富的社会活动实践中获得,人们的社会实践活动是检验真理标准的唯一尺度,也是正确思想的唯一来源。

毛主席说:"人的正确思想从哪里来的?是从天上掉下来的吗?不是。是自己头脑里固有的吗?不是。人的正确思想,只能从社会实践中来,只能从社会的生产斗争、阶级斗争和科学实验这三项实践中来。"毛主席的话,为我们新思想产生指明了正确的方向。一个人关在家里冥思苦想,看不到外面精彩、丰富、多元、快速变化的世界,不与社会广泛接触,不与合作伙伴及各类人打交道，不听取部下、同事、同行的意见，无法形成新的思路。充分地交谈，充分地交流，广泛地接触，是新思想产生的重要源泉。有时候，一看，一谈，一接触，就决定着思路的改变，改变着命运。

新的思路，总是在开放的环境产生的。开放、合作、创新，是发展的三面旗帜，没有开放的环境，外面新的东西进不来。而走出去，又是一番新天地，是从另外一种角度看世界。

合作，是开放的结果，日益开放的世界，必定推动更广领域的合作，而在合作中的碰撞与融合，必定会产生更多的新思想。

创新，是开放、合作的必然结果。新的思想在开放、合作中产生，新的火花在开放、合作中碰撞，新的创新在开放、合作中形成。

新的思路，总是在外部高压的环境下催生的。外部的压力，就是前行的动力，推动着思路的转变，推动着转型的加快，推动着新路线图的出现。新思路总在危机时突现，急中生智，就是这个道理。

新的思路，有时会在不经意间突然萌发。有时候，一个突然的机会，给处在思维紧绷的你以特别的灵感，特别的启示，这时往往会形成新的思路。

"有心栽花花不开，无心插柳柳成荫"，就是这个道理。突然的启发，打开了你紧闭的思维大门，而突然敞开的思维大门，像决堤的洪水，奔腾不息，一个改变现状的新思想由此而产生，一条新的道路由此开辟，一个新的更大格局由此产生。

2019年12月27日

2020 年

新的历史起点

新的历史起点，要有新的高度；只有站到新的高度，才能"一览众山小"。

新的历史起点，珍藏过去一切美好回忆，勇敢面对新的挑战。

新的历史起点，勇于检讨不足，敢于纠正错误，实事求是向前看。

新的历史起点，一切都是新的挑战，挑战充满危机，危机带来新的机会。

新的历史起点，结束过去，开辟未来，攀登更高的山峰。

新的历史起点，是黄金期的继续，仍然可以大有作为，新的时代，新的开局。

新的历史起点，出手更快，出手更准，出手更狠，服务更好。

新的历史起点，面向国内，面向国际，面向多元化的广阔市场。

新的历史起点，新的思路，新的计划，新的目标。

新的历史起点，一张蓝图绘到底，同心开启新征程。

新的历史起点，绣更美的红旗，绘最美的图画，书写最美的诗词华章,展示更美的人生风采。

　　新的历史起点,时间更加宝贵,年轮增长,生命有限,抓紧这宝贵的时光吧,努力有所再作为。

　　　　　　　　　　　　　　　　2020年1月9日

新风劲吹大变局

新的开始,往往需要有新的变局,这个新的变局会带来新的气象,有新的风貌,会给人带来新的希望。

变局,就在于新。新的变局,是指为适应更高发展目标而进行的一系列调整。是指为适应新形势、新变化而采取的新战略、新布局、新的人事调整、新的机构、新的政策与策略等一系列新的举措。

希望,就在于新。继承是必要的,创新更加重要。人们对老一套、旧做法、旧习惯,容易疲倦,容易厌烦,希望有新的东西呼之欲出。新的东西,给万物带来新的活力,带来新的希望。

创新,就在于新。突破过去,创造未来,必须要有新的思想,新的观念,否则无法面对快速变化的形势,无法面对日趋复杂的世界。

发展,就在于新。发展,就是在过去基础上的新的增量,没有新的增量就不是发展了,存量减少而又无新的增量增加,也无法发展。

突破,就在于新。新的突破口,新的挑战,新的考验,都是以前所没有经历过的,都是新的。新生事物的蓬勃兴起,既有内部生存发展的需要,同时也是外部客观的要求。

用人,就在于新。新人,新活力,活力就是战斗力,活力就是竞争力。活力唤得创新思维的充分涌动,而死气沉沉、毫无创新、毫无变化,只有死路一条。新人,新思路,新思路改变现状,突破困局。新人,新作为;因此,要果断启用一批新人。

机制,就在于新。要根据实际情况,敢于突破传统的行政管理体制,实行行政体制的大胆改革与创新。新的各级行政体制要为人才成长与才能发挥创造更加宽广的平台,设置更加合理的职位,注意在年龄梯次、专业结构、领导才能上,充分考虑其合理搭配与有效互补,使行政指挥系统忠诚、奉献、高效、担当、活力,适应在高位上持续增长的要求,继续一路飞奔。

管理,就在于新。外部环境的快速变化,要求管理者迅速做出调整。放,是趋势;控制,是手段。放而不乱,控而不死,是目标。大胆提拔而又严格要求,放手使用而又加强考核,这就是干部政策。

生命,就在于新。生命,生生不息,永远延续;生命,新陈代谢,不可阻挡。旧生命的终止,新生命的开始,是自然界不可阻挡的规律。

"千门万户曈曈日,总把新桃换旧符",这是宋代著名诗人、政治家王安石的名诗,而我们的时代同样需要呼唤新人、新思想、新格局、新领域、新路子、新机制、新组合、新市场、新伙伴等,这一切都将给我们新的未来注入更加蓬勃的新生命。

2020年1月10日

格局要大一些

格局,就是指胸怀、视野、境界、站位、布局等,一般来说,格局大的人,才能有所作为。格局不大的人,难成大事。

格局大,就是心胸要宽,就是要能够容纳别人的意见,包容别人的过失,肯定别人(即使是对手,也应如此)的成绩,鼓励自己的伙伴,能够纠正自己的错误。

心胸宽,舞台就大。有些事,本应自己做,但自己没有想到或根本没有去想,别人想到了而且做了,这就要从中吸取教训,放下架子,虚心向别人学习,请进来,拜别人为师。而不是一味埋怨,放不下这个心结。

向别人学习,不会扫自己的面子,更不会减弱自己,反而会使自己更加强大。放下架子,并不失风度,反而是更加风采;屈尊拜师,并不失尊严,反而更加伟岸可亲。

博采众长,才能如虎添翼;集思广益,才能正确决策;众心合力,才能力破万敌。

我们现在处在瞬息万变的信息时代,人们思想奔放,传播速度快,传播面广,其中难免泥沙俱下,但其中也不乏闪光的思想,我们不必对一切都求全责备,因为思想的火花往往就在那里闪耀,创新的做法往往就在其中,我们不妨认真对待。如果我们把这一切都统统拒之门外,就会把自己变得更加孤陋寡闻,更加固步不前,最终就会被历史的车轮所淘汰。

英雄不问出处。我们不要深究英雄的出处,只要是好的意见、好的建议、好的思想、好的创举、好的成果,无论是谁提出来的,我们都应当充分肯定、积极支持、热情扶持。

要造就创新思维充分涌动的热潮,要有创新风气蔚然成风的良好氛围,要形成百花盛开的繁荣局面,要让创新成为不断推动社会进步的不竭动力。

格局决定着舞台的大小。大格局,大舞台,大事业。大格局,大变化,大进步,大发展。

大格局,顺势而为,顺势而发,判断我们是否成功的标志只有一个,就是是否满足民众的普遍需求与喜爱,是否顺应时代的发展潮流。

2020 年 1 月 11 日

又是暖暖的午后

我记得5年前(2014年11月)的一个周末的午后,那时我在安县泡温泉,那天下午天气很暖和,在那个温暖的午后,我接到无锡的电话,告知大股东股权转让一事正式通过无锡方面批准,虽然过程有些复杂,但尘埃落定的感觉让我顿时放松,因此我写下了《暖暖的午后》这篇散文,表达了我当时的愉悦心情,《暖暖的午后》这篇文章在2015年1月发表,收入了由四川文艺出版社出版我的《江南的雨》散文专集一书中。

从那个暖暖的午后起,一场场由此产生的波澜壮阔的精彩大役由此正式拉开序幕。

今天午后,成都的天气格外地晴朗、非常地暖和,又是一个难得的暖暖的午后。我们在家周边的成华公园散步,只见暖阳下,人们携家外游,老人、孩子充满欢乐,清澈的府南河流水淙淙,绿色的树叶随着微风摇曳。虽然已是冬季,没有了金色的枫叶,但青叶绿树同样也是另外一种别样的风景。人们身着多彩的服装,给这个午后增添了多样的色彩。

在这个暖暖的午后,除了欣赏这美丽的景色,体会这暖冬的温馨外,更多的是想到在5年前在安县那个载入史册的暖暖的午后,想起这5年来历史性的巨变,而昨天十一科技新董事会的换届又是一个新历史的开始,今天这个暖暖的午后是否也会再次带来好运,带来巨变呢?

5年的时间不算长,但5年内我们经历得太多,遇到的机会太难得,收获的东西太珍贵,写下的历史太辉煌,留下的记忆太温暖,赢得的时空太宝贵。

5年黄金期,3年腾飞期,这是无法再现的非常时期,这是再也不会有的巨人步伐,这是一个可歌可泣的光辉时期。

再回首,在这个暖暖的午后。回忆更加珍惜今日之不易,立志向前不回头。

再出发,仍然信心满满。豪情壮志满怀,永葆革命青春,前进永远在路上。

再踏征程,候机室里正在实播台湾地区领导人的选情,11日正是一个非常重要的日子。虽然选举结果要到晚上10点才能出来,但我希望韩国瑜能胜出,因为两岸密切交往,和平和睦相处,这对两岸都有好处,都是正确的选择,为何去选择另外一条相互对抗的道路呢?

2020 年 1 月 11 日

阳光之美

阳光,是万物之源;阳光,是生命之根;阳光,是美丽之泉。

所有的万物,在阳光的照耀下都会熠熠生辉;幸福的人们,在阳光下绽放出灿烂的笑容。

阳光之美,是一种自然之美,是一种阳刚之美,是一种真诚之美,是一种坦诚之美。

阳光之美,是一种无私之美,太阳燃烧自己,照亮别人,温暖人类,提供不竭的动力。

人们的心里,若能像阳光一样灿烂、像阳光一样明媚、像阳光一样无私,那么我们就会更加和谐、更加幸福。

人们的心里,若都能像阳光一般磊落坦诚,言行一致,那么,人类社会必将更加和谐、更加美好。

阳光之美,是一种信心,是一种力量,是一种品德,是一种风范,是一种气度,是一种高雅。

阳光之美,是一种无私,是一种无畏,是一种奉献,是一种独特的美丽。

阳光之美,是一种境界,是一种高度。有阳光之美的人,与具有阴暗心理的人有天壤之别。阳光之美的人,成全别人,成就自己。而阴暗心理的人,算计别人,坑了自己。

时代是前进的,生活是美好的,只要人人都献上一份爱,人人都有一份阳光之心,世界必定变得更加美好。

2020年1月12日

暖暖的"虹"流

　　新春佳节到来之际,昨天下午应邀出席在无锡召开的华虹集团2020年全球供应商大会并出席晚上的新春晚会。

　　下午的会议在新落成的无锡华虹办公楼里的新报告厅举行。新,是因为第一次使用,其实这原本是一幢弃之多年不用的老房子,在无锡华虹选址时,在素心董事长的独具慧眼下保留下来并进行成功改造而成的。按现在的眼光来看,现在的设计师很难有当年这样的手笔,设计出这么宽敞、实用的办公楼与现代化的报告厅。老建筑,难以出于现代设计师的手中,因为现代的民用建筑设计师往往去追求潮流而喜欢标新立异,而这往往使这些民用建筑设计虽现代却变得华而不实了。

　　一进报告大厅,热气腾腾,外面的寒冷一扫而光,取而代之的是一股暖流扑面而来。来自全球的100多个供应商齐聚这里,与华虹共享这个新春的欢乐。美国应用材料、ASML等国际顶级的供应商如约而至,这是华虹国际化的标志,更是华虹作为产业龙头的家国情怀。在高度国际化的同时,华虹不忘初心、牢记使命,尽最大的可能带动了国内设备、材料供应商的成长,如这次得奖的北方华创、新昇、中环领先等，就是其中的代表。

从王靖总的讲话、宇航总的报告、素心董事长在晚上的致辞看出，在去年行业处于整体低谷的情况下，华虹仍然保持了增长，而无锡华虹因建设的高速度、高质量在业内创下纪录而成为佳话。更为可喜的是华虹在28纳米工艺技术平台的成功与在14纳米攻关的突破，给我们带来了极大的喜悦，犹如寒冬中的一股暖流，温暖着人们的心窝；犹如春风吹来，激荡着人们的心扉。

华虹这次对会议进行了改革，在众多讲话中插入了四个歌舞节目，这一下子使会议的气氛活跃起来。原本供应商会无非就是技术报告与商业性讲话，听久了是比较枯燥、单调而乏味的，而这一改革，却使会议顿时活跃起来，正如主持人所说，今天的供应商会成了一个综艺节目，这虽有幽默之意，但确是变革之举，会场的气氛一下变得活跃起来。会后，所有供应商都说，今天的会太难忘了，这难忘除了与华虹的友谊外，更多的是艺术带来的感染，变革带来的惊喜。

其实，新年就是要有新气象；新年就是要大胆改革，只有改革才能带来新气象，只有新气象才能有活力，才能有希望。未来新的发展，呼唤着更多的新思想脱颖而出，期待着更多的新举措大胆运用，盼望着更多的新策划成功问世。

艺术，不仅是艺术家们的事，更是所有热爱生活的人们的心灵追求。从生活中寻找艺术的源泉，从艺术中找到鼓舞前行的动力，从文化中感受人生的快乐，科技与艺术齐飞，文化与发展共舞，这是一条颠扑不破的规律。

　　华虹的全球供应商大会,继承着传统,又体现着创新,犹如春风十里,形成一股不可阻挡的"虹"流,让人们感受到春天的温暖,感受到"虹"流的澎湃!

2020年1月13日

二维码来自哪里?

前天在飞机上看到 2020 年 1 月 11 日《环球时报》第五版的报道:日本"二维码之父"原昌宏接受《环球时报》采访时称,"彩色二维码时代"或将来临,这才知道原来二维码的发明来自日本的原昌宏。

报道说,最近一份报告显示,2019 年,微信生态带来的以二维码为载体形成的"码上经济"规模达到 8.58 万亿元。

报道说,二维码"生于"日本泡沫经济破灭期的 1994 年,却在 20 多年后,在中国四处开花。

发明二维码的日本电装公司的工程师原昌宏,他被称为"二维码之父",他在接受《环球时报》记者采访时说,没有想到自己的发明在中国得到巨大发展,如果当初收取专利费,也许二维码不会如此普及。未来还会开发二维码技术,但依然保持开放。

原昌宏生于 1957 年,1980 年进入日本丰田汽车旗下的日本电装公司,该公司是一家提供汽车技术、系统及零部件的供应商,原昌宏最初负责的是便利店客户物流管理条形码方面的研发,开发条形码的读取装置。但是因为条形码信息量较少,读取能力不足,精度不高,常常出现错误。于是原昌宏就想,既然存在这么多缺点,能不能开发一些轻松简洁的识别方式。于是,原昌宏从1992年开始二维码的研发工作。花了两年的时间,克服了种种困难,终于在1994年研究成功二维码并获得专利。获得专利后,为了让更多的人使用,他们放弃了收取专利使用费。目前二维码原始技术专利已经过期。

目前二维码在中国无处不用,无时不有,而在日本的电子支付推广不够普及,主要原因是日本的互联网的发展与整合技术已经落后于中国,而日本智能手机的使用率也落后于中国,还有日本电子支付的成本也比现金支付要高,这些都是日本电子支付滞后的原因。

二维码研究并广泛运用的实践说明,技术保护是需要的,但要适度。技术发展是无国界的,无论是技术,还是文化艺术,都是人类的共同财富,一切先进与广泛适用的技术,应当让全世界人们共享。特别是对那些应用面广、直接惠及民众的,更应当全面开放。当年如果日本坚持收取二维码的专利费,或许二维码的推广与应用要大打折扣。

保护主义,单边主义,闭关自守,不遵守国际规则,到处退群,唯我独尊,这不利于世界技术与人类的共同进步,也无助于人类生存所面临的气候变暖、资源枯竭等日益紧迫的复杂问题的解决。

共享、互助、共赢、共发展,这应当是地球人类共同遵守的准则。

2020年1月13日

脱颖而出

昨天一早从无锡乘G102高铁，中午到达北京，下午出席北京分院干部述职会与年会。

北京刚下过大雪不久，我们住在固安的宾馆，从宾馆望去，外面仍然有着许多尚未融化的残雪。

虽然室外寒冷，但室内却是一股暖流，北京分院在调整重组进入第三个年头后，开始步入大发展的快车道。天山做的北京分院工作汇报，思路清晰，重点突出，图文并茂，引人入胜，信心满满，给人以极大的鼓舞。而其他干部们的述职也都充满信心。看着一组组鼓舞人心的数据，让我不禁想起来三年前未重组前的情况，那时北京分院苦力支撑，财务勉强维持，难以为继，看不到希望，没有技术特色优势。而重组进入第三年，北京分院整合出实力，旧貌变新颜，市场大突破，人员大增加，在数据中心、援外项目、特色建筑方面，居然在与国内顶级设计院较量中连连取胜，创造了一个个令人叹为观止的奇迹。

现在的北京分院财力充裕，上交完成，员工凝聚，团队团结，自信与幸福，充满竞争力，十一科技北京号已具备扬帆远航的能力,新年将全面出击。这里面,士伟与天山的密切配合,世一的坐阵,大家的努力,至关重要。

在寒冷的冬天,在下行的经济,别人都感到阵阵冷意,但我们这里却充满暖意、充满信心,北京分院只是兴旺发展的十一科技的一个缩影。

这是因为我们曾经历贫寒,经历风雨考验,经历转型的阵痛,经历市场的考验,我们在二十年持续辛劳中准备的备胎,开始发挥作用。

差距,只有在强力危机冲击下才能拉开;较量,只能在时间的长河中才能分出胜负;真金,只有在熊熊烈焰中才能辨出;机会,只有在事后才知道珍贵;英雄,只有在历经风雨后才能胜出。

一切都是浮云,唯业绩丰碑永在,唯战略制胜是根本,唯不断调整才是永恒生命,唯团队亲密是无价之宝。

2020 年 1 月 14 日

其兴也勃焉，其亡也忽焉

看了最新的报道，前几年，曾经是世界500强排位很靠前的美国惠普公司，利润陡降，日子很不好过，这家曾经风光无限的千亿级航母企业，面临施乐公司并购的可能。

这主要是因为惠普没有能够抓住互联网、通信、人工智能发展的历史机遇，没有能在智能手机等领域占得一席之地。

信息产品、计算机、打印及成像业务是惠普的三大业务，但随着智能手机的不断发展，计算机的很多功能如编写文字、存储文档、屏幕显示等，都部分或大部分被智能手机所取代，而打印的东西也越来越少。人们更愿意把照片储存在手机里而不愿将其打出来，一是因为从手机中可以随心所欲地随时调出，更加方便；二是因为现在数码拍照太容易，成本极低或可忽略不计，而打印的成本高，而且要打的也太多，几乎无法选择与实现。这些原因都使打印机的用途大为减少。

好日子过去了，又没有备选方案，体量大而无法马上改变方向。剩下的只有艰难度日了，过不去时，只有缩减、关门或被收购。

顺应时代潮流，不断调整方向，转型永远在路上，创新才有新天地。

大船掉头难，遇礁易搁浅。只有把大船拆分成灵活的舰队，同时又有联系的紧密纽带，大船才能遇险而不惊，航母才能永远破浪前进。这些灵活的舰队熟悉水路，能绕开暗礁，躲过激流，稳步到达目的地。

分能合，合能分，在分合中找到一条正确的路。散能聚，聚能散，在聚散中发现光明之路。

"其兴也勃焉，其亡也忽焉"，任何企业、任何个人、任何事物都会面临这样的考验，让我们警钟长鸣吧。

2020 年 1 月 15 日

发展，要有紧迫感

当下，市场环境日益严峻，如果一切按部就班，老一套，四平八稳，没有创新的做法，没有改变现状的紧迫感，就无法赶上这一班快车道，就会一事无成。

发展速度，要有紧迫感。速度不能太慢，太慢了就会被别人超越，而一旦被人超越了，再赶上去就难了。没有速度，就没有效率，就没有效益，就没有竞争力，就谈不上高质量发展。没有速度，就没有增长，落后了，意味着挨打，而挨打就是失败。没有速度，就无法超越对手，就无法争第一，就无法实现心中的梦想。高质量发展就是速度与质量的统一，就是速度与质量的同步提升。

转型升级，要有紧迫感。转型升级，是时代发展的需要，人们消费需求的改变，要求传统产业的升级转型，如果仍然固守在传统行业，不做任何调整，市场势必越来越小，最后必定被淘汰。结构性的调整虽然不能在短期内完成，但也必须确定方向，设定一个时间表。

开发市场，要有紧迫感。市场是起点，也是终点，是我们的生命线。没有市场，就没有生存的依托，再好的技术也无用武之地。当前，市场下行，由于市场资源的有限，拼抢会更激烈，如果没有非拿到不可的紧迫感，就会失去市场。同时，我们要开阔市场的思路，多元出击，多元发展，国内外并举，市场的前景还是非常广阔的。

抓住机会，要有紧迫感。机会稍纵即逝，慢腾腾的，什么机会都抓不住。只有紧紧握住机会，毫不放松，变不可能为可能，才能创造机会，才能抓住机会。一旦失去机会，再想去抓，就没有可能了。有时，即使花更大的代价，也很难找回失去的机会。失去机会，就会被对手拉开差距，就会被时代所抛弃，就会被历史所遗忘。珍惜每一个可能存在的机会，必须要有紧迫感。

引进人才，要有紧迫感。竞争，是实力、智慧、战略、策略等的比拼，更是人才间的较量，要想取得竞争的胜利，必须要有高质量的人才支撑。一个人才带来一个市场，一个人才支撑一片天地，一个人才改变竞争格局。这就是我们之所以重视人才的原因。

技术创新，要有紧迫感。技术上是否站在制高点，在技术上是否有话语权，这是能否主导市场的关键。说到底，是技术决定与影响着市场，而加紧创新，加快技术专利与设计专有技术的研发，成为争取市场主动权的关键。

扩大合作，要有紧迫感。合作可以扩大我们的市场，扩大我们的影响，扩大我们的领域，可以使道路更加宽广，可以使资源整合加快，可以使竞争力得到提升。

持续调整，要有紧迫感。市场环境的不断变化，客户需求的不断改变，竞争对手的不断变化，要求我们持续调整我们的战略、策略、做法乃至一切,不及时调整,就无法适应发展的要求。这世界,一切都变得太快了,一切都需要我们做出调整。

文化建设,要有紧迫感。文化建设,对内凝聚,对外提升,是一个大的平台。文化建设,是庞大的工程,是天地广阔的百花园,是巨大的软实力,必须抓紧,抓出成绩,抓出水平。

一万年太久,只争朝夕。我们的一切都要有紧迫感、危机感,从紧迫感、危机感中,找到速度、效率、效益与竞争力,更好地为我们的目标服务。

2020年1月15日

（本文根据作者2020年1月15日下午在嘉兴分院调研时的讲话而增改）

干部要敢于作为

在经济下行的情况下，发展遇到很多难题，前行遇到很多困难，能否顺利带领团队稳步发展，关键是干部是否有作为，是否敢于作为，是否善于作为，是否勇于担当。

任何人，不论职务高低，权力大小，关键要务实做事，勇于担当，而不能什么事也不想做，什么责任也不敢担当。不敢作为的干部，就是职位再高，任职时间再长，也是浮云一朵，过后就忘。这种人不会让人怀念，因为做事太少，对不起组织与领导的重托，对不起组织与领导的信任。

改革发展的成果，是靠干出来的；强大的今天，是靠干出来的。干是硬道理，发展是硬道理，进步是硬道理。要营造一种风气，看谁干得多，看谁干得好，看谁能担当，以此作为选拔与考核干部最重要的标准之一，让那些不干事、不作为的干部无处藏身，混不下去。

邓小平同志曾说过：**"世界上的事情都是干出来的，不干，半点马克思主义也没有。"**新中国的建立是无数英烈用生命换来的，中华人民共和国七十周年的宏大伟业是干出来的，改革开放四十年的伟大成果是干出来,中国特色社会主义道路是在实践中探索出来的。

任何干部,只要在位,就要做到**"抓铁有痕,雁过留声,为官一任,造福于民"**,这才是我们干部要采取的正确态度。

只有敢于作为,才能开启新的征程。过去的一切都过去了,新的时代已经开启,数字经济与人工智能的浪潮,正在席卷全球,新时代对一切传统产业提出要求,发出挑战,如果我们无所作为,不能调整,不抓住新机会,势必会被新时代所淘汰。

只有敢于作为,才能带领大家继续前行。战略已经制定,航道已经开辟,关键是我们干部的执行,而在执行中敢于作为、排除万难,确保战略的实现成了关键。往往有这种情况,战略是正确的,但干部在执行中不作为,不敢担当,致使战略无法实现。

只有踏实作为,才能务实推进,才能逐步改变面貌。领导已经制定了战略,下面就不必再层层提出战略了,只要执行就可以了。如果再层层空谈,把正确的战略束之高阁,那么宏伟的蓝图就只能永远停留在纸上而无法实现。

我们要培养那种忠诚担当,敢于作为的年轻干部,要大胆启用一批务实推进、敢于开创的新干部,让他(她)们成为推动发展的新生力量。

毛主席在《纪念白求恩》一文中指出:**"一个人能力有大小,只要有这点精神,就是一个高尚的人,一个纯粹的人,一个有道德的人,一个脱离了低级趣味的人,一个有益于人民的人。"**我们在当代需要有白求恩的精神,我们要永远按照毛主席的教导,无论任什么职务,无论在什么岗位,只要在位一天,就要忠诚履职,当好一个闪亮的螺丝钉,做一个敢于作为、勇于担当的干部,做一个有益于人民的人。

2020年1月16日

（本文根据作者本人 2020 年 1 月 16 日在院总包公司海宁会议上的讲话而增改）

如何避免投资与发展的误区

投资服务双轮驱动战略，一直是我们的基本战略，在这一战略的光辉指引下，我们坚持数年，不断投资，终于迎来曙光。投资收益不断上升，利润结构出现根本性的变化，为未来发展奠定了很好的基础。虽然也有些投资判断不准，但总体风险可控。同时，我们的发展规模一直较快成长，资产质量健康，负债率合理，盈利能力逐年提升，各项指标很好，属于高质量发展。如何做到稳中有进、稳中有快呢？

一是不要为了规模而不顾一切。我们一直对PPP项目持慎重态度，因为我们看不懂其中的运作方式，也没有能力驾驭与承受可能带来的风险，因此我们不跟风，不去碰它，不为指标的好看而介入。虽然我们失去一些机会，但风险却远离我们，换来的是一身的干净、轻松与愉悦。我们对海外项目也非常慎重，虽然海外市场大，"一带一路"前景广，但我们在没有准备好之前，没有全面铺开。而从现在开始，我们正在逐步加快进军海外市场的节奏。缺乏PPP项目与海外项目，对规模的增长会有较大影响，但我们宁愿放慢发展脚步，也要确保风险可控，确保资产质量的干净,确保经营的成功。回过头来看,不少上市公司为了业绩增长的需要,超出自己的能力,过快或疯狂发展,到头来是一地鸡毛而无法收拾。

二是主攻熟悉可控领域,稳步进入新领域。我们一直不断发展与扩大自己的优势,并努力用设计优势带动总包,带动工程。对于没有设计优势的项目,我们一般都不去做总包,而对有设计优势的项目,我们大力推动总包。对新领域,则视实际情况,采用分步骤进入的方案,往往不是一步到位,这样可以充分把控发展的风险。

三是选择好合作伙伴。我们一般选择国有控股、外资公司、上市公司、混合所有制、有信誉、有实力的民营企业作为合作伙伴、作为最重要的客户,并在实践中形成亲密的大客户关系。实践证明,很多纠纷都来自那些没有信誉的单位,与志同道合者前行成为我们最重要的选项,也是避免工程风险最重要的措施。

四是不要跟风到处投资。投资的机会多,投资的好处多,投资的风险大,投资的陷阱多。投资,既要慎重判断,又要果断决策;投资,不能过分分散,要有一定的集中度;投资,要有重点,主要方向是战略新兴产业,这些产业投资的前景远大。

五是用好资本平台。上市公司最宝贵的是投资平台,要充分利用好这个平台,按照上市公司的要求,提前进行专业化的策划,使投资内容通得过、装得进、用得上,为广大股民带来好的收益。

六是用好干部。事在人为,人是关键。毛主席说:"政治路线确定之后,干部就是决定的因素。"在决策后,谁来干成了关键。用人不当,小错放大;用人正确,错能纠正。一定要把那些勇于担当、忠诚而又智慧的干部放到发展与投资的关键岗位，而如果用人不当，必酿成大错，到时后悔莫及。

七是集体决策。一个健康有生命力的企业，必定有一个稳定的领导集体，集体中有核心与灵魂人物。无论是投资的决策，还是发展的讨论，都要进行集体研究，发挥集体的智慧，要经过充分讨论，集思广益，充分听取各方面的不同意见，才能避免决策失误。必要的决策程序，使决策方案更加完善。不要搞层层会签，要开会面对面会审，让大家的思想充分碰撞与交流，才能产生思想火花，才能使方案更加完善。这个原则，不仅适用公司层面，也适合于各个分支机构与控股公司。

八是不要与没有实力的人合作。选择投资合作伙伴时，要与有经济实力且有信誉的人、企业、机构、组织合作，千万不要与没有经济实力或出资不到位的个体合作。这种合作风险极大，意味着你得承担全部投资风险而收益只能是一部分，这种投资与权益不对等的事，往往是个大陷阱，一开始蕴藏着很大风险，必须高度警惕，不要上当。

九是根据情况要善于及时调整。预想只是计划，预想往往与实际情况有差别，有时候会有很大差别，这时候能否及时调整成了成功的关键。要准确判断调整的时机，把握这个时机，使投资转到正确的方向与轨道。该加快，就得加快；该结束，就得结束，一切以利益可能的最大化或损失可能的最小化出发。

2020年1月18日

比较，是决策的依据

一个决策，在起初的犹豫不决中徘徊，经过比较，改变最初想法，最终做出了一个正确的决定。

决策，要在迷雾中找到正确的方向，而正确的方向要靠比较才能鉴别，靠抓住关键点才能把握。

比较什么？就是要比较共同点、比较优势、比较差异、比较初衷、比较内容的实在程度。经过比较分析，进行去粗取精、去伪存真，由此及彼、由表及里地分析判断，最后得出正确的结论。任何片面的了解，都有可能导致错误的决策。

关键点是什么？关键点就是我们的初衷，我们的目的，我们的使命，我们的期望等是否与合作方一致、双方能否注意各自关切、谈到一起后是否得到合同、经济能力与法律等方面的落实保障。

该断就断吧，一个正确的决定结束马拉松式的谈判，换来的是一身的轻松。

该断就断吧，全面了解，准确判断，善于调整，带来的是一股清爽的风，吹来的是希望的风。

没有十全十美的决定,一切好,只有相比较而存在;一切美,只是相对照而胜出。

决策,推动发展。一个个正确的决策为快速发展提供了源源不断的动力。

决策,改变格局。如今的大格局正是在一个个决策推动下积累而成。

决策,改变风气。敢说敢干,不躺在前任的业绩上谈功劳,立志在本职岗位上做出新成绩,这是个好风气,这种风气已蔚然成风。

新的时代,需要我们更加务实推动,把握机会,加快发展。而机会就在我们平淡生活的每一个时分。

2020年1月19日

十年磨一剑

——十一科技西北大厦建设侧记

今天,喜讯从西安传来。十一科技西北大厦,在经历了无数风雨后,已经正式建成,西安分院从昨天起,已正式入驻西北大厦办公,喜讯传来,欢欣鼓舞,心中顿时涌动着对往事的回忆。西北大厦,最早是新材料中心,是在 2010 年年底提出的一个募投项目,从提出到今天已有十年了。中间经历很多变故,经历了很多风雨,正式再次开工是两年前的事。

一幢 23 层高、4.5 万平方米的现代化办公大楼——十一科技西北大厦,正式建设的时间不到两年,就正式建成并入驻了,开创了建设的高速度。

西北大厦的建设,不仅是速度快,而且是质量高,安全好,投资省,堪称速度、质量与安全统一的典范。

原本西安分院在新年前入驻几乎是不可能的,我只是提了一下要求,希望做到这样。西北大厦建设的快速度,使不可能之事成为可能,为西安分院早日入驻提前了几个月。这不仅在新一年开始之际,给西安分院干部员工带来莫大的喜悦与振奋;同时为西北大厦剩余部分的整体出租争取了时间,抢得了先机,使西北大厦成为炙手可热的抢手货。航天产业园约80万~90万平方米写字楼面积,将在我们之后的一年后陆续投放市场,而由于我们的快速度,赢得了非常宝贵的一年时间。

在当下,没有人能够等你一年,创新的时代,分分秒秒都是宝贵的;数字化的时代,一切都在瞬间被颠覆之中,时间是特别的宝贵。

争取的一年时间弥足珍贵,提前占领了市场,化解了投资回收压力,为更多入驻企业搭建了平台,提供了现代化的创业环境,从而有可能为航天产业园与西安的"双创"工作做出贡献。

作为西北大厦的主要决策者,十年来,已经记不清楚为推动西北大厦的建设而多少次去西安了。一次次极具勇气的调整终于摆脱了西北大厦的困境、难境、险境与绝境,使西北大厦的建设重回正确的轨道。如今,西北大厦的成功建设让很多人意想不到,甚至连想也不敢想,而如今这一切都成为现实。

由划拨科研用地改由通过市场化公开拍下商业用地;从不靠谱的合作者手中果断收回开发权而改为自主投入开发;由多方案比较最终选择最好方案并成功借鉴总部大楼方案经验;由别人建变成自己建;由散户短租变成整幢长租(除自用外)等;一次次变化的机会考验着我与团队的智慧,但我们最终把握了调整的每一次机会,一次都没有错过,一次都没有犹豫过,一次次努力,终于赢来今天多赢的大格局。

从此,十一科技在西安这个西北的中心、令人梦魂萦绕的古长安,终于有了近5万平方米的一个现代化的办公大楼,这幢大楼成为航天产业园的一个地标，其漂亮的建筑外观设计，使其成为十一科技地区总部中最耀眼的星座之一。这幢大楼离大雁塔的距离不远，车程只有15分钟，有厚重的历史感。大唐的美好梦想，不仅在芙蓉园里，也在航天产业园，在十一科技西北大厦。而交大学子当年的西安情结，也在这里得到充分展示。

西北大厦的最终成功，是十一科技团队的胜利，是总院领导的正确指挥，总包公司与西安分院齐心协力的结果，总包公司不愧为工程铁军。西北大厦的最终成功，是全体建设者的辛勤付出，是总院后方基地多方面全力支持的结果，是大股东信任与支持的结果，是日益强大的十一科技实力的象征。

看到西北大厦今天的一切，觉得无论遇到了什么风雨，一切都值了。而在决策与建设过程中的经验与教训，将与此大楼一起，载入十一科技的光荣史册。

敢为天下先、变不可能为可能、永不放弃的精神，是十一科技的精神，也是十一科技西北大厦得以保存下来并成为一个城市建筑的典范、成为一个荣耀闪亮的地区总部的关键。

距当年决策西北大厦，至今已过去整整十年，真可谓十年磨一剑，说明创业的不易。而这个闪亮宝剑如今正出鞘，成为创新的锐利武器，成为十一科技强盛的一翼，成为我们心中永恒的回忆。

"江山如画忆丹心，广厦高矗立长安。累累硕果收获时，十年心血复谁知。"这首诗，是对十一科技西北大厦建成的祝贺，也是对十年风雨的心路总结。

2020年1月19日

决心大，才能成就大事

做任何事都不容易，做成大事更不容易，如果没有大的决心，不可能成就大事。**决心，是成功的前提**。小决心，小成功；大决心，大成功。

在市场上的每一次突破，都是大的决心带来的。要有出手更快、出手更狠的勇气，如果不是这样，难以树立在市场上的优势。这方面我们有无数成功的欢乐，也同样有失败的泪水。**成功，是因为我们决心大，两强相争勇者胜，临门一脚敢于破；失败，是因为我们决心不够大，总是犹犹豫豫，患得患失，总是抱有那些不切实际的幻想**，让胜利擦肩而过，留下遗憾与泪水。

在转型上的每一次成功，都是大的决心成就的。转型是困难的，因为转型开辟新的领域，而进入新领域的阻力很大，没有经验，缺乏优势，而且风险极大。在我们向新能源投资转型的过程中，很多次都是绝地反击、绝处逢生，最终在死亡的泥坑中艰难爬出。没有破釜沉舟的决心，没有拼死一战的勇气，不可能有我们今天转型的成功。

在困难时的每一次坚持，都是大的决心支持的。成就任何事，都不会轻而易举，都要面临风雨考验，随时都有夭折的可能。旧的问题解决了，新的问题又产生了；这个问题解决了，那个问题又产生了，如此循环往复，以至无穷，事物就是这样在迂回曲折中前进。胜利，往往存在于再坚持一下的努力之中。

困难，考验着人们的意志；复杂，考验着人们的智慧；曲折，考验着人们的决心。十年努力，我们铸就339电视塔十一科技总部双子座的辉煌，如今339与十一科技双子座成为中国西部最美的夜景之一；十年磨一剑，建成西北大厦，成为古长安璀璨明珠，成就了一段美梦；二十年改革改制，考验与成就着十一科技，十一科技实现腾飞梦，从千万级一跃为百亿级大院，俯视业内。规模之外，高质量、优资产、盈利好、品牌强、强团队，更是成为十一科技耀眼之处。

在发展上的每一次飞跃，都是大的决心推动的。规模上台阶，分院大发展，**地区战略，双轮驱动战略，战略经营思想，"三化"战略，"四项新战略组合"**，把十一科技不断推向新高。保持高位后的持续高速度、高质量增长，并非易事，而决心是成功的关键。没有大的决心，就没有一步步进步，就不可能不断迈上新台阶，持续实现飞跃。只有快，才能超越对手；只有快，才能占得先机；只有快，才能减少风险；只有快，才能迈上新台阶。

在前进路上的每一次思想解放，都是大的决心促成的。思想是行动的先导，没有思想的解放，就没有真正的行动；思想有多开放，舞台就有多大，格局就有多大，就会有大突破。思想解放，不仅是思想的开放，更是思想认识的全面深化。前进，不会一帆风顺;前进,不会十全十美;前进,会有暂时的调整与倒退。抓住决定的要素,顺应时代的潮流,把握关键的机会,下大决心前进。

盛唐的著名边塞诗人王昌龄在《山塞》诗中写道:"**秦时明月汉时关,万里长征人未还。但使龙城飞将在,不教胡马度阴山。**"古人有这样的胸怀,我们新时代的先锋更应一马当先,下大决心,成就一番大事业。每一个干部都守住守好我们的阵地,都不要辜负领导与同志们的信任与期望。

春天就要到了,万物等待复苏,一切都会生机盎然。让我们拥抱春天吧,拥抱爱的世界吧,拥抱美丽的大自然吧,拥抱万紫千红的百花园吧,拥抱更加美好的未来吧。

我们在春天里宣誓,将下更大的决心,以更大的勇气,踏着更加坚实的步伐,奔驰在光明的大道上。

很多事,关键是下决心难,这里关系着担当、责任、勇气与智慧,一旦下了决心,其实一切就会迎刃而解,再难也变容易了。人人都在说要把握机会,其实真正能把握住机会并不容易,因为机会往往蕴藏着很大的风险,而敢冒风险、善冒风险的人并不多,这里有一系列复杂的原因,就不展开说了。

"**不忘初心,牢记使命。敢为天下先,变不可能为可能,永不放弃。**"十一科技的精神将在春天里发扬光大。

2020 年 1 月 20 日

（本文根据作者本人 1 月 20 日下午在南京分院全体大会上的讲话而增补）

消除恐慌心理

诚然，新型冠状肺炎病毒传染仍然呈蔓延的态势，每天的新增病人还在增加，全民预防的决心只能加强而不能减弱。

但我们必须看到，由于全国性的严查，彻底切断了湖北、武汉的传染源，阻断了新型病毒肆无忌惮的伤害，虽然近期病人仍然在增长，但总的态势已在控制范围内。正如钟南山院士最近在接受采访时任何说："疫情什么时候达到高峰，很难绝对地估计。不过我想应该在一周或者十天左右达到高峰，不会大规模地增长。"因此，我们有理由相信，以后在严控下，疫情一定会逐步好转。

在党中央、国务院的英明领导下，在全国人民众志成城的努力下，我们一定能战胜病毒恶魔，不会发生失控的局面。随着我们对新病毒研究的加快，各种预防药剂与治疗疫苗也会很快研究出来，对此我们要充满信心。

当前，我们一方面要科学防治，消除死角，坚决不放过任何可疑之处，形成全民严防的态势；另一方面，要消除人们心里普遍存在的恐慌心理，以勇气、智慧、科学去直面这场灾难，这同样重要。

很多病,都是吓出来的;吓,摧毁了人们的心理防线,今天中国工程院院士、天津中医药大学校长张伯礼在接受中央电视台记者采访时也说,不要自己吓自己,乐观的心情很重要。当下,冬季的流感多,很多没有去过湖北、武汉或没有与湖北、武汉的人接触过的人,也有发烧、咳嗽、流清鼻涕的现象,此时,隔离两周进行观察是必要的,但不必恐慌,恐慌得犹如惊弓之鸟,惶惶不可终日,这样只能扩大事态,变得更加困难与复杂。他(她)们中的绝大多数人与这次新病毒流行无关,过几天就会恢复健康。即使真是轻度感染,按照医生的要求,及时治疗,治愈率也很高。流行病是一种严重的病,但毕竟不是癌症,绝大多数是可以治愈的。

恐慌或恐惧的心理,无助于问题的解决,只能加重病情,这种心态也无法适应当前这场艰巨的抗病毒的伟大斗争。我们想想那些奋斗在第一线的英雄的医务人员吧,他(她)们奋战在一线,勇敢、责任、使命感与科学精神支持着他(她)们时刻与病人接触,而毫无退缩之意。

防治是必要的,科学防治更重要。毫无理由地恐慌,对自己的病因不科学治疗与分析,对自己身体素质与抗病毒能力缺乏信心,这是另外一种危险,是心理上的疾病。

信心是一服良药,是有助于治愈百病的良药。无论我们得了什么病,都要树立信心,鼓起生活的勇气,扬起生命的风帆,乐观对待。信心可以帮助我们战胜病魔或延长生命,而延长生命可以使我们做更多对社会有益的事。

信心比黄金更为可贵,尤其在面临灾难时。信心可以增加战胜灾难的勇气,可以增强我们的自信,可以让我们从容不迫应对突然到来的危机。

信心的基础是科学的分析与我们的优势。我们有党中央、国务院的高度重视,有举国一致的政治优势,有强大而先进的卫生保健系统,有中西医结合的强大优势,有2003年抗击SARS的成功经验,有强盛的国力,没有什么病魔能挡住我们,而我们自身强健的身体素质也能够抵御病毒的攻击,因此我们不必悲观。

常锻炼、爱干净、健康、青春、活力、阳光、乐观、善于保护自己、乐于帮助别人、保持健康的生活方式,永远是人生的真谛与健康快乐之道。

让我们在这场抗新型病毒的大战中再经受一场考验吧,把坏的习惯统统丢弃,把健康的措施多多采用,加快科学发展,对人类多一份真爱,对自然多一份敬畏,对生物、动物、植物多一份爱护,这个世界一定更加美好!

2020年1月29日

像他们那样生活

谨以此文表达我对钟南山院士、张定宇院长与奋斗在一线的广大医务人员的敬意。

一个是钟南山，一个是张定宇，在这次抗击新型冠状肺炎病毒疫情斗争中，这两个榜样是那样的鲜活、那样的令人难忘。

钟南山，中国工程院院士、中国医学会会长、广州呼吸病研究所所长，一位84岁的老人，当年抗击非典就站在一线，给全国人民留下深刻印象。而如今，在国家与人民再次遇到危难时，再次挺身而出，不顾84岁的高龄，不带助手，没有特权，没有飞机票就乘坐高铁，穿梭在北京、武汉与广州之间，他以卫健委高级别专家组组长的身份，迅速提出了一系列建议，与专家们一起，果断遏制住了疫情蔓延的趋势。

钟南山，像灯塔，在危难时给大家指明了方向，一次次的科学分析，一次次的生动演讲，为抗新型肺炎病毒斗争定调，极大地增强与鼓舞着人民抗击新型肺炎病毒的信心，一次次地安抚着人们惶恐不安的心灵。因为人们知道，对待凶恶的病毒，仅有行政指令是不行的，必须要有科学的应对措施，才能保护好我们每一个生命。几乎每一个中国人，都深爱着钟南山院士。

钟南山，如同在17年前SARS时期一样，精神蓬勃，好像17年的岁月没有在他身上留下痕迹，依然这么年轻，这么思维敏捷，一切都是当年的模样。然而，自然界的规律是任何人无法抗拒的，人们多么希望，钟南山院士永远不老，永远与我们、与祖国在一起。

张定宇，武汉金银潭医院院长，原本是一个普通医院的院长，而一场突然到来的新型肺炎病毒把他急速推到人们的视线里。

面对突然到来的病毒，张定宇拖着绝症——渐冻症，冒着被病毒感染的危险，每天只休息4个多小时，应对每天都在增加的传染病人。特别是获悉同为医生的爱人（在另外医院）被病毒感染（昨天传来好消息，张院长爱人已经痊愈出院）后，也顾不上去看她，这是一种多么崇高而我们根本无法达到的境界。

张定宇，不是名人，也不是大人物，但比起名人与大人物，张定宇的事迹更加感人，更加催人泪下。

像他们那样生活，在这个特殊的日子里。我们当前处在一个新型肺炎病毒猖獗的时期，我们要相信祖国、相信党中央与国务院的决策、相信全国人民的力量，像钟南山院士、张定宇院长一样，坚守好自己的岗位，在自己的岗位上为这场抗击新型肺炎病毒的伟大斗争做出贡献。

像他们那样生活，在生命的每一个时分。一位是84岁的老人，一位是身患绝症的院长，生命对他们而言都是如此宝贵，而他们却在与生命抢时间、与生命争速度，用自己的生命为我们照亮前程。他们也代表着不顾自己生命安危而奋斗在一线的广大医务工作者。

　　像他们那样生活，不忘初心，牢记使命。他们重任在肩，把党和人民的信任，看得高于一切；把身上肩负的神圣使命，看得高于一切。

　　像他们那样生活，以一人之力，托起鲜红的太阳。人的能力有大小，但如果把自己融到我们伟大的时代中去，融到当前这场伟大的抗病毒斗争中去，就会放大生命的价值，就能托起鲜红的太阳。而与他们比较，我们还有什么放不下的呢？还有什么虚名与利益一定要去追逐呢？

2020 年 1 月 30 日

金子，总有闪光的时刻

很多时候，金子往往会被沙粒掩埋，无法闪亮。但只要是金子，就一定能闪光，被沙粒掩埋的金子总有一天要被人发现，被人挖掘。金子，总有一天要光耀人间。

风，总是会吹过来，这股风谁也挡不住，谁也停不了。掩埋金子的沙子，总会被大风吹走，吹得干干净净，使金子从沙堆里露出来。

价值，总是通过各种渠道，向外界发出强烈的信号；价值，总是通过各种数据向人们还原事物的本来面貌；价值，总是通过自己的表现顽强地证明自己的作用。

发力，总是要积累，只有到一定的时候、一定的阶段才能发力。量变到质变都是一个过程，爆发是量变的结果，是质变的表现。

挖掘市场的价值，就是寻找被掩埋的金子，使金子露出真容，还原事物的本来面貌，这就是我们的任务。

炒作，当然能在一时内奏效，但无法长久，因为炒作的手法过于老套，明眼人一看就知，跟风以后，马上就会放弃。而且炒作起来,劳民伤财,伤筋动骨,恐也难以持久。

跟风,只能一阵而不能长远。市场的能力与信誉只能在长期的实践中建立,在无数次摔打中成长,在一次次较量中强大。没有坚定的战略,没有坚实的内功,没有实事求是的态度,没有脚踏实地的作风,再大的支持,再多的资金,再强的资源配置,毕其功于一役,到头来可能也会竹篮打水一场空。

市场,总有其自身的规律,不能任人去操作,如果都任性操作,那么市场的正常秩序就无法建立。

脚踏实地做事,不惧风浪前进,无论沉浮,都始终如一不忘初心,按照既定的方向前进,这就是我们的态度。

2020年2月18日

此起彼伏

市场上的此起彼伏，是一种非常正常的现象。这就像潮水一样，潮起潮落，是一种规律；这就像花儿一样，花开花落，四季轮回，都是最正常不过了。

一方面，我们不必把起伏看得过分认真，要有一种平常心。上行时，不要高兴太早，要有自知之明；下行时，情绪不悲观，从容应对。过分关注行情，自己的情绪会时常受到波动，受到影响，如果影响到正常的决策与工作，则会带来不良后果。

另一方面，现象往往反映某些本质，要透过这个现象，看出现象后面的一些本质，要研究现象所揭示的趋势。特别是当起伏较大或剧烈动荡时，可能蕴藏着机会或风险来临，要特别予以关注，果断采取必要的措施，制止这种动荡，不能袖手旁观，不能视而不见。

当机会来临时，要敢于果断把握住，利用这个大潮，推波助澜，再上一个新台阶。

风险来临时，要善于果断控制住，要采取一切措施，把风险降到最低点，把影响减少到最低点，并努力变危机为机会。

此起彼伏,跌宕起伏,有过山车的特别感觉,这种感觉惊心动魄,这种感受扣人心弦,这种经历终生难忘,这是人生一种难得的经历。

此起彼伏,是一场大考。这是一场意志的考验,是耐心的考验,是信心的考验,是发展关口的考验。

此起彼伏,构成了一道独特的风景。大起大落,变化多端,风景无限。这道风景线绚丽多姿,异彩纷呈。这道风景线,景色独特,回味无穷。

"行到水穷处,坐看云起时。"在此起彼伏中感悟人生,在跌宕起伏中感受精彩,在大起大落中感受惊险,在风云变幻中感受新奇,在变幻莫测中等待结果,在坚定信心中把握未来。

2020 年 2 月 24 日

一步步超越

　　差距,是在历史的长河中逐步形成的,是在发展的岁月中不断累积的。缩小这个差距,需要一个艰苦而漫长的过程。超越,是一个目标,是一个梦想;超越,只能一步步实现。

　　一步步超越,来源于清晰的战略。战略指引方向,战略决定方向,战略决定成败,战略是制胜的关键。战略的效果总是要经过一个较长的过程才开始显现,总是需要多个有序而相互衔接的调整步骤才能完成。

　　一步步超越,来源于转型的成功。变化快,是我们时代的特征,而要适应时代不被淘汰,就必须不断调整,不断转型,不断实现产业的升级。转型,是一个非常艰苦而漫长的过程,要在转型的迷茫中保持足够的定力,要在转型的困难中保持坚定的信心,通过转型转出一个新的天地。

　　一步步超越,来源于实力的不断增强。实力的积累,从量变到质变,是开始展示自己的时候了。赶上与超过的速度正在加快。

　　一步步超越,这是战略的胜利。不断调整中的战略,指引着发展的方向。战略,最终必定会改变格局,改变结构,提升优势,最终超越自我,超越对手,是历史的必然。

一步步超越,这是坚持的胜利。任何成功都不容易,任何胜利都需要坚持,任何坚持都要付出代价。成功与失败只有一步之遥,转折关头贵在坚持。坚持,要有不惜一切的勇气与代价。

一步步超越,心头涌动着一种喜悦,一种前所未有的快乐,这是梦想的变真,这是理想变成蓝图,这是预言变成现实。

一步步超越,迎来的是更加激动人心的时刻,迎来的是更加精彩的瞬间,这精彩的瞬间留在光耀的历史中,留在永恒的美好记忆中。

2020年2月25日

临界点

临界点，是我们在管理与日常生活中必须要注意把握的一个关键点。

一、在日常中，要善于控制在临界点内

工作中，有时往往因为过度疲劳而病倒，严重时会危及生命。这次在抗击新冠肺炎的初期，一些奋斗在抗病毒一线的医务人员由于过度疲劳超出身体极限，外加防护不注意，感染上了新冠肺炎，其中李文亮、刘智明等医务人员因此献出了宝贵的生命，离我们而去，让我们痛心不已。长期疲劳，超过了身体所能承受的极限，即超过临界点，身体总会出问题。由于过度辛劳而英年早逝的例子是很多的。

前行中，不能承受过重负荷。挑担子，适当加重些是可以的，没有一定的压力也难有持续的增长。但压力不能过大，要能承受得起；担子不能过重，要能担得起；目标不能太高，跳起来要能够得着。任何事物，都要有一个对其逐步适应的过程，不能一蹴而就。

生活中,四季交替,早晚变化,地区差别,温差变化很大。那些缺乏锻炼、抵抗力差的人很容易感冒,感冒多了容易引起并发症。除了时常锻炼,提高身体的抵抗力外,根据气候的变化,及时加减衣服,注意保暖与消热,不让寒冷超过自己承受的临界点,不让炎热超出自己承受的临界点,这是保持健康、少感冒、少得病的关键,特别是对那些上了年纪的人,更是如此。有时候,看似小变化,如不加注意,会演变成大问题,就会超过临界点,身体就会出问题。

决策中,要考虑临界点。就是要考虑决策可能带来的最大风险是什么,是否超过了能够承受的临界点?如果已经超过,就必须慎之又慎,否则会一足失成千古恨。

管理中,要注意临界点。制度上的缺陷,工作中的矛盾,领导能力的不足,指挥的不当,管理中的缺位,战略的落后,策略的不当,用人的不妥,加上一些突发事件的叠加,就有可能超过企业能够承受的临界点,从而酿成灾难。因此必须要发现可能引发事端的苗头,并果断采取措施予以纠正。

拼抢中,要注意临界点。市场竞争,是实力的竞争,也是智慧的较量,要取得胜利,必须依据实际情况做出判断。要让变化在可控的范围内,不能去冒过大的风险。当自己的实力不够时,不要硬拼,要考虑合作,通过合作提升竞争力。

临界点,就是一个合理的度,一个合理的范围,是管理的关注点。在我们的日常生活中,在管理中,在市场中,在合作中,在各方面关系处理中,都必须注意一个合理的度,不能突破。

二、在发展中，要敢于突破临界点

临界点，也是管理的突破点。我们只有不断突破管理发展的极限，才能不断超越对手，否则无法实现跨越式发展。

发展，必须不断突破自我，突破极限，突破一些临界点。管理上的突破，总是从突破我们思想的束缚开始，总是从突破思维的僵化开始的，没有思想的解放，没有思维的奔放，我们就无法有真正意义的行动，也就无法翻越我们面前的高山。

突破，就是超越临界点，就是超越极限。突破临界点并不容易，来自各方面的阻力很大，常规的办法、一般的决心、分散的力量是难以做到的。必须下大的决心，集中资源，集中力量，集中优势，不断调整，目标集中，坚持到底，才能加以重点突破。

创新发展，改变了临界点。在不断创新发展中，临界点也在不断地发生变化。原来认为不能企及的目标，不能到达的临界点，现在看来都已可能。这说明，临界点是动态的，是不断变化的，这种变化与主观努力、客观环境的变化密切相关。我们回过头看走过的道路，会发现由于我们的不断突破，一个个关键节点正在被我们攻克，一个个高地被我们占领，而新的目标、新的临界点正在召唤我们去突破。

我们每一次努力，都向目标前进了一步；每一次小的突破，都为大突破进行了准备；每一次突破，都开辟了新的天地。

我们要敢于攀登，才能登高望远，才会有"会当凌绝顶，一览众山小"的感觉。不断突破,才能开辟新天地,才能领略新的风景。

　　"天生一个仙人洞,无限风光在险峰。"发展,总是在不断突破中实现;道路,总是历尽甘苦探索后发现;风景,总是在风雨之后更加美丽。

2020年3月17日

市场,需要真实的故事

　　故事易讲,事不易做。编造的故事总是难圆的,织造的美梦总是要破的。

　　真的假不了,假的真不了,炒作之风切不可涨,最后还是数据说了算,还是持续发展能力说了算。

　　浮华下难掩转型的乏力,靠一些概念与贫乏的词句难以托起一片天,这些概念换不来真实的数据。

　　强劲转型需要坚定的战略与定力,需要用胆略与智慧把握稍纵即逝的机会,需要脚踏实地的苦干,需要冒着生死风险敢于往前冲。

　　强劲转型换来新的天地,强劲转型腾升到新的高度,强劲转型迎来新的大格局。

　　故事,是需要编的,但必须以真实为前提,而不是无中生有地炒作。炒作是不能持久的,刻意炒作最终必定是搬起石头砸自己的脚。做人,还是实在一些好,把真实的一面告诉大家,阳光下的一切,更有生命力,更有吸引力。

　　故事,是要策划的,但策划只是成功的先导,而不是全部。更重要的是策划后的实施,把故事里描绘的蓝图变成现实,要付出艰苦的努力。任何意义上真正的成功,都是知与行的统一,都是策划与实施的结合,绝非易事,每一步成功都需要付出艰苦的努力。停留在口头上的故事,很快会随风而去,被人所遗忘;这些不真实的故事,永远只能是故事,而成为不了现实。

概念,是故事的内容之一,但趋势与业绩才是故事更重要、更真实的内容。

2020年3月17日

后记

管理，是推动企业发展的引擎

　　企业无论大小，管理非常重要。一个优秀的管理者，必须具有精准判断当下形势和未来走向的能力，这就是管理智慧。管理智慧是管理成功的主导因素，它不是天生的，而是在日积月累的思考和实践中锤炼出来的。

　　作为管理者，每天面对层出不穷的问题，需要迅速做出决断，快速处理。如果不能保持良好的状态，就会陷入疲于应付的窘境。平时除了工作，我爱读书、看电视、关注最新的国内外大事，边看边想边写，目的是为了在管理者和员工之间架起一条沟通渠道。不得不说，我人生的很多感悟都与管理学思维有关，可谓三句不离本行。这样做的好处是，通过写，让我的思路更清晰，对一些问题的看法更坚定，对一些方向的研判更准确。

　　2000年7月14日，我出任信息产业部电子第十一院的院长，成为电子十一院的法定代表人与主要领导人。之后，电子十一院历经多次改制，称谓时有变化，从电子十一院到十一科技，法定代表人与主要领导人的职务与责任一直没有变，屈指数来已整整20年。

　　20年来，十一科技从单一的国有控股，经过两次改制成为国有相对控股、员工实际控股的有限公司、股份公司，之后又通过重组再次成为国有控股的上市公司的全资子公司，重回国有控股的序列。每一次体制变化，都充满着曲折和艰辛。在这20年里，作为法人代表与主要负责人，一直在改制中经历风风雨雨，其中的酸甜苦辣，只有自己心知。上级主管领导的鼎力支持、广大干部员工与股东的高度信任，一直是我20年任上的最大动力。

20年来，十一科技的营收，从2000年的6000万元，到了2019年的125亿元，增长200多倍。十一科技的利润，从最初仅能维持自收自支的企业，到2019年成为实现6亿多元利润的大型企业，盈利能力有了翻天覆地的变化。20年来，十一科技在发展的同时，带来市场、品牌、税收、资产、影响力、团队等一系列巨变，目前已经成长为国内外重要品牌，成为在多领域有影响力的著名企业。

20年来，发展过程历经风雨，成长路上充满挑战，市场上拼抢激烈，转型路上危机重重，改制路上一波三折，上市突遭变故，重组道路曲折曙光现，十一科技一直处在各界关注与市场的风口浪尖上，但十一科技从来没有停止前进的步伐，每一次危机都换来新的转机，每一次挫折都迎来新生。王阳明曾说："人须在事上磨，方能立得住；方能静亦动、动亦定。"尽管工作繁忙，但时间总是可以挤出来的。专注正在做的事情，便能达到事半功倍的效果。正所谓"心上学，事上练，达于道，合于一"，就能不断重塑自我，不断超越自我。

20年来，推动十一科技在发展的道路上迅跑的最根本原因与动力就是管理。管理是多维度的。因为无论是战略的制定，或是战略的实施，都需要管理的思想与管理的行为，否则一切都是空的。创新的管理思想，总能提出前瞻性的战略并不断调整变化，总能提出为适应这些新战略而采用的一系列管理变革与保证落实的措施。从这个角度讲，管理是变革的动因，是发展的引擎。

20年来，漫长而连续、曲折而多样、丰富而生动、激情燃烧的岁月，给了我管理思想充分想象的空间，给了我管理才能充分施展的广阔舞台，给了我很多珍贵的历史性机会，让我一展风采，取得成功，多次成为国内改革与管理的风云人物。

20年来，我在十一科技主要领导的岗位上，留下了亲自起草的几百万字的工作报告、讲话、文章、文件、评论、随笔、谈话、短信等。这些文献资料见证了十一科技发展的不同时期，见证了从弱小走向强大的不平凡历程，是十一科技非常重要的历史资料文献，现正在组织编辑。

本书收集的是这些报告文集的一小部分，是我近5年（2015年-2020年年初）即时写作与发表的管理思考、管理短文与管理随笔，还有一些时事评论（包括文体方面等）。这些文章大多已通过公众号或微信即时转发。那几年，我每天或每隔2~3天都会发一个专题短文，以至于有时忙了来不及按时写，就会有不少朋友来电话，要求我按时写、按时发。

这些管理短文、管理随笔与评论，因时而发，因思而成，因新独特，因专精辟，成为风格独特的一种散文式的管理文体，受到大家的热烈喜爱，以至于大家要求结集出版的呼声很高，这次出版也是为了满足这些朋友与读者的心愿。其中个别文章因为其散文笔调的优美而收录到我的诗文诗集中，这说明管理文章因散文风格而更加优美,散文因管理内容而更加充实。

最近5年的这些管理短文,一是汇集起来难度小。这些短文大都曾发表过,个别文字改动就符合出版要求。二是这5年管理思想趋于成熟。经过20年的管理历练,在不断探索与管理的实践中,自己对管理的认识也在不断深化,管理思想趋于成熟。特别是最近5年,十一科技持续高速发展,跃入了更高的平台,在管理上也有了更加丰富的内容,这些文章反映了我思想认识深化与实践上的成果。三是这些管理随笔,都是一事一议,切合实际,随感而发,有感而发,专题集中,通俗易懂,是对管理教科书的很好的补充。

衷心感谢我的博士生导师、电子科技大学校长曾勇老师在百忙之中为本书写序,曾校长是管理学界的泰斗,也是我进入管理科学的领路人,他的严谨缜密的学风与创造性的管理思想始终影响着我。他为本书撰写的精彩序言,是阅读本书的入门向导与指南。

感谢胡宏峻董事长、密月主编为本书出版的精心策划,感谢民乐影视与十一科技公众号成为发表这些文章的快捷的编辑发稿平台,感谢院办同志们为这些文章的保存与校对所做的工作,感谢光明日报出版社的信任与大力支持,正是由于这些帮助与支持,才使本书能在如此短的时间内与读者见面。

赵振元

2020年3月16日